LITERATURSTUDIUM

Gerhart Hauptmann

LITERATURSTUDIUM

Friedhelm Marx

Gerhart Hauptmann

Philipp Reclam jun.
Stuttgart

Mit 20 Abbildungen

Die Deutsche Bibliothek – CIP-Einheitsaufnahme

Marx, Friedhelm:
Gerhart Hauptmann / Friedhelm Marx. – Stuttgart : Reclam, 1998
(Universal-Bibliothek ; 17608 : Literaturstudium)
ISBN 3-15-017608-5

Universal-Bibliothek Nr. 17608

Gesamtherstellung: Reclam, Ditzingen. Printed in Germany 1998
RECLAM und UNIVERSAL-BIBLIOTHEK sind eingetragene Marken
der Philipp Reclam jun. GmbH & Co., Stuttgart
ISBN 3-15-017608-5

Inhalt

Vorbemerkung 7

Leben 11
Das dramatische Werk 41
Das epische Werk 264

Bibliographie 367
Verzeichnis der Abbildungen 393
Werkregister 395
Personenregister 399

Vorbemerkung

Gerhart Hauptmann gehört zu den Schriftstellern, die schon zu Lebzeiten in die imaginäre Galerie der Klassiker eingereiht wurden. Dabei beginnt seine schriftstellerische Laufbahn mit Theaterskandalen und öffentlichen Beschimpfungen. Die Reaktionen des bürgerlichen Publikums bei der Uraufführung von *Vor Sonnenaufgang* (1889) lassen nicht vermuten, daß der Verfasser fünfzehn Jahre später zu einem der populärsten lebenden Deutschen avanciert ist. In den frühen zwanziger Jahren erreicht Hauptmanns öffentliche Reputation ihren Höhepunkt: Der Literaturnobelpreisträger von 1912 wird von verschiedenen Seiten zum Repräsentanten der jungen Weimarer Republik ausgerufen. Damit tritt Hauptmann sozusagen die Nachfolge Wilhelms II. an, der ihm von 1889 bis 1914 hartnäckig jede öffentliche Anerkennung verweigert hatte. Die Nobilitierung des vormaligen »Schnapsbudenrhapsoden« Hauptmann zum »König der Republik« verdankt sich sowohl dem Orientierungsbedürfnis der Weimarer Nachkriegsgesellschaft als auch Hauptmanns eigener Persönlichkeitswirkung: In den Augen der Öffentlichkeit entspricht er einem vormodernen Dichterideal, das schöpferische Vitalität, priesterliche Weisheit und bürgerliche Lebensform vereint. Selbst eine Reihe von literarischen Mißerfolgen können diesem Renommee nichts anhaben. Die Epoche des Nationaldichters Gerhart Hauptmann endet erst im Jahr 1933 mit der Machtergreifung der Faschisten: Innerhalb Deutschlands steht er als Dichter der *Weber* unter ideologischem Verdacht, im Ausland verliert er sein Ansehen durch prekäre Stellungnahmen, die ein Arrangement mit den neuen Machthabern dokumentieren.

Im Jahr 1942 teilt der Breslauer Germanist Paul Merker dem nahezu vereinsamten Dichter mit, daß die jungen Studenten allenfalls gewisse Vorstellungen vom Frühwerk des Literaturnobelpreisträgers Gerhart Hauptmann haben (vgl. Bialek, B 3: 1997, 166). Daran hat sich bis heute gar nicht so viel geändert. Nach dem Zweiten Weltkrieg wird die Beschäftigung mit dem Gesamtwerk durch den enormen Ansehensverlust blockiert, den Hauptmanns Verhalten im Dritten Reich zur Folge hatte. Die politischen Äußerungen dieser Jahre geben Anlaß, den Weitblick und die politische Urteilskraft eines Dichters in Zweifel zu ziehen, der 1921 immerhin noch als Kandidat für das Reichspräsidentenamt gehandelt wurde. Der Nachkriegsgeneration gilt Gerhart Hauptmann längst nicht mehr als Verkörperung seherischen Dichtertums oder als Goethe des 20. Jahrhunderts. Das Epithethon »klassisch« kommt nun ausschließlich jenen Dramen zu, die in die Literaturgeschichte eingegangen und bis heute bühnenpräsent sind.

Die literaturwissenschaftliche Auseinandersetzung mit Gerhart Hauptmann ist in den letzten zwei Jahrzehnten sowohl sachlicher als auch vielschichtiger geworden; ihre editorische Grundlage bildet die (allerdings revisionsbedürftige) Centenarausgabe der Werke, deren elf Bände von 1962 bis 1974 erschienen und 1996 noch einmal neu aufgelegt worden sind. Mittlerweile ist die von Martin Machatzke und Peter Sprengel betreute Edition der Tagebücher bis auf die Zeitspanne 1933–46 abgeschlossen; Rudolf Ziesche hat den gesamten (in der Handschriftenabteilung der Staatsbibliothek Preußischer Kulturbesitz, Berlin eingelagerten) Manuskriptnachlaß katalogisiert (vgl. B 1).

Hauptmann-Studien wie die Arbeiten von Peter Sprengel haben gezeigt, daß die Berücksichtigung dieser Quellen zu einer Revision geläufiger Urteile und Vorurteile führen kann. Nicht nur Hauptmanns naturalistisches Frühwerk, sondern auch seine Versuche, die naturalistischen Gestaltungsmittel zu transformieren und mythische Sujets zu er-

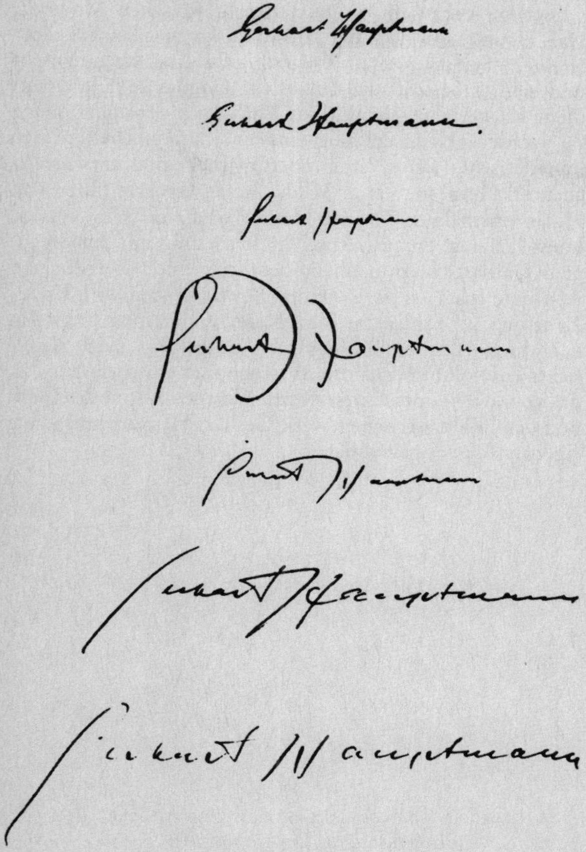

Wandlungen der Unterschrift

schließen, stehen im Kontext der literarischen Moderne. Daß Hauptmann nach der Jahrhundertwende seinem dichterischen Selbstverständnis priesterliche Aspekte hinzufügt und sich (innerlich und äußerlich) Goethe annähert, verdient als kulturgeschichtliches Phänomen ernstgenommen zu werden. Nicht zufällig finden sich ähnliche Formen künstlerischer Selbstvergewisserung bei so unterschiedlichen Dichtern wie Oscar Wilde, Stefan George, Hugo von Hofmannsthal und Thomas Mann. Vor diesem Hintergrund lohnt sich eine erneute Auseinandersetzung mit dem »ganzen« Gerhart Hauptmann, zu der dieses Buch – jenseits von Apologie oder Anklage – einen Beitrag leisten will. Es bezieht sich auf zahlreiche Einzelstudien, deren wichtigste in der abschließenden Bibliographie aufgeführt sind. Angesichts des voluminösen dramatischen und epischen Œuvres, das von keiner Sprachkrise geschmälert wird, sind der Lyrik und dem bildhauerischen Werk Gerhart Hauptmanns keine eigenen Kapitel gewidmet.

Leben

Am 15. November 1862 wird Gerhart Hauptmann in Ober-Salzbrunn geboren. Seine Eltern Robert und Marie (geb. Straehler) führen das Hotel »Zur Krone«, das erste Haus des schlesischen Badeorts (heute: Szczawno Zdrój). Für den Heranwachsenden bedeutet dieser Lebensraum Freiheit und Abwechslung: Im Sommer sind die Eltern dermaßen mit den Gästen beschäftigt, daß der Knabe zwischen den Sälen und der Kutscherstube sich selbst überlassen bleibt, im Winter reizen die leerstehenden Gästezimmer zu allerlei Entdeckungszügen. Der Badebetrieb bringt es mit sich, daß internationale Gäste, erholungsuchende Großstädter und fahrende Händler dem Ort buntes Leben zuführen. Ein Ende dieser unbeschwerten Lebensphase kündigt sich allerdings mit dem ersten Schultag, spätestens mit dem Besuch der Breslauer Zwinger-Realschule an. 1874 folgt Gerhart seinem Bruder Carl in die schlesische Metropole, wo ein neuer, in jeder Hinsicht bedrückender Lebensabschnitt beginnt. In der Schule stößt der junge Hauptmann auf unnachsichtige Pädagogen, und die mit Carl geteilten Pensionsunterkünfte sind eng und dürftig. Um so katastrophaler wirkt die Nachricht, daß die Eltern den Gasthof in Ober-Salzbrunn aufgeben müssen. Robert Hauptmann ist es nicht gelungen, den gründerzeitlichen Aufschwung für sein Haus (das mittlerweile »Preußische Krone« heißt) nutzbar zu machen. An die Stelle des heimatlichen Ferienrefugiums tritt eine Bahnhofsgaststätte im schlesischen Bad Sorgau, von der die Eltern sich mehr Glück erhoffen.

1878 verläßt Gerhart Hauptmann die Realschule, da er trotz verzweifelter Anstrengungen über die Quarta nicht hinauskommt. Die Eltern vermitteln ihm eine Ausbildung als Landwirtschaftseleve bei seinem Onkel Gustav Schubert. An die Stelle des schulischen Drills tritt schwere körperliche Arbeit: zunächst auf dem Rittergut Lohnig, dann auf Gut Lederrose. Zugleich taucht der Sechzehnjährige in die Lebenswelt der pietistischen Verwandten ein. Gerhart verdankt dieser Zeit elementare Naturerlebnisse und eine Neigung zur Mystik, die ihn sein ganzes Leben begleiten wird. Da er der Arbeit als »Großknecht« körperlich nicht gewachsen ist, kehrt er im Jahr 1879 nach Breslau zurück, ohne jedoch das Einjährigen-Examen zu bestehen. Immerhin wird er im Folgejahr in die Bildhauerklasse der Breslauer Kunst- und Gewerbeschule aufgenommen: eine Ausbildungsetappe, die er trotz zwischenzeitlichen Ausschlusses (»wegen schlechten Betragens und unzureichenden Fleisses«) bis 1882 durchhält. In diese Zeit fällt auch ein zweifaches leidenschaftliches Engagement: die erste Liebe zu Anna Grundmann, ein Mädchen, das er bei den Schuberts kennenlernt (und vierzig Jahre später zur Protagonistin des »ländlichen Liebesgedichts« *Anna* macht), und die Mitgliedschaft in einer pangermanischen Blutsbrüderschaft, zu der u.a. Bruder Carl, Alfred Ploetz und Ferdinand Simon gehören. Gerharts ältester Bruder Georg knüpft unterdessen erste (folgenreiche) Beziehungen zur Familie des Kaufmanns Berthold Thienemann. Sehr bald avancieren die Brüder Hauptmann zu Stammgästen auf dem herrschaftlichen Stammsitz der Thienemanns. Georg, Carl und Gerhart heiraten in den Folgejahren Adele, Martha und Marie, drei der fünf Thienemann-Töchter.

Die heimliche Verlobung mit Marie im Jahr 1881 entlastet Gerhart vorläufig von finanziellen Sorgen. Er nimmt ein Geschichtsstudium in Jena auf, leistet sich eine Schiffsreise von Hamburg über Spanien bis nach Neapel (weiterführende Reisepläne nach Griechenland werden unterwegs aufgegeben) und läßt sich 1883 in Rom nieder: Unter dem Signum »Gherardo Hauptmann, Scultore« bezieht er ein

Gerhart Hauptmanns Geburtshaus in Ober-Salzbrunn

Atelier in der Via degli Incurabili. Daß seine prätentiöse (und tonnenschwere) Statue eines germanischen Kriegers unmittelbar vor der Ankunft von Marie Thienemann zusammenbricht, gehört zu den bizarren Aspekten des Romaufenthalts – der allerdings nicht wegen dieses künstlerischen Fiaskos, sondern wegen einer lebensgefährlichen Typhuserkrankung ein abruptes Ende findet. Zurück in Dresden erprobt Hauptmann eine weitere künstlerische Ausdrucksform, indem er an der Königlichen Akademie Zeichenunterricht nimmt. Es folgt die Fortsetzung des Studiums in Berlin, daneben Schauspielunterricht und wachsende Begeisterung für die Bühne. Hauptmann sieht seine Zukunft mehr und mehr auf dem Gebiet der Literatur. Immerhin reicht seine (allerdings marginale) poetische Produktion zu diesem Zeitpunkt schon fast zehn Jahre zurück.

Mit der Hochzeit im Jahr 1885 beginnt ein neuer Lebens-

Der Kunststudent Gerhart Hauptmann, 1881

Gerhart Hauptmann als Bildhauer in Rom

abschnitt. Gerhart und Marie Hauptmann nehmen zunächst in Berlin-Moabit, dann (wegen gesundheitlicher Probleme) in Erkner bei Berlin Quartier, wo die Söhne Ivo (1886) und Eckart (1887) zur Welt kommen. Die Wohnung in Erkner ermöglicht es, den Kontakt zur Berliner Schriftstellerszene aufrechtzuerhalten, mit der Hauptmann seit seinem Studienjahr vertraut ist. 1887 tritt er dem literarischen Verein »Durch!« bei, dem u.a. Paul Ernst, Bruno Wille sowie die Brüder Hart und Wilhelm Bölsche angehören, und hält einen Vortrag über Georg Büchner. Zugleich bietet Erkner dem durchaus labilen Familienvater hinreichende Rückzugsmöglichkeiten. Gerhart Hauptmann macht Bekanntschaft mit dem märkischen Forst und zahlreichen »kleinen Leuten«, die sein Werk nachhaltig geprägt haben. Erst die Vorladung zum Breslauer Sozialistenprozeß bringt Unruhe in die ländliche Idylle. Der Prozeß beschäftigt sich mit den Tätigkeiten des 1883 gegründeten, sozialutopischen Vereins »Pacific«, dem Hauptmann zeitweilig eng verbunden war. Unter dem Eindruck der Vernehmung (die für Hauptmann folgenlos bleibt) reist die Familie für einige Monate nach Zürich, wo Carl an einer wissenschaftlichen Studie arbeitet. Hauptmann nutzt den Aufenthalt u.a. zu psychoanalytischen Studien in der von Auguste Forels geleiteten Irrenanstalt »Burghölzli«. In der 1937 publizierten Autobiographie *Das Abenteuer meiner Jugend* (die mit dem Zürcher Aufenthalt schließt) schreibt Hauptmann, man habe ihn innerhalb wie außerhalb der Anstalt selten ohne Notizbuch gesehen (CA VII,1059). Die Angewohnheit, psychische Sonderbarkeiten, Dialektformen, Beobachtungen und Einfälle unmittelbar zu notieren, wird ihn ein Leben lang begleiten (vgl. Abb. S. 37); die mittlerweile publizierten umfangreichen Tage- und Notizbücher dokumentieren die permanente »Recherche« des Dichters Hauptmann. Selbst die Bestürzung eines Berliners Gesprächspartners »Schreiben Se doch nich det uf o je! o je!« wird akribisch notiert (TB I,189). Frank Wedekind, den Hauptmann in Zürich kennenlernt, wird zwei Jahre später

Gerhart Hauptmann und Marie Thienemann, 1884

Villa Lassen in Erkner (heute Gerhart-Hauptmann-Museum)

die erste literarische Hauptmann-Karikatur auf die Bühne stellen, einen Dichter namens Meier, der durch penetrante Notate auffällt. Etwa zur gleichen Zeit protestiert der Wanderprediger Johannes Guttzeit, eine weitere flüchtige Bekanntschaft des Zürich-Aufenthalts, gegen sein literarisches Porträt in der Novelle *Der Apostel* (1890), dessen Genauigkeit sich Hauptmanns Notizen verdankt.

Im Herbst 1888 kehrt man nach Erkner zurück, wo neben Gedichten, umfangreichen Jesus-Studien und dem Versepos *Promethidenlos* (1885) die Novellen *Fasching* (1887) und *Bahnwärter Thiel* (1888) entstehen. Die literarische Szene wird auf den mittlerweile Sechsundzwanzigjährigen aufmerksam, noch bevor die spektakuläre Uraufführung von *Vor Sonnenaufgang* (1889) den Durchbruch des Naturalismus auf der Bühne signalisiert. Bis zu diesem Zeitpunkt erscheint die Biographie Gerhart Hauptmanns alles andere als gradlinig. Mißerfolge und Rückschläge summieren sich zu einer insgesamt chaotischen künstlerischen Entwicklung, die der junge Hauptmann mit bemerkenswertem Selbstbewußtsein als Vorspiel künftiger Größe auffaßt. Lange bevor die Öffentlichkeit den Dichter der *Weber* als Klassiker feiert, nimmt Hauptmann sich vor, all denen nachzueifern, die in Kunst und Literatur als Klassiker gelten können. Dem Bruder Carl teilt er brieflich mit, daß er aus dem ganzen Gebirge von Carrara ein Monument seiner Größe meißeln wolle (CA VII,788); als Zwanzigjähriger will er mit seinem ersten Drama *Germanen und Römer* (das erst posthum veröffentlicht wird: CA VIII,61–191) sogleich Kleist übertreffen (vgl. CA VII,883). In diese Zeit reicht auch Hauptmanns erstes autobiographisches Projekt zurück, ein zweibändiges Roman-Manuskript, das er später vernichtet. Erst 1937 publiziert Hauptmann die Autobiographie *Das Abenteuer meiner Jugend*, mit der er einerseits an Goethes *Dichtung und Wahrheit*, andererseits an pikareske Vorbilder anknüpft (vgl. Sprengel, B 8.2). In diesem Rückblick auf Kindheit, Jugend und die ersten Berliner Jahre stellt Hauptmann den Fehlschlägen innerhalb der herkömmlichen Bildungsinstanzen seine (durchaus abenteuerlichen) Versuche entgegen, künstlerische Freiheit und Weltgeltung zu erlangen. Die Autobiographie endet mit dem literarischen Durchbruch des Jahres 1889; eine Fortsetzung unter dem Titel *Zweites Vierteljahrhundert* (CA XI,481–576) bleibt unvollendet.

Die (nicht-öffentliche) Uraufführung des Dramas *Vor Sonnenaufgang* am 20. Oktober 1889 macht Gerhart Hauptmann schlagartig zu einer öffentlichen Person. Für die einen ist der junge schlesische Schriftsteller ein Vorkämpfer des Naturalismus, für die anderen ein Sozialreformer, der auf gesellschaftliche Mißstände aufmerksam machen will, für Verleger und Regisseure wie Samuel Fischer, Otto Brahm und Paul Schlenther ein vielversprechendes Talent. Das Vakuum einer naturalistischen Dramatik scheint jedenfalls beseitigt. Arno Holz erklärt *Vor Sonnenaufgang* brieflich für das beste Drama, das jemals in deutscher Sprache geschrieben worden ist (TB I,92). Diesen Spielarten der Euphorie steht auf seiten des bürgerlichen Publikums vorerst ein mehrheitlich ablehnendes Votum gegenüber – was Hauptmann nicht davon abhält, seine dramatische Produktion fortzusetzen. Nach dem furiosen Auftakt erscheinen in rascher Folge die Familiendramen *Das Friedensfest* (1890) und *Einsame Menschen* (1891); die 1892 uraufgeführte (und ausgesprochen schwache) Komödie *Kollege Crampton* erweist sich als erstes »materielles« Erfolgsstück. Zu diesem Zeitpunkt hat sich Hauptmann innerlich und äußerlich vom radikalen Naturalismus, wie ihn Arno Holz und Johannes Schlaf propagieren, distanziert. Um so überraschender wirkt die nächste Provokation auf dem Gebiet des Dramas: Mit der Publikation der *Weber* beginnt ein langwieriger und außerordentlich belastender Kampf gegen die preußischen Zensurbehörden. Der Prozeß sichert dem Autor die Aufmerksamkeit der literarischen Weltöffentlichkeit – und trägt ihm zugleich die langjährige Abneigung des deutschen Kaisers ein: Aus Protest gegen die öffentliche Aufführung des Dramas kündigt Wilhelm II. 1894 die kaiserliche Loge im Deutschen Theater; in den Jahren 1896 und 1899 wird er durch persönlichen Einspruch die Verleihung des Schillerpreises an Gerhart Hauptmann verhindern. Der nicht-öffentlichen Uraufführung der *Weber* durch den Verein »Freie Bühne« folgen 1893 die Dramen *Hannele* und *Der Biberpelz*, die auf andere Art von sich reden machen. Gerhart Hauptmann dominiert die dramatische Szene.

Nach einem zweijährigen Zwischenquartier in Berlin-Charlottenburg, dem »Zentrum des Berlinischen Kunst- und Literaturkreises« (CA XI,535) ziehen Gerhart und Marie Hauptmann 1891 mit ihren Söhnen Ivo, Eckart und Klaus (geb. 1889) ins schlesische Schreiberhau. Carl Hauptmann und seine Frau folgen wenig später gleichfalls in das eigens erworbene Bauernhaus: ein Refugium, das Hauptmann nur zu Studienreisen und obligatorischen Premierenbesuchen verläßt. Bei einem seiner Berlin-Aufenthalte verliebt er sich in die achtzehnjährige Margarete Marschalk, die er seit 1889 durch ihren Bruder, den Musiker Max Marschalk, kennt. Im Sinne der wechselseitig versprochenen Aufrichtigkeit bekennt sich Hauptmann unmittelbar bei der Rückkehr nach Schreiberhau zu seiner Leidenschaft. Damit beginnt eine zehnjährige, für alle Beteiligten quälende Ehekrise: Marie will ihren Mann nicht aufgeben, und Gerhart zweifelt fortwährend, ob er ohne seine Familie glücklich werden kann. Am 20. Januar 1894 erreicht ihn in Paris die Nachricht, daß Marie mit den Söhnen zu dem mittlerweile in Amerika praktizierenden Freund Alfred Ploetz gereist ist. Ohne die französische Premiere seiner Traumdichtung *Hannele* abzuwarten, schifft sich Hauptmann umgehend nach Amerika ein. Der dreimonatige gemeinsame Aufenthalt in Meriden, Connecticut, kann die Ehe allerdings nur vorübergehend retten. Im Herbst 1894 wird der gemeinsame Haushalt in Schreiberhau aufgelöst: Marie zieht mit den Kindern nach Dresden, Gerhart pendelt fortan zwischen Schreiberhau, Dresden und wechselnden Wohnungen in Berlin. Solange die Ehe nicht geschieden ist, stehen die Zusammenkünfte mit Margarete Marschalk im Zeichen der Illegalität. Um so zwangloser gestalten sich gemeinsame Reisen an die Ostsee und nach Italien. Todesfälle innerhalb der Familie (1898 stirbt der Vater, 1899 der Bruder Georg) trüben die gelegentliche Euphorie nachhaltig. Folgt man dem 1930 publizierten, autobiographisch grundierten *Buch der Leidenschaft*, bringt die Geburt des (unehelichen) Sohnes Benvenuto im Jahr 1900 die endgültige Wendung innerhalb der Ehekrise. Hauptmann kauft seiner Frau ein Haus in Dresden und läßt sich selbst von dem Architekten Hans Grisebach in Agnetendorf ein burgartiges Anwesen bauen; der »Wiesenstein« wird im August 1901 bezogen.

Daß die psychische und physische Anspannung Hauptmanns dadurch noch nicht beigelegt ist, signalisieren einige lebensbedrohliche (tuberkulöse und typhoide) Krankheitsschübe der Jahre 1903/04. Zehn Jahre nach Ausbruch der Ehekrise willigt Marie in die Scheidung ein, die 1904 – nach Auskunft des beteiligten Rechtsanwalts in außergewöhnlicher wechselseitiger Rücksichtnahme – vollzogen wird (vgl. TB I,235 f.). Am 18. September 1904 findet die Heirat von Gerhart Hauptmann und Margarete Marschalk auf dem »Wiesenstein« statt; im gleichen Jahr verkauft Hauptmann das Haus in Schreiberhau an seinen Bruder Carl. Beide Häuser sind erhalten: Das Haus in Schreiberhau (poln. Szklarska Poreba) ist mittlerweile Heimatmuseum, der »Wiesenstein« im polnischen Jagniatkow soll (nach langjähriger Nutzung als Kinderheim) restauriert und zu einer Gedenkstätte ausgebaut werden.

Um die Jahrhundertwende blickt Hauptmann auf dramatische Experimente mit durchaus wechselhafter Resonanz zurück. Nach dem krassen Mißerfolg der Bauernkriegstragödie *Florian Geyer* folgt mit der synkretistischen Märchendichtung *Die versunkene Glocke* im selben Jahr 1896 ein Stück, das dem Geschmack des wilhelminischen Publikums entgegenkommt. Zwei Jahre später erscheint Paul Schlenthers Hauptmann-Monographie »Gerhart Hauptmann. Leben und Werke«, die dem Sechsunddreißigjährigen einen epochalen Rang zuschreibt. Es folgen – mit Ausnahme des von Wilhelm II. verweigerten Schillerpreises – zahlreiche öffentliche Auszeichnungen: Hauptmann erhält gleich dreimal den Grillparzer-Preis durch die Kaiserliche Akademie der Wissenschaften in Wien: 1896 für *Hannele*, 1899 für *Fuhrmann Henschel* und 1905 für

Haus Wiesenstein in Agnetendorf

den *Armen Heinrich.* Die Ehrendoktorwürde der Universität Oxford dokumentiert im Jahr 1905 das internationale Renommee des Dramatikers Hauptmann. Vier Jahre später zieht eine deutsche Universität nach: Hauptmann quittiert die Ehrenpromotion der Universität Leipzig mit der Bemerkung, daß es sich dabei um die erste offizielle Ehrung handele, die ihm auf dem Boden seines deutschen Vaterlandes zuteil werde (CA VI,699). Dabei gilt Hauptmann bereits im Jahr 1906 einer Umfrage zufolge als zweitpopulärster lebender Deutscher – pikanterweise unmittelbar nach dem deutschen Kaiser.

Für Samuel Fischer und Otto Brahm ist Hauptmann längst ein Geschäftspartner der ersten Kategorie: Der Fischer-Verlag legt im Jahr 1906 die erste Hauptmann-Gesamtausgabe vor; als Leiter des Lessing-Theaters ist Otto Brahm seit 1904 im Besitz der alleinigen Berliner Aufführungsrechte aller Dramen, die Hauptmann bis 1914 herausbringen wird. Diese (großzügig honorierte) vertragliche Vereinbarung ist wachsenden Spannungen ausgesetzt, weil das von Otto Brahm gepflegte naturalistische Regie-Konzept nicht allen Dramen Hauptmanns gerecht wird. Daß Brahm sich hartnäckig weigert, Stücke wie *Schluck und Jau* (1900) seinem Berliner Konkurrenten Max Reinhardt zu überlassen, der vollkommen neue theatralische Möglichkeiten erprobt, belastet die langjährige Freundschaft zwischen Dichter und Regisseur nachhaltig. Zu den Mitstreitern und Freunden der ersten Jahre treten neue hinzu: der Maler Ludwig von Hofmann, der Bildhauer Max Klinger, die Komponisten Eugen d'Albert und Gustav Mahler, der Großindustrielle Walther Rathenau, darüber hinaus nähere Bekanntschaft mit Arthur Schnitzler, Hugo von Hofmannsthal und Rainer Maria Rilke, der mit Enthusiasmus die Proben von *Michael Kramer* (1900) verfolgt.

Bei den Proben zu einer Neuinszenierung von *Hanneles Himmelfahrt* lernt Hauptmann im Jahr 1905 die siebzehnjährige Schauspielerin Ida Orloff kennen, die sich ihm gesprächsweise als eine Art Nymphomanin zu erkennen gibt. Für einige Monate steht die gerade besiegelte Ehe mit Margarete Marschalk auf dem Spiel. Erst im Juni 1906 – nach dem ersten »dichterischen Befreiungsversuch«, dem durch Ida Orloff inspirierten Glashüttenmärchen *Und Pippa tanzt!* – gewinnt Hauptmann Distanz; um so nachhaltiger sind die Spuren, die Ida Orloff im literarischen Werk hinterlassen hat. Frauenfiguren, deren Reiz sich einer verwirrenden Mischung von Unschuld und Schamlosigkeit verdankt, gehören fortan zum festen Ensemble des Hauptmannschen Œuvres.

Im März 1907 tritt Hauptmann in Begleitung seiner Frau, der Söhne Ivo und Benvenuto, des Ehepaars von Hofmann und einer englischen Gouvernante eine zweimonatige Griechenlandreise an, die bis an die türkische Mittelmeerküste führt. Tagebuchnotate gehen in das 1908 publizierte Reisetagebuch *Griechischer Frühling* (1908) ein, das allerdings sowohl die Begleiter als auch die (nicht weniger interessanten) türkischen Reisestationen ausspart. Die literarische Folie ist unübersehbar: Bei aller Kritik des »blutlosen« Griechenlandbilds der deutschen Klassik soll das Reisetagebuch von 1908 als Pendant zu Goethes *Italienischer Reise* gelesen werden, mithin als Zeugnis dichterischer Selbstvergewisserung und Läuterung im Zeichen der Antike. Die Hauptmann-Forschung ist dieser Selbststilisierung über weite Strecken gefolgt. Die im *Griechischen Frühling* dokumentierte Bestimmung der griechischen Tragödie, ihrer kultischen Funktion und chthonischen Eigenart strahlt bis zur *Atriden-Tetralogie* der vierziger Jahre auf Hauptmanns eigene Dramen aus. Zugleich signalisiert das erste längere Prosawerk eine Verlagerung der dichterischen Produktion, die mit den Romanen *Der Narr in Christo Emanuel Quint* (1910) und *Atlantis* (1912) eine konsequente Fortsetzung findet. Hauptmann wendet sich wohl auch deshalb der Prosa zu, weil er auf der Bühne seit längerem nur Mißerfolge verzeichnet: Weder die *Jungfern vom Bischofsberg*

Gerhart Hauptmann, 1909

(1907) noch *Kaiser Karls Geisel* (1908) noch *Griselda* (1909) können an frühere Theatererfolge anknüpfen.

Die öffentliche Reputation des Dichters Hauptmann nimmt durch die enttäuschenden Uraufführungen keinen Schaden. Die ins Jahr 1909 fallende erste Vortragsreise durch Deutschland wird zu einem Publikumserfolg. Darüber hinaus nimmt Hauptmann regelmäßig am kulturellen Leben Berlins teil und knüpft enge Verbindungen zu den Künstlerszenen in Weimar und Bayreuth. Im Spiegel der Tragikomödie *Die Ratten* (1911) ist von der blendenden Oberfläche der Reichshauptstadt allerdings nichts zu sehen. Hauptmann gibt ein schonungsloses Porträt der Großstadt Berlin, in der er sich nie recht heimisch gefühlt hat. Während der Niederschrift wird Erasmus, Hauptmanns fünfter Sohn, geboren – und stirbt wenige Tage später: eine schmerzliche Erfahrung, die Hauptmann gleichfalls in der Berliner Tragikomödie festhält.

Im Jahr 1912 erwirbt Hauptmann jene Franziskanerkutte, in der er auf eigenen Wunsch dreieinhalb Jahrzehnte später beerdigt wird: »Ich bin ein Mönch der Poesie«, lautet die entsprechende Tagebuchnotiz (TB V,310). Wenige Monate später, beim Festbankett zu seinem 50. Geburtstag im Berliner Hotel Adlon, wird Hauptmann dieses dichterische Selbstverständnis öffentlich artikulieren: »Der Dichter, wahrhaft durchdrungen vom Göttlichen, vom Hauch einer tiefen Erkenntnis berührt, ist zum Werkzeug göttlicher Bildkraft geworden und erfüllt eine köstliche, lebendige Mission, die ihn zum dogmenfreien Priester macht« (CA VI,694).

Im Dezember 1912 erhält Hauptmann den Nobelpreis für Literatur. Neben der zweiten Gesamtausgabe in sechs Bänden entstehen russische und amerikanische Werkausgaben, die das internationale Renommee Gerhart Hauptmanns dokumentieren. Vor diesem Hintergrund erscheint es nur folgerichtig, daß man den Dichter der *Weber* um eine Auftragsdichtung von nationaler Tragweite bittet. Hauptmann erklärt sich nach längerem Zögern bereit, ein Festspiel zu schreiben, das 1913, zur 100-Jahr-Feier der Befreiungskriege, unter der Regie von Max Reinhardt in Breslau uraufgeführt werden soll. Daß Hauptmann der wilhelminischen Gattung pazifistische Aspekte unterlegt und auf höfisch-byzantinische Rücksichten verzichtet, trifft auf Widerstand und Empörung der konservativen Kreise. Angesichts der massiven (und vom Königshaus unterstützten) Kampagne wird das *Festspiel* frühzeitig abgesetzt. Der Festspiel-Skandal von 1913 verletzt Hauptmann um so mehr, als er sich zu diesem Zeitpunkt längst mit der Rolle des Nationaldichters angefreundet hat.

Der Ausbruch des Weltkriegs trifft Hauptmann innerlich unvorbereitet und löst eine mehrjährige Schaffenskrise aus. Von Anfang an sieht Hauptmann ein entsetzliches, ungeheures Völkermorden voraus (vgl. TB VI,24) – was ihn nicht davon abhält, patriotische Kriegsgedichte, öffentliche Aufrufe und Zeitungsartikel für die deutsche Sache zu publizieren: u. a. den Artikel *Gegen Unwahrheit* und einen offenen (Antwort-)Brief an Romain Rolland (vgl. CA XI,843 ff.). Zwei Jahre zuvor, anläßlich der Verleihung des Nobelpreises, hatte Hauptmann noch konstatiert: »Die dem Kriege dienende Kunst und Wissenschaft ist nicht die letzte und echte, die echte und letzte ist die, die der Friede gebiert und die den Frieden gebiert« (CA VI,703). Davon ist in der Turbulenz der Kriegsjahre nichts mehr zu spüren. Dieses prekäre Engagement läßt sich wohl nur auf Hauptmanns Nationalgefühl zurückführen, das in den ersten Kriegsjahren um so heftiger durchbricht, als es 1913 öffentlich in Zweifel gezogen wurde. Wie die Mehrzahl der Intellektuellen solidarisiert sich Hauptmann bei Kriegsausbruch ohne jeden Vorbehalt mit dem deutschen Volk, mit den Soldaten ebenso wie mit dem Kaiser. Hauptmann versteht den Krieg überdies als Durchbruch des »Elementaren«, einer in seinen Augen ästhetisch und ethisch überlegenen Kategorie. Da die

Gerhart Hauptmann in seiner Mönchskutte, 1919

Moral der maroden Vorkriegsgesellschaft endgültig außer Kraft gesetzt scheint, spricht Hauptmann der Auflehnung gegen den Krieg wenig Plausibilität zu. Statt dessen engagiert er sich (als Vorstandsmitglied) für die »Deutsche Gesellschaft 1914«, die sich durch Zusammenführung der geistigen und politischen Elite eine Mobilisierung der intellektuellen Ressourcen für den Krieg vornimmt. Hauptmanns martialischen Solidarisierungsversuchen steht eine persönliche und zunehmend in den Vordergrund rückende Leidensbilanz gegenüber. Im Tagebuch hält er die Grausamkeiten des Kriegs akribisch fest; die dichterische Arbeit beschränkt sich demgegenüber auf die Fertigstellung von Werken, deren Konzeption vor die Kriegsjahre zurückreicht. Abgesehen vom *Bogen des Odysseus* (1914) und der *Winterballade* (1917) kommt während der Kriegsjahre kein neues Werk von Hauptmann auf die Bühne. Gleichfalls zögerlich reagiert Hauptmann auf verschiedene Angebote, das Wiener Burgtheater (1914), das Wiener Volkstheater (1917) oder das Hamburger Schauspielhaus (1918) zu leiten. Seine Regieexperimente des Jahres 1913 – er inszenierte Schillers *Wilhelm Tell* und Kleists *Der zerbrochne Krug* am Deutschen Künstlertheater – finden keine institutionalisierte Fortsetzung.

Im November 1918 formuliert Hauptmann den Text zu einer *Kundgebung von Berliner Künstlern und Dichtern*, die dem Volk, das nun »sein Geschick in die Hand genommen« hat, nachhaltige Unterstützung zuspricht (CA XI,899). Damit sind die Weichen für die nächsten Jahre gestellt: Hauptmann bekennt sich vorbehaltlos zur Republik, was ihm in den Folgejahren eine enorme Popularität verschafft. Die vom Reichspräsidenten ausgegebene Formel für die Feiern anläßlich des 60. Geburtstags lautet: »Mit der Ehrung Gerhart Hauptmanns ehrt das deutsche Volk sich selbst«. Die umfangreichen, mehrmonatigen Feierlichkeiten des Jahres 1922 dokumentieren, daß Hauptmann endlich die lang ersehnte Rolle des Nationaldichters zukommt. Be-

Gerhart Hauptmann und Friedrich Ebert, 1922

reits im August finden in Breslau Gerhart-Hauptmann-Festspiele statt, bei denen 14 Hauptmann-Dramen auf die Bühne kommen. Samuel Fischer bringt zum Geburtstag eine Gesamtausgabe in zwölf Bänden heraus. Thomas Mann feiert ihn als »König der Republik«, sein Bruder Heinrich erklärt ihn (neben dem politischen Reichshaupt) zum Präsidenten des Herzens; schließlich kursierten 1921 Gerüchte, daß Hauptmann für das Amt des Reichspräsidenten kandidieren wolle. Den Höhepunkt bilden die Berliner Feierlichkeiten in der Aula der Universität. Reichspräsident Friedrich Ebert ist anwesend – nicht aber die Berliner Studentenschaft, die sich nach Maßgabe eines Mehrheitsbeschlusses vom Jubilar distanziert: Als erklärter Republikaner sei Gerhart Hauptmann kein charakterfester Deutscher mehr. Vier Jahre später, bei der Münchener Erstaufführung von *Dorothea Angermann*, kommt es zu einem weiteren, offenbar von Hitler-Sympathisanten angezettelten Skandal. Dabei hat Hauptmann zu diesem Zeitpunkt sein öffentliches Engagement für die Weimarer Republik bereits deutlich zurückgenommen. Der wachsenden Skepsis gegenüber der republikanischen Staatsform korrespondiert ein nachhaltiges Interesse für den italienischen Faschistenführer Mussolini, den Hauptmann im Jahr 1929 bei einer »Privataudienz« persönlich kennenlernt (vgl. TB VII,260 f.).

1924 wird Hauptmann der Orden »Pour le mérite« verliehen, 1928 tritt er (nachträglich) der Sektion für Dichtkunst der Preußischen Akademie der Künste bei, über deren Einrichtung er knapp zehn Jahre zuvor mit dem damaligen Präsidenten der Akademie beratschlagt hatte. Seit längerem wechselt Hauptmann regelmäßig zwischen dem schlesischen »Wiesenstein«, der Reichshauptstadt, Italien und der Ostsee. Im Jahr 1930 erwirbt er das Haus Seedorn in Kloster auf Hiddensee (seit 1956 Gerhart-Hauptmann-Gedenkstätte). Der Kreis der Freunde und Bekannten hat sich mittlerweile vergrößert: Das Gästebuch des »Wiesensteins« verzeichnet u. a. Emil Orlik, Harry Graf Kessler,

Theodor Däubler, Oskar Loerke und Max Pinkus; es fehlen Hauptmanns Bruder Carl, der 1921 in Schreiberhau gestorben ist, und der 1922 ermordete Freund Walther Rathenau.

Thomas Mann gibt im *Zauberberg* ein literarisches Resümee seiner Begegnung mit Hauptmann (Bozen 1923), das vorübergehend für Verstimmung sorgt. Im Roman tritt eine nur geringfügig verschleierte Hauptmann-Figur namens Mynheer Peeperkorn auf: eine durchaus imposante Erscheinung, der allerdings nur nichtssagende Worte zu Gebote stehen. Peeperkorn wirkt durch Präsenz und Ausstrahlung – was in den zwanziger und dreißiger Jahren auch für sein Vorbild Gerhart Hauptmann gilt. »Ich fand den Mann pompös. Zum mindesten äußerlich, gestaltmäßig, haltungshaft enorm dekorativ; kein fauler Zauber an ihm, wie so oft an seinen Sachen, die er schreibt«, beschreibt Gottfried Benn seinen Eindruck von Hauptmann im November 1932. Seit der Erzählung *Der Ketzer von Soana* von 1918 hat Hauptmann mehr als ein Jahrzehnt keine durchschlagenden Erfolge zu verzeichnen: weder mit den Dramen *Der weiße Heiland* (1920), *Peter Brauer* (1921), *Indipohdi* (1922), *Veland* (1925), *Dorothea Angermann* (1926) und *Spuk* (1929) noch mit den Romanen *Die Insel der großen Mutter* (1924), *Wanda* (1928) und dem *Buch der Leidenschaft* (1930). Hauptmanns öffentlicher Wirkung tut indes selbst der krasse publizistische Mißerfolg des *Eulenspiegel*-Epos von 1927 keinen Abbruch.

Die Feierlichkeiten zu Hauptmanns 70. Geburtstag stehen denen von 1922 nicht nach; ihren besonderen Charakter erhalten sie dadurch, daß im Jahr 1932 gleichfalls Goethes 100. Todestag gewürdigt wird. Die beiden Dichter-Ehrungen gehen nahtlos ineinander über. Hauptmann hält auf seiner Amerika-Reise an der Columbia-Universität eine Goethe-Rede, die zugleich als Selbstporträt konzipiert ist, und wird im Goethe-Jahr zum Goethe-Preisträger der Stadt Frankfurt. Ohnehin macht er seit einigen Jahren auf das Erbe Goethes Anspruch, indem er eine gewisse Ähnlichkeit durch Haartracht und Haltung zu steigern sucht. Der »Simplicissimus« nimmt eine Jubiläumsaufführung des Goetheschen *Clavigo* im März 1932 zum Anlaß, diesen klassischen Spurengang zu karikieren: »Wie man hört, war bei der Neuaufführung von *Clavigo* der Autor selbst anwesend, allerdings in Ermangelung des Verstorbenen in Gestalt Gerhart Hauptmanns. Das Publikum im Kurfürstendammtheater bemerkte den kleinen Betrug nicht« (zit. nach Sprengel, B 6.32, 31). Das im Jubiläumsjahr uraufgeführte Drama *Vor Sonnenuntergang* eröffnet eine Reihe von Werken, die mit zunehmender Deutlichkeit an Goethe-Texte anknüpfen: die Wilhelm-Meister-Kontrafaktur *Im Wirbel der Berufung* (1936), die Autobiographie *Das Abenteuer meiner Jugend* (1937), *Das Märchen* (1941), *Iphigenie in Delphi* (1941) und die posthum publizierte *Mignon*-Novelle.

> Mit dem Brande des Reichtagsgebäudes [. . .] schließt das Deutschland ab, in dem ich seit 1862 gelebt habe [. . .]. Wie ich zu dem Kommenden stehe? Sechzig Jahre bewußt gebliebenen deutschen Schicksals, siebzig Jahre eigenen Schicksals mit seinem Tun und Erdulden, seinem Gelingen und Fehlschlägen, seinem ununterbrochenen Streben und Arbeiten lassen einen belasteten Mann zurück, der nicht mit dem für das Neue notwendige[n] illusionsfähigen Kinder-, Knaben- und Jünglingsverstand wieder beginnen kann. (TB VII,226)

Dieser Tagebucheintrag vom 1. März 1933 nimmt Hauptmanns ambivalente Haltung zum Nationalsozialismus vorweg: Innerlich geht er insofern auf Distanz, als er in seinem Alter nicht mehr jenen blinden Enthusiasmus aufbringen kann, den die neuen Machthaber einfordern (und erhalten). Dennoch verschwendet Hauptmann keinen Gedanken an politischen Widerstand gegen eine Bewegung, der er selbst die Unterdrückung geistiger Freiheit attestiert (vgl. TB VII,222). Während sich die Mehrzahl der namhaften Künstler gegen die Gleichschaltung der kulturellen Institutionen

Gerhart Hauptmann im Profil, um 1927

zur Wehr setzt, bleibt Hauptmann »unter Anerkennung der veränderten geschichtlichen Lage« in der preußischen Akademie der Künste. »Daß wir, soweit wir Akademiker sind, gegen die Regierung, der wir unterstehen, nicht frondieren dürfen, ist eine Selbstverständlichkeit. Übrigens habe ich das auch als freier Schriftsteller, niemals irgendeiner Regierung gegenüber getan. Dazu ist mein Wesen viel zu positiv eingestellt. Nicht im Gegenwirken sieht es das Heil, sondern im Mitwirken«, schreibt er am 17. März an Rudolf Binding (zit. nach Brescius, B 5: 1976, 226).

Hauptmanns »Mitwirkung« äußert sich in Zeitungsartikeln, Reden und Radioansprachen, die sich dem »geschlossenen Willen von Führer und Volk« (CA XI,1145) vorbehaltlos anschließen: im November 1933 unterstützt er Deutschlands Austritt aus dem Völkerbund, 1936 votiert er bei den Reichstagswahlen öffentlich für Hitler, 1938 für den »Anschluß« Österreichs (vgl. CA XI,1133 f., 1145, 1158 f.). Anläßlich des 80. Geburtstags bedankt sich Hauptmann ausdrücklich bei Hitler als dem »Sternenschicksalträger des Deutschtums« (CA XI,1196). Das sind zwar wenige, aber überaus eindeutige Solidaritätsadressen. Alfred Kerr gehört zu den ersten, die Hauptmanns Arrangement mit den neuen Machthabern verurteilen. Aus dem Exil veröffentlicht er 1933 die Polemik »Gerhart Hauptmanns Schande«, eine beispiellose Abrechnung mit dem in Deutschland gebliebenen, vormaligen Freund: »Sein Andenken soll verscharrt sein unter Disteln; sein Bild begraben in Staub«, lauten die letzten Worte. Kerrs alttestamentlich grundierter Bannfluch wirkt bis heute nach. Er unterstellt, daß Hauptmann in Deutschland geblieben sei, weil er an ein aufwendiges und komfortables Leben gewöhnt war, das er nicht aufgeben wollte. Hauptmann selbst hat einige Jahre später bemerkt, er könne nur in seiner Heimat schaffen (vgl. Voigt, B 5: 1946, 298) – was allerdings wenig plausibel erscheint für einen Dichter, der seit Jahren einen Großteil seiner Zeit auf Reisen und im Ausland verbringt. Ausschlaggebend für

Spaziergang in Agnetendorf, 1941

Hauptmanns Arrangement mit den neuen Machthabern ist die ihm in langen Jahren zugewachsene Rolle des Volks- und Nationaldichters. Eine politisch motivierte, räumliche Distanzierung vom deutschen Volk ist für Hauptmann undenkbar. Trotz der radikalen Ablehnung, die der nationalsozialistische Chef-Ideologe Alfred Rosenberg dem Werk Hauptmanns zukommen läßt, versteht das Propagandaministerium die Präsenz des Dichters zu nutzen. Schließlich sind nicht eben viele Dichter von europäischem Ansehen in Deutschland geblieben. Die nationalsozialistische Geburtstagsregie des Jahres 1942 sucht dementsprechend einen Mittelweg zwischen feierlicher Auszeichnung und weltanschaulicher Kritik.[1]

Das literarische Werk wird von den neuen politischen Verhältnissen nur insofern geprägt, als radikaler Pessimismus und Verzweiflung immer deutlicher zum Ausdruck kommen: in der Erzählung *Das Meerwunder* (1934), in dem programmatischen Essay *Tintoretto* (1938), vor allem aber in der seit 1940 entstehenden *Atriden-Tetralogie*. Das dramatische Requiem *Die Finsternisse* für den jüdischen Freund Max Pinkus läßt eine klare Ablehnung der nationalsozialistischen Rassenideologie erkennen, auch wenn Hauptmann es angesichts der politischen Verhältnisse zurückhält.

Im Jahr 1945 wird Hauptmann Zeuge der Zerstörung Dresdens. Noch einmal reagiert er auf eine Anfrage des Propagandaministeriums, verzichtet allerdings auf die gewünschten martialischen Durchhalteparolen und gibt statt dessen seinem elementaren Entsetzen Ausdruck (vgl. CA XI,1205 f.). Im Mai 1945 wird Agnetendorf durch die Rote Armee besetzt; die sowjetischen, später polnischen Militärbehörden behandeln den zunehmend kränklicheren Dichter mit Respekt und Rücksicht; der »Wiesenstein« wird eigens

1 Vgl. Jan-Pieter Barbian, »›Fehlbesetzung‹. Zur Rolle von Gerhart Hauptmann im ›Dritten Reich‹«, in: Bialek/Tomiczek/Zybura, B 3: 1997, 251–286.

Gerhart Hauptmann, 1943

unter Schutz gestellt. Anfang Oktober 1945 besucht Johannes R. Becher als Präsident des »Kulturbundes zur demokratischen Erneuerung Deutschlands« den »Wiesenstein« und vermag es, Hauptmann zu einer öffentlichen Unterstützung des »Kulturbunds« zu bewegen (CA XI,1207). Von dieser letzten politischen Inanspruchnahme abgesehen, kommt Hauptmann keine öffentliche Aufmerksamkeit mehr zu. Am 6. Juni 1946 stirbt Gerhart Hauptmann nach mehrtägiger Bewußtlosigkeit; auf eigenen Wunsch wird er in seiner Franziskanerkutte aufgebahrt. Nach der Trauerfeier im »Wiesenstein« am 9. Juni dauert es mehr als fünf Wochen, bis der Sarg mit einem Sonderzug nach Berlin und von dort über Stralsund nach Hiddensee gelangt. Im Morgengrauen des 28. Juli 1946 findet die Beisetzung Gerhart Hauptmanns auf dem Friedhof von Kloster statt.

Das dramatische Werk

Hauptmanns 1942 publizierten *Einsichten und Ausblicken* zufolge kommt dem Drama unter den literarischen Gattungen der höchste Stellenwert zu. Das Drama sei allein deswegen die »größte Dichtungsform«, weil das ganze Leben dramatisch grundiert ist (vgl. CA VI,1036). Die dichterische Laufbahn Gerhart Hauptmanns beginnt in diesem (zweifachen) Sinne dramatisch: Mit dem 1889 uraufgeführten Stück *Vor Sonnenaufgang* wird der junge Schriftsteller auf einen Schlag berühmt. Die Premiere markiert den Aufbruch einer Dichtergeneration, die sich von den ästhetischen Konventionen der Gründerzeit distanziert. Der junge Gerhart Hauptmann trifft mit seinem ersten sozialen Drama unverhofft auf durchaus günstige Bedingungen: Durch den Zuspruch des alten Theodor Fontane und die Risikobereitschaft des jungen Regisseurs Otto Brahm erhält der unbekannte Schriftsteller den Zuschlag für die zweite Aufführung des Vereins »Freie Bühne«; der wütende und (gleichfalls sorgfältig inszenierte) Protest einiger Zuschauer trägt dem Stück legendäre Bedeutung ein.

Dieser Bühnenerfolg geht allerdings nicht nur auf äußere Umstände zurück: Im Unterschied sowohl zu den »orthodoxen« Naturalisten als auch zu den traditionsorientierten Dramatikern des Kaiserreichs hält Hauptmann in seinen ersten Stücken die Balance zwischen gestalterischen Innovationen und Rückgriffen auf die dem bürgerlichen Publikum vertraute dramatische Formensprache (vgl. Kaiser, B 6). Der Verzicht auf äußere Handlung kann sich auf das Vorbild Lessings berufen (vgl. CA I,101), die (ungleich provokativer wirkende) Verweigerung des herkömmlichen Dramenschlusses steht im Zeichen des Lebens, einer Kategorie, die um die Jahrhundertwende zum zentralen Orientierungsmaßstab avanciert: »In Fällen, wo wir das Leben der dramatischen Kunstform nicht anpassen können: – sollen wir nicht diese Kunstform dem Leben anpassen?«, schreibt Hauptmann (CA VI,1044). Unter dieser Voraussetzung bricht der von Gustav Freytag dem Drama zugeschriebene pyramidale Spannungsbogen von Exposition, Peripetie und Katastrophe in sich zusammen: »Ein Drama, das nicht vom ersten bis zum letzten Wort Exposition ist, besitzt nicht die letzte Lebendigkeit.« (CA VI,1037). In den *Webern* (1893) bringt Hauptmann anstelle des herkömmlichen Dramenhelden ein Kollektiv von Unterdrückten auf die Bühne, der *Biberpelz* (1893) läßt die Diebstahldelikte der Protagonistin unbestraft und verweigert den gattungstypologisch vorgegebenen fünften Akt (vgl. Jacobs, B 6, 102 f.). Zugleich knüpfen viele Dramen an das Muster der Familientragödie an und beziehen ihre dramatische Spannung aus Generationskonflikten, wie sie dem bürgerlichen Theaterpublikum durchaus vertraut sind. »Jede Familie trägt ihren heimlichen Fluch oder Segen. Ihn finde! Ihn lege zugrunde!«, lautet die entsprechende Formel in den *Einsichten und Ausblicken* (CA VI,1042).

Nicht wenige der dramaturgischen Innovationen korrespondieren dem poetischen Programm des Naturalismus – dem Hauptmann sich allerdings zu keiner Zeit verpflichtet fühlt. Die frühen, gegen obrigkeitlichen Protest errungenen Bühnenerfolge machen ihn zum prominentesten Dramatiker Deutschlands. Um so verstimmter reagieren die Mitstreiter der ersten Jahre, Dichter-Kollegen, Regisseure und Kritiker, als der »Vorkämpfer« des Naturalismus neue Wege einschlägt. In den neunziger Jahren kommen Traum- und Märchendichtungen auf die Bühne, die von den Maximen der mittlerweile etablierten Bewegung denkbar weit entfernt sind. Hauptmann sieht sich erstmals dem Einspruch derjenigen ausgesetzt, die ihn zu Beginn seiner Laufbahn öffentlich feierten. Von Theaterkritikern wie Alfred Kerr wird fortan jedes neue Werk am naturalistischen Frühwerk gemessen – und in der Regel für zu leicht befunden. Problematisch gestaltet sich auch die (durchaus lukrative) vertragliche Bindung an Otto Brahm, die dem Regisseur die Erstaufführungsrechte aller zukünftigen Hauptmann-Dramen zusichert. Hauptmann fürchtet zu Recht um die Wirkung jener Stücke, die dem naturalistischen Inszenierungskonzept Otto Brahms nicht entsprechen.

Ungeachtet dieser Widerstände löst sich Hauptmann mehr und mehr von den naturalistischen Sujets und der Formensprache seiner ersten Dramen. In den Tagebüchern der neunziger Jahre ist von der Suche nach mythischen Vorlagen und »Ewigkeitsstoffen« die Rede (vgl. TB IV,134): Hauptmann greift zunehmend historische, literarische und mythische Motive der unterschiedlichsten Herkunft auf: In der Märchendichtung *Die versunkene Glocke* (1896) führt dieses Verfahren zu einem überraschenden Publikumserfolg, der sich allerdings nicht wiederholen läßt und seine Überzeugungskraft sehr bald einbüßt.

Es spricht für das Selbstbewußtsein des Dramatikers Hauptmann, daß weder Verrisse noch Bühnendesaster zu einer nennenswerten Schaffenskrise geführt haben. Seit den neunziger Jahren gehört es für ihn zum elementaren und unverzichtbaren Lebensvollzug, Dramen zu schreiben. Sieht man vom Ersten Weltkrieg ab, der eine fundamentale Neuorientierung notwendig macht, vergehen selten ein, zwei Jahre, ohne daß ein neues Werk von Hauptmann erscheint. Die Summe der zu Lebzeiten fertiggestellten und aufgeführten Bühnenwerke ist dementsprechend überwältigend. Einzelne Werkphasen zu profilieren und in eine organische Abfolge zu bringen, will dennoch nicht gelingen: Zwar zeichnet sich schon in den neunziger Jahren eine Hinwendung zur griechischen und nordischen Mythologie ab, doch greift Hauptmann zur Überraschung des Publikums im Jahr 1911 mit den *Ratten* nach langer Zeit unbekümmert auf Sujets und Gestaltungsmittel des Frühwerks zurück. Und selbst ein mythisches Drama wie *Der Bogen des Odysseus* von 1914 trägt insofern der Moderne Rechnung, als das Göttliche weithin psychologischen Ursprungs erscheint.

Der von Hauptmann um 1906 ins Spiel gebrachte Begriff »Urdrama« (vgl. TB V,100) ist in seiner elementaren Unbestimmtheit wenig geeignet, eine Werkgruppe oder gar das gesamte dramatische Werk Gerhart Hauptmanns zu bezeichnen. Auch an das populäre Wort vom »Mitleidsdichter« Gerhart Hauptmann lassen sich nur allgemeine Beobachtungen anknüpfen: Sieht man von der Diebskomödie *Der Biberpelz* (1893), der Komödie *Schluck und Jau* (1900) und einigen Passagen der *Ratten* (1911) ab, liegt Hauptmanns Stärke nicht auf dem Gebiet des Komischen. Seine Stücke vergegenwärtigen vor allem Spielarten des Leids – und das mit zunehmender Drastik, Brutalität und Exzentrik. »Tragödie heißt: Feindschaft, Verfolgung, Haß und Liebe als Lebenswut! Tragödie heißt: Angst, Not, Gefahr, Pein, Qual, Marter, heißt Tücke, Verbrechen, Niedertracht, heißt Mord, Blutgier, Blutschande, Schlächterei«, lautet ein entsprechender Eintrag im Reisetagebuch *Griechischer Frühling* (CA VII,80). Während in den frühen Stücken das Mitgefühl den auf unterschiedliche Weise Unterdrückten und Benachteiligten gehört, richtet Hauptmann sein Interesse zunehmend auf Außenseiter, die einer komplizierten, oftmals erotischen Heimsuchung erliegen. In Sir Archie, dem Protagonisten der *Winterballade* (1917), erreicht diese Tendenz insofern einen bizarren Höhepunkt, als Mitleid für einen kaltblütigen Mörder eingefordert wird. Nimmt man das gesamte dramatische Werk in den Blick, spart Hauptmann kaum eine Spielart elementaren Leids aus: Er versteht es, Fuhrleuten, Handwerkern, Dienstmädchen und Bauernmägden ebenso seine Stimme zu leihen wie Großbürgern, Künstlern, Kaisern und mythischen Heroen: ein bemerkenswertes Spektrum.

Im folgenden werden die von Hauptmann für die Bühne freigegebenen Dramen in der Reihenfolge ihrer Uraufführungen vorgestellt. Nicht berücksichtigt sind: die Jugenddramen, die zahlreichen dramatischen Fragmente, der *Festaktus* (1925), Hauptmanns Auftragsdichtung zur Eröffnung des Deutschen Museums in München, sowie *Christiane Lawrenz* und *Herbert Engelmann*, zwei Dramen, die Hauptmann insofern für unfertig erklärt, als er sie zu Lebzeiten weder für den Druck noch für eine Aufführung freigegeben hat.

Vor Sonnenaufgang

Hauptmanns erstes »soziales Drama« (CA I,9) spielt um 1888 auf dem Gut des Bauern Krause im schlesischen Witzdorf. Die durch Kohlevorkommen zu Geld gekommene Familie erhält überraschenden Besuch von Alfred Loth, einem Volkswirt und Sozialreformer, der eine Studie über die Bergarbeiter der Region schreiben will. Loths Jugendfreund Hoffmann, der mit der ältesten Krause-Tochter verheiratet ist, bietet dem Gast umgehend Unterkunft an. Wie weit sich die Freunde auseinanderentwickelt haben, deutet sich allerdings schon beim ersten Gespräch an: Hoffmann hat sich längst von den gemeinsamen sozialistischen Jugendideen verabschiedet, für die Loth zwei Jahre Gefängnisstrafe verbüßte. Der Reichtum der Krauses ermöglicht ihm ein gedankenloses, luxuriöses Leben. Wie alle anderen Familienmitglieder (mit Ausnahme der jüngeren Krause-Tochter Helene) ist Hoffmann dem Alkohol verfallen. Um so peinlicher gestaltet sich das Abendessen, bei dem Loth ahnungslos die verheerende Wirkung des Alkohols auf die Erbanlagen erläutert.

Im zweiten Akt kreuzen sich – vor Sonnenaufgang – die Wege vor dem Haus der Familie: Der alte Krause kommt volltrunken aus der Wirtschaft zurück, während Wilhelm Kahl, Helenes Bräutigam – nach einem Rendezvous mit seiner künftigen Schwiegermutter – das Haus heimlich verläßt. Wenig später betritt Loth den Gutshof. Gespräche mit dem Knecht Beibst und Helene veranschaulichen das Elend der Bergarbeiter und den krassen Reichtum der Kohlebauern. Je mehr die in pietistischer Obhut aufgewachsene Helene über die soziale Mission des Gastes erfährt, desto deutlicher distanziert sie sich von der dumpfen Lebensform ihrer Familie.

Der dritte Akt führt wieder ins Wohnhaus der Krauses, wo Hoffmann seine entnervte Schwägerin Helene mit einem unverblümten Annäherungsversuch trösten will. Sie weist ihn empört zurück, um beim anschließenden Frühstück um so andächtiger Loths Meinungen zur Frauenemanzipation und zur gesunden Lebensführung zu lauschen. Hoffmann versucht zunächst freundlich, dann ungehalten, den Jugendfreund von seiner Sozialstudie abzubringen. Wenig später allerdings, zu Beginn des vierten Akts, lenkt Hoffmann ein; auf seine Bitte hin reist Loth nicht ab, zumal Helene ihm mittlerweile ihre Zuneigung offenbart hat. Gemeinsam schmieden sie Zukunftspläne. Aus Ekel und Angst, daß Loth sie zurückweisen könnte, verheimlicht Helene weiterhin den Alkoholismus ihres Vaters. Das Rendezvous in der Laube wird durch die Ankündigung unterbrochen, daß bei Hoffmanns Frau Martha die Wehen eingesetzt haben.

15 Stunden später, zu Beginn des fünften Akts, ist Marthas Kind trotz ärztlicher Unterstützung noch nicht auf der Welt. Dr. Schimmelpfennig, der Hausarzt der Krauses, läßt sich Loth gegenüber beiläufig über die im Dorf grassierenden Degenerationserscheinungen aus. Als Schimmelpfennig von Loths Heiratsabsicht hört, rät er dringlich ab: Familie Krause könne aufgrund des erblichen Alkoholismus keine gesunde Nachkommenschaft hervorbringen. Loth verläßt umgehend das Haus, indem er seiner »Verlobten« nur einen kurzen Abschiedsbrief schreibt. Wenig später kommt

Helene mit der Nachricht, daß das Kind ihrer Schwester totgeboren sei. Als sie Loths Abschiedsbrief vorfindet, tötet sie sich mit dem Hirschfänger ihres Vaters. Der alte Krause kehrt – abermals volltrunken – aus der Wirtschaft zurück.

Die programmatischen Ansichten, die Alfred Loth der degenerierten Witzdorfer Bauernfamilie entgegenhält, beschäftigen Gerhart Hauptmann spätestens seit seinem Zürich-Aufenthalt im Jahr 1888. Dort werden unter der Leitung von Auguste Forel und Alfred Ploetz Vererbungsfragen und die Wirkung des Alkohols diskutiert. Letzterer schwört angesichts der neuen Erkenntnisse dem Alkohol ab – und wird sich nach der Lektüre des Dramas in Alfred Loth wiedererkennen (vgl. TB I,165). Überdies schreibt Hauptmann seinem Agitator ein soziales Engagement zu, wie er es sich selbst im Kreise der »Gesellschaft Pacific« zu eigen gemacht hatte. Loths Gefängnisaufenthalt bezieht sich offenbar auf die knapp zweijährige Haftstrafe, zu der Heinrich Lux, ein weiteres Mitglied dieses sozialistischen Geheimbunds, 1887 verurteilt wurde (Hauptmann nahm als Zeuge an dem Verfahren teil).

Anfang April 1889 beginnt Hauptmann mit der Niederschrift seines ersten Bühnenstücks, die nur zweieinhalb Monate dauert: Am 7. Juni 1889 schickt Arno Holz bereits einen enthusiastischen Kommentar über das soeben fertiggestellte Dramen-Manuskript, den Hauptmann umgehend in sein Notizbuch einklebt: »Wir [A. Holz, Johannes Schlaf] halten es für das beste Drama, das jemals in deutscher Sprache geschrieben worden ist. *Tolstoi mit eingerechnet!*« (TB I,92). Der explizite Vergleich mit Tolstoi ist um so signifikanter, als dessen Drama *Die Macht der Finsternis* – wie Hauptmann rückblickend einräumt – zu den literarischen Vorbildern seines Stücks gehört (vgl. CA XI,533). In der Widmung des Erstdrucks, der im August 1889 vorliegt, dankt Hauptmann darüber hinaus Arno Holz und Johannes Schlaf: »Bjarne P. Holmsen [Arno Holz, Johannes Schlaf],

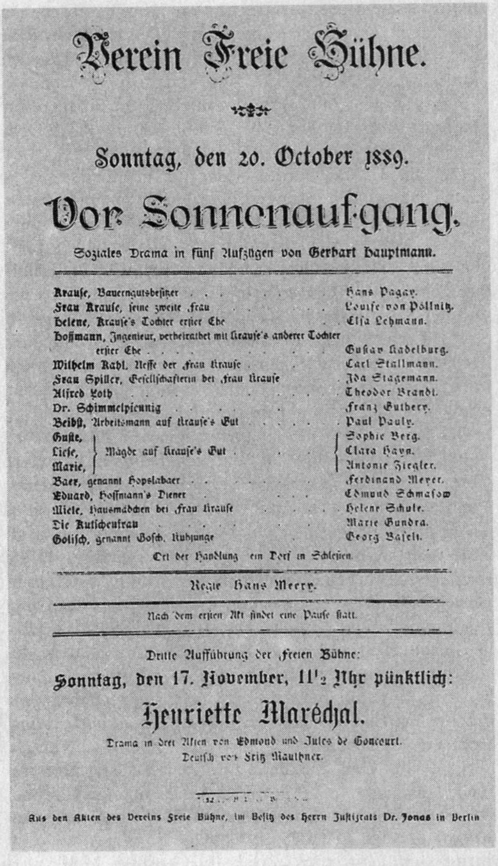

Verein Freie Bühne.

Sonntag, den 20. October 1889.

Vor Sonnenaufgang.

Soziales Drama in fünf Aufzügen von Gerhart Hauptmann.

Krause, Bauerngutsbesitzer	Hans Pagay.
Frau Krause, seine zweite Frau	Louise von Pöllnitz.
Helene, Krause's Tochter erster Ehe	Elsa Lehmann.
Hoffmann, Ingenieur, verheirathet mit Krause's anderer Tochter erster Ehe	Gustav Kadelburg.
Wilhelm Kahl, Neffe der Frau Krause	Carl Stallmann.
Frau Spiller, Gesellschafterin bei Frau Krause	Ida Stagemann.
Alfred Loth	Theodor Brandt.
Dr. Schimmelpfennig	Franz Guthery.
Beibst, Arbeitsmann auf Krause's Gut	Paul Pauly.
Guste, Mägde auf Krause's Gut	Sophie Berg.
Liese, Mägde auf Krause's Gut	Clara Hayn.
Marie, Mägde auf Krause's Gut	Antonie Ziegler.
Baer, genannt Hopslabaer	Ferdinand Meyer.
Eduard, Hoffmann's Diener	Edmund Schmasow
Miele, Hausmädchen bei Frau Krause	Helene Schule.
Die Kutschenfrau	Marie Gundra.
Golisch, genannt Gosch, Kuhjunge	Georg Baselt.

Ort der Handlung: ein Dorf in Schlesien.

Regie: Hans Meery.

Nach dem ersten Akt findet eine Pause statt.

Dritte Aufführung der Freien Bühne:

Sonntag, den 17. November, 11½ Uhr pünktlich:

Henriette Maréchal.

Drama in drei Akten von Edmond und Jules de Goncourt.
Deutsch von Fritz Mauthner.

Aus den Akten des Vereins Freie Bühne, im Besitz des Herrn Justizrats Dr. Jonas in Berlin

Ankündigung der Uraufführung von *Vor Sonnenaufgang*
im Berliner Lessingtheater, 1889

dem konsequentesten Realisten, Verfasser von *Papa Hamlet*, zugeeignet, in freudiger Anerkennung der durch sein Buch empfangenen, entscheidenden Anregung« (CA I,10). Am 20. Oktober 1889 findet die Uraufführung durch den Verein Freie Bühne im Berliner Lessingtheater statt: Die heftigen, größtenteils empörten Reaktionen auf die (nur geringfügig zensierte) Aufführung markieren den Durchbruch des Naturalismus auf der Bühne. Hauptmann erhält vor allem von den Berliner Naturalisten enthusiastischen Zuspruch. Vollkommen unbeeindruckt von der Ablehnung durch das bürgerliche Publikum formuliert der alte Fontane eine Rezension, die weniger auf die naturalistische Tendenz als auf die Kunstfertigkeit des jungen Dramatikers Gerhart Hauptmann hinweist. Ein Indiz für die Bühnenwirksamkeit von *Vor Sonnenaufgang* sind die Dramenparodien, die innerhalb weniger Monate auf den Berliner Spielplänen auftauchen (›Erhart Glaubtmann‹, *Nach Sonnenaufgang*, und Conrad Alberti, *Im Suff*). Die erste Übersetzung ins Englische stammt von James Joyce.

Hauptmann selbst macht im Verlauf der folgenden Jahre verschiedene Vorbehalte gegen sein erstes Bühnenstück geltend (vgl. GI,23; TB IV,16). Am 1. Dezember 1909 allerdings, 20 Jahre nach der Premiere, nimmt er sich anläßlich einer Aufführung vor, stets jene »alte Kühnheit« (TB V,595) zu behalten, die zu einem der folgenreichsten Theaterskandale der Moderne führte.

Im Jahr 1889 bedurfte es einiger Courage, um sich so einmütig für die Aufführung von Hauptmanns *Vor Sonnenaufgang* einzusetzen, wie es – auf unterschiedliche Weise – Otto Brahm und Theodor Fontane taten. Das Stück führt eine Familie vor, in der Alkoholismus, Habgier, Ehebruch und Inzestversuche zur Tagesordnung gehören. Ungeachtet dieser verwerflichen Lebensform unternehmen die neureichen Krauses – mit Hilfe einer Gouvernante und diverser, aus der Hauptstadt importierter Luxusartikel – groteske

Anstrengungen, für vornehm zu gelten. Marthas Kind kommt zwar nicht unmittelbar auf der Bühne, aber im angrenzenden Raum zur Welt: Die Schreie der gebärenden Mutter dringen laut Regieanweisung in den Bühnenraum, was bekanntlich den Frauenarzt Dr. Isidor Kastan, ein empörtes Mitglied des Vereins Freie Bühne, veranlaßte, während der Aufführung eine Geburtszange zu schwenken. Dieser desolaten Familie steht im Stück nun keineswegs ein herkömmlicher, strenger Sittenrichter gegenüber, mit dem sich das bürgerliche Publikum anfreunden könnte. Alfred Loth ist ein Extremist, der den degenerierten Krauses nichts als eine asketische Existenz und sozialistische Überzeugungen entgegenhält.

Auch die Darbietungsform fordert den zeitgenössischen Lesern und Zuschauern eine radikale Umgewöhnung ab: Anstelle der üblichen klaren Diktion dramatischer Figuren treten abgerissene Sätze, Dialektpassagen und Gebärdensprache. Loths kurzer, nicht eben handlungsreicher Besuch bei Familie Krause wird von allerlei Nebenhandlungen umgeben, die dem Drama epische Züge verleihen: Allein im zweiten Akt finden auf der Bühne ein Milchdiebstahl, die Entlassung einer Magd und der Auftritt eines geistig behinderten Bauernburschen statt, die allesamt mit der Haupthandlung nur beiläufig verknüpft sind. In dieser Konzentration provokativer Neuerungen liegt die Ursache für die heftige Reaktion des bürgerlichen Publikums – und die schulbildende Wirkung des Dramas.

Daß Hauptmann auch auf herkömmliche dramatische Muster zurückgreift, ist unter dem Eindruck dieser »Zumutungen« zunächst unbemerkt geblieben. Dabei läßt sich *Vor Sonnenaufgang* nicht nur als »soziales Drama«, sondern auch als fünfaktige (!) Liebestragödie lesen, die in gewisser Hinsicht der von Gustav Freytags Dramentheorie vorgezeichneten Verlaufskurve gehorcht (vgl. Kafitz, B 6, 246 ff.). Die Liebesgeschichte zwischen Loth und Helene erreicht mit der unkonventionellen »Verlobung« am Ende des dritten Akts ihren Höhepunkt, um anschließend – nach einer retardierenden Idylle – unaufhaltsam auf die Katastrophe zuzusteuern. Loths Entschluß, die Verbindung mit Helene aufzugeben, verdankt sich einem fatalen Mißverständnis, das in struktureller Hinsicht von den Vorgaben der klassischen Dramentradition nicht weit entfernt ist (vgl. Zimmermann, B 6.1). Ungeachtet seiner wissenschaftlichen Vorbildung übersieht Loth offenbar die Tatsache, daß der Alkoholismus des alten Krause erst nach der Geburt und in Abwesenheit seiner jüngsten Tochter einsetzt, mithin auf Helene – auch nach den Erkenntnissen der zeitgenössischen Vererbungstheoretiker – nicht einwirken konnte. Helene trägt ihrerseits zu diesem fatalen Mißverständnis bei, weil sie aus religiösem Schamgefühl die Sucht ihres Vaters verheimlicht und nur beiläufig darauf hinweist, daß er als junger Mann ein armes, arbeitsames und offensichtlich gesundes Leben führte (vgl. CA I,26).

Hauptmann stellt sein Drama auch insofern in Traditionszusammenhänge, als es sich – kritisch – auf ein kanonisches Werk bezieht. Neben der unverkennbaren Anregung durch zeitgenössische Dramen – vor allem Ibsens *Gespenster* (vgl. Osborne, B 4, 84 ff., und Oellers, B 6) und Tolstois *Die Macht der Finsternis* – gibt Hauptmann seinen Protagonisten als eine Art Gegen-Werther zu erkennen[1]: Für Goethes Selbstmörderfigur – an deren Leiden Helene starken Anteil nimmt (CA I,46) – hat Loth nur abschätzige Worte übrig. Daß Hauptmanns Protagonist außerhalb der Stadt nicht die eigene künstlerische Reifung, sondern wissenschaftliche Studien und wirksame Sozialreformen im Sinn hat, daß er die Arbeitsgeräte der Knechte nicht zeichnet, sondern deren Not in Erfahrung zu bringen sucht, unterstreicht seinen Abscheu vor jenem »dumme[n] Buch«, das seiner Meinung nach »für Schwächlinge« geschrieben sei

1 Zur Funktion der *Werther*-Anspielungen im Drama vgl. insbes. Bellmann, B 6.1.

(CA I,46). Nach Maßgabe ihrer Werther-Lektüre nimmt sich Helene am Ende das Leben; Loth zieht diese Lösung für sich selbst nur in Betracht, um sie sogleich entschieden zu verwerfen: »Oder – die bewußte Kugel. Na ja, dann hätte man wenigstens Ruhe. Aber nein! so weit sind wir noch nicht, so was kann man sich einstweilen noch nicht leisten – also: leben! kämpfen! Weiter, immer weiter.« (CA I,95)

Loths Entscheidung, seiner Verlobten den Rücken zu kehren, hat schon im Erscheinungsjahr für Kontroversen gesorgt. Während Theodor Fontane den Sozialreformer für einen halbwegs anständigen Kerl hielt, verurteilten ihn andere als doktrinären, menschenverachtend radikalen Theoretiker.[2] Unter dem Eindruck dieser unmittelbaren – und offenbar unbefriedigenden – Diskussion entwarf Hauptmann im Herbst 1889 eine Apologie seines Protagonisten (CA XI,753–756), um den beiderseitigen Vereindeutigungen entgegenzusteuern. In der Tat läßt sich Loth weder als positiv gezeichnete Identifikationsfigur noch als menschliches Ungeheuer auffassen. Zwar scheint die offenkundig provozierte Analogie mit dem biblischen Lot (Gen. 19,15) Hauptmanns Protagonisten alles Recht zu geben, das sodomitisch verkommene Witzdorf zu verlassen. Ebenso deut-

2 Diese Debatte bestimmt (und behindert) die Interpretation von *Vor Sonnenaufgang* bis zur Gegenwart. Durch die Rassenhygienik des Dritten Reichs, in der manche Loths eugenische Maximen wiederfinden wollten, hat sie an Schärfe eher gewonnen: Hauptmann selbst räumt 1937 ein, daß mittlerweile eine ähnliche Saat wie die seines Saemanns (so der ursprüngliche, auf Loth gemünzte Titel des Stücks) aufgegangen sei (vgl. CA XI,532). Zu den vehementesten Kritikern Loths zählen Hans Mayer (B 5: 1967) und Roy C. Cowen (B 4: 1973). Johannes Schlaf, Theodor Fontane, Maxim Gorki, später Coupe (B 6.1), Mellen (B 6.1) und Bellmann (B 6.1) rechtfertigen Loths Verhalten mit je eigenen Argumenten. Moralische Kategorien vermeidend, hat Peter Szondi darauf hingewiesen, daß es aus formalen Gründen notwendig sei, daß der – für die naturalistische Dramentradition charakteristische – »Bote aus der Fremde« am Ende den Schauplatz verlasse (Szondi, B 6). In jüngster Zeit haben Peter Sprengel (B 5: 1984) und Rolf Christian Zimmermann (B 6.1) diesen Konflikt beizulegen versucht, indem sie auf die im Drama angelegte Ambivalenz aufmerksam machten.

lich ist allerdings, daß diese Entscheidung Helenes Selbstmord zur Folge hat und damit ihre moralische Legitimität verliert.

Loths Auffassungen von der zeitgenössischen Literatur – Felix Dahns *Kampf um Rom* sei empfehlenswerter als Ibsen und Zola – markieren überdies einen deutlichen Abstand zum Literaturkanon des jungen Gerhart Hauptmann. Es gehört zur Eigenart des Dramas, daß nicht nur über die großen Themen des Naturalismus (Alkohol, Vererbung, Degeneration, Frauenfrage und soziales Elend) gesprochen wird, sondern auch über die Funktion der Kunst. Dabei wird keine der von den Figuren vertretenen Positionen dem Drama gerecht: *Vor Sonnenaufgang* bietet weder »Medizin« für eine kranke Gesellschaft, noch jenen »klaren, erfrischenden Trunk«, den Loth von der Dichtkunst erwartet (CA I,46) – und erst recht keine unverbindliche Heiterkeit, wie sie sich Hoffmann wünscht (vgl. CA I,17). Hauptmanns Drama entzieht sich tendenziöser Eindeutigkeit, indem es die theoretischen Maximen des Naturalismus weniger zu beweisen als auf die Probe zu stellen unternimmt. Das zeigt sich noch in der Schlußszene: Während das totgeborene Kind die Degeneration der Familie ein weiteres Mal unter Beweis stellt, scheint Helenes Selbstmord der naturalistischen Überzeugung unausweichlicher Milieudetermination zu widersprechen (vgl. Sprengel, B 5: 1984, 73 f.). Es spricht für eine – an Lessings Emilia Galotti erinnernde – Willensfreiheit, daß Helene so spektakulär zum Hirschfänger und nicht – wie ihre Schwester – zum Branntwein greift (vgl. CA I,55).

Das Friedensfest

Die im Untertitel angekündigte »Familienkatastrophe« ereignet sich im Landhaus der seit langem zerrütteten Familie Scholz. Zum Weihnachtsfest treffen erstmals seit sechs Jahren der Vater, Dr. med. Fritz Scholz, und sein Sohn Wilhelm aufeinander: Beide waren nach einem heftigen Streit, bei dem der Sohn den Vater geschlagen hatte, fortgezogen. Mit Hilfe seiner Verlobten Ida Buchner glaubt Wilhelm die drückenden Schuldgefühle endlich überwunden zu haben. Auf Idas Initiative geht auch die Idee zurück, zum Weihnachtsfest eine familiäre Aussöhnung herbeizuführen, bei der ihre Mutter behilflich sein soll. Als Wilhelms Vater eintrifft, zeichnet sich die Katastrophe ab: Wilhelm scheut sich, seinen unnahbaren, von körperlichem Verfall gezeichneten Vater um Verzeihung zu bitten. Wie sehr alle Familienmitglieder unter der unglücklichen Ehe gelitten haben, tritt im ersten Akt mit krasser Deutlichkeit zu Tage: Die (längst erwachsenen) Kinder Robert, Auguste und Wilhelm erweisen sich als erb- und erziehungsgeschädigt, Frau Scholz flüchtet sich angesichts der gefährdeten Weihnachtsidylle in penetrantes Selbstmitleid. Dennoch scheint für einen Moment eine glückliche Wendung möglich: Als Wilhelm bei dem Versuch, sich für die zurückliegende Entgleisung zu entschuldigen, ohnmächtig zusammenbricht, sorgt sich die ganze Familie – allen voran der Vater und Arzt – um das Wohlbefinden des »verlorenen Sohnes«. Die Idylle weicht allerdings sehr bald den üblichen innerfamiliären Haßausbrüchen: Robert läßt seiner mühsam beherrschten »krankhaften Leidenschaftlichkeit« (CA I,123) freien Lauf, indem er die weihnachtlich-friedliche Stimmung zur »Kinderkomödie« (CA I,145) erklärt. Als sein Vater ihn wegen dieser zynischen Bemerkung des Hauses verweisen will, bricht er seinerseits zusammen. Der zweite Akt schließt mit der Todesahnung des alten Scholz. Während der Hausknecht einen Arzt holt, gelangt Wilhelm mehr und mehr zu der Überzeugung, daß er Ida nicht an sich binden darf. Die Ehe mit dem ahnungslosen Mädchen würde ebenso an mangelndem wechselseitigen Verständnis scheitern wie die seines Vaters, dessen Anfälle von Zorn und Verfolgungswahn Wilhelm bei sich selbst entdeckt. Dennoch geht er zuletzt Hand in Hand mit seiner Verlobten in das Sterbezimmer des Vaters: Ob Wilhelm mit seiner Verlobten ein Neuanfang gelingt oder ob die weihnachtliche Familienkatastrophe die Gemeinschaft der beiden endgültig zerstört hat, bleibt offen.

Im Oktober 1889, noch vor dem Theaterskandal der Uraufführung von *Vor Sonnenaufgang*, beginnt Gerhart Hauptmann mit der Arbeit an seinem zweiten Drama. Am 23. Dezember ist die »Familienkatastrophe« fertiggestellt. Auf den Erstdruck in der Zeitschrift »Freie Bühne für modernes Leben« Anfang 1890 folgt im gleichen Jahr die Einzelausgabe bei Fischer. Am 1. Juni 1890 findet die Uraufführung des *Friedensfests* im Berliner Ostendtheater des Vereins »Freie Bühne« statt. Die Reaktion der Literaturkritik ist überwiegend negativ. Wie schon im Streit um den Erstling *Vor Sonnenaufgang* antwortet Hauptmann auf einen Verriß der Uraufführung mit einer gereizten Gegendarstellung (vgl. CA XI,757–759). Noch im autobiographischen Rückblick von 1938 hält er fest, daß sein zweites Drama »in allen erdenklichen Formen hingerichtet, erstickt, zerhackt« und seziert worden sei (vgl. CA XI,504). Dabei bleibt unberücksichtigt, daß es prominente Verteidiger des *Friedensfests* gab: Otto Brahm etwa zieht als dramatische Vergleichsgröße Henrik Ibsens *Gespenster* heran. Für Theodor Fontane, dem das Drama »ehrfurchtsvoll zugeeignet« ist (CA I,100), reicht das *Friedensfest* zwar nicht an die spektakuläre Wirkung des Dramenerstlings *Vor Sonnenaufgang* heran; dafür lasse es die zunehmende Reifung des jungen Dichters erkennen.

Bei seinem zweiten Drama greift Hauptmann neben eigenen Ehe-Erfahrungen auf Familienszenen zurück, die ihm Frank Wedekind im Herbst 1888 anvertraut hatte. Deutlicher als diese biographischen Spuren, die Wedekind zu einer dramatischen Revanche veranlaßten[3], schlägt sich Hauptmanns Ibsen-Begeisterung im *Friedensfest* nieder, was schon die zeitgenössische Kritik teils positiv, teils kritisch konstatierte (vgl. Krause, B 6, 53 f.). Unmittelbar vor Beginn der Niederschrift, am 29. September 1889, besucht Hauptmann eine Aufführung der *Gespenster* – und hält seine Bewunderung für Ibsens Familiendrama im Tagebuch fest. Die eigene »Familienkatastrophe« übernimmt denn auch weitgehend Ibsens Konfiguration und seinen analytischen Blick auf Ehe- und Lebenslügen. In beiden Dramen läßt die Heimkehr eines »verlorenen Sohns« die Abgründe und Folgeschäden einer verfehlten Ehe ans Licht kommen (vgl. Oellers, B 6, 408–410). Zwar gehört die Herrschaft der jeweiligen Väter weitgehend der Vergangenheit an, dafür aber sind deren Söhne von Erbkrankheiten gezeichnet, die dem zukünftigen Glück entgegenstehen. Neben die erbliche Belastung tritt bei Hauptmann allerdings die des (familiären) Milieus. Der naturalistischen Theoriebildung entsprechend konstatiert Robert Scholz: »Wir sind alle von Grund aus verpfuscht. Verpfuscht in der Anlage, vollends verpfuscht in der Erziehung. Da ist nichts mehr zu machen.« (CA I,121). Entgegen dieser frühen Prognose – und im Unterschied zu Ibsens Familiendrama – verzichtet Hauptmann auf einen eindeutigen Schluß. Ida Buchner läßt auch unter dem Eindruck der weihnachtlichen Familienkatastrophe nicht von ihrem Verlobten ab: Womöglich gelangt der Fa-

3 In seinem Drama *Kinder und Narren* (später: *Die junge Welt*) läßt Wedekind eine Hauptmann-Karikatur auftreten, die ihre Eindrücke fortwährend in naturalistischer Manier mit dem Notizblock aufzeichnet. Vgl. dazu Heuser B 5: 1961, 226–246. Neben Wedekind führt Hauptmann rückblickend auch Max Müller als Vorbild an, der gleichfalls einen Arzt und Sonderling zum Vater habe (CA XI,503).

milienfluch auf diese Weise an sein Ende. In der Figur der jungen, zuversichtlichen Frau revidiert Hauptmann zugleich die radikale Position seines Protagonisten Alfred Loth, der in *Vor Sonnenaufgang* die Verbindung mit der erblich belasteten Helene verweigert.

Auf eine mythische, der naturalistischen Ausrichtung entgegenstehende Eigenart des Familiendramas ist früh hingewiesen worden: Julius Bab etwa sieht 1922 in den »Scholzens, die in ihrer wilden, unbeugsamen Glut ihr Verhängnis mit sich tragen, nicht weniger tragische Gestalten als die Atriden«.[4] Karl S. Guthke stellt die Zugehörigkeit des *Friedensfests* zur naturalistischen Tradition grundsätzlich in Frage, indem er die zeitlos elementare Tragik des Dramas hervorhebt (Guthke, B 5: 1980, 75–79).[5] Dieser mythischen Umwertung greift Hauptmann in seinem Tagebuch voraus. Anläßlich einer Max-Reinhardt-Inszenierung des *Friedensfests* im Jahr 1907 erscheint ihm die ganze Familie Scholz »von Dämonen« besessen und gebunden: »Es ist etwas wahrhaft Höllisches und viel wahrhaft Himmlisches in dem Stück, eine mysteriöse Hast und Wucht der Bewegungen die einzig und durchaus garnicht Ibsenisch ist. Hier ist eine gefährliche, ganz neue Phantastik, abseit von Maeterlinck und voll Kraft«, notiert er am 6. Januar 1907 (TB V,147). Daß Hauptmann zu diesem Zeitpunkt seinem zweiten Drama eine derartig mysteriös-dämonische Meisterschaft zuschreibt, spricht ebenso für seine neuen poetologischen Maßstäbe wie für die Ambivalenz des Frühwerks, das eben nicht ganz in der Programmatik des Naturalismus aufgeht. Zur Eigenwilligkeit des Hauptmannschen Frühwerks gehören auch die Undeutlichkeiten der Dialogform, die Hauke Stroszeck gründlich auflösen will: Aus einigen Halbsätzen und Andeutungen der Figuren entziffert er eine mühsam kaschierte familiäre Vorge-

4 Julius Bab, »Gerhart Hauptmann und seine besten Bühnenwerke«, Berlin 1922, S. 35.

5 Vgl. dagegen Osborne, B 4: 1971; Mahal, B 4: 1975, und Scheuer, B 6.2.

schichte, die Inzest, Homosexualität und Prostitution einschließt (vgl. Stroszeck, B 6.2). Dabei widerspricht es dem poetologischen Profil des dramatischen Frühwerks, den (zweifellos vorhandenen) Anspielungsreichtum der Dialogführung auf diese Weise zu vereindeutigen.

Einsame Menschen

Im gutbürgerlichen Landhaus der Vockerats bei Berlin findet eine Taufe statt. Hauptmanns »einsame Menschen« werden ausgerechnet bei einer Zeremonie vorgestellt, die der Erweiterung der christlichen Gemeinschaft dienen soll. Noch bevor die Taufe vorüber ist, deuten sich erste Dissonanzen zwischen den strenggläubigen Großeltern und dem jungen, unruhigen Vater an. Als Naturwissenschaftler und Schüler Ernst Haeckels steht Johannes Vockerat dem christlichen Standpunkt zwar skeptisch gegenüber, nimmt jedoch aus »Pietät« und Familienrücksicht an der Zeremonie teil. Ebenso schwankend verhält er sich gegenüber seiner Frau Käthe, deren Unsicherheit ihn zu Wutausbrüchen und hilflosen Versöhnungsgesten reizt. Schon im ersten Akt erweisen sich Johannes und Käthe Vockerat auf unterschiedliche Weise als Angehörige des »nervösen Zeitalters«: Käthe ist sensibel, von zerbrechlicher Konstitution und schwachem Selbstbewußtsein; sie wird gleich zu Beginn durch ein »herzliches, aber nervöses« Lachen (CA I,171) charakterisiert. Johannes quält sich mit einer philosophisch-kritisch-psychophysiologischen Arbeit (vgl. CA I,189), deren Tragweite und Brisanz seine Umwelt intellektuell überfordert. Daß der kleine Philipp diese innerfamiliäre Spannung aufheben wird, wie Käthe und ihre Schwiegermutter hoffen, erscheint von Anfang an zweifelhaft. Johannes Vockerat benötigt offenbar geistigen Zuspruch, den er bei seiner Ehefrau nicht findet. Nicht einmal Vockerats Jugendfreund

Braun, ein scharfzüngiger Maler, bringt der Studie Verständnis entgegen. Diese Schieflage ändert sich mit der Ankunft einer russischen Studentin, die auf der Suche nach ihrem Berliner Freund Braun zur Taufgesellschaft stößt. Anna Mahr wird von den Vockerats umgehend zum Bleiben aufgefordert.

Acht Tage später, zu Beginn des zweiten Akts, gehört die junge, ungezwungene Studentin schon fast zur Familie. Johannes' Stimmung hat sich merklich verbessert. Angesichts dieser geistreichen Gesprächspartnerin bringt er für den Radikalismus seines Jugendfreunds, die missionarischen Bemühungen seiner Mutter und die lebenspraktischen Sorgen seiner Frau kaum mehr Verständnis auf. Um so willkommener ist ihm eine Ruderpartie mit Anna, bei der er aus dem Manuskript seiner Arbeit vorlesen kann. Eine gute Woche später steht Annas Abreise unmittelbar bevor. Während Johannes' Mutter mit einer gewissen Erleichterung reagiert (der alte Vockerat ist längst auf sein Rittergut zurückgekehrt), befürchtet Käthe, daß ihr Mann in Resignation und Selbstzweifel zurückfallen wird. Schon bei den Reisevorbereitungen wirkt Johannes unbeherrscht und trotzig. Ungeachtet der Warnungen seiner Mutter und seines Freundes überredet er Anna – der die Abreise ebenso schwerfällt –, den Aufenthalt zu verlängern. Mit den Worten »Ich habe mich selbst gefunden und werde ich selbst sein. Ich selbst, trotz euch allen!« (CA I,230) setzt sich Johannes Vockerat über alle Bedenken hinweg.

Acht Tage danach hat sich der Druck auf Johannes und Anna, die »einen neuen, höheren Zustand der Gemeinschaft zwischen Mann und Frau« (CA I,238) anstreben, beträchtlich erhöht. Sowohl Braun als auch Johannes' Mutter legen der jungen Frau die Abreise nahe. Anna beschließt, das Feld zu räumen. Unterdessen ist der alte Vockerat – auf dringlichen Wunsch seiner Frau – eingetroffen. Mit Entsetzen bemerkt er, in welchem Ausmaß Käthes Gesundheit angegriffen ist. Seine Frau klärt ihn über die prekäre Situation auf.

Wenig später, zu Beginn des fünften Akts, stellt der alte Vockerat seinen Sohn zur Rede. Johannes habe gegen die christlichen Gebote verstoßen und sei überdies seinen Eltern zu Gehorsam verpflichtet. Die Andeutung, daß der Sohn sich am Tod seiner Frau schuldig machen könne, zeigt Wirkung: Johannes lenkt ein. Das mit Anna verabredete gemeinsame Gesetz, die »Ahnung eines neuen, freien Zustandes, einer fernen Glückseligkeit« (CA I,253) eröffnet ihm allerdings keine dauerhafte Lebensperspektive. Nach einem »langen, inbrünstigen« Abschiedskuß (CA I,254) nimmt er sich auf dem See das Leben.

Innerhalb kürzester Zeit, vom 17. August bis zum 23. November 1890, schreibt Gerhart Hauptmann sein drittes Drama nieder. Der ursprüngliche Titel *Maria und Martha* deutet eine Affinität der beiden Frauenfiguren Anna und Käthe zu den im Neuen Testament typologisch vorgezeichneten Lebensformen an, die Hauptmann vor der Drucklegung zurücknimmt. Zum Jahreswechsel 1890/91 erscheint das Stück bereits in Heft 1–7 der »Freien Bühne für modernes Leben«. Die im gleichen Jahr von Samuel Fischer verlegte Einzelausgabe trägt die Widmung: »Ich lege dies Drama in die Hände derjenigen, die es gelebt haben« (CA I,168). Damit ist ein biographischer Hintergrund angedeutet, den Hauptmann erst einige Jahrzehnte später identifiziert: Vorbild für Johannes Vockerat sei sein Bruder Carl, dessen Ehe im Jahr 1890 durch Josepha Krzyzanowska, eine junge Polin, in Turbulenzen geriet, schreibt Gerhart Hauptmann 1938 (CA XI,510–512). Vockerats Jugendfreund Braun trage Züge von Hugo Ernst Schmidt und Ferdinand Simon. Diese unmittelbaren Anregungen werden durch eigene Erlebnisse überlagert: Die pietistische Frömmigkeit der alten Vockerats geht auf Erfahrungen mit religiösen Lebensformen zurück, die Hauptmann als Landwirtschaftseleve auf dem Rittergut seines Onkels Gustav Schubert machte. Käthe Vockerat schließlich erinnert weniger an

Carls als an Gerharts Ehefrau Marie (vgl. CA XI,549). Daß neben der Polin Krzyzanowska die Bekanntschaft mit Laura Marholm auf die Anna Mahr des Dramas eingewirkt hat, läßt Hauptmann unerwähnt (vgl. Sørensen, B 6.3). Im Rückblick erscheint ihm das Stück in seiner Substanz autobiographisch: eine unentwirrbare Verflechtung von Kunst und Leben (CA XI,549). Der Kunst sind Hauptmanns *Einsame Menschen* auch insofern verpflichtet, als ihre Konflikte in den Dramen von Henrik Ibsen literarisch vorgezeichnet sind (vgl. Hilscher, B 5: 1990, 104 ff.).

Am 11. Januar 1891 fand die öffentliche Uraufführung der *Einsamen Menschen* im Berliner Residenztheater statt. Dem geringen Publikumserfolg stand ein überwiegend positives Urteil der Literaturkritik gegenüber (vgl. Krause, B 6, 62–69). Mit diesem Stück festigte Hauptmann seinen Ruf als wichtigster Dramatiker der Gegenwart. Er selbst zog die *Einsamen Menschen* 1895 allen anderen frühen Stücken vor (vgl. GI,23).

Das dritte Drama Gerhart Hauptmanns beschreibt zwar ein weiteres Mal innerfamiliäre Spannungen, löst sich dabei allerdings deutlich von den Maximen der orthodox-naturalistischen Milieuschilderung. Die Vockerats sind weder – wie Familie Krause in *Vor Sonnenaufgang* – rettungslos dem Alkohol verfallen, noch leidet die junge Generation dermaßen unter Erbkrankheiten und Erziehungsmängeln, daß sie sich als »verpfuscht« empfindet (vgl. CA I,121). Eine gemeinsame Familienfeier scheint – im Unterschied zum »Friedensfest« der Familie Scholz – nicht von vornherein unmöglich. Die von den Großeltern initiierte Taufe des Enkelkinds täuscht allerdings eine substantielle, religiös fundierte Familiengemeinschaft nur vor. Johannes Vockerat steht der naiven Frömmigkeit seiner Eltern skeptisch gegenüber; als Naturwissenschaftler verteidigt er die zeitgenössische Evolutionstheorie gegen den ersten, wenig sympathisch gezeichneten Pastor im Werk Hauptmanns (vgl.

Requardt/Machatzke, B 5: 1980, 174 f.). Daß der Sohn der pietistischen Landleute die theologische Laufbahn abgebrochen und eine naturwissenschaftliche eingeschlagen hat, widerlegt beiläufig die von den Naturalisten hervorgehobene, unmittelbar prägende Kraft des Milieus. Obwohl Johannes Vockerat zuletzt den Widerstand gegen die religiös begründeten Vorwürfe seines Vaters aufgibt, ist es nicht die gnadenlose Frömmigkeit der Eltern, die ihn in den Tod treibt (vgl. Osborne, B 5: 1971, 106 f.). Auch Anna Mahr arrangiert sich mit der konventionellen Lebensform der Familie. Nach einer Woche im Landhaus der Vockerats mag sie kaum glauben, »daß man so glücklich sein kann in einer Familie« (CA I,195).

Der eigentliche dramatische Konflikt findet nicht zwischen der frommen älteren und einer aufbegehrenden jüngeren Generation, sondern im Innern der *Einsamen Menschen* statt. Alfred Kerrs vielzitierte Kritik aus dem Jahr 1910: »[. . .] hie Darwin-Haeckel, dort Gottesfurcht. [. . .] Das ist heute kein Kampfgegenstand mehr«, schließt denn auch mit den (selten zitierten) Worten: »das war auch für Hauptmann schon damals kein Gegensatz.«[6] Hauptmann gibt das Psychogramm einer sensiblen, unsteten und schwankenden Generation, die von allerlei neuen Ideen berauscht ist, ohne sich radikal für sie entscheiden zu können. Das Drama berührt sich insofern mit der »Nervenkunst« der Jahrhundertwende, als es nicht die Gegensätze, sondern die Übergänge betont: Während Anna Mahr das ruhige, herkömmliche Leben außerhalb der Stadt schätzen lernt und sich – vorübergehend – als Tochter der alten Frau Vockerat fühlt, läßt sich die häusliche Käthe auf die Emanzipationsgedanken der Studentin ein (vgl. CA I,198). Johannes Vockerat schließlich verkörpert die Orientierungslosigkeit seiner Generation am deutlichsten. »Geben Sie mir einen Anhalt. Geben Sie mir etwas, woran ich mich aufrich-

6 Alfred Kerr, *Die Welt im Drama*, Bd. 5, Berlin 1917, S. 28 f.

ten kann. [. . .] Eine Stütze. Alles in mir bricht zusammen [. . .]«, fleht er Anna zuletzt an, ohne von der gemeinsamen »Ahnung eines neuen, freien Zustandes, einer fernen Glückseligkeit« (CA I,252 f.) leben zu können.

In ihrer Funktion, die elementaren Dissonanzen innerhalb der Familie ans Licht zu bringen, erinnert Anna Mahr an die für die naturalistischen Dramen charakteristischen »Boten aus der Fremde«. Hauptmann vermeidet es allerdings, sie – wie Loth in *Vor Sonnenaufgang* – zur radikalen Gegenfigur einer desolaten Familie zu machen. Anna Mahr hat selbst wesentlichen Anteil an den Symptomen der Orientierungslosigkeit, auch wenn sie sich zuletzt (nach dem Beispiel ihrer strukturellen Vorgänger) von der Familie verabschiedet. Daß Hauptmann diese Rolle einer Frau zuschreibt, ist insofern konsequent, als es in den Gesprächen u. a. um Fragen der Emanzipation geht. Die Dramenhandlung entspricht weitgehend dem herkömmlichen pyramidalen Spannungsbogen der Gattungstradition: Der innerfamiliäre Konflikt zeichnet sich in den ersten drei Akten des Dramas mit zunehmender Schärfe ab; im dritten Akt setzt mit dem Aufschub der Abreise das »Gegenspiel« ein: Nach kurzer Verzögerung (4. Akt) folgt im letzten Akt die Katastrophe, die – nach Maßgabe der Dramentradition – schon im Verlauf der Handlung mehrfach vorweggenommen wurde (vgl. CA I,186, 207, 210, 224, 227 f., 235).

Im Unterschied zu Hauptmanns ersten Dramen dominiert in den *Einsamen Menschen* ein psychologischer Scharfblick, der sich – wie Alfred Polgar bemerkt hat – auf die infernalische Technik des Marterns mit stumpfem Messer und halber Kraft beschränkt:

> Ich weiß nicht, wo sonst noch von einem Dichter (Strindberg ausgenommen) gezeigt würde, wie furchtbar und grimmig schwache Menschen, eben durch ihre Schwachheit einander mißhandeln können. Weit ärger als starke. Wie sie ahnungslos verletzen, ahnungslos

> den andern aufs Herz treten, in Reue dann sich selbst quälen, für diese Selbstqual neuerdings in der Not des andern ihre Revanche suchen, wie sie Wunden schlagen, die Wunden zärtlich verstreicheln und im Streicheln neue aufreißen [...].[7]

In letzter Zeit hat sich die Forschung weniger mit Johannes Vockerat als mit Anna Mahr beschäftigt, deren intellektuelles Format schon zeitgenössische Kritiker wie Georg Brandes, Lou Andreas-Salomé und Ulrika Woerner kritisierten. Aus feministischer Perspektive bleibt die russische Studentin ungeachtet ihrer avantgardistischen Ansichten hinter dem Idealbild einer emanzipierten Frau weit zurück. Nicht nur die Konfiguration des Dramas als Dreiecksgeschichte eines Mannes zwischen zwei Frauen, auch die Profilierung der nur oberflächlich emanzipierten Anna Mahr lasse Hauptmanns patriarchalische Überzeugungen erkennen (vgl. Stephan, B 6.3; Schröder, B 6.3; dagegen Whitinger B 6.3). Gegen derartige gesinnungsästhetische Vorbehalte ist einzuwenden, daß die programmatische Verherrlichung einer Figur Hauptmanns Dramenauffassung vollkommen entgegensteht. Seine *Einsamen Menschen* führen die Problemlage einer nervösen Generation vor Augen, die weder in den herkömmlichen Glaubensgewißheiten noch in deren Bekämpfung aufgeht. Folgt man der Inszenierung, die Leander Haußmann 1996 an der Berliner Volksbühne realisierte, ist das schwankende Lebensgefühl der *Einsamen Menschen* auch für die neunziger Jahre des 20. Jahrhunderts charakteristisch.

7 Alfred Polgar, *Kleine Schriften*, hrsg. von Marcel Reich-Ranicki, Bd. 5, Reinbek 1985, S. 56.

Kollege Crampton

Hauptmanns erstes Künstlerdrama, eine Komödie, kreist um die Figur eines Malers, dessen Tätigkeit als Kunstprofessor an einer schlesischen Akademie in mehrfacher Hinsicht behindert wird: Crampton ist offenbar von ebenso untalentierten wie maliziösen Kollegen umgeben – und in solchem Maße dem Alkohol verfallen, daß er selbst bei seinem Faktotum Löffler verschuldet ist. Zur Finanzierung eines angemessenen Frühstücks soll gerade ein Atelierteppich am Pedell der Akademie vorbeigeschmuggelt werden, als die Nachricht eintrifft, daß Herzog Fritz August der Kunstschule einen Besuch abstatten will. Crampton sieht das Ende seiner finanziellen Misere gekommen: Aus seiner Zeit als Hofmaler verbindet ihn eine persönliche Bekanntschaft mit dem Herzog. Max Strähler, ein Schüler und Verehrer Cramptons, den man soeben wegen einer Lappalie von der Akademie verwiesen hat, wird Zeuge des Stimmungswandels. Als Crampton sich hochmotiviert zum Zeichenunterricht in den Aktsaal begibt, macht Strähler nähere Bekanntschaft mit der Tochter des Kunstprofessors. Gertrud besucht das Atelier offensichtlich in Sorge um ihren Vater.

In Begleitung seines Bruders Adolf kehrt Max Strähler am Nachmittag des nächsten Tages noch einmal in das Atelier seines Lehrers zurück: Er will sich für Cramptons persönlichen Zuspruch bedanken, der ihn in seinen künstlerischen Ambitionen bestärkt hat. Im Atelier erwartet man mit zwei Kollegen der Akademie das Eintreffen des Herzogs. Angesichts der bevorstehenden herzöglichen Zuwendungen weist Crampton einen bürgerlichen Auftraggeber mit Namen Feist zurück: Als Künstler sei er nicht für geschmacklose Malerarbeiten zu haben. Daß Gertrud bleich und verweint im Atelier eintrifft, läßt Böses ahnen. In ihrer Sorge vertraut sie Max Strähler an, daß das Elternhaus bereits versiegelt und ihre Mutter aus Zorn zu Verwandten abgereist sei. Dem ahnungslosen Kunstprofessor steht überdies eine Amtsenthebung bevor. Als der Pedell die Nachricht bringt, daß der Herzog die Akademie bereits verlassen hat, bricht Crampton zusammen. Gemeinsam mit seinem Faktotum verläßt er die Akademie.

Der dritte Akt spielt im Haus des Fabrikbesitzers Adolf Strähler, bei dem die verzweifelte Gertrud Crampton vorübergehend Unterkunft findet. Von Löffler, der sich nach Gertrud erkundigen will, erhält man Nachricht über den Aufenthaltsort des Professors: Crampton hat sich in einer Spelunke eingemietet und läßt sich verleugnen. Max ist erleichtert, weil er schon mit dem Selbstmord seines Lehrers gerechnet hat. Vom Geld seines wohlhabenden Bruders kauft er nach und nach Cramptons Ateliereinrichtung auf.

Zu Beginn des vierten Akts sieht man Crampton beim Kartenspiel mit älteren Akademiestudenten in einem heruntergekommenen Wirtshauszimmer: Das Exil dauert bereits eine Woche an. Während der Wirt versucht, dem prominenten Gast allerlei geschmacklose Aufträge zu vermitteln, um die Miete eintreiben zu können, wird Max heimlich von Löffler in das Zimmer geführt. Es gelingt ihm, Crampton zu einem Umzug zu überreden, indem er einen hochdotierten Porträtauftrag und ein Wiedersehen mit Gertrud in Aussicht stellt. Die Mietschulden läßt Max umgehend begleichen.

In der neu angemieteten Atelierwohnung arrangieren Max und Gertrud einen Überraschungscoup: Crampton wird in einen Raum geführt, der all die exzentrischen Requisiten seines alten Ateliers aufweist. Nach einer kurzen Unterredung erklärt er sich bereit, das neue Atelier anzumieten und Max weiterhin zu unterrichten. Das harmonische Ende wird dadurch komplettiert, daß Gertrud sich ihrem Vater zu erkennen gibt und die Verlobung mit Max bekanntgibt. Crampton gibt den jungen Leuten seinen Segen und faßt neue künstlerische Pläne.

Der erste Grundriß zum *Kollegen Crampton* liegt nach Auskunft Max Baginskis schon im Frühjahr 1891 vor (vgl. TB I,458 f.). Mitte November desselben Jahres greift Hauptmann diesen Werkplan – unter dem Eindruck einer Berliner Aufführung des *Geizigen* von Molière – wieder auf. Persönliche Erinnerungen an die Zeit, die der junge Gerhart Hauptmann 1880/81 als Kunststudent an der Königlichen Kunst- und Gewerbeschule in Breslau verbrachte, bilden den Ausgangspunkt. Als Kunststudent saß er dort seinem akademischen Lehrer James Marshall – der sich regelmäßig mit Alkohol zu stärken pflegte – Modell: Wie im späteren Drama hatte der Professor ein Gemälde nach der Schülerszene aus Goethes *Faust* in Arbeit. Daß Max Strähler wegen eines Zwischenfalls von der Akademie ausgeschlossen wird, hat gleichfalls einen autobiographischen Hintergrund (vgl. CA VII,807). Im Drama geht es allerdings nur beiläufig um ein Selbstbildnis des jungen Hauptmann. Im Mittelpunkt steht das Porträt eines Kunstprofessors, der sich wie James Marshall mit Hilfe des Alkohols gegen eine philiströse Umgebung zu wehren sucht (vgl. Rathaus-Hoffmann, B 6.4). Anfang Dezember 1891 schickt Hauptmann das Manuskript bereits ans Wiener Burgtheater, wo das Stück wenige Wochen nach der Berliner Uraufführung vom 16. Januar 1892 (Deutsches Theater) auf die Bühne kommt. Insgesamt wird die Komödie von den Literaturkritikern als gelungene und bühnenwirksame Charakterstudie gelobt (vgl. Krause, B 6, 82–88). Hauptmann selbst verzeichnet mit Befriedigung in seinem Notizkalender, daß die Breslauer Inszenierung seiner Komödie vom 24. Februar 1892 »stürmisch und herzlich« gefeiert wurde (TB I,347 f.). Noch im gleichen Jahr publiziert Otto Erich Hartleben in der »Freien Bühne« einen parodistischen 6. Akt des *Kollegen Crampton*.

Im Vergleich mit den »Zumutungen« seiner ersten Bühnenstücke nimmt sich Hauptmanns Künstlerkomödie von 1892 überraschend harmlos aus. Von den »großen« Themen des literarischen Naturalismus ist nur der Alkoholismus präsent. Cramptons Alkoholkonsum fehlen allerdings die zerstörerischen Aspekte. Max führt diese Schwäche seines Professors auf dessen böswillige Umwelt zurück und trifft Anstalten, den »edlen Dulder« zu retten (CA I,295). Zwar bleibt am Ende zweifelhaft, ob Crampton fortan ein neues enthaltsames Leben im Dienst der Kunst führen wird (vgl. Cowen B 6, 58 f.), doch steht in keinem Fall eine Familienkatastrophe zu befürchten, wie sie Hauptmanns frühe Dramen vorführen.

Cramptons Alkoholkonsum wird auch dadurch entschärft, daß er der künstlerischen Lebensform zugerechnet wird. Hauptmann stattet seinen Protagonisten mit allen Stereotypen aus, die zur Künstlerfigur des 19. Jahrhunderts gehören. Crampton trägt einen Fez und türkische Pantoffeln (außer Haus einen Radmantel), pfeift fortwährend italienische Lieder, ist so zerstreut, wie es sich für einen Professor gehört, überdies gutmütig und weltfremd. Dies exzentrische Erscheinungsbild wird noch dadurch verstärkt, daß Crampton nahezu ausschließlich von philiströsen Figuren umgeben ist: von korrupten Kollegen, einer adelsstolzen Ehefrau, von Spießbürgern, geschmacklosen Auftraggebern und stumpfsinnigen Kunststudenten. Was von Cramptons Werken in Erscheinung tritt (ein Mänadentanz, die Schülerszene), läßt weder ein Genie noch einen hoffnungslosen Dilettanten vermuten (vgl. dagegen Guthke, B 6.4, 37). Mit seiner Künstlerkomödie schlägt Hauptmann ein Thema an, das die Literatur der Jahrhundertwende beherrschen wird wie kein anderes. Im Vergleich mit den literarischen Künstlerfiguren Thomas Manns und Hugo von Hofmannsthals nimmt sich Harry Crampton allerdings recht konventionell aus. Anders als in den *Einsamen Menschen* von 1891 bringt Hauptmann nicht den hochgradig nervösen Künstlertypus der Gegenwart, sondern ein sentimentalisch verklärtes Erinnerungsbild der frühen achtziger Jahre auf die Bühne.

Der erste Akt des »Schauspiels aus den vierziger Jahren« spielt im schlesischen Peterswaldau in der Villa des Fabrikanten Dreißiger, wo die Weber der Umgebung ihre Ware abliefern. Den ausgemergelten, von ihrer Arbeit gezeichneten Webern stehen hochmütige Angestellte des Fabrikanten gegenüber, die sich weder durch Schmeicheleien noch durch augenscheinliche Not beeindrucken lassen. Als der junge, kräftige Weber Bäcker gegen den lächerlichen Lohn protestiert, ruft man Dreißiger herbei. Der Fabrikant erkennt in dem jungen Weber einen aus der »Rotte Halbbetrunkener« (CA I,337), die am Tag zuvor vor seinem Haus ein aufrührerisches Lied, das sogenannte »Blutgericht« gesungen haben. Bäcker wird entlassen. Bevor es zu einer Eskalation kommt, lenkt ein Weberjunge, der vor Erschöpfung ohnmächtig zusammenbricht, alle Aufmerksamkeit auf sich. Dreißiger sucht die aufgebrachten Weber zu beruhigen, indem er sich um den Knaben kümmert und seinerseits auf die Nöte der Fabrikanten hinweist. Als er den Raum verläßt, ohne auf die Bitten einiger hilfsbedürftiger Weber zu reagieren, bricht erneut Unruhe aus.

In einer Stube des Häuslers Ansorge – dem Schauplatz des zweiten Akts – wird das Elend der Weber anschaulich. Die alte Frau Baumert und ihre Kinder spulen Garn und warten auf den Vater: Ohne den Arbeitslohn gäb es nichts mehr zu essen. Der alte Baumert kommt in Begleitung des Soldaten Moritz Jäger von Dreißigers Villa zurück. Im Vergleich mit der Laufbahn des jungen Soldaten, der sein Heimatdorf besucht, erscheint die Situation der Weberfamilie noch bedrückender. Moritz Jäger trägt einige Strophen des »Blutgerichts« vor, die die Wut und Empörung der Anwesenden hochtreiben. Mit den Worten Ansorges »Mir leiden's ni mehr, mag kommen, was will« (CA I,375) endet der zweite Akt.

In einer Schenkstube erfährt die revolutionäre Stimmung eine weitere Steigerung. Die anwesenden Weber setzen sich mit zunehmender Aggressivität gegen die wohlhabenderen Dörfler zur Wehr, die ihnen Faulheit und Lamentiererei vorwerfen. Als der Dorfpolizist das Verbot des Weberlieds ankündigt, formiert sich gemeinschaftlicher Protest: Man zieht singend vor die Villa des Fabrikanten.

Dort werden Dreißiger und Pastor Kittelhaus, die sich gerade zu einer Partie Whist setzen wollen, durch die lärmenden Weber empfindlich gestört. Um dem Protest der Weber Einhalt zu gebieten, läßt Dreißiger einen der Unruhestifter, Moritz Jäger, verhaften und übergibt ihn dem beflissenen Polizeiverwalter. Zur allgemeinen Überraschung läßt sich Jäger weder durch das Verhör noch durch Androhung von Strafen einschüchtern. Der Versuch, den Verhafteten ins Stockhaus zu überführen, scheitert allerdings: Als in der Villa bekannt wird, daß die Weber Moritz Jäger befreit und die Polizisten verprügelt und verjagt haben, bricht Panik aus. Während Pastor Kittelhaus noch versucht, die aufgebrachte Menge zu beruhigen, fliehen Dreißiger und seine Familie durch das Hintertor. Der vierte Akt schließt, indem die Weber den Salon stürmen und – nach kurzer Ratlosigkeit – mit der Plünderung beginnen.

In der Bielauer Weberstube des alten Hilse berichtet der Lumpensammler Hornig vom Fortgang der Revolte: Mittlerweile ist Dreißigers Villa gründlich ausgeräumt, und die aufständischen Weber ziehen auf Langenbielau zu. Der alte Hilse glaubt die Nachricht vom Aufbegehren der Weber erst, als sein Enkelkind mit einem silbernen Löffel erscheint, den es vor der Villa des Fabrikanten gefunden haben will. Im Unterschied zu seiner Schwiegertochter Luise, die sich den eintreffenden Webern anschließt, verurteilt der alte Hilse den gewaltsamen Protest der Weber als gottlosen Frevel. Mit seiner blinden Frau bleibt er als einziger am Webstuhl, während die Aufständischen vor dem Haus auf militärischen Widerstand treffen. Es fallen die ersten, vereinzelten Schüsse. Von einem Blindgänger getroffen, stürzt der alte Hilse tot zu Boden.

Hauptmanns Autobiographie *Das Abenteuer meiner Jugend* zufolge reicht der Plan zu einem Weber-Drama in die Zeit des Zürich-Aufenthalts von 1888 zurück (CA VII,1078 f.). Zwei Jahre später nimmt Hauptmann dieses Vorhaben wieder auf, indem er sich mit historischen Darstellungen des schlesischen Weber-Aufstands von 1844 beschäftigt. Als Hauptquellen dienen ihm die Arbeiten von Alfred Zimmermann, Alexander Schneer und Wilhelm Wolff.[8] Die Widmung des Dramas bezeichnet die Erzählungen vom Großvater, der »wie die Geschilderten hinterm Webstuhl gesessen«, als »Keim« der Dichtung (CA I,321). Neben Jugenderinnerungen aus Bad Salzbrunn verleihen Begegnungen mit Züricher Webern im Jahr 1888 und zwei »Studienreisen« ins schlesische Eulengebirge, bei denen Hauptmann mit Zeitzeugen des Aufstands von 1844 ins Gespräch kommt, dem historisch beglaubigten Elend der Weber Anschaulichkeit und Tiefe. Darüber hinaus sammelt Hauptmann Zeitungsberichte über die aktuellen Weberunruhen der neunziger Jahre (vgl. Sprengel, B 6.5, 113 ff.).

Ende 1891 schließt Hauptmann die Dialektfassung des Dramas, *De Waber*, ab. Mit dem 20. Februar 1892, an dem das Stück dem Berliner Polizeipräsidenten zur Aufführungsgenehmigung eingereicht wird, beginnt ein langwieriger Rechtsstreit mit den Zensurbehörden des Kaiserreichs. Sowohl die Dialektfassung als auch die mittlerweile fertiggestellte, dem Hochdeutschen angenäherte Fassung *Die Weber* erhalten Aufführungsverbot. Am 26. Februar 1893, während Hauptmann noch gegen das polizeiliche Verbot

8 Alfred Zimmermann, »Blüte und Verfall des Leinengewebes in Schlesien«, Breslau 1885; Alexander Schneer, »Über die Noth der Leinenarbeiter in Schlesien und die Mittel ihr abzuhelfen«, Berlin 1844; Wilhelm Wolff, »Das Elend und der Aufruhr in Schlesien«, in: »Püttmanns deutsches Bürgerbuch von 1845«.

klagen läßt, findet die (nicht-öffentliche) Uraufführung der *Weber* durch den Verein »Freie Bühne« statt.

Im Rechtsstreit um die öffentliche Aufführung zeichnet sich eine Wende ab, als das Preußische Oberverwaltungsgericht in Berlin am 2. Oktober 1893 das Aufführungsverbot für das »Deutsche Theater« aufhebt. Es gehört zu den spektakulären Folgen dieses Urteils, daß Kaiser Wilhelm II. aus Protest seine Loge am »Deutschen Theater« kündigt. Polizeiliche Verbote in anderen Regierungsbezirken machen eine Fortsetzung des Rechtsstreits notwendig (vgl. Brauneck, B 6.5).

Die Vorbehalte der Zensurbehörden tragen wesentlich dazu bei, daß den Buchausgaben der *Weber* – beide Fassungen werden 1892 bei Fischer publiziert – besondere Aufmerksamkeit zukommt. Drei Monate nach der deutschen Uraufführung feiern die *Weber* im Pariser »Théâtre Libre« als erstes deutsches Theaterstück seit 1871 Premiere. Damit setzt sich die Bühnengeschichte des *Weber*-Dramas auch außerhalb Deutschlands fort. Im In- und Ausland gilt Hauptmann fortan als Autor der *Weber.* Ungeachtet der eindeutig politischen Wirkungsgeschichte streitet Hauptmann selbst – etwa bei der Verleihung des Nobelpreises für Literatur im Jahr 1912 – jede politische Absicht ab. Die Weber seien eine Dichtung des Mitleids jenseits parteipolitischer Intentionen (vgl. GI,57 f.).

Wie kein anderes zeitgenössisches Bühnenstück nehmen Hauptmanns *Weber* die Idee des »sozialen Dramas« ernst. Sowohl der Titel als auch die Regieanweisung zum ersten Akt geben zu verstehen, daß ein Kollektiv im Mittelpunkt der dramatischen Handlung steht: Hauptmann verzichtet darauf, die in der Fabrikantenvilla wartenden Weber individuell zu profilieren: »Die Männer, einander ähnelnd, halb zwerghaft, halb schulmeisterlich, sind in der Mehrzahl flachbrüstige, hüstelnde, ärmliche Menschen mit schmutziggblasser Gesichtsfarbe [. . .].« (CA I,325). Daß durch die Tür

»fortwährend Weber, Weberfrauen und Kinder ab- und zugehen« (CA I,325), kündigt gleich zu Beginn die Konventionen einer Dramentradition auf, die den Kreis der dramatischen Protagonisten auf wenige Einzelfiguren beschränkt. Hauptmann öffnet den Bühnenraum für immer neue »Geschöpfe des Webstuhls« (CA I,325), weil deren Elend auch zahlenmäßig jedes Maß übersteigt. Erst nach und nach zeichnen sich einzelne Charaktere wie der alte Baumert oder der »rote Bäcker« ab. In jedem der fünf Akte kommen neue Figuren hinzu, die für einen Augenblick im Mittelpunkt stehen und jeweils ein eigenes Dramenensemble bilden könnten.

Diese konzeptionellen Neuerungen entsprechen dem Sujet, gefährden jedoch zugleich die künstlerische Einheit des Dramas. Hauptmann versteht es, die einzelnen Akte durch kompositorische Elemente zu verbinden, die die Heterogenität und Unübersichtlichkeit des Weberaufstands ausbalancieren. Das Lied vom »Blutgericht« etwa ist nicht nur Ausdruck der wachsenden Einmütigkeit unter den Webern, als Leitmotiv verknüpft es darüber hinaus die einzelnen, nahezu selbständig erscheinenden Akte zu einer ästhetischen Einheit (vgl. Whitinger, B 6.5). Zunächst empört sich Dreißiger beiläufig über dieses Lied, im zweiten Akt wird es von Moritz Jäger stockend vorgetragen, dann singt man es in der Schenkstube gegen polizeiliches Verbot, und zuletzt dient es als offene Kampfansage gegen die Fabrikanten.

Anstelle eines linearen Spannungsbogens, der das ganze Drama durchzieht, wählt Hauptmann ein episches Reihungsprinzip: Jeder einzelne Akt führt eine Eskalation des Protests vor Augen, ohne unmittelbar an den vorhergehenden anzuknüpfen: Schauplätze und Figuren wechseln von Akt zu Akt. Nur eine einzige Figur, der alte Baumert, ist in allen fünf Akten präsent. Dieser Verzicht auf eine nahtlos verlaufende, einheitliche Handlungskurve trägt dem Umstand Rechnung, daß die historischen Weberaufstände nicht nach Maßgabe einer herkömmlichen Dramenhandlung verliefen. Das Aufbegehren der hungerleidenden Weber kommt einem Rausch gleich, der sich notwendig Bahn bricht – und mit der freien Selbstbestimmung traditioneller Dramenhelden wenig zu tun hat (vgl. Sprengel, B 5: 1984, 84 ff.).

Wie schon in *Vor Sonnenaufgang* dient ein »Bote aus der Fremde« als Katalysator der Handlung. Der heimkehrende Moritz Jäger konfrontiert die Weber mit einer anderen, offensichtlich aussichtsreicheren Lebensform und stimuliert dadurch Wut und Protest. Darüber hinaus erkundigt sich der Heimkehrer – ungleich ungezwungener als der Feldforscher Alfred Loth in *Vor Sonnenaufgang* – nach den prekären Lebensumständen in der Region: Auf diese Weise läßt sich das Elend der Weber ungekünstelt zur Sprache bringen. Nach allem, was die Baumerts dem Soldaten über ihre dürftigen Verhältnisse berichten, hat sich die Not seit seinem Fortgang noch einmal verschlimmert. Hauptmann läßt zwar auch zahlreiche Figuren zu Wort kommen, die – aus unterschiedlichen Gründen – für das Aufbegehren der Weber kein Verständnis zeigen. Neben dem Fabrikanten sind es der Pfarrer, der Dorfpolizist, wohlhabende Bauern, der Dorfschreiner und ein Reisender, der seine Auffassung vom Weberelend ausschließlich der Tagespresse entnommen hat. Dennoch wird die Sympathie des Zuschauers eindeutig auf die notleidenden Weber gelenkt. Deren kollektiver Protest erhält allerdings im fünften Akt eine Gegenstimme aus den eigenen Reihen. Daß der alte Hilse trotz seiner dürftigen Lebensumstände eindeutig gegen die Revolte votiert, an seinem Webstuhl ausharrt und zuletzt von einer verirrten Gewehrsalve getötet wird, hat die unterschiedlichsten Interpretationen provoziert. Theodor Fontanes Resümee, daß das Stück durch den fünften Akt »revolutionär und antirevolutionär zugleich« erscheint (zit. nach Praschek, B 6.5, 196), bringt die beiden extremen Deutungsmöglichkeiten auf den Punkt. Hilse führt vor allem religiöse Gründe gegen den gewaltsamen Aufstand an, die freilich dem Hunger in der eigenen Familie nicht abhelfen. Als seine Schwiegertochter Luise das Lebensrecht ihrer hungernden Kinder einklagt, bleibt er eine Antwort schuldig. Die Lebensform des alten Hilse markiert weder einen tragfähigen Gegenentwurf zur Revolte der Weber, noch verrät sie ein falsches Bewußtsein, das zu Recht dem Untergang preisgegeben wird. Daß ausgerechnet der Repräsentant einer schicksalsergebenen, quietistischen Lebenshaltung der Revolte zum Opfer fällt, führt vielmehr, wie Jürgen Jacobs gezeigt hat, die eruptive Gewalt des sozialen Konflikts eindrucksvoll vor Augen (Jacobs, B 6.5): »[. . .] 's kann een'n ja orntlich angst werd'n«, lauten die letzten Worte des Stücks (CA I,479). Auch der theatralische Schluß des Dramas läßt sich nicht auf eine tendenziöse Stellungnahme für oder gegen die Revolution festlegen: »Balancirkunst« hat Fontane das genannt (Praschek, B 6.5, 197).

Der Biberpelz

Im Mittelpunkt der »Diebskomödie« steht die umtriebige Waschfrau Wolff. In einem Dorf »irgendwo um Berlin« kümmert sie sich gegen Ende der achtziger Jahre auf ihre Weise um bescheidenen Wohlstand und Aufstieg ins Bürgertum. Gleich zu Beginn erscheint Frau Wolff mit einem gewilderten Rehbock, der umgehend dem Spreeschiffer Wulkow verkauft wird. Als ihre Tochter Leontine nebenbei von einem Holzstapel berichtet, den sie für ihren Dienstherrn, den Rentier Krüger, von der Straße räumen soll, plant »Mutter Wolffen« den nächsten Diebstahl. Auch der unangekündigte Besuch vom Dorfdenunzianten Motes, der den Wilddieben auf der Spur ist, bringt die Waschfrau nicht aus der Fassung. Im Gegenteil: Daß Wulkow für einen Biberpelz, wie Krüger ihn trägt, 60 Taler zahlen würde, weckt bei ihr neue Begehrlichkeiten. Gemeinsam mit ihrem Mann, einem schwerfälligen Schiffszimmermann, zieht sie am Ende des ersten Akts zum Krügerschen Anwesen, um das Holz heimlich einzusammeln. Der ahnungslose Amtsdiener Mitteldorf ist ihr bei der Vorbereitung des Diebstahls behilflich.

Der zweite Akt spielt in der Amtsstube des Amtsvorstehers von Wehrhahn, wo Rentier Krüger den Holzdiebstahl anzeigen läßt. Wehrhahn interessiert sich allerdings viel mehr für den bei Krüger wohnenden Privatgelehrten Dr. Fleischer, der sich dem selbstherrlichen Amtsvorsteher durch freigeistigen Umgang und einschlägige Zeitungsabonnements verdächtig gemacht hat. Krüger will zwar die Wolffen für seinen Verlust haftbar machen, weil ihre Tochter sich geweigert hat, das Holz von der Straße zu räumen, gerät jedoch in eine Streiterei mit dem Amtsvorsteher und zieht wütend ab. Die Anschuldigungen des Rentiers prallen auch deshalb von der Wolffen ab, weil sie sich der Sympathie des Amtsvorstehers sicher ist: Als Waschfrau ist sie im Haushalt der Wehrhahns unverzichtbar.

Der dritte Akt zeigt Frau Wolff in ihrer Wohnung beim Geldzählen – offenbar ist der Pelzhandel mit Wulkow bereits vollzogen. Als Fleischer auf einen kurzen Besuch vorbeikommt, verrät sie ihm, daß der Amtsvorsteher mit Hilfe von Motes eine Intrige gegen ihn plant. Auf die Nachricht vom erneuten Diebstahl im Haus des Rentier Krüger reagiert die Wolffen mit gespielter Empörung. Krüger selbst kommt vorbei, um seine Anschuldigung zurückzunehmen und sich über den unfähigen Amtsvorsteher zu beklagen. Der Rentier ist dermaßen mit dem Verlust des Biberpelzes beschäftigt, daß er sein eigenes Brennholz im Haus der Wolffen nicht wiedererkennt.

Auch im vierten und letzten Akt der Komödie werden die Diebstahldelikte nicht aufgeklärt. Von Wehrhahn ist dermaßen damit beschäftigt, dem liberalen Fleischer eine Majestätsbeleidigung anzuhängen, daß er alle Hinweise auf den Verbleib des Biberpelzes übersieht. Fleischer selbst will zu Protokoll geben, daß er einen Spreeschiffer mit Biberpelz gesehen hat. Der Amtsvorsteher läßt sich jedoch ausgerechnet von dem zufällig anwesenden Wulkow bestätigen, daß daran nichts Außergewöhnliches sei. Damit sind alle Verdachtsmomente, die zur Aufklärung des Diebstahls führen könnten, hinfällig geworden. Mit dem Fazit »die Wolffen ist eine ehrliche Haut« (CA I,542) gibt von Wehrhahn seine Blindheit zu erkennen.

Die wichtigsten Anregungen für die »Diebskomödie« reichen in die Jahre 1885–89 zurück, die Hauptmann in Erkner bei Berlin verbrachte. Seine damalige Zugehfrau Marie Heinze bildet das Vorbild für Frau Wolff, der Amtsvorsteher der Komödie ist dem Amtsvorsteher von Erkner, Oscar von Busse, nachempfunden (vgl. Requardt/Machatzke, B 5: 1980, 178–210). Der liberale, von der Obrigkeit beargwöhnte Dr. Fleischer ist ein Selbstporträt des jungen Hauptmann. Das Stück spielt im Jahr 1887, wo Hauptmann im Breslauer Sozialistenprozeß als Zeuge aussagen mußte. Zur Zeit der Niederschrift, die in die Monate von September 1892 bis März 1893 fällt, liegt dieser Lebensabschnitt allerdings schon einige Jahre zurück. Zu den »lebensechten« Vorbildern der Komödie treten literarische Inspirationen, wie u. a. Heinrich von Kleists *Zerbrochner Krug*.

Die Uraufführung am 21. September 1893 im Deutschen Theater, Berlin, löste beim Publikum insofern Befremden aus, als man einen fünften Akt erwartete. In der vorliegenden Form erschien das Stück unfertig, da weder die Diebstahlserie der Wolffen aufgeklärt, noch dem unfähigen Amtsvorsteher das Handwerk gelegt wird. Das Publikum blieb unter Protest im Saal. Mit Ausnahme einer Rezension von Franz Mehring wird auch innerhalb der zeitgenössischen Kritik das offene Ende der Komödie moniert. »Daß das öde Machwerk mehrere Aufführungen erleben dürfte, steht kaum zu erwarten«, heißt es in der polizeilichen Begründung für die Genehmigung der öffentlichen Aufführung (zit. nach Bellmann, B 6.6, 30). Entgegen dieser Prognose setzt der bis zur Gegenwart anhaltende Bühnenerfolg der Komödie, dem drei Verfilmungen aus den Jahren 1928, 1937 und 1949 zur Seite stehen, mit der Wiener Inszenierung des Deutschen Volkstheaters im Jahr 1897 ein. Im Jahr 1901 gibt Hauptmann eine Fortsetzung des Lebenskampfes der Waschfrau Wolff. Die Tragikomödie *Der rote Hahn* bleibt allerdings hinter dem Bühnenerfolg der Diebskomödie von 1893 zurück (vgl. S. 112–116).

Nach der gut hundertjährigen Erfolgsgeschichte ist die ursprünglich provokative Wirkung von Hauptmanns Diebskomödie kaum noch nachzuvollziehen. Für die Zeitgenossen des Jahres 1893 markierte der *Biberpelz* allerdings die Aufkündigung einer Gattungstradition, die von den Dramatikern der Antike bis zur Dramentheorie von Gustav Freytag reicht. Anstelle des herkömmlich pyramidalen Baus bietet Hauptmann ein vieraktiges Wechselspiel, das dem Prinzip der Wiederholung verpflichtet ist (vgl. Sprengel, B 5: 1984, 118 ff.). Akt I und II zeigen Frau Wolff bei der Planung bzw. beim Abschluß ihrer Diebstahlserie, Akt III und IV gehören dem amtlichen Nachspiel, das trotz offenkundiger Indizien im Sande verläuft. Eine durchgängige, zielorientierte Handlungslinie fehlt. Hauptmann vermeidet alle denkbaren Resultate der Dramenhandlung: Weder die Diebstahlsdelikte der Frau Wolff noch die imaginären Gesinnungsdelikte des Dr. Fleischer führen innerhalb des Dramas zu einem abschließenden Urteilsspruch. Obwohl die Unfähigkeit des Amtsvorstehers damit hinlänglich unter Beweis gestellt ist, bleibt von Wehrhahn – im Unterschied zum Dorfrichter Adam aus Kleists *Zerbrochnem Krug* – unangefochten im Amt.

Zur provokativen Wirkung der Komödie gehört es, daß vor allem die Amtspersonen und Ankläger dem Gelächter der Zuschauer preisgegeben werden: Am Ende des ersten

Akts hilft ein ahnungsloser Amtsdiener bei den Vorbereitungen des ersten Diebeszugs, am Ende des dritten Akts glaubt Rentier Krüger den »Tieben« auf die Spur zu kommen, und fuchtelt dabei ausgerechnet mit einem der Holzscheite herum, die ihm gestohlen wurden. Im Zentrum der komischen Entlarvung steht der Amtsvorsteher, der mit seinem Schlußwort von der ehrlichen Wolffen gleichermaßen amtliche Untauglichkeit und persönliche Selbstüberschätzung unter Beweis stellt. Offenbar geht es Hauptmann nicht nur um die innerhalb der Komödientradition bewährte Kritik menschlicher Schwächen. Der Demaskierung des Amtsvorstehers liegt eine satirische Absicht zugrunde, die auf konkrete politische Mißstände zielt.[9] Die souverän inszenierten Formen der Sprach- und Situationskomik richten sich allerdings auch gegen die Protagonistin: Daß Mutter Wolffen bei ihrem Aufstieg ins Bürgertum nicht nur auf materielle Bereicherung, sondern auch auf Sprachverfeinerung und Bildungslack setzt, führt zu grotesken Fremdwortentstellungen (vgl. Ruttmann, B 6.6).

Indem Hauptmann die straffällige Protagonistin ungeschoren und um einige Taler reicher davonkommen läßt, spart er das konventionell versöhnliche Ende der Komödie aus. Noch ein halbes Jahrhundert nach der Uraufführung hat dieser Kunstgriff sowohl von konservativer als auch von marxistischer Seite Kritik provoziert: Reinhold Schneider moniert 1958 die unbefriedigende Verklärung der Diebin, die mit einer Verhöhnung der Justiz einhergehe, Bertolt Brecht führt in seiner »Fusion« von *Biberpelz* und *Rotem Hahn* nicht nur den kurzfristigen Erfolg, sondern auch das notwendige Scheitern der Wolffen vor Augen. Diesen moralischen Vorbehalten ist entgegenzuhalten, daß Hauptmann die »vormoralische« Selbstbehauptung seiner Protagonistin zwar mit unverkennbarer Sympathie, aber auch

9 Vgl. Hans Joachim Schrimpf, »Das unerreichte Soziale: die Komödien Gerhart Hauptmanns *Der Biberpelz* und *Der rote Hahn*« (1969), in: Schrimpf, B 3: 1976, 385–423.

mit Skepsis betrachtet. Nicht erst der »Fortsetzung« im *Roten Hahn* ist zu entnehmen, daß die virtuosen Bereicherungsversuche der Wolffen nicht zu der erhofften bürgerlichen »Eklipage« (CA I,501) führen werden (vgl. Jacobs, B 6.6). Gerhart Hauptmann konnte mit Recht behaupten, daß es nicht seine Absicht gewesen sei, die Taten der Wolffen zu verteidigen (vgl. CA XI,1157). Im *Biberpelz* sind naturalistische Milieuschilderung und komödienhafte Konfliktverharmlosung so ausbalanciert, daß sich ein moralisches Fazit der Dramenhandlung erübrigt.

Hannele

Hauptmanns »Traumdichtung« spielt vor einer schlesischen Dorfkulisse, die an das ärmliche Milieu der *Weber* erinnert: In einer stürmischen Dezembernacht bringen der Lehrer Gottwald und der Waldarbeiter Seidel die halberfrorene Hannele Mattern in das Armenhaus des Dorfes: Seidel hat das Mädchen zufällig im teilweise vereisten Dorfteich entdeckt und in letzter Minute aus dem Wasser gezogen. Seit dem Tod ihrer Mutter sechs Wochen zuvor ist die vierzehnjährige Hannele dem Jähzorn des alkoholsüchtigen Maurers Mattern ausgesetzt: Daß der Stiefvater sie betteln schickt, um seinen Alkoholkonsum zu finanzieren, und gewalttätig wird, wenn sie nicht genug Geld heimbringt, ist im Dorf bekannt. Das ausgehungerte, frierende und vollkommen verschüchterte Mädchen erholt sich unter der Obhut ihres Lehrers soweit, daß sie auf seine Fragen erklärt, der liebe Herr Jesus habe im Wasser gerufen. Der mittlerweile im Armenhaus eingetroffene Amtsvorsteher läßt daraufhin nach dem Dorfarzt schicken, dem Hannele allerdings nur widerwillig antwortet: Sie will nicht mehr gesund werden und zu ihrem Stiefvater zurückkehren. Als man sie mit einer Krankenschwester allein läßt, erscheint zunächst der alte Mattern am Fußende des Bettes und gibt seiner ganzen Wut über das Ausbleiben seiner Stieftochter Ausdruck. Danach folgen beruhigendere Visionen: Hannele spricht im Fieber mit ihrer verstorbenen Mutter und vernimmt den Gesang dreier Engel, die ein kommendes Glück verheißen.

Der zweite Akt des Dramas knüpft unmittelbar an diese Visionen an. Auf die himmlische Überseligkeit der Fiebernden, die der Diakonissin zunehmend Sorge bereitet, folgt wiederum Angst vor der Erscheinung eines Todesengels, der sie unverwandt anschaut. Hannele erlebt, wie sie mit einem kostbaren Brautkleid versehen in einem gläsernen Sarg zu Grabe getragen wird: Das ganze Dorf verehrt sie als Heilige – und klagt ihren Stiefvater als Mörder an. Der Fremde, eine Christusfigur mit Zügen des Lehrers Gottwald, führt den betrunkenen Maurer zum Sarg. Erst beim Anblick seiner aufgebahrten Stieftochter, in deren Händen eine Himmelsschlüsselblume erscheint, zeigt der alte Mattern Reue. Mit den Worten Jesu erweckt der Fremde Hannele zu einem Leben, dessen jenseitige Seligkeit er unter Harfenmusik ausmalt. Während ein Engelschor das Mädchen ins himmlische Reich tragen will, verwandelt sich die Szene wieder in das Armenhaus zurück, wo der Arzt den Tod des Mädchens bestätigt.

Während der Streit um die Uraufführung der *Weber* noch anhält, in der ersten Hälfte des Jahres 1893, schreibt Hauptmann seine Traumdichtung *Hannele* nieder. Erste Anregungen reichen womöglich, wie Roy Cowen vermutet, in die Zeit zurück, die der junge Gerhart Hauptmann auf dem Rittergut seines Onkels verbrachte (vgl. Cowen, B 6, 81 ff.). Nach der von Felix Hollaender empfohlenen Streichung des ursprünglich vorgesehenen dritten Akts, der in zwei Fassungen überliefert ist und teilweise in den zweiten Akt eingeht (vgl. CA IX,741–767), wird das Stück unter dem Titel *Hannele* am 14. September im Königlichen Schauspielhaus Berlin uraufgeführt; die Bühnenmusik stammt von Max

Marschalk. Die Buchausgabe erscheint im gleichen Jahr bei Fischer unter dem Titel *Hannele Matterns Himmelfahrt*, 1894 (mit textlichen Korrekturen) unter dem Titel *Hannele. Traumdichtung in zwei Teilen* und erst ab 1897 mit dem Titel *Hanneles Himmelfahrt*.

Die Kritik reagiert durchaus nervös auf den neuen, ungewohnten Ton, den Hauptmann mit seiner Traumdichtung anschlägt (vgl. Krause, B 6, 101–108). Das Berliner Publikum sieht sich außerstande, die drei Hauptmannschen Uraufführungen des Jahres 1893, die *Weber*, den *Biberpelz* und *Hannele* einem einheitlichen ästhetischen Programm zuzuordnen. Die Traumdichtung über die imaginäre Himmelfahrt der Hannele Mattern wird vor allem von seiten der Naturalisten kritisiert. Franz Mehring, ein vehementer Verehrer der ersten Hauptmann-Dramen, diagnostiziert »verheuchelte[n] Mystizismus zu Ehren der ausbeutenden und unterdrückenden Klassen«[10] – was Hauptmann in seinem Tagebuch zu einer wütenden Abrechnung mit der Sozialdemokratie veranlaßt (vgl. Sprengel, B 5: 1982, 101). Zugleich findet das Stück so prominente Befürworter wie Gustav Freytag, Karl Kraus, Ernst Barlach, Lion Feuchtwanger und den Germanisten Erich Schmidt, der Hauptmann für den Schiller-Preis vorschlägt (statt dessen erhält Hauptmann zum ersten Mal den Grillparzer-Preis). Bis in die dreißiger Jahre gehört *Hannele* zu den meistgespielten Stücken Hauptmanns. Zwei Verfilmungen (1922 als Stummfilm, Regie: Urban Gad, 1934 als Tonfilm, Regie: Thea von Harbou) und zwei Opern-Adaptationen von Camille Erlanger (1911) und Paul Graener (1927) stellen die Publikumswirksamkeit der Traumdichtung unter Beweis.

Gerhart Hauptmann verknüpft mit diesem Stück entscheidende persönliche Erlebnisse: Bei der Uraufführung begegnet er der mittlerweile achtzehnjährigen Schwester

10 Franz Mehring, »Aufsätze zur deutschen Literatur von Hebbel bis Schweichel«, Berlin 1961, S. 303. Hauptmann quittiert Mehrings Vorwürfe im Tagebuch: vgl. TB II,106.

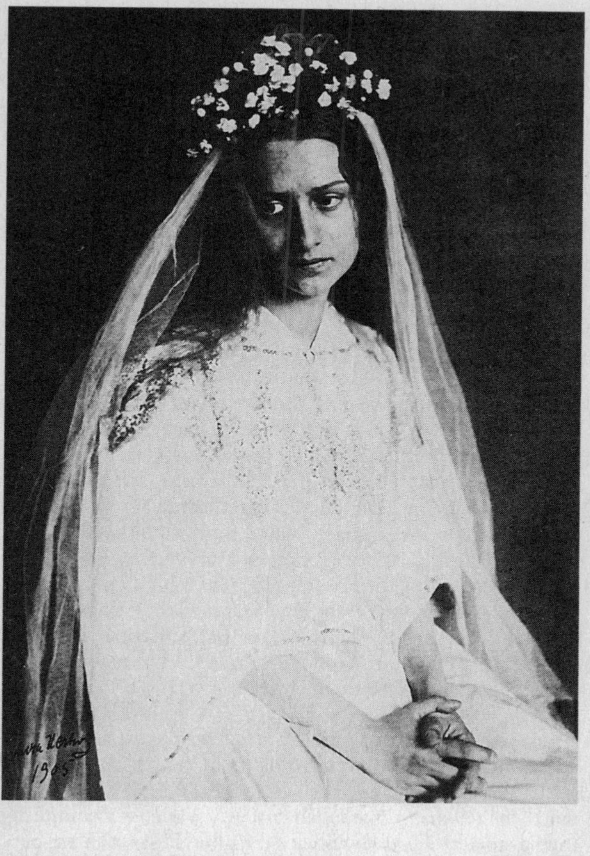

Ida Orloff als Hannele

von Max Marschalk, von dem die Musik zur Uraufführung stammt: Margarete Marschalk wird mehr als ein Jahrzehnt später Hauptmanns zweite Frau. Im Jahr 1905 lernt er bei den Proben zu einer Neuinszenierung die Schauspielerin Ida Orloff kennen, die die Rolle des Hannele übernimmt – und eine langwierige Ehekrise auslöst.

Während das zeitgenössische Publikum dem *Weber*-Drama eine eindeutige politische Aussageabsicht unterstellt (die Hauptmann zeitlebens ableugnet), erscheint das sozialkritische Potential von *Hannele* allenfalls marginal. Angesichts der halbtoten Hannele Mattern richtet sich die Empörung der Protagonisten gegen den brutalen, alkoholsüchtigen Stiefvater, nicht gegen die allgemein elenden Lebensverhältnisse im Dorf. Im Unterschied zu den *Webern* beherrscht die Armut die Bühne, ohne daß ihre gesellschaftlichen Ursachen in den Blick gerieten. Gegen die politische Unverbindlichkeit spricht allerdings u. a. die Reaktion des Fürsten Chlodwig zu Hohenlohe-Schillingsfürst: »Heute abend im Hannele. Ein gräßliches Machwerk, sozialdemokratisch-realistisch, dabei von krankhafter sentimentaler Mystik, nervenangreifend, überhaupt scheußlich. Wir gingen nachher zu Borchard um uns durch Champagner und Kaviar wieder in eine menschliche Stimmung zu versetzen« (zit. nach Krause, B 6, 101). Offenbar ist *Hannele* durchaus nicht so eindeutig »zu Ehren der ausbeutenden und unterdrückenden Klassen« verfaßt, wie Franz Mehring behauptet.

Das eigentlich Befremdliche des Dramas besteht darin, daß Hauptmann die »Hungerhalluzinationen eines armen gequälten Kindes« (zit. nach Sprengel, B 5: 1982, 102) im wörtlichen Sinne anschaulich macht. In seiner Traumdichtung avanciert die »Gewißheit« des alten Hilse, daß ein besseres Leben im Jenseits zu erwarten sei, zur greifbaren Bühnenwirklichkeit. Nicht nur das fiebernde Mädchen, auch die Zuschauer sehen die Erscheinungen des zornigen Vaters, der verstorbenen Mutter, des Todesengels und jenes Fremden, in dem sich Züge Christi und des Lehrers Gottwald verbinden. Der ursprünglich vorgesehene dritte Akt sollte u. a. die mystische Hochzeit zwischen Hannele und ihrem Lehrer vorführen. Der Untertitel »Traumdichtung« weist diese Partien des Dramas allerdings als Phantasien aus, über deren Wahrheitsgehalt auf der Bühne nicht entschieden wird. Hauptmann selbst hat mehrfach betont, daß sich die irrealen Veränderungen der Szene restlos aus den Fieberträumen des Mädchens herleiten lassen. Auch wenn damit den Maximen des literarischen Naturalismus Genüge getan wäre[11], kündigt Hauptmanns Drama eine deutliche Neuorientierung an. Die Ausgestaltung der Traumwirklichkeit erlaubt es, so unbefangen aus dem Fundus religiöser, mythischer und märchenhafter Motive zu schöpfen[12], wie es Hauptmann wenig später in der *Versunkenen Glocke* tun wird. Die unbestreitbare konzeptionelle Nähe der Traumdichtung zur Neuromantik (vgl. Alexander B 6, 77–91) bildet für die Bühnen der Gegenwart ein entscheidendes Rezeptionshindernis. Zum Zeitpunkt der Uraufführung mußte – wie Paul Schlenther berichtet – alles vermieden werden, »was überfrommen Gemütern als Entweihung der Heilandsgestalt und der Heilandsgeschichte« gelten konnte: Darum habe Hauptmann den Titel zunächst um das Wort »Himmelfahrt« verkürzt (Schlenther, B 5: 1922, 107). Gut 100 Jahre später ist die Säkularisierung so weit fortgeschritten, daß sich die Himmelfahrtsträume der Hannele Mattern kaum noch nachvollziehen lassen.

11 Gerhard Kluge bestreitet die kausaldeterministische Erklärung der Traumvisionen, indem er u. a. darauf hinweist, daß die ausdrücklich abgehärmte Erscheinung der verstorbenen Mutter (vgl. CA I,565 f.) der Wahrnehmung Hanneles widerspricht (Kluge, B 6.7).

12 Vgl. hierzu: Gert Oberembt, »Kunst aus dem Geist des Mythos. Bemerkungen zu *Hanneles Himmelfahrt*«, in: Sprengel/Mellen, B 3: 1986, 43–92.

Florian Geyer

Hauptmanns »Tragödie des Bauernkriegs« von 1525 setzt mit einem Vorspiel im Kreis der adligen Gegenpartei ein: Auf dem Schloß »Unserer Frauen Berg« bei Würzburg verständigen sich die versammelten Ritter über die Verteidigung gegen die anrückenden Bauernheere. Die in »Zwölf Artikeln« niedergelegten Forderungen der Aufständischen werden mit Spott und Verachtung kommentiert; ein Ritter allerdings, Wolf von Hanstein, schließt sich dem bäurischen »Bundschuh« an und nimmt damit Florian Geyers Parteinahme für die Belange der Bauern vorweg. Der erste Akt führt in die Kapitelstube des Würzburger Neumünsters, wo die Anführer der aufständischen Bürger und Bauern das weitere Vorgehen besprechen. Ungeachtet ihrer bisherigen Erfolge gelingt es ihnen nicht, einen Führer zu wählen. Neben Florian Geyer, der von einigen als »Junker« verschrieen wird, ist auch Götz von Berlichingen im Gespräch. Am Ende wird ein Kriegsrat gebildet, der allerdings die unterschiedlichen Auffassungen über die militärischen, politischen und religiösen Ziele nur oberflächlich beilegt.

Sowohl die Euphorie als auch die divergierenden Interessen der Aufständischen prägen auch die Gespräche in einer Rothenburger Schenke, mit denen der zweite Akt einsetzt. Mitten in der Auseinandersetzung erfährt Florian Geyer, daß die Truppen der Bauern gegen seinen Willen die Würzburger Festung angegriffen haben und dabei – mangels Ausrüstung und militärischem Sachverstand – vernichtend geschlagen wurden. Der Ritter legt seine Rüstung ab, weil er an einen Erfolg der Bäurischen nicht mehr glauben kann.

Auf dem Landtag in Schweinfurt (3. Akt) wird Florian Geyer – angesichts weiterer Niederlagen – bedrängt, die Führung der Aufständischen zu übernehmen. Der Ritter willigt ohne viel Hoffnung ein und zieht Richtung Würzburg, wo die Front der Bauern zu zerbrechen droht. Der vierte Akt spielt wiederum in der Rothenburger Schenke. Hier hat sich mittlerweile die Stimmung gegen die Aufständischen gekehrt. Kratzer, der Wirt, muß um sein Leben fürchten, als zunächst Andreas Karlstatt, dann Florian Geyer mit seiner Gefolgschaft bei ihm einkehren. Als einer der religiösen Führer der Aufständischen bringt Karlstatt schlechte Nachrichten aus Würzburg: Er hat mit knapper Not sein Leben retten können – und den Glauben an die Sache der Bauern verloren. Ebenso bedrückend wirkt die Ankunft des blutüberströmten Tellermann, der sich als einer der treuesten Anhänger Florian Geyers bei einer weiteren Niederlage der Aufständischen tödlich verletzt hat und in der Schenke stirbt. Mit dem sicheren Gefühl, gleichfalls in den Tod zu ziehen, läßt Geyer sich die Rüstung anlegen.

Im fünften Akt, nach der Niederlage der Bäurischen, sucht Geyer Zuflucht bei seinem Schwager Wilhelm von Grumbach. Dieser ist allerdings wieder zur Adelspartei zurückgewechselt und gewährt dem Erschöpften nur widerwillig Unterkunft. Um den anwesenden Rittern ihren Gesinnungswechsel unter Beweis zu stellen, verrät Grumbachs Frau das Versteck des Flüchtigen. In seiner schwarzen Rüstung stellt sich Geyer den versammelten Rittern und wird aus dem Hinterhalt getötet.

Ende 1891, noch vor der Fertigstellung der *Weber*, entwirft Hauptmann erste Pläne zu einem Drama über den fränkischen Ritter Florian Geyer, einen der Anführer im Bauernkrieg von 1525. Die Erarbeitung des Sujets verläuft ähnlich wie bei den *Webern*, ist allerdings – aufgrund der historischen Distanz – ungleich aufwendiger. Aus einem Buch des Historikers Wilhelm Zimmermann über den deutschen Bauernkrieg bezieht Hauptmann erste Anregungen, vor allem ein positiv gezeichnetes Bild des Ritters Florian Geyer.[13] Damit setzt ein langwieriger Entstehungsprozeß

13 Zu Hauptmanns Quellen vgl. Voigt, B 6.8, und Sprengel, B 5: 1984, 102 f.

ein, der nach zwei Studienreisen zu den Schauplätzen des Bauernkriegs über ein Hauptszenar mit über 100 Einzelszenen zur endgültigen, in der zweiten Hälfte des Jahres 1895 niedergeschriebenen Fassung führt. Von den über tausend Blättern Arbeitsmaterial ist ein geringer Teil in der Centenar-Ausgabe abgedruckt (CA IX,769–889). Hauptmanns Pläne, den *Florian Geyer*-Stoff zu einer Di- oder Trilogie auszubauen, gehen über einzelne Werknotizen nicht hinaus.

Die Uraufführung am 4. Januar 1896 am Deutschen Theater Berlin wird zu Hauptmanns Überraschung ein totaler Mißerfolg (das Buch erscheint im gleichen Jahr bei Fischer) und bestätigt damit die Befürchtungen Otto Brahms. Erst 1904 gelingt eine erfolgreiche zweite Inszenierung des *Florian Geyer.* Nach dem Ersten Weltkrieg setzen sich die Bühnenerfolge der Bauernkriegstragödie fort. »Menschen unserer Zeit steht das *Florian Geyer*-Stück besonders nahe: als ein Drama, in dem sich Finsternis und Sternenlicht des Heute spiegeln [. . .]«, schreibt Alfred Polgar 1919.[14] In dem hinterrücks ermordeten Ritter glaubt man nun eine Allegorie des besiegten Deutschland zu sehen. Auf diese »nationale Aneignung« (Sprengel, B 5: 1984, 113) der Bauernkriegstragödie in den zwanziger und dreißiger Jahren folgt zwangsläufig ein Desinteresse in den beiden deutschen Staaten der Nachkriegszeit. Vor allem in der DDR wird die »falsche Interpretation« der Geschichte moniert: Zu Unrecht rücke Hauptmanns Stück Niedergang und Verfall des Bauernheeres in den Vordergrund.[15]

Mit der Bauernkriegstragödie *Florian Geyer* bringt Hauptmann – nach der umstrittenen Aufführung der *Weber* – ein weiteres Mal die Geschichte eines erfolglosen Massen-

14 Alfred Polgar, *Kleine Schriften*, hrsg. von Marcel Reich-Ranicki, Bd. 5, Reinbek 1985, S. 169. Zu den Bühnenerfolgen in der Weimarer Republik vgl. Scholz, B 6.8.

15 Vgl. hierzu Heinz D. Tschörtner, »›Der deutschen Zwietracht mitten ins Herz‹. *Florian Geyer* in der DDR«, in: Tschörtner, B 5: 1996, 45 f.

aufstands auf die Bühne. Daß die Mehrzahl der Literaturkritiker und das Berliner Premierenpublikum das neue Stück vor allem in ästhetischer Hinsicht als Zumutung empfanden, hat mehrere Gründe. Seinem genuin naturalistischen »Echtheitsbedürfnis«[16] entsprechend, versucht Hauptmann, den Sprachstand des 16. Jahrhunderts zu rekonstruieren – mit dem Resultat unfreiwilliger Komik und zahlreicher Verständnisprobleme. Das Figurenensemble der Tragödie ist im Vergleich mit den *Webern* noch umfangreicher, was die Orientierung des Zuschauers nicht eben erleichtert. Während sich der Weberaufstand auf wenige Orte des schlesischen Eulengebirges beschränkt, erfordert das Sujet des Bauernkriegs eine epische »Verbreiterung«, die der Unübersichtlichkeit der Kriegsereignisse Rechnung trägt. In jedem Akt des *Florian Geyer* (einschließlich des Vorspiels) wird unter dem Eindruck immer neuer Botenberichte über den Stand der Kriegsereignisse debattiert. Dadurch wirkt das Stück – ungeachtet des kriegerischen Sujets – ebenso gesprächsreich wie handlungsarm.

> Es ist ein parlamentarischer Grundzug in diesem *Florian Geyer*. Eine Debatte löst die andere ab. Wirtshausgespräche, Disputationen, Landtagsverhandlungen erörtern immer dasselbe Thema: die schwere Not der Zeit. Botenberichte melden, was geschehen ist oder was geschehen wird. Das Wichtigste erfahren wir nicht durchs Auge, sondern durchs Ohr,

schreibt Paul Schlenther (Schlenther, B 5: 1922, 137). Vor allem aber vermißt das zeitgenössische Publikum die Transparenz des historischen Stoffes: Hauptmann gelingt es nicht, seiner Bauernkriegstragödie nach Maßgabe des *Götz*

16 So Otto Brahm, der brieflich schon am 19. Juli 1894 anmerkt, daß die Rekonstruktion eines authentischen Sprachstands »für den ganzen Naturalismus, wenn er historisch werden will«, ein Problem darstelle. Einstweilen habe Hauptmann sich »vom Echtheitsbedürfnis in die Irre führen lassen« (zit. nach Voigt, B 6.8, 158).

von Berlichingen unmittelbare Aktualität zu verleihen. Selbst die Zensurbehörden des Kaiserreichs zeigen kein Interesse.

Dabei gibt Hauptmann mit seinem *Florian Geyer* durchaus eine Art Fortsetzung des Weber-Dramas. Während die *Weber* das erste rauschhafte Aufbegehren gegen Leid und Unterdrückung vor Augen führen, vergegenwärtigt die Bauernkriegstragödie den unausweichlichen Fort- und Untergang einer revolutionären Bewegung, die ihre Kräfte nicht zu bündeln vermag. Die Aufständischen scheitern weniger an der militärischen Übermacht der Adelspartei als an ihrer Zersplitterung in einzelne sektiererische Fraktionen. Gegen derartige Eitelkeiten erscheint selbst eine strategisch begabte und charismatische Figur wie Florian Geyer machtlos, die die zunehmend schwindenden Hoffnungen der Bäurischen verkörpert. Diese Deutung des fränkischen Ritters ist spekulativ – und aus ideologischer Sicht gelegentlich kritisiert worden. Unter Hinweis auf die sogenannte Sickingen-Debatte zwischen Ferdinand Lassalle und Marx/Engels moniert Hans Mayer, daß Hauptmann – wie Goethe (*Götz von Berlichingen*) und Lassalle (*Franz von Sickingen*) – einen *Adligen* in den Mittelpunkt der Kriegsereignisse stellt, die kämpfenden Volksmassen vernachlässigt und verleumdet. Gegen derartige ideologische Vorbehalte läßt sich einwenden, daß sich die zunehmende Profilierung einzelner Figuren im Verlauf eines Massenaufstands schon in den letzten beiden Akten der *Weber* andeutet – und der immanenten Logik einer jeden Revolution entspricht. Hauptmann zeigt nicht (wie in den *Webern*) den kollektiven Ausbruch eines Aufstands, sondern die problematischen Folgen der ersten militärischen Erfolge: Um sich dauerhaft gegen die etablierten Mächte durchsetzen zu können, benötigen die Bauern eine charismatische Führerfigur, die das militärische Vorgehen koordiniert und zugleich die aufkeimenden Eitelkeiten und Gruppenegoismen zu bändigen vermag. In Hauptmanns Stück erscheint Florian Geyer nur vorübergehend für diese Aufgabe disponiert. Diejenigen, die der »deutschen Zwietracht mitten ins Herz« stoßen wollen (CA I,629), gehen an ihrer eigenen Zwietracht zugrunde.

Der für die Belange der Bauern kämpfende schwarze Ritter wird dabei durchaus nicht »zur zentralen Heldengestalt überhöht« (so Mayer, B 5: 1967, 48). Als Handelnder tritt Hauptmanns Protagonist kaum in Erscheinung. Bereits am Ende des zweiten Akts legt Florian Geyer desillusioniert seine Rüstung ab – und legt sie erst wieder an, als sich die Niederlage der Aufständischen schon deutlich abzeichnet. Hauptmann stellt seinen Protagonisten nur insofern in den Mittelpunkt der Handlung, als dessen Präsenz den künstlerischen Zusammenhang der Tragödie garantiert. Neben den kompositorischen Kunstgriffen der Reihung und Spiegelung (vgl. Sprengel, B 5: 1984, 104 ff.) ist es die Figur des fränkischen Ritters, die die Zersplitterung der dramatischen Einheit verhindert.

Mit seiner Bauernkriegstragödie setzt sich Hauptmann deutlich von Goethes *Götz von Berlichingen* ab. Daß Hauptmann keine Verklärung ritterlichen Selbsthelfertums im Sinne hat, läßt sich seinem Porträt des Götz von Berlichingen entnehmen. Als ginge es um eine Widerlegung Goethes, erscheint der Ritter mit der eisernen Hand als zwielichtige, von Eitelkeit geprägte Figur, die den Anliegen der Bauern wenig hilfreich ist. Die Provokation der dramatischen Form verdankt sich nicht – wie bei Goethe – dem Vorbild Shakespeares, sondern genuin naturalistischen Gestaltungsprinzipien, die Hauptmann erstmals auf ein historisches Sujet überträgt (vgl. Schulz, B 6.8). Ungeachtet der unübersehbaren Distanz zum Ritterdrama von 1773 schreibt Hauptmann – wie Goethe – seinem Protagonisten messianische Züge zu: »Zu Ostern entstieg der Heiland dem Grabe. Zu Pfingsten schlägt man ihn wieder ans Kreuz«, bemerkt der Schankwirt Kratzer im Blick auf den bevorstehenden Tod Geyers (CA I,686). Die Christustypologie läßt es fraglich erscheinen, ob Hauptmann mit dem fränkischen Ritter, wie Peter Sprengel konstatiert, das Idealbild eines Revolutionärs zeichnen wollte (Sprengel, B 5: 1984, 110 ff.). In der Lebensform Christi ist vorgezeichnet, was Hauptmanns Protagonist erwartet: Verrat und Untergang. Damit avanciert Florian Geyer zu einer Übergangsfigur im Werk Gerhart Hauptmanns: Der schwarze Ritter ist der erste von zahlreichen Protagonisten, deren Leiden als bewußte oder unbewußte *Imitatio Christi* erscheint.

Die versunkene Glocke

Gerhart Hauptmanns »deutsches Märchendrama« setzt auf einer Bergwiese ein, die von allerlei Elementargeistern bevölkert ist. Rautendelein, ein elbisches Wesen, plaudert mit dem Wassergreis Nickelmann und einem Waldschrat, der unlängst den Bretterwagen mit der neuen Kirchenglocke in den Waldsee gestürzt haben will: Offenbar sehen sich die Berggeister durch den Neubau einer Bergkapelle empfindlich gestört. Der Streich des Waldschrats hat auch den Glockengießer mitgerissen: Heinrich schleppt sich mit letzter Kraft auf die Bergwiese bis vor die Hütte der Wittichen, einer unwirschen Alten, und kommt erst wieder zu Bewußtsein, als Rautendelein sich über ihn beugt. Ihr Anblick und ihre Worte überzeugen ihn allmählich, daß er durch den Sturz nicht zu Tode, sondern zu einem märchenhaften neuen Leben gekommen ist. Als der Pfarrer, der Schulmeister und der Barbier des Dorfes auf der Suche nach dem Verunglückten die Bergwiese erreichen, zieht Rautendelein einen Zauberring um den entkräfteten Glockengießer – der ihr offensichtlich gefällt. Die alte Wittichen gibt den Glockengießer umgehend allerdings frei, um sich nicht auf einen Streit mit den Dörflern einzulassen: Heinrich wird auf einer Trage ins Dorf gebracht. Gegen den Rat der Elementargeister, die der menschlichen Lebensform nichts abgewinnen können, folgt Rautendelein ihrem Geliebten.

Im Haus des Glockengießers, dem Schauplatz des zweiten Akts, bereitet sich die ahnungslose Familie zur Feier der Glockeneinweihung vor, als der todkranke Familienvater hereingetragen wird. Seiner Frau Magda erscheint der Glockengießer vollkommen verändert. Heinrich sieht sich außerstande, sein früheres Leben wiederaufzunehmen. Durch den Sturz ist ihm klargeworden, daß sein künstlerisches Werk bislang nur stümperhaft war: »Was in mir ist, / seit ich dort oben stand, will bergwärts steigen, / [. . .] und Werke wirken aus der Kraft der Höhen!« (CA I,804). Während Magda in ihrer Verzweiflung im Dorf Hilfe sucht, erscheint Rautendelein als Magd gekleidet in der Hütte. Durch ihren Zuspruch wachsen Heinrich neue Kräfte und Hoffnungen zu, die sich auf ein Leben jenseits der dörflichen Glockengießerexistenz richten.

Der dritte Akt spielt wieder in den Bergen, wo Heinrich mit Rautendelein ein neues, erfülltes Leben führt. Im Kreis der märchenhaften Elementarwesen arbeitet er an einem Kunstwerk, das die »Neugeburt des Lichtes« (CA I,826) verkünden soll: Heidnischer Sonnenkult in den Augen des Pfarrers, der Heinrich in seiner neuen Bergwerkstatt besucht. Vergeblich bemüht der Pfarrer das Leid der verlassenen Familie und die Grundsätze seiner Religion. Um so eindringlicher prophezeit er, daß der Abtrünnige die Flucht in die Berge bald bereuen werde.

Zu Beginn des nächsten Akts zeigt sich, daß Heinrichs Kunstwerk (trotz Mitarbeit mehrerer Zwerge) ins Stocken gerät. Der Sonnenkünstler wird von Albträumen heimgesucht, die selbst Rautendelein nicht vollends verscheuchen kann. Mit Schadenfreude nehmen der Wassergreis und der Waldschrat wahr, daß sich das Glück des menschlichen Eindringlings wendet: Einige Dorfleute ziehen zur Bergwiese, um die Glashütte des Liebespaars niederzubrennen. Heinrich vertreibt die Meute, seine düsteren Visionen aber kehren zurück. Er hört die versunkene Glocke schlagen und sieht seine Kinder vor sich, die vom Tod der Mutter berichten. Heinrich bricht zusammen, verflucht seine Geliebte und schleppt sich ins Tal.

Im fünften Akt kehrt Heinrich ein letztes Mal in die Berge zurück, ohne jedoch an das vergangene Glück anknüpfen zu können. Rautendelein hat aus Verzweiflung den Wassergreis geheiratet, und das Sonnen-Kunstwerk steht in Flammen. Um noch einmal Rautendelein zu sehen und die alte Lebenskraft zu spüren, trinkt Heinrich den – tödlichen – Zaubertrank der alten Wittichen. Er stirbt in den Armen seiner Geliebten, als die Morgenröte heraufdämmert.

Der Übergang von der krass-naturalistischen Bauernkriegstragödie *Florian Geyer* zum Märchendrama der *Versunkenen Glocke* ist nicht so abrupt, wie es den Anschein hat. Hauptmann beginnt zwar erst im Frühjahr 1896 – nach dem Mißerfolg des *Florian Geyer* – mit der Niederschrift seines ersten Märchendramas, greift dabei allerdings ältere Werkpläne auf, die einerseits die schlesische Märchenfigur Rothändel, andererseits die Wiedereinführung einer heidnischen Sonnenreligion in den Mittelpunkt stellen. Die märchenhaft-mythische Eigenart der *Versunkenen Glocke* ist in den Fragmenten *Helios* (1896) und *Der Mutter Fluch* (1894) vorgeprägt (der Plan eines Rothändel-Dramas reicht sogar ins Jahr 1892 zurück) – und nicht erst durch das Votum des Berliner Publikums provoziert, das mit dem naturalistisch ausgeleuchteten Milieu der Bauernkriege nichts anfangen konnte.

Der bittere Mißerfolg des *Florian Geyer* reicht allenfalls insofern in das Märchendrama hinein, als Heinrich gleichfalls eine substantielle Schaffenskrise durchlebt. Neben den künstlerischen Selbstzweifeln, die Hauptmann an seinen Protagonisten delegiert, korrespondiert Heinrichs Schwanken zwischen zwei Frauen autobiographischen Erfahrungen. Durch die Bekanntschaft mit Margarete Marschalk war

Hauptmanns Ehe in eine mehrjährige Krise geraten, die erst 1904 mit der Scheidung endete. Im Unterschied zu den mythisch grundierten Vorstufen, die unter dem Eindruck der Ehekrise entstehen und deren Hintergrund zu erkennen geben, erschöpft sich die *Versunkene Glocke* allerdings nicht in einer dichterischen Kompensation privater Probleme.

Am 2. Dezember 1896 findet die Uraufführung im Deutschen Theater, Berlin, statt. Die enthusiastische Reaktion des Publikums übertrifft alle Erwartungen – und die bisherigen, meist problematischen Bühnenerfolge Hauptmanns. Auch nach dem Erscheinen des Erstdrucks im Jahr 1897 gehen nur wenige Literaturkritiker (etwa Maximilian Harden) auf Distanz. Heinrich Zöllner (1899), Alexei Davidoff (1903) und Ottorino Respighi (1927) wählen die *Versunkene Glocke* als Opernsujet.

Mit der *Versunkenen Glocke* legt Hauptmann ein Bühnenstück vor, das den Boden der naturalistischen Dramatik verläßt. Im Unterschied zu *Hanneles Himmelfahrt* lassen sich die elbischen Wesen und Elementargeister des Märchendramas nicht einmal andeutungsweise auf die Phantasie des Protagonisten zurückführen. Daß Rautendelein mit ihren Gespielen plaudert, noch bevor Heinrich die Bühne betritt, unterstreicht, wie Peter Sprengel betont hat, ihre (fiktive) Eigenständigkeit. Auch als Künstlerdrama löst sich die *Versunkene Glocke* vom biographisch vermittelten Bodensatz der Alltagserfahrung. Dem Glockengießer des Märchendramas geht es nicht wie seinem »Kollegen« Crampton um einen (beliebigen) weiteren Auftrag, sondern um die Kunst der Zukunft: Mit seinem neuen Werk will Heinrich sowohl die Welt des Tals als auch die Berggeister von ihrem Bann erlösen. Ein Sonnenkunstwerk, die »Neugeburt des Lichtes in die Welt« (CA I,826), soll die beiden antagonistischen Sphären des Dramas versöhnen: Berg und Tal, die heidnischen Elementarwesen und die christliche Dorfkultur, nicht zuletzt Rautendelein und Magda. Heinrichs Vermittlungsversuch ist allerdings zum Scheitern verurteilt. Als sei die Zeit der Hexenverbrennung noch gegenwärtig, stachelt der Pfarrer den Zorn seiner Gemeinde an: Schon im ersten Akt rüstet man sich offenbar, die Hütte der als Hexe verschrieenen Wittichen niederzubrennen (vgl. CA I,781 f.). Heinrich schreibt es denn auch den Dorfleuten zu, daß Magda sich zuletzt in den See stürzt (vgl. CA I,838). Die elbische Bergbevölkerung schaut ihrerseits mit Verachtung auf die menschliche Lebensform herab und stört nach Kräften den christlichen Kultus. Die Versöhnung im Zeichen der Kunst und der Liebe scheitert allerdings vor allem an Heinrich selbst, dem es an Kraft und Ausdauer fehlt, sich gegen all diese Widerstände durchzusetzen.

Heinrichs Ambitionen korrespondieren der künstlerischen und philosophischen Aufbruchstimmung des Fin de siècle[17]: Was dem Glockengießer in der Bergwelt an neuen Lebensperspektiven aufgeht, verdankt sich vor allem der Philosophie Friedrich Nietzsches, die die christliche Moralkultur als lebensfeindlich entlarvt und ihr – etwa in dem »Bergmenschen« Zarathustra – eine dionysisch-rauschhafte Lebensform entgegenhält. Die für Nietzsches Schriften charakteristische, radikale Gegenwartskritik erscheint in der *Versunkenen Glocke* allerdings so entschärft, daß das zeitgenössische Theaterpublikum gelassen applaudieren kann. Hauptmann versieht den dionysischen Rausch seines Protagonisten mit einer heimeligen, den Zeitgenossen vertrauten Märchenkulisse. Daß die Kritik der christlichen Dorfkultur außerdem der (schlesisch sprechenden) alten Wittichen und anderen Elementargeistern in den Mund gelegt wird, vermindert ihre Anstößigkeit. Zwerge, Holzmännchen, Wassergreis und Waldschrat sind so unverkennbar

17 In seiner ideologiekritisch ausgerichteten Analyse weist Marc A. Weiner auf bemerkenswerte Affinitäten zu den Schriften von Paul de Lagarde und Julius Langbehn hin. Der Nachweis einer nationalsozialistischen Adaptation der *Versunkenen Glocke* spricht allerdings noch nicht für deren »präfaschistisches« Vokabular (vgl. Weiner, B 6.9).

märchenhafter Herkunft, daß ihr radikaler Gegenentwurf zur herkömmlich menschlichen Lebensform harmlos bleibt. Dem Glockengießer fehlt sowohl die Kompromißlosigkeit Zarathustras als auch die unbekümmerte Brutalität des Wagnerschen jungen Siegfried, dem er in einigen Szenen ähnelt: Von einem dermaßen mittelmäßigen Protagonisten steht nichts zu befürchten. Hauptmanns Zeitgenosse Adalbert von Hanstein führt den überwältigenden Publikumserfolg des Stücks denn auch weniger auf den verworrenen Grundgedanken, sondern auf die »Märchenstimmung des rauschenden Bergwalds« und die »warme und reiche Belebung der Natur« zurück.[18] Die sprachliche Form des Märchendramas trägt zu dieser Wirkung bei: Hauptmann schreibt seinen Protagonisten Blankverse zu, die dem Stück – sieht man vom Schlesischen der alten Wittichen ab – eine lyrisch-sentimentalische Stimmung verleihen. Aus heutiger Sicht erscheinen gerade die neuromantischen Aspekte der *Versunkenen Glocke* (mit einem Wort Thomas Manns) als »parfümierter Qualm«.

Fuhrmann Henschel

Schauplatz des Dramas ist – mit Ausnahme des vierten Akts – die Kellerwohnung im Gasthof eines schlesischen Badeorts, wo Fuhrmann Henschel mit seiner Familie wohnt. Das Stück spielt in den sechziger Jahren des 19. Jahrhunderts, kurz bevor die Eisenbahnlinien den Fuhrleuten die Existenzgrundlage streitig machen. Noch läßt sich der Verlust einiger Pferde, wie ihn Henschel gerade erlitten hat, einigermaßen verkraften. Die Sorgen des Fuhrmanns sind anderer Art. Frau Henschel liegt ein halbes Jahr nach der Ge-

18 Vgl. Adalbert von Hanstein, »Das jüngste Deutschland. Zwei Jahrzehnte miterlebter Litteraturgeschichte«, Leipzig 1901, S. 299.

burt ihres ersten Kindes im Sterben. Daß sie die Magd Hanne Schäl verdächtigt, ihren Mann heimlich zu verführen, erzeugt ein Mißtrauen, das der vollkommen unschuldige Henschel nur dadurch entschärfen kann, daß er seiner Frau in Anwesenheit des Gasthofbesitzers Siebenhaar schwört, nach ihrem Tod der Magd aus dem Weg zu gehen.

Wie sehr Henschel unter diesem Versprechen leidet, zeigt der zweite Akt des Schauspiels. Frau Henschel ist mittlerweile gestorben, und Hanne Schäl droht mit ihrer Kündigung, um den Fuhrmann unter Druck zu setzen. Die Magd setzt alles daran, die künftige Frau Henschel zu werden: Sie verleugnet etwa ihr uneheliches Kind – von dem Henschel längst weiß. Nach einem Gespräch mit Siebenhaar, der dem schwermütigen Witwer zu einer neuen Ehe rät, gibt Henschel seine Bedenken auf.

Kaum hat die Hochzeit stattgefunden, betrügt Hanne ihren Mann auch schon mit dem ehemaligen Gasthofkellner George. Henschel kommt unversehens einen Tag früher von einer Fuhre zurück, schöpft jedoch vorerst keinen Verdacht: George hat sich rechtzeitig verabschiedet. Daß der Fuhrmann das uneheliche Kind seiner Frau aus dem Nachbardorf mitgebracht hat, beantwortet sie zu seinem Erstaunen mit einem Wutausbruch. Gegen Hannes Willen setzt Henschel durch, daß Bertha anstelle seines eigenen, mittlerweile verstorbenen Kindes im Hause bleibt. Beim alkoholsüchtigen Großvater hätte das Mädchen ohnehin nicht länger wohnen können.

Der vierte Akt spielt in der Schenkstube des ehemaligen Schauspielers Wermelskirch, wo George und andere Gäste über Siebenhaars prekäre finanzielle Lage, über die Zukunft des Gasthofs und den merkwürdig veränderten Fuhrmann sprechen. Offenbar auf Druck seiner Frau hat Henschel den langjährigen Knecht Hauffe entlassen. Im Gasthof spekuliert man sogar, daß der Tod der ersten Fuhrmannsfrau und der ihres Kindes nicht mit rechten Dingen zugegangen seien. Auch als Henschel die Schenkstube betritt, reißen die

Vorwürfe und Anspielungen nicht ab. Der Fuhrmann läßt sich dermaßen provozieren, daß er seine Frau holen läßt: Hanne soll selbst zu den Vorwürfen Rede und Antwort stehen. Obwohl seine Frau alles ableugnet, bricht Henschel röchelnd zusammen.

Wenige Tage später – im fünften Akt – steht Henschel offenbar immer noch unter dem Eindruck der Vorfälle in der Schenkstube. Hanne beobachtet mit zunehmender Angst, daß ihr Mann nachts keine Ruhe findet und mehrfach versucht, sie einzuschließen. Auch der herbeigerufene Siebenhaar kann den verstörten Fuhrmann nicht von seinen Phantomen abbringen: Henschel sieht sich auf Schritt und Tritt von seiner verstorbenen Frau verfolgt. Nur zum Schein läßt er sich von Siebenhaar beruhigen. Der Fuhrmann zieht sich in seine Kammer zurück, als wolle er sich schlafen legen, und bringt sich um.

Die ersten Entwürfe zum *Fuhrmann Henschel* fallen – unter dem Titel *Ein flämischer Kerl* und *Im Rautenkranz* – in den November des Jahres 1897. In den Monaten zuvor erprobt Hauptmann eine Vielzahl heterogener Stoffe, die im Anschluß an die *Versunkene Glocke* von 1896/97 märchenhafte oder legendäre Figuren in den Mittelpunkt stellen. Die entscheidende Anregung zur Rückwendung ins schlesische Milieu verdankt Hauptmann nach eigener Auskunft einer Novelle von Hermann Stehr. Diese Novelle mit dem Titel *Der Graveur* schildert das innere Drama eines Menschen, der – wie Hauptmann rekapituliert – nach einem Eifersuchtsstreit trotz verzweifelter innerer Gegenwehr zugrunde geht (vgl. TB IV,181 ff.). Der Stoff des Schauspiels vom Untergang des Fuhrmanns Henschel geht allerdings auf Kindheitseindrücke zurück, die der junge Hauptmann im Gasthof seines Vaters empfing. Seiner Autobiographie zufolge hielt er sich als Knabe regelmäßig in der Wohnung der Fuhrleute Krause auf, deren Lebensform er – wie der im ersten Akt auftretende Sohn Siebenhaars –

aufregend und zugleich ein wenig unheimlich empfand (CA VII,473 ff.).

Im Frühjahr 1898 setzt Hauptmann die Niederschrift fort und schließt das Stück nach einigen Unterbrechungen im September ab. Otto Pniower erstellt die dem Hochdeutschen angenäherte Fassung, die parallel zur Mundartfassung im Jahr 1899 bei Fischer erscheint. Die Uraufführung im Deutschen Theater, Berlin, am 5. November 1898 wird ein Erfolg, den die meisten Literaturkritiker (und wenig später zahlreiche prominente Kollegen) bestätigen. Gerhart Hauptmann erhält (zum zweiten Mal) den Grillparzer-Preis. 20 Jahre nach der Uraufführung dreht Ernst Lubitsch einen Stummfilm nach der Vorlage des *Fuhrmann Henschel*; ein Tonfilm folgt 1956 unter der Regie von Josef von Baky.

Auf den ersten Blick nimmt sich Hauptmanns Schauspiel vom Untergang des Fuhrmanns Henschel wie eine Rückwendung zum literarischen Naturalismus aus. Die detailgenaue Ausleuchtung des Milieus, die sorgfältige psychologische Motivierung der Handlung und der Rückgriff auf den schlesischen Dialekt markieren einen deutlichen Abstand zum Märchendrama *Die Versunkene Glocke*, in dem die Literaturkritik – offenbar voreilig – den Beginn einer poetischen Neuorientierung zu sehen glaubte. Hauptmann wendet sich statt dessen noch einmal einem Milieu zu, das nicht nur räumlich unterhalb der gepflegten bürgerlichen Lebensformen angesiedelt ist. Darüber hinaus entspricht die Figurenkonstellation des Dramas in weiten Teilen der novellistischen Studie *Bahnwärter Thiel*, mit der Hauptmann ein erster Durchbruch im Zeichen des Naturalismus gelang. Wie in der Novelle von 1889 steht ein gutmütiger, kräftiger und bisweilen phlegmatischer Kleinbürger im Mittelpunkt, der nach dem frühen Tod seiner Frau eine neue, allerdings fatale Ehe eingeht: Daß ein Kind zu versorgen ist, beschleunigt die Entscheidung. Nach dem Muster der Novelle schreibt Hauptmann der neuen Frau Henschel sowohl sinnliche

Energie als auch unbändige Herrschsucht zu: Die Dorfbewohner gehen auf Distanz zum früher beliebten Fuhrmann. Ursache für Henschels Resignation im fünften Akt ist weniger die Untreue der Ehefrau (die in der Novelle gar nicht thematisiert wird) als der Vorwurf, daß Hanne das Kind aus erster Ehe vergiftet habe. »Daß du und hast an'n Fehltritt begangen, das mag unser Herrgott richten dahier. Ich will dich weiter da nich verdammen. – Wenn man bloß ... ich meene, mit Gusteln ... wenn man und wißte da was Bestimmtes!« (CA I,999). Dieser Verdacht beschäftigt den Fuhrmann dermaßen, daß er – wie Thiel – dem Wahnsinn verfällt und unter Erscheinungen seiner verstorbenen Frau leidet. Hauptmann deutet im Drama sogar die Möglichkeit an, daß Henschel nach Maßgabe des Bahnwärters seine Frau töten könnte: Hanne ahnt das und zeigt erstmals Angst vor ihrem Mann. Daß der Fuhrmann schließlich Selbstmord begeht, entspricht der inneren Logik des Schauspiels. Im Unterschied zu Thiel begreift Henschel seinen Untergang als Verhängnis, das sich unaufhaltsam vollzieht. Während der Bahnwärter wortlos in den Wahnsinn abrutscht, wird Henschel die Unausweichlichkeit seines Untergangs bewußt:

> Sehn Se, ich bin ja an allen schuld; [...]. Aber eh ich das machte mit der Frau, ich meene, eh ich die Hanne nahm, da fing das schonn an und wurde mitsachten ... aso mitsachten ging's halt bergab. [...] ane Schlinge ward mir gelegt, und in die Schlinge da trat ich halt nein. (CA I,993)

Deutlicher als in der Novelle von 1889 erscheint der entnervte Protagonist als Opfer eines elementaren Geschehens, das ihn unaufhaltsam zu Boden reißt. Beim Sturz des Fuhrmanns kommt den sozialen Umschichtungen nur eine marginale Bedeutung zu, was u. a. Hans Mayer und Eberhard Hilscher moniert haben (vgl. Mayer, B 5: 1967, 57 f.; Hilscher, B 5: 1990, 246 f.). Das aus dem Bereich der Jagd entlehnte Bild von der Schlinge wird Hauptmann wenig später in der Kindsmordtragödie *Rose Bernd* wieder aufnehmen (CA II,256; vgl. Sprengel, B 5: 1984, 133–136).

Im Schauspiel vom Untergang des Fuhrmanns Henschel zeichnet sich ein Weltbild ab, das zwar an fatalistischer Ausweglosigkeit dem Naturalismus nicht nachsteht, seine Wurzeln jedoch ganz anderen Traditionen verdankt (vgl. Guthke, B 5: 1980, 107 ff.). So stellt schon Alfred Kerr das Schicksal des schlesischen Fuhrmanns in den Kontext antiker Dramen.[19] Thomas Mann resümiert rückblickend, daß Hauptmann mit dem *Fuhrmann Henschel* »im rauhen Gewand volkstümlich-realistischer Gegenwart eine attische Tragödie« gelungen sei.[20]

Schluck und Jau

Im ersten »Vorgang« dieser Komödie läßt sich der von der Jagd zurückkehrende Fürst Jon Rand zu einem Schauspiel überreden, bei dem die vor dem Jagdschloß herumlungernden Vagabunden Schluck und Jau mitwirken sollen. Auf Vorschlag von Karl, einem freisinnigen Begleiter des Fürsten, bringt man die beiden Angetrunkenen ins Schloß, während Jon Rand sich bereits seiner Geliebten Sidselill zuwendet.

Am andern Morgen (2. Vorgang) erwacht Jau unversehens als Fürst: Karl hat ihn in ein entsprechendes Schlafgemach bringen lassen, mit einer Krone versehen und für dienstwilliges Personal gesorgt. Jon Rand (als Leibarzt) und Karl (als Seneschall) geben sich alle Mühe, dem verkaterten Jau die Fürstenrolle einzureden. Der läßt sich – vor allem angesichts der verlockenden kulinarischen Perspektiven – nach kurzer Zeit überzeugen: Als sich die Jagdgesellschaft

19 Vgl. Alfred Kerr, *Die Welt im Drama*, Bd. 1, Berlin 1917, S. 77 f.
20 Thomas Mann, *Gerhart Hauptmann* (1952), in: T. M., *Gesammelte Werke in 13 Bänden*, Bd. 9, Frankfurt a. M. 1990, S. 807.

im Schloßhof einfindet, schickt der vermeintliche Fürst nach »seinem« Pferd und verläßt das Schlafgemach.

Unterdessen schlägt Karl der Kammerfrau Sidselills vor, den zweiten Vagabunden mit ins Spiel zu bringen (3. Vorgang). Während Jau sich im Schloßhof müht, sein Pferd zu besteigen, wird drinnen der ahnungslose und verschüchterte Schluck überredet, die Fürstin darzustellen. Adeluz, die Kammerfrau, stellt die nötigen Requisiten zur Verfügung. Nach Abschluß der Jagd hat Karl ein fürstliches Abendessen vorbereitet (4. Vorgang), bei dem die beiden Herumtreiber erstmals in ihren neuen Rollen aufeinandertreffen sollen. Jau hat sich mittlerweile mit seiner fürstlichen Identität arrangiert, läßt sich allerdings nur unwillig davon überzeugen, daß die schöne Sidselill seine Tochter sein soll. Die Konfrontation mit Schluck, seiner vermeintlichen Frau, ist um so ernüchternder: Jau wehrt die anhängliche, angestrengt schauspielernde Gemahlin ab und verläßt fluchtartig das Bankett.

Allmählich gleitet den Regisseuren das Spiel aus der Hand. Die Schloßgesellschaft gewöhnt sich dermaßen an das Spiel um die neuen Herrschaften, daß Jon Rand um seine Autorität fürchtet. Als Jau nach Herrscherlaune Unterwürfigkeitsgesten einfordert, die vermeintliche Fürstin umbringen lassen will, um Sidselills Kammerfrau zu heiraten, läßt Jon Rand das Schauspiel abbrechen. Dem entfesselten »Herrscher« wird ein Schlaftrunk gereicht.

Der letzte Vorgang zeigt Schluck und Jau in gewohnter Verfassung vorm Schloß. Schluck freut sich, seinen Freund endlich wiederzufinden (in der Fürstenrolle hat er ihn nicht erkannt), Jau allerdings hat Schwierigkeiten, sich von seiner fürstlichen Identität zu lösen. Auch der abermalige Auftritt des Fürsten, der sich zur Jagd bereit macht, bringt ihn nicht aus der Fassung. Nach mittlerweile gewohnter Manier befiehlt er, die Jagd abzublasen. Jon Rand sieht über diese Herrscherallüren gelassen hinweg und stellt Jau ein Ackerfleckchen in Aussicht, wo er in Zukunft nach Herzenslust regieren könne. Während die Jagdgesellschaft aufbricht, ziehen Schluck und Jau in den nächsten Gasthof, um sich ihre Erlebnisse zu berichten.

Am 9. August 1897 notiert sich Hauptmann erstmals die Namen der Titelfiguren (TB IV,46), beginnt allerdings erst zwei Jahre später, im Sommer 1899, mit der Niederschrift seiner Komödie. Der frühe Tagebucheintrag spricht dafür, daß Hauptmann die Namen »Schluck« und »Jau« auf Hiddensee vorgefunden hat und nicht etwa Shakespeares Komödie »Der Widerspenstigen Zähmung« verdankt.[21] Dennoch ist die inspirierende Wirkung Shakespeares unverkennbar. Im Vorspiel des Shakespeare-Stücks wird der betrunkene Kesselflicker Sly (dt. Schlau) von einem Lord aufgegriffen (der gerade von der Jagd zurückkehrt) und für eine Weile als Schloßherr behandelt. Dieses Motiv des kurzfristig nobilitierten Bettlers geht auf ein Märchen aus Tausendundeiner Nacht zurück; nach Shakespeare wird es u. a. von Ludvig Holberg dramatisiert (*Jeppe vom Berge oder Der Verwandelte Bauer* 1722). All diese Texte sind Hauptmann geläufig, als er im Sommer 1899 das bei Shakespeare nur angedeutete Verwechslungsspiel zu einer eigenen Dramenhandlung ausbaut.

Am 3. Februar 1900 wird das im Dezember fertiggestellte Stück im Deutschen Theater, Berlin, als »Possenspiel« uraufgeführt; die Buchausgabe bei Fischer folgt – wie immer – unmittelbar. Hauptmanns Gattungsbezeichnungen reichen von »Schwank«, »Capriccio«, »Scherzspiel«, »Tragikomödie« bis zum lapidaren Untertitel »Komödie«. Der offenkundige Mißerfolg der Premiere veranlaßt Otto Brahm, das Stück nach 13 Aufführungen vom Spielplan abzusetzen – und auch in den Folgejahren keinen Rehabilitierungsversuch zu unternehmen. Die Literaturkritik moniert sowohl

21 Vgl. Voigt/Reichart, B 5: 1957, 30, und Peter Sprengel: »›Ein schönes Kind, welches der Mutter Schmerzen macht‹ – Gerhart Hauptmann und die Bühnengeschichte von *Schluck und Jau*«, in: Sprengel/Mellen, B 3: 1986, 177 f.

das unzeitgemäße Sujet der Komödie als auch Hauptmanns mangelnde Originalität. Peter Sprengel führt die beinahe ausnahmslos schlechte Resonanz auf Brahms eigenwillige Streichung zurück: Ohne die im (gestrichenen) fünften Vorgang stattfindende Eskalation, in deren Folge der neue Herrscher Jau die Autorität des Fürsten zu untergraben droht, erscheine der Abbruch des Verwechslungsspiels völlig unmotiviert. In der Tat verzeichnet Hauptmanns Komödie in den letzten Jahrzehnten um so mehr Bühnenerfolge, je mehr man sich vom naturalistischen Regiekonzept und den Streichungen der Uraufführung löst. Daß Hauptmanns Rede von den »kindlich naive[n], überlegene[n] Philosophen« Schluck und Jau (*Der Baum von Gallowayshire* CA VI,792) die anarchische Wirkung des spielerischen Interregnums verharmlost, bestätigt u. a. die Bemerkung des Reichspropagandaministers Goebbels. Zur Frage der Verfilmung von *Schluck und Jau* im Jahr 1937 soll Goebbels bemerkt haben: »Sie gehören ins KZ, aber nicht auf die Filmleinwand.« (Vgl. Daiber, B 5: 1971, 111)

Gerhart Hauptmann gibt die literarische Eigenart seiner Komödie schon durch die Widmung zu erkennen, die die Schlußverse des Vorspiels aus Shakespeares *Der Widerspenstigen Zähmung* zitiert. In Zeiten, wo der Adel an herrschaftlichem Spielraum beträchtlich verloren hat, sind Experimente wie das von Karl und Jon Rand allenfalls als Phantasiespiel glaubhaft. Sieht man vom schlesischen Dialekt der beiden Titelfiguren ab, läßt Hauptmann Zeit, Ort und Kulisse absichtsvoll unbestimmt. Auf der Bühne wird ein literarisch längst bewährtes Experiment durchgespielt, das allerdings vor dem Hintergrund der Jahrhundertwende einige neue Nuancen erhält. Hauptmanns Hofgesellschaft erscheint ungleich gelangweilter als Shakespeares Lord und Holbergs Baron. Vor allem Prinzessin Sidselill verkörpert die zur Jahrhundertwende gehörenden Phänomene der Dekadenz. Um den gelangweilten Adligen neues Leben einzuhauchen, erprobt Karl eine neue, spektakuläre Unterhaltungsform – die zugleich zur Selbstreflexion einlädt. Das Verwechslungsspiel soll zeigen, daß Traum und Wirklichkeit nicht trennscharf zu unterscheiden sind, daß die vermeintliche Wirklichkeit ebenso vergänglich ist wie die Seifenblasen des Traums. Diese genuin barocken Vorstellungen korrespondieren – wie Wolfgang Nehring gezeigt hat – dem impressionistischen Lebensgefühl des Fin de siècle (vgl. Nehring, B 6.11).

Darüber hinaus modifiziert Hauptmann seine literarischen Vorbilder insofern, als er die perfekte Illusionierung des Trinkers Jau permanent ins Wanken bringt. Sobald Jau sich einigermaßen in die fürstliche Rolle hineingefunden hat, konfrontiert man ihn mit seinem Freund Schluck, der ahnungslos die Fürstin spielt. Für die Hofgesellschaft gewinnt das Spiel seine Spannung gerade dadurch, daß Jau zwischen dem Wiedererkennen und Verkennen seines Freundes schwankt. Dementsprechend ist der Abbruch des Experiments nicht nur dadurch motiviert, daß das Herrscherpaar Schluck und Jau am Hof für eine bedrohlich anarchische Atmosphäre sorgt. Zweifellos setzt die vitale Präsenz der beiden Trinker bei Sidselill elementare erotische Energien und beim Fürsten ernsthafte Existenzängste frei: Grund genug, mittels eines Schlaftrunks die »Revolution« zu verhindern und die alten Zustände wieder herbeizuführen (vgl. Sprengel, in: Sprengel/Mellen, B 3: 1986). Ebenso ausschlaggebend für die Beendigung des Spiels ist allerdings, daß den Regisseuren die Bedenklichkeit eines Experiments aufgeht, das dem Mitspieler anstelle einer eindeutig illusionären Existenz fortwährend zweideutige Situationen zumutet. »Der Mensch, das Tier, das seine Träume deutet, / verliert's den Schlüssel seiner Traumeswelt, / so steht es nackt in Weltenraumes Frost / vor seiner eignen Tür und leidet Pein« (CA I,1098): so resümiert Jon Rand die prekäre Situation des neuen Herrschers, der in seiner Konfusion dadurch Eindeutigkeit herstellen will, daß er seinen alten Saufkumpanen beiseite schafft.

Hauptmann überbietet seine literarischen Vorbilder, indem er eine Figur in den Mittelpunkt stellt, der sich die gewohnte Wirklichkeit und die Traumwelt gleichermaßen entziehen. Der in der literarischen Tradition vorgezeichnete krasse Wechsel zwischen zwei Lebensformen nimmt sich demgegenüber harmlos aus. Mit dem Spiel um Identitätsbewahrung und Identitätsverlust greift Hauptmann ein Thema auf, das die literarische Moderne wie kein anderes beschäftigt. Vor diesem Hintergrund erscheint es konsequent, daß Jau sich am Ende verdoppelt fühlt: zugleich als Jau und als Fürst.

Michael Kramer

Hauptmanns Drama kreist um einen Maler, der wie sein »Kollege« Crampton (in der gleichnamigen Komödie von 1893) an einer schlesischen Akademie unterrichtet. Michael Kramer gibt allerdings einen ganz anderen Künstlertypus ab. Bereits im ersten Akt, der in Kramers Wohnung spielt, deutet sich an, daß die Familie nicht unter Trunksucht und Bummelei, sondern unter der strengen Vorbildlichkeit des Vaters leidet. Während Michaline das Arbeitsethos ihres Vaters nachzuahmen versucht, ohne innerlich für den Malerberuf disponiert zu sein, figuriert Arnold als mißratener Sohn. Nach einem längeren Aufenthalt in München ist er nach Hause zurückgekehrt, vernachlässigt sein künstlerisches Talent und seine Konstitution jedoch dermaßen, daß ein Konflikt unmittelbar bevorsteht. Nach einer weiteren außer Haus verbrachten Nacht will der Vater den Sohn zur Rede stellen. Ernst Lachmann, der als ehemaliger Kunststudent seinen Lehrer Michael Kramer besuchen will, erfährt im Gespräch mit Michaline alle diese Familienneuigkeiten. Arnold selbst zeigt sich erst, als Lachmann und Michaline die Wohnung verlassen: eine von Häßlichkeit und Mißwuchs gezeichnete Figur, deren feurige Augen mit einer »schmutzigblassen« Gesichtsfarbe kontrastieren. Auf die Vorhaltungen seiner sorgenvollen Mutter antwortet Arnold mit kaltem Spott.

Der zweite Akt spielt – wenig später – in Kramers Atelier. Im Gespräch mit Lachmann zeigt der alte Kramer tiefe Verbitterung über seinen Sohn, auf dem früher all seine Hoffnungen lagen. Daß Arnold sein Talent so verkommen läßt, erzürnt den Vater um so mehr, als er selbst nur mühsam mit seinen Arbeiten vorankommt. Seit sieben Jahren ringt er um eine Darstellung Christi, deren Anblick er allen Neugierigen – auch seinem ehemaligen Schüler Lachmann – verweigert. Überraschend erscheint ein »kokottenhaftes« Frauenzimmer im Atelier, das sich als Gastwirtstochter Liese Bänsch vorstellt – und über Arnolds Nachstellungen klagt. Der alte Kramer erfährt, daß sein Sohn jeden Abend in Bänsch's Bierlokal verbringt, Liese anstarrt und zum Gespött der Stammtischrunde wird. Liese Bänsch verläßt das Atelier, ohne von Arnold gesehen zu werden, der pünktlich zur Aussprache mit seinem Vater eintrifft. Der alte Kramer bietet seinem Sohn noch einmal die Hand, verstößt ihn jedoch, als er nur Unwahrheiten über den vorhergehenden Abend im Wirtshaus zu hören bekommt.

Im Bierlokal der Familie Bänsch, Schauplatz des dritten Akts, wartet Liese auf die ersten Gäste. Wie jeden Abend versucht Arnold Kramer vergeblich, mit ihr ins Gespräch zu kommen. Gegen Lieses Rat setzt er sich zu den allmählich eintreffenden Stammtischgästen ins Nebenzimmer, wo man ihn ein weiteres Mal wegen seines skurrilen Verhaltens verspottet. Unterdessen nehmen Lachmann und Michaline, die sich hier zufällig verabredet haben, vor der Theke Platz. Auch sie fühlen sich in Gesellschaft der aufdringlich selbstbewußten Stammtischbrüder unwohl. Den aus dem Nebenzimmer dringenden, lauten Wortfetzen läßt sich entnehmen, daß jemand im Streit einen Revolver gezogen hat und gleich darauf von den Stammtischlern überwältigt wird. Daß es sich um Arnold handelt, merkt Michaline erst, als er an ihr vorbei vor seinen Verfolgern flüchtet.

Der letzte Akt spielt wieder im Atelier, wo Michael Kramer, Lachmann und Michaline die Totenwache halten: Arnold hat sich nach dem Streit im Bierlokal das Leben genommen und liegt nun aufgebahrt im Nebenzimmer. Vor allem der alte Kramer erscheint durch den Freitod seines Sohnes getroffen: »Ich habe den Jungen malträtiert, und nun ist er mir so ins Erhabene gewachsen. [...] Ich bin ganz erbärmlich vor ihm geworden. Ich sehe zu diesem Jungen hinauf, als wenn es mein ältester Ahnherr wäre!« (CA I,1171). Angesichts des Toten wird dem Vater bewußt, daß sie sich im Leiden immer schon nahe waren.

Bereits einige Jahre vor der Niederschrift des *Michael Kramer* notiert Hauptmann unter dem Titel *Marcus Hänel* einen Dramenentwurf (vgl. CA IX,937–945), dessen Handlungsmilieu an die Komödie *Kollege Crampton* erinnert: der »verbummelte[] Crampton« (CA IX,940) gehört sogar ausdrücklich zu den professoralen Kollegen des Malers Marcus Hänel. Im Unterschied zur Komödie von 1893 deutet sich in dieser Vorstufe bereits ein Konflikt zwischen dem einschüchternd wirkenden, ernsten Vater und dem talentierten, offenbar durch eine Affäre von der Arbeit abgelenkten Sohn Buonaventura Hänel an. Zum Figurenkreis gehören darüber hinaus die gleichfalls als Malerin arbeitende Tochter Angelika und Ullrich Schön, ein ehemaliger Schüler Hänels. Hauptmann übernimmt diese Konfiguration im wesentlichen, als er im Frühjahr 1900 – nach Abschluß von *Schluck und Jau* – mit der Niederschrift des *Michael Kramer* beginnt. Der Tod seines Freundes Hugo Ernst Schmidt, den er Anfang der achtziger Jahre als Kunststudent in Breslau kennengelernt hatte, mag den äußeren Anlaß gegeben haben, das alte Breslauer Künstler-Sujet aufzugreifen. Hinter

Lachmann, dem Schüler und Verehrer Michael Kramers, läßt sich jedenfalls der Jugendfreund erkennen; daneben figuriert Schmidts akademischer Lehrer Albrecht Bräuer als Vorbild für Michael Kramer. Hauptmann selbst berichtet in seiner Autobiographie, daß Bräuer an einem großen, von Schmidt bewunderten Christusbild arbeitete (CA VII,794). Daß das Christusbild im Drama eine wichtige, leitmotivische Funktion erhält, verdankt sich allerdings vor allem Hauptmanns eigenem Interesse für dieses Sujet (vgl. Bachman, B 6.12). Im Jahr 1900 liegen schon mehrere fragmentarische Versuche hinter ihm, die Figur Christi literarisch zu gestalten.

Ende September 1900 beendet Hauptmann die Niederschrift des Dramas. Die Uraufführung folgt unmittelbar am 21. Dezember im Deutschen Theater, Berlin, erweist sich jedoch – nach *Schluck und Jau* – als zweiter krasser Mißerfolg des Jahres 1900. Dem ablehnenden Urteil der Theater- und Literaturkritiker (der Erstdruck erscheint im selben Jahr) stehen nicht wenige positive Reaktionen prominenter Dichter gegenüber. Sowohl Rainer Maria Rilke als auch Thomas Mann äußern sich mehrfach enthusiastisch über Hauptmanns *Michael Kramer*. Daß James Joyce dieses Drama (neben *Vor Sonnenaufgang*) im Jahr 1901 ins Englische übersetzt, kommt ebenfalls einem positiven Votum gleich.

Im Unterschied zur milieuverwandten Komödie *Kollege Crampton* verzichtet Hauptmann in diesem Drama weitgehend auf die Künstlerstereotypen des 19. Jahrhunderts. Michael Kramer benötigt weder Radmantel noch türkischen Fez, um auf der Bühne als Künstlerfigur wahrgenommen zu werden. Äußerlich ist Kramer kaum von einem bürgerlichen Familienoberhaupt zu unterscheiden. Die Familienszenen des ersten Akts stellen die (problematische) Strenge, die Selbstdisziplin und das Pflichtbewußtsein des Familienvaters Kramer in den Vordergrund. Hinter dieser bürgerlichen Lebensform findet allerdings ein unerbittlicher und schmerzhafter Kampf um künstlerische Ausdrucksmittel statt.

Daß Arnold Kramer sein künstlerisches Talent verkommen läßt, sich geckenhaft kleidet und die bürgerlichen Sekundärtugenden des Vaters geringschätzt, führt zu einem der zahlreichen Vater-Sohn-Konflikte der Dramenliteratur. Hauptmann weicht von diesem traditionellen Schema ab, indem er elementare Gemeinsamkeiten zwischen Vater und Sohn erkennen läßt. Arnold und Michael Kramer verbindet ein schonungsloser Ernst, der sich bei dem einen auf ein künstlerisches Lebenswerk, das großformatige Christusbild, bei dem anderen gegen die stumpfsinnig brutale Umwelt richtet. Insofern sie ihre Werke der Öffentlichkeit – sogar der eigenen Familie – verweigern, sind beide auf ihre Art Einsiedler der Kunst. Es macht die Tragik dieses Künstler- und Familiendramas aus, daß erst der Tod die Nähe zwischen Vater und Sohn zum Vorschein bringt. Michael Kramers Abschiedsmonolog, der fast den ganzen letzten Akt einnimmt, bringt zum Ausdruck, daß beide sich im Leid immer schon nahe waren: »Was haben die Gecken von dem da [Arnold Kramer] gewußt: diese Stöcke und Klötze in Mannsgestalt!? Von dem und von mir und von unsern Schmerzen!? Sie haben ihn mir zu Tode gehetzt.« (CA I,1170).

Die in dem Künstlerdrama *Kollege Crampton* beiläufige Rede vom »edlen Dulder« (vgl. CA I,295) erscheint hier radikalisiert: Hauptmann stellt die Künstlerbiographien von Arnold und Michael Kramer explizit vor den Hintergrund der Passion Christi – was aus marxistischer Perspektive als Rückfall in religiöse Symbolik kritisiert worden ist (Mayer, B 5: 1967, 62). Dem unvollendeten Christusbild des Vaters korrespondiert Arnolds leibhaftige *Imitatio Christi* (vgl. Bachman, B 6.12). Dieser gemeinsame leitmotivische Bezugspunkt verbindet die auf der Bühne vorgeführten, scheinbar divergierenden Kunstformen: die erhabene, religiös inspirierte Kunst, die Michael Kramer verkörpert, und die gesellschaftskritischen Karikaturen seines Sohnes (vgl. dagegen Mayer, B 5: 1967, 61 f., und Wynn, B 6.12). Hauptmanns Drama ist beiden Tendenzen verpflichtet. Es stellt den Leidensweg der Künstler in den Kontext der christologischen Passion (und löst damit ein, woran Michael Kramer arbeitet: ein zeitgenössisches Christusporträt als Künstler) und bietet in den Wirtshausszenen des dritten Akts eine Gesellschaftskritik, die an Schonungslosigkeit und Treffsicherheit den Karikaturen Arnold Kramers nicht nachsteht.

Der rote Hahn

In der Tragikomödie von 1901 greift Hauptmann auf ein Figurenensemble zurück, das er acht Jahre zuvor im *Biberpelz* eingeführt hat. Die mittlerweile verwitwete Waschfrau Wolff ist in zweiter Ehe mit dem Schuster Fielitz verheiratet, der ihren unorthodoxen Bereicherungsabsichten ebenso skeptisch gegenübersteht wie vormals Julius Wolff. Diesmal geht es um eine Form des Versicherungsbetrugs, die sich im Dorf gewisser Beliebtheit erfreut. Man läßt sein Haus abbrennen, um mit Hilfe der Versicherungssumme so neu und großzügig bauen zu können, wie es an der Zeit ist. Fielitz will von dem Plan nichts wissen.

Der zweite Akt spielt in der Schmiede des Meisters Langheinrich, wo man während der Arbeit über die jüngsten Vorkommnisse im Dorf plaudert. Unversehens wird Langheinrich als Spritzenmeister gerufen, da das Haus des Schusters Fielitz in Flammen steht. Daß die ganze Familie abwesend ist, erscheint dem pensionierten Gendarm Rauchhaupt verdächtig.

In der Amtsstube des (altbekannten) Amtsvorstehers von Wehrhahn meldet Langheinrich, daß das Haus des Schusters bis auf die Grundmauern niedergebrannt ist. Von seinem Fund einer Zündschnur sagt der Spritzenmeister nichts. Zugleich wird berichtet, daß Gustav, der schwachsinnige Sohn Rauchhaupts, kurz vor dem Brand mit einer Streichholzschachtel spielte: Grund genug für den eilfertigen Amtsvorsteher, den Knaben im Beisein des Ehepaars Fielitz verhaften zu lassen. Rauchhaupt ist von der Unschuld seines Sohnes überzeugt und droht Frau Fielitz mit der Aufdeckung des Betrugs.

Während der Bau des neuen Hauses voranschreitet, ist Familie Fielitz im Giebelzimmer der Schmiede untergekommen. Die »Zindschnurjeschichte« (CA II,63) zieht im Dorf allerdings weite Kreise. Vor allem Rauchhaupt läßt nicht davon ab, den tatsächlichen Brandstiftern auf die Spur zu kommen. Von den Verdächtigungen sichtlich angegriffen, stirbt Frau Fielitz, während ihr umtriebiger Schwiegersohn, Baumeister Schmarowski, draußen von den Zimmerleuten gefeiert wird.

Im Winter des Jahres 1894 hört Gerhart Hauptmann bei seinem Freund Moritz Heimann von einem Großbrand in Kienbaum. Dem Bericht des Schmieds und Spritzenmeisters Bertold Dalibor zufolge soll das Feuer vom 5. Januar 1894 auf Brandstiftung zurückgehen. Es vergehen einige Jahre, bis Hauptmann diesen Vorfall mit der Fortführung der Lebensgeschichte der Waschfrau Wolff verbindet. Im Sommer 1900 beginnt er mit der Niederschrift der Tragikomödie, die im Folgejahr gedruckt und am 27. November 1901 im Deutschen Theater, Berlin, uraufgeführt wird: ein Mißerfolg. Die Literaturkritik monierte vor allem, daß das Stück den Vergleich mit der (mittlerweile) erfolgreichen Diebskomödie um Mutter Wolffen nicht aushalte.

50 Jahre nach der Uraufführung stellt Bertolt Brecht mit dem Berliner Ensemble eine Bearbeitung vor, der von der Witwe Hauptmanns allerdings umgehend die Aufführungsrechte entzogen werden. Brecht macht aus dem *Biberpelz* und dem *Roten Hahn* durch umfangreiche Streichungen ein sechsaktiges Theaterstück und deutet zahlreiche Figuren im

Sinne einer marxistischen Moral um. Rauchhaupt etwa avanciert vom (pensionierten) Vertreter der Staatsmacht zu einem Arbeiter, der dem sinnlosen individualistischen Existenzkampf der Frau Fielitz ein solides Klassenbewußtsein entgegenhält.[22]

Warum Gerhart Hauptmann acht Jahre nach der Uraufführung seiner Diebskomödie um Mutter Wolffen mit dem *Roten Hahn* eine Art Fortsetzung vorlegt, ist seit der Uraufführung umstritten. Die Tragikomödie von 1901 erscheint entweder als Zugeständnis an das Publikum, das mit dem offenen Schluß der Diebskomödie zunächst unzufrieden war (so Cowen, B 6, 125), oder als (mißlungener) Versuch, mit bewährtem Dramenpersonal an die Bühnenerfolge anzuknüpfen, die der *Biberpelz* seit der Wiener Aufführung von 1897 verbuchte. Beide Erklärungsversuche sind unzureichend. Gegen den von Franz Mehring geäußerten Vorwurf, Hauptmann habe sich mit dem *Roten Hahn* selbst kopiert, sprechen zahlreiche strukturelle Veränderungen, die aus der Diebskomödie von 1893 eine Tragikomödie werden lassen. Anstelle der ebenso rasanten wie einfallsreichen Betrugsserie im *Biberpelz* schreibt Hauptmann seiner gealterten Protagonistin ein Delikt zu, das von anderen Dorfbewohnern längst erprobt ist. Die Waschfrau hat ihre exzeptionelle Findigkeit in Fragen persönlicher Bereicherung offenbar eingebüßt. Zum Plan ihres Versicherungsbetrugs gehört es, daß ein Unschuldiger verhaftet wird, der sich gegen die Anschuldigung selbst nicht wehren kann. Diese Skrupellosigkeit wird auch dadurch nicht entschärft, daß der schwachsinnige Gustav ihrer Einschätzung nach in der Anstalt besser aufgehoben ist als bei seinem Vater. Dieser reagiert auf die Verhaftung mit einem (erfolglosen) Selbstmordversuch und erscheint zuletzt – ungeachtet seiner detektivischen Erfolge – als gebrochener

22 Vgl. Hans Joachim Schrimpf, »Das unerreichte Soziale: die Komödien Gerhart Hauptmanns *Der Biberpelz* und *Der rote Hahn*« (1969), in: Schrimpf, B 3: 1976, 385–423, und Jacobs, B 6.6.

Mann. Obwohl der Betrug im Verlauf der vier Akte nicht aufgedeckt wird, verliert Frau Fielitz zunehmend ihre Souveränität als Drahtzieherin. Ihr Tod geht wohl weniger auf die lebenslange Arbeit als Waschfrau als auf die Folgen der »Zindschnurjeschichte« (CA II,63) zurück, die ihre Vitalität und Zuversicht untergraben.

Gegen den Vorwurf der Wiederholung spricht auch das veränderte Milieu. Hauptmann nutzt die räumliche Kontinuität, um deutlich zu machen, welche gesellschaftlichen Verwerfungen innerhalb eines guten Jahrzehnts im Einzugsbereich Berlins stattgefunden haben. Die häßlichen, von Bauführer Schmarowski errichteten Mietskasernen dokumentieren den Einzug einer neuen, zunehmend gesichtsloseren Zeit, in der vor allem Profitgier herrscht. »Die Weber waren der offene Krieg der Unteren gegen die Besitzenden; der Biberpelz gab den versteckten, listigen Guerillakrieg dieser Unteren gegen die Besitzenden. Jetzt kommt der rote Hahn: er zeigt, wie die Unteren selbst zu Besitzenden werden . . .«, schreibt Alfred Kerr.[23] Im Unterschied zum *Biberpelz* steht das Wechselspiel zwischen der Waschfrau und dem selbstherrlichen Amtsvorsteher nicht mehr im Mittelpunkt der Handlung. In dem Maße, wie die Sympathielenkung des Stücks an Eindeutigkeit verliert, erweitert sich das Zielfeld der Satire. Neben dem Amtsvorsteher und Vertreter der preußischen Obrigkeit werden nun auch diejenigen entlarvt, die sich den neuen Verhältnissen geschmeidig angepaßt haben. Prototyp dieser Emporkömmlinge ist der opportunistische, latent antisemitische Bauführer Schmarowski, der innerhalb der vier Akte nach Maßgabe seiner geschäftlichen Interessen vom kirchlichen ins sozialistische Lager überwechselt.

In dieser Gesellschaft nimmt sich die im *Biberpelz* wohlwollend gezeichnete Lebensform der Waschfrau anachronistisch aus. Daß Frau Fielitz im letzten Akt Schmarowski

23 Alfred Kerr, *Die Welt im Drama*, Bd. 1, Berlin 1917, S. 93 f.

ihre Sparbücher anvertraut, um sich an dubiosen Spekulationsgeschäften zu beteiligen, macht ihre Hilflosigkeit sinnfällig. Mit den Worten »Von jetzt ab schweigt sie sich aus« stellt der Arzt Dr. Boxer den Tod der Waschfrau fest (CA II,74). Zur gleichen Zeit erheben sich auf dem Dorfplatz andere Stimmen, die den agilen Bauführer feiern. Mit dem Tod der Fielitz beginnt der Aufstieg Schmarowskis: Auch der *Rote Hahn* hat ein offenes Ende.

Der arme Heinrich

Hauptmanns »deutsche Sage« *Der arme Heinrich* führt in die Zeit des hohen Mittelalters. Im herbstlichen Garten des Meiers Gottfried bereitet man eine bescheidene Mahlzeit für den Lehnherrn Heinrich von der Aue vor, der seit langen Jahren wieder einmal in die Abgeschiedenheit des Meierhofs zurückgekehrt ist. Mit den Bewohnern, vor allem mit Ottegebe, Gottfrieds Tochter, verbindet Heinrich Erinnerungen an eine unbeschwerte Jugend. In einem Zustand innerer Zerrissenheit will der »edelstolze junge Mann« (CA II,82) offenbar den Prunk der höfischen Lebensform abstreifen und an die ländliche Idylle seiner Jugend anknüpfen. Gottfried und seine Frau begreifen sehr bald, daß Heinrich elementar angegriffen ist. Über Nacht ist der Lehnherr vor Gram kaum wiederzuerkennen; Knecht Ottokar, der einzige Begleiter seines Herrn, flieht nach einem unheilvollen Traum den Dienst. Zu Gottfrieds Bestürzung bittet Heinrich ihn um nichts als Obdach, Frieden und Barmherzigkeit: »Der reiche Heinrich von der Aue ist / ein armer Heinrich von der Aue worden« (CA II,96). Ottegebe, die junge, schüchterne Tochter, scheint von dem Leid des Gastes zu wissen und will ihn erlösen.

Einige Monate später, im zweiten Akt, nimmt der zerrissene Gast Abschied von Gottfried und seiner Familie. Auch die einsiedlerische Lebensform auf dem Meierhof hat Heinrich keine innere Beruhigung verschafft. Äußeres Zeichen ist die bei ihm ausbrechende Miselsucht (Lepra), die Gottfrieds Frau erfolglos vor Ottegebe zu verbergen sucht. Heinrich läßt seinen Freund Hartmann von Aue kommen, um ihm sein Testament auszuhändigen. Im Beisein Ottegebes, die ihn seit der Ankunft aufopfernd gepflegt hat, gibt er sich als Wiedergänger Hiobs zu erkennen.

Der dritte Akt spielt vor einer felsigen Naturkulisse, wo der vollkommen verwilderte Heinrich seit längerem in einer Höhle lebt. Im Begriff, sein eigenes Grab auszuheben, wird der von der Lepra Gezeichnete gleich mehrfach gestört. Zunächst taucht Ottokar, der frühere Knecht, mit der Nachricht auf, daß Heinrichs Vetter sich anschickt, die Macht im Land zu übernehmen. Dem Anblick seines entstellten Herrn vermag Ottokar allerdings nicht standzuhalten und flieht ein zweites Mal. Unmittelbar darauf erscheint Pater Benedikt, Ottegebes Beichtvater, mit Gottfried vor der Höhle. Beide wollen Heinrich überreden, zum Meierhof zurückzukehren. Offenbar steht Ottegebes Leben auf dem Spiel, da sie in ihrer Sehnsucht jede Nahrung verweigert. Das Mädchen ist überzeugt, durch ihr Lebensopfer den Kranken erlösen zu können: eine Wunderheilung, die der Pater durchaus für möglich hält. Heinrich weist diese Heilungschance schroff zurück.

In der Waldkapelle des Paters (Schauplatz des 4. Akts), wo Ottegebe mittlerweile untergebracht ist, berichtet Gottfrieds Frau, daß man Heinrich in der Nähe gesehen haben will. Pater Benedikt schenkt den Gerüchten erst Glauben, als auch Ottegebe von der bevorstehenden Ankunft Heinrichs spricht: Sie hat geträumt, daß der göttliche Richterspruch durch ihre Standhaftigkeit gebrochen sei (vgl. CA II,148). Während Pater Benedikt die halb Ohnmächtige in ihre Klause zurückbringt, tritt unbemerkt und vermummt Heinrich vor den Altar der Kapelle. Benedikt erkennt den Eindringling erst, als Heinrich sich die Mönchskapuze vom Kopf reißt; dennoch verleugnet der Pater Ottegebes Anwesenheit. Heinrich bricht enttäuscht zusammen – und kommt erst wieder zu sich, als er die Stimme des Mädchens hört, das »wie von einer Glorie umstrahlt« (CA II,159) im Altarraum erscheint. Gegen den Einspruch des Paters will Ottegebe nun endlich ihr Leben opfern. Ein Salerner Arzt soll dieses Blutopfer vollziehen. Heinrich folgt seinem »klein Gemahl« willenlos.

Der fünfte Akt spielt im Schloß zu Aue, wo Hartmann, Pater Benedikt und Knecht Ottacker auf briefliche Anweisung die Rückkehr Heinrichs vorbereiten: Man vermutet, daß die »Wunderkur« des Salerner Arztes angeschlagen und Ottegebe ihr Leben für Heinrich geopfert hat. Heinrich erscheint als Mönch verkleidet, gibt sich Hartmann und den anderen zu erkennen und berichtet von seiner wunderbaren Genesung: Der Anblick der opferwilligen, »wie Eva nackten« Ottegebe auf dem Tisch des Arztes habe ihn geheilt und zugleich vom wahren Schöpfungswunder der Liebe überzeugt. Ottegebe muß erst noch von ihrer Rettungstat überzeugt werden. Unter dem Beifall der versammelten Ritter macht Heinrich das Mädchen zu seiner Frau.

Im Jahr 1897 faßt Hauptmann, angeregt durch den Erfolg der *Versunkenen Glocke*, gleich mehrere deutsche Sagenstoffe zur Dramatisierung ins Auge, von denen zunächst nur der schon zuvor konzipierte *Arme Heinrich* fertiggestellt wird (vgl. CA IX,191–221; 222–235; 247–262); erst 20 Jahre später folgt das zweite vollendete »sagenhafte« Dramensujet *Veland*. Der Heinrich-Stoff ist Hauptmann seit seiner Jugend durch Chamissos Verserzählung *Der arme Heinrich* von 1839 bekannt. In den neunziger Jahren wendet er sich dem mittelhochdeutschen »Original« Hartmanns von Aue zu und stößt 1897 bei abermaliger Lektüre erstmals auf das Buch Hiob, das ihn tief beeindruckt (TB IV,57–60).

Vor dem Hintergrund der eigenen langjährigen Ehekrise gewinnt das Schicksal des armen Heinrich für Hauptmann eine gewisse persönliche Aktualität. Am 14. Juni 1897 notiert er: »Ich, der ich keinen Flecken auf der Haut, den kleinsten nicht, geduldet, bin beschmutzt, verderbt im Blut. Ich, der ich badete, mich wusch und rieb tagtäglich: ich muß gehn mit eklem Schorf behaftet.« (TB IV,14) Eine Woche später folgt der Tagebuchvorsatz, den *Armen Heinrich* des Hartmann von Aue zu dramatisieren (vgl. TB IV,15). Neben dieser persönlichen Wahlverwandtschaft bezieht Hauptmann das Schicksal des *Armen Heinrich* zugleich auf seinen schwerkranken Bruder Georg, der 1899 nach langem Leiden stirbt. Ihm ist die von Heinrich Vogeler illustrierte Buchausgabe des Dramas gewidmet.

Die Niederschrift des *Armen Heinrich* gestaltet sich allerdings kompliziert (vgl. Hoefert, B 6.14). Nach mehreren Arbeitsphasen liegen 1900 die ersten beiden Akte als Druckfahnen vor. Der Übergang zur Heilung des Protagonisten macht Hauptmann offenbar derartige Schwierigkeiten, daß das Manuskript erst im September 1902 (vorläufig) abgeschlossen und bis zum Druck noch überarbeitet wird. Die Uraufführung findet am 29. November 1902 im Wiener Hofburgtheater statt; die Berliner Premiere im Deutschen Theater folgt wenige Tage später. Die Publikumsreaktion ist gemischt; spätere Inszenierungen können allerdings an den Wiener Anfangserfolg des *Armen Heinrich* nicht anknüpfen, für den Hauptmann im Jahr 1905 (zum dritten Mal) den Grillparzer-Preis erhält.

Mit seiner »deutschen Sage« weicht Hauptmann in mehrfacher Hinsicht von der mittelalterlichen Vorlage des Hartmann von Aue ab.[24] Wichtiger als die (anachronistische)

24 Zu Hauptmanns Mittelalterrezeption vgl. die Studien von Kollwitz, B 5: 1976, Kokott, B 5: 1989, Platiel, B 5: 1993, und Eberhard Hilscher, »Gerhart Hauptmanns Mittelalterdichtungen«, in: Engel/Bomers, B 3: 1997, 92–109. Barbara Schmidt-Krayer akzentuiert die Gemeinsamkeiten zwischen Hartmann von Aue und Gerhart Hauptmann dergestalt, daß sie auch den modernen *Armen Heinrich* von der christlichen Frohbotschaft der Evangelien geprägt sieht: eine interpretatorische Zwangstaufe, die die Brüche in Hauptmanns Drama vollkommen außer Acht läßt (vgl. Schmidt-Krayer, B 6.14, 400 ff.).

Umdatierung der Handlung auf die Zeit um 1230 (zu der der auftretende Hartmann nicht mehr lebt) ist die neue, säkularisierte Moral des Dramas. Während der arme Heinrich Hartmanns zunächst mit allen Mitteln seine Krankheit bekämpft und am Ende beinahe ein Menschenopfer in Kauf nimmt, um sein Leben zurückzugewinnen, ist Hauptmanns Protagonist von seiner Unheilbarkeit von Anfang an überzeugt. Noch bevor sich die Welt von dem kranken Herrscher abwendet, zieht Heinrich sich zurück: zunächst in die ländliche Idylle des Meierhofs, dann – ein weiterer Zusatz Hauptmanns – in die radikale Einsamkeit einer Waldhöhle. Der Heinrich des Jahres 1902 leidet schuldlos und klagt Gott auf eine Weise an, die eine Versöhnung nach dem Vorbild des biblischen Hiob von Anfang an auszuschließen scheint (vgl. Buck, B 6.14; Kollwitz, B 6.14, 118 ff.).

Vor diesem Hintergrund ist es konsequent, daß im Unterschied zur Vorlage nicht Heinrich selbst, sondern das Mädchen die Wunderkur des Salerner Arztes ins Spiel bringt. Hauptmann geht es offenbar darum, seinen Protagonisten von der Verfehlung freizuhalten, aus Lebenslust ein Menschenopfer zu veranlassen (Chamissos Verserzählung von 1839 stellt dieses moralische Vergehen in den Mittelpunkt). Seinem armen Heinrich wird in der Liebe Erlösung zuteil. Dementsprechend ist der Gezeichnete schon am Ziel, als er Ottegebe, sein »klein Gemahl«, in der Waldkapelle wiederfindet: »Führ mich ins Leben! führ mich in den Tod / zum Rost des heiligen Laurentius, / zum Scheiterhaufen Polykarps: ich will / jedweden Henkers lachen, dir zur Seite [. . .]« (CA II,161). In Salerno wird Heinrich dann vollends bewußt, daß das Heil nicht in der einseitigen Lebenshingabe, sondern in wechselseitiger Liebe liegt. Der Genesene verbeugt sich vor der Macht des Eros, nicht vor der Allmacht Gottes, die bei Hartmann von Aue einen Sünder auf die rechte Bahn zwingt. Das ihm widerfahrene Leid ist nur insofern gerechtfertigt, als es ihn »sehend« macht (CA II,118). Die weltlichen Paradiese des jungen Herr-

Der arme Heinrich
von Gerhart Hauptmann
Eine deutsche Sage

Mit Buchschmuck
von
Heinrich Vogeler

Erstes bis Neuntes Tausend

Erschienen bei
S. Fischer, Verlag
Berlin 1902

Titelblatt der Erstausgabe, 1902

schers, »wo süß und schwer / Pracht auf uns lastet, Wonne uns bedrückt ...« (CA II,93) hätten so elementare Erfahrungen nicht ermöglicht, wie sie Heinrich sowohl im Rausch der Isolation als auch im Rausch der Liebesvereinigung durchlebt. In der Figur des leidenden, isolierten und schließlich zur Liebe erlösten Heinrich gibt Hauptmann zugleich ein Künstlerporträt, das Dichter wie Rainer Maria Rilke und Thomas Mann zeitlebens schätzten.

Es korrespondiert dem poetischen Programm der Neuromantik, daß Hauptmann Blankverse wählt und die säkularisierte Moral seines Dramas mit einer aufdringlich religiösen Metaphorik versieht (vgl. Sprengel, B 5: 1984, 169 ff.). Am Ende erscheint Ottegebe als Vereinigung von Eva und Maria, als Heilige und Himmelskönigin. Die quasi-religiöse Nobilitierung kommt allerdings einem Mädchen zu, das in den ersten beiden Akten alle Anzeichen einer herkömmlich-hysterischen Pubertätskrise trägt. Der psychologische Scharfblick des Naturalisten und die neuromantische Überhöhung des Profanen gehen in Hauptmanns *Armen Heinrich* eine Verbindung ein, deren ästhetische Überzeugungskraft schon Alfred Kerr in Frage stellte: »[...] dreiviertel Naturalismus und der Schluß als Mirakel, das geht nicht.«[25]

Rose Bernd

Rose Bernd, ein zweiundzwanzigjähriges Bauernmädchen, ist im Begriff, ihr Verhältnis zum Erbscholtiseibesitzer Christoph Flamm zu beenden. Ein letztes Mal treffen sich die beiden an einem frühlingshaften Sonntagmorgen nicht weit vom Dorf. Rose Bernd sieht keine Zukunftsperspektive für ihre Liebe: Flamm ist verheiratet, und sie selbst kann den heiratswilligen, frommen Buchhändler August

25 Alfred Kerr, *Die Welt im Drama*, Bd. 3, Berlin 1917, S. 109.

Keil nicht länger hinhalten. Bevor die ersten Kirchgänger auftauchen, trennen sich die beiden. Ihr Rendezvous wird allerdings von Streckmann, einem eitlen und brutalen Frauenhelden, beobachtet. Da Rose Bernd die Anzüglichkeiten des geckenhaften Maschinisten abweist, droht er, die Liaison zu verraten. In diesem Moment kommen Roses Vater und ihr Bräutigam vom Kirchgang zurück. Im Gespräch mit den beiden frommen Männern spielt Streckmann auf Flamms sonntägliche Jagdlust an. Er meint es ernst mit seiner Drohung und hofft, das verängstigte Mädchen erpressen zu können.

Einige Wochen später werden der alte Bernd und August Keil beim Erbscholtiseibesitzer Flamm vorstellig, um das Aufgebot zu bestellen. Flamm versucht die Angelegenheit künstlich herauszuzögern, trifft allerdings auf energischen Widerstand des alten Bernd. Als Rose sich – angesichts ihres Liebhabers – unschlüssig zeigt und die Hochzeit um einige Wochen aufschieben will, verlassen Vater und Bräutigam verbittert die Szene. Flamm versucht das Mädchen vergeblich zu einem letzten Treffen zu überreden. Von Roses Schwangerschaft, die sie wenig später seiner Frau anvertraut, weiß er nichts. Im Gespräch mit der verständnisvollen, an einen Rollstuhl gefesselten Henriette Flamm deutet Rose an, daß Streckmann der geplanten Hochzeit im Wege steht. Das Mädchen weiß keinen Ausweg mehr.

Der dritte Akt spielt wieder in der schlesischen Landschaft, wo mittlerweile das Heu gedroschen wird. August Keil, der alte Bernd und andere Landarbeiter treffen sich zur Vesper: Durch Anspielungen auf Roses Temperament provoziert Streckmann erneut den Zorn des alten Bernd. Während die Männer sich wieder an die Arbeit machen, stellt Flamm seine Geliebte ein letztes Mal zur Rede. Der mittlerweile beschlossenen Hochzeit will er nicht länger im Weg stehen. Unmittelbar nach der Abschiedsszene zwischen Rose und Flamm taucht Streckmann auf. Man erfährt, daß er Rose vergewaltigt hat. Angesichts seines scheinbar bevorzugten Konkurrenten Flamm bricht Streckmanns Eifersucht durch. Als Keil und der alte Bernd hinzukommen, beschimpft er das Mädchen als Hure und schlägt ihren kränklichen Bräutigam nieder.

Das gerichtliche Nachspiel dieses Konflikts bildet den Hintergrund des vierten Akts, der in Flamms Haus spielt: Der alte Bernd hat Streckmann wegen Körperverletzung und Beleidigung seiner Tochter verklagt; es ist mittlerweile Anfang September. Während Frau Flamm noch erwägt, Roses Kind nach der Geburt zu adoptieren – ihr einziger Sohn ist vor Jahren gestorben – erfährt sie, daß auch ihr Mann vom Untersuchungsrichter vernommen wurde. Flamm gesteht ihr, daß er ein Verhältnis mit Rose hatte, von der Schwangerschaft allerdings nichts wußte. Seine Frau verspricht ihm, sich dennoch um die Schwangere zu kümmern, die vor Gericht – wie sie im Gespräch mit Frau Flamm gesteht – aus Scham einen Meineid geschworen hat. Flamm wendet sich von ihr ab.

Wenige Stunden später wird Rose Bernd von einem Landarbeiter nach Hause gebracht, der sie draußen halbtot aufgelesen hat. Sie zieht sich heimlich in ihre Stube zurück, bevor Keil und ihr Vater heimkehren. Ihr Bräutigam versucht den Vater zu überreden, die Klage zurückzuziehen. Der starrsinnig fromme Bernd allerdings will seine Tochter nicht mehr sehen, als er von ihrem Fehltritt erfährt. Rose kommt aus ihrer Stube und gesteht, daß sie aus Verzweiflung ihr Kind getötet hat. Die letzten Worte des Stücks fallen August Keil zu, der als einziger das tiefe Leid seiner Braut erkennt: »Das Mädel ... was muß die gelitten han!« (CA II,259).

Die wichtigste Anregung zu diesem Drama bezieht Hauptmann aus der Sphäre des Gerichts. Vom 15. bis zum 17. April 1903 nimmt er als Geschworener an einem Prozeß gegen die fünfundzwanzigjährige Hedwig Otte teil: Es geht um Kindsmord und Meineid. Hauptmann setzt sich (in erster Instanz erfolgreich) für die Angeklagte ein – und beginnt schon am 16. April mit Entwürfen eines Kindsmörderin-Dramas, das *Rose Immoos* heißen soll. Daß Hauptmann sich schon vorher mit diesem Sujet beschäftigt hat, zeigt ein Dramenfragment aus dem Jahr 1900 mit dem Titel *Anna Golisch* (vgl. CA IX,1031–1047). Im Sommer 1903 ist das Stück (unter dem Titel *Rose Bernd*) bereits druckfertig und wird am 31. Oktober im Deutschen Theater, Berlin, uraufgeführt: Hugo von Hofmannsthal hält die Festrede. Publikum und literarische Kritik zeigen sich zunächst nur mäßig begeistert. In Wien wird das Stück sogar auf Veranlassung der Erzherzogin Marie Valerie nach der 5. Aufführung vom Spielplan abgesetzt. 16 Jahre später wird *Rose Bernd* als erstes Drama von Hauptmann verfilmt. Im Jahr 1940 scheitert die zweite, allerdings entstellende Verfilmung des Stücks an einem Verbot von Goebbels (vgl. Brescius, B 5: 1976, 306 ff.).

Hauptmanns *Rose Bernd* ist nicht so unmittelbar nach der Wirklichkeit modelliert, wie die Entstehungsgeschichte vermuten läßt. Peter Sprengel hat darauf hingewiesen, daß Hauptmann bereits mit einem konkreten Werkplan für ein ländliches Drama zum Hirschberger Prozeß reist (vgl. Sprengel, B 5: 1984, 129 f.). Ein fragmentarisches Kindsmörderin-Drama liegt schließlich seit drei Jahren vor. Die sich unmittelbar anschließende Studienfahrt in die Lederoser Gegend soll das bäuerliche Milieu vergegenwärtigen, in dem Hauptmann 1878/79 als Landwirtschaftseleve arbeitete. Im Vorfeld der Niederschrift wird sich Hauptmann darüber hinaus mit den beiden literarischen Traditionen beschäftigt haben, die sich in seinem Stück kreuzen. *Rose Bernd* knüpft sowohl an die Kindsmörderin-Tragödien als auch an das bürgerliche Trauerspiel des 18. und 19. Jahrhunderts an (vgl. Schrimpf, B 6.15). Im Unterschied zu Heinrich Leopold Wagners *Kindermörderin* (1776) und Hebbels *Maria Magdalene* (1844) steht bei Hauptmann allerdings kein sozialer Konflikt im Mittelpunkt der Handlung. Innerhalb der Dorfhierarchie sind das Bauernmädchen Rose Bernd und der Erbscholtiseibesitzer nicht so weit voneinander entfernt, daß eine Heirat undenkbar wäre. Flamm sieht sich nicht durch Standeskonventionen, sondern durch seine kranke Ehefrau gebunden, von der er sich nicht ohne weiteres trennen kann: ein Dilemma, das Hauptmann seit Jahren vertraut ist. Im Umfeld des schlesischen Dorfes scheint auch die uneheliche Schwangerschaft nicht mehr zwangsläufig eine Katastrophe nach sich zu ziehen. Henriette Flamm bietet sich zur Adoption des Kindes an – und nimmt dieses Angebot selbst dann nicht zurück, als sie erfährt, daß das Kind von ihrem Mann ist. Während die betrogene Ehefrau sich für Rose Bernd einsetzt, weil sie in der Mutterschaft die natürliche Bestimmung einer jeden Frau erblickt, zeigt August Keil aus religiösen Gründen Verständnis und Mitgefühl. Der alte Bernd erinnert zwar in seinem Starrsinn an die unnachgiebigen Vaterfiguren des bürgerlichen Trauerspiels, doch scheint es für einen Augenblick, als könnte Hauptmanns Bauernmädchen trotz allem geholfen werden. Um so verhängnisvoller nimmt sich das düstere Ende des Schauspiels aus. Hauptmann verzichtet darauf, die Unbarmherzigkeit der Gesellschaft, die patriarchalische Familienstruktur oder gar die Leichtsinnigkeit junger Mädchen auf literarischem Wege anzuklagen, wie es der Stoff-Tradition entspricht. Das Leid der Protagonistin erscheint elementar und jenseits konkreter Ursachen. Gleich im ersten Akt bringt Streckmann den schicksalhaften Fortlauf der Handlung auf die Formel: »'s kommt, wie's kommt, Rosine!« (CA II,197). Das verzweifelte Fazit der Kindsmörderin »Itze is halt was ieber uns alle gekomm« (CA II,256) gibt ihm nachträglich recht. Wie schon in Hauptmanns *Fuhrmann Henschel* von 1898 knüpft die Passivität der Protagonisten nur scheinbar an die poetologischen Maximen des Naturalismus an. Das Leid des Bauernmädchens läßt sich nicht auf Erbanlagen und Milieuprägung zurückführen. Durch Parallelen zur christlichen Passion (vgl. Sprengel, B 5: 1984, 136 ff.) gibt Hauptmann zu erkennen, daß die Dramenhandlung in mythische Dimensionen vorstößt.

Elga

Auf der Durchreise nach Warschau finden ein Ritter und sein Diener Unterkunft in einem Kloster und bereiten sich auf die Nachtruhe vor (1. Szene). Ein Mönch, der den Gästen das Kaminfeuer richtet, gibt nur widerwillig Auskunft über den Gründer des Klosters. Seinen Andeutungen zufolge handelt es sich um den Grafen Starschenski, der ursprünglich ebenso stolz auf Frau und Kind war wie der anwesende Ritter. Der Gast weist die Mahnung des Klosterbruders – »Es baue niemand sein Glück auf Weib und Kind« (CA I,717) – energisch zurück und begibt sich zur Ruhe.

Die folgenden fünf Szenen des Dramas schildern die Geschichte jenes Grafen Starschenski: Hauptmann schreibt sie der Imagination des schlafenden Ritters zu. Zu Beginn sieht man den Grafen auf der Höhe des Glücks, das er im wesentlichen seiner Frau Elga verdankt. Nach Jahren der Einsamkeit hat er die ausnehmend schöne Tochter eines verarmten Adligen geheiratet und ist mittlerweile Vater einer kleinen Tochter. Daß Elgas Brüder zu Besuch kommen, um ein weiteres Mal Geld für undurchsichtige politische Zwecke zu borgen, trübt die Familienidylle nur oberflächlich. Beunruhigender erscheint dem Grafen die Mitteilung seines Hausverwalters, daß er mehrfach einen heimlichen Eindringling im Schloßgarten gesehen haben will.

In der Gewißheit, daß Starschenski auf Reisen ist, erwartet Elga ihren Geliebten Oginski (3. Szene). Das nächtliche

Rendezvous endet abrupt, als Elgas Zofe mit der Nachricht hereinstürzt, daß der Liebhaber beobachtet worden sei. Während Oginski fliehen kann, wird die Zofe bei dem Versuch, die Gartenpforte zu schließen, von Starschenski und seinem Verwalter aufgegriffen. Der Versuch, das Mädchen zu einem Geständnis zu bewegen, scheitert an Elgas energischem Widerstand. Starschenski läßt von der Zofe ab.

Am nächsten Morgen ist der Graf – im Unterschied zu seiner Frau – noch immer mit dem nächtlichen Vorfall beschäftigt. Durch einen Zufall entdeckt er ein Bildnis Oginskis in der Schmuckschatulle seiner Frau. Dessen Ähnlichkeit mit Elgas Tochter ist so evident, daß der Graf seinen Verdacht bestätigt sieht. Er reitet nach Warschau, um Näheres über den Geliebten seiner Frau in Erfahrung zu bringen. Drei Tage später kehrt der Graf in Begleitung Oginskis zurück (5. Szene). Da Elga sich ihre Überraschung nicht anmerken läßt, stellt Starschenski die beiden einzeln zur Rede: Im Gegensatz zu Elga gibt Oginski das Verhältnis freimütig zu. Der Graf läßt ihn abführen und töten. In der letzten Szene konfrontiert Starschenski seine Frau mit dem toten Geliebten – ohne dadurch die Ehe retten zu können. Angesichts des erdrosselten Oginski bringt Elga ihrem Mann nur noch Haß und Ekel entgegen. Nach diesem schaurigen Finale wacht der Ritter auf und verläßt das Kloster noch vor dem Frühstück.

Die Entstehung des Nachtstücks *Elga* fällt ins Jahr 1896. Nach dem Bühnenfiasko des *Florian Geyer* vom 4. Januar leidet Hauptmann »unter einer schweren gemütischen Depression« (CA VI,813), die allerdings durch die Verleihung des Grillparzer-Preises ein wenig aufgehellt wird. Anläßlich der überraschenden Preisverleihung greift Hauptmann zum Werk des österreichischen Schriftstellers – und bleibt offensichtlich bei dessen Erzählung *Das Kloster bei Sendomir* von 1827 hängen. In nur vier Tagen, vom 31. Januar bis zum 3. Februar 1896, entwirft er sechs Szenen nach der novellistischen Vorlage Grillparzers (vgl. Reichart, B 6.16). Ein größerer Unterschied zur fünfjährigen Konzeption der Bauernkriegstragödie läßt sich kaum denken. Hauptmann betrachtet sein Drama allerdings als Entwurf und gibt es in dieser Form erst neun Jahre später an die Öffentlichkeit, da er, wie es in der Vorbemerkung zur Erstveröffentlichung heißt, »irgendeine Weiterbildung des Vorhandenen nicht beabsichtigt« (CA I,712). Am 4. März 1905 wird das Stück am Lessing-Theater, Berlin, uraufgeführt – und ein Bühnenerfolg, der sich bis in die vierziger Jahre an anderen Theatern wiederholt (vgl. Haider-Pregler, B 6.16). *Elga* dient darüber hinaus als Vorlage für ein Musikdrama von Erwin Lendvai (1916), einen Stummfilm des Jahres 1919 und eine Oper von Rudolf Weishappel (1967).

Hauptmanns Drama gewinnt sein spezifisches Profil vor dem Hintergrund der Grillparzerschen Novelle, die ihrerseits eine literarische Vorlage aufgreift. Schon der Titel *Elga* deutet an, daß Hauptmann im Unterschied zu Grillparzer die Ehefrau des Grafen in den Mittelpunkt stellt. Im Drama erscheint Elgas Ehebruch nicht als moralisches Vergehen, sondern als Ausdruck einer unbändigen, naturhaften Lebenslust, der weder Starschenski noch Oginski gewachsen sind. Hauptmanns Protagonistin bekennt sich zu einer Lebensform, die unablässig alles Glück aufs Spiel setzt und den Tod nicht scheut. Die melodramatische Schlußszene der Novelle, in der Elga ihr Kind töten will, um das eigene Leben zu retten, ist gestrichen, da sie die moralische Diskreditierung der Protagonistin auf die Spitze treibt. Die Elga des Jahres 1896/1905 erscheint als schuldlose, nur ihrer Veranlagung folgende *femme fatale*, wie sie in der Literatur der Jahrhundertwende nicht eben selten ist. Innerhalb des Hauptmannschen Œuvres ist damit – wie Hans Joachim Schrimpf konstatiert hat – erstmals ein Zentralthema angeschlagen, dem zahlreiche literarische Gestaltungen folgen: »die ebenso kreative und beglückende wie zerstörerische und tödliche Macht des heidnischen Eros, durch keine Einrichtung der bürgerlichen Welt oder irgend einer sozialen Ordnung domestizierbar« (Schrimpf, B 6.16, 103).

Auch in formaler Hinsicht nimmt Hauptmann charakteristische Änderungen vor: Die Geschichte des Grafen Starschenski wird nicht als Binnenerzählung des Mönchs (und ehemaligen Grafen) präsentiert, sondern als Albtraum des Klostergasts. Diese Umgestaltung entspricht sowohl den Anforderungen der Bühne als auch der Überzeugung, daß dem Traum womöglich ein tieferes Wissen zukommt als jeder tageshellen Wahrnehmung. Auf die Frage nach dem Gründer des Klosters antwortet der Mönch dem Ritter geheimnisvoll: »Du weißt es selbst.« (CA I,717). Der folgende Traum in fünf Szenen gibt ihm recht: Der Ritter weiß tatsächlich, wer das Kloster gegründet hat und warum. Diese Aufwertung des Traums zu einem Medium der Bewußtseinserweiterung (vgl. Schrimpf, B 6.16, 104) korrespondiert den neuromantischen Strömungen der Jahrhundertwende. Im Werk Hauptmanns kündigt sie sich mit der »Traumdichtung« *Hannele* an und findet in *Elga* einen vorläufigen Höhepunkt. Hier träumt nicht nur der Ritter die Geschichte des Grafen Starschenski, auch die Figuren seiner Imagination träumen. Starschenski fällt bei der ersten Erwähnung des heimlichen Eindringlings vorübergehend in einen schweren Traum (CA I,727), und Elga sieht ihrerseits das düstere Ende ihrer Liebesgeschichte im Traum voraus (vgl. CA I,730, 753).

Am aufdringlichsten erscheint Hauptmanns Idee, Starschenski und Oginski in vollkommener Übereinstimmung von Elga träumen zu lassen: Beide sehen sie eine nackte Frau, die auf einem Berg von Menschenknochen tanzt und zugleich mit ihren Augen alle Täler mit Leben erfüllt (vgl. CA I,747 f.). Plakativer läßt sich die dämonische Ambivalenz der Titelfigur kaum ausmalen. Derartige Passagen machen plausibel, daß Hauptmann zeitlebens eine gewisse Distanz zu diesem Drama bewahrte. In einem Rundfunkvortrag vom 9. Oktober 1930 räumt er anläßlich einer Neuinszenierung ein, daß *Elga* wegen der schnellen Entstehung »anders als seine übrigen langsam gereiften Dramen zu bewerten« sei (vgl. CA VI,813).

Und Pippa tanzt!

Pippa ist die Tochter eines italienischen Glastechnikers, eines wüsten Mannes, den sie, trotzdem er ihr Vater ist, nicht zu lieben vermag. Aus Venedigs Gefilden, aus Murano, der Stätte edelster Glaskunst, wurden sie nach dem rauhen Norden verschlagen, und das junge, graziöse, schöne Wesen bezaubert alle, die sich ihr nahen [1. Akt]. Der Glashüttendirektor, der mit dem Gelde schmeißt, wirbt um ihre Gunst, der alte, arme, robuste Huhn will sie an sich reißen, der reisende Handwerksbursche Michel Hellriegel ist von ihr gebannt, und er bleibt Herzenssieger, da der Vater, der Falschspieler, von jenen, die er im Spiel betrogen hat, erschlagen wird und der alte Huhn sie in seine verfallene Glashütte gewaltsam entführt. Michel wird ihr Befreier [2. Akt], er errettet sie aus der Gewalt des Hünen und flieht mit ihr in Wind und Wetter in die Berge. Und die Fliehenden gelangen in eine verschneite Baude [3. Akt], in der Wann, ein milder, weiser Greis, herrscht, und auch er, der Abgeklärte, der mit den Reizen des Lebens abgeschlossen hat, unterliegt der Macht Pippas. Da dringt Huhn herein, mit seiner rohen Gewalt erdrückt, tötet er die zarte Pippa [4. Akt], und der arme Michel, der vor Schmerz erblindet, sieht in seiner Phantasie in der schneeigen Oede von Schlesiens Bergen die goldenen Paläste, die smaragdenen Schönheiten Venedigs, nach denen er sich unbewußt gesehnt hatte.[26]

26 Heinz D. Tschörtner, »Gerhart Hauptmann über *Und Pippa tanzt!*. Vorstellung eines übersehenen Textes«, in: Tschörtner, B 5: 1996, 50 f.

So faßt Gerhart Hauptmann selbst in einem Zeitungsbeitrag den Inhalt seines im Hochwinter spielenden »Glashüttenmärchens« zusammen. Die Schauplätze wechseln von der heruntergekommenen Gebirgsschenke, in der Pippa auf Wunsch des Glashüttendirektors zum ersten Mal tanzt, zur vollkommen verwahrlosten Hütte des alten Huhn. Die beiden letzten Akte spielen in der Gebirgshütte Wanns, einer »mythischen Persönlichkeit« (CA II,265), die ihrerseits in den Kampf um Pippa hineingezogen wird. Wann bleibt allein zurück, nachdem der alte Huhn das Mädchen mit in den Tod gerissen hat und der erblindete Michel Hellriegel seine Wanderung fortsetzt. Mit der herzbrechend traurigen Melodie, die Hellriegel auf seiner Okarina spielt, klingt das Stück aus.

Hauptmanns erste Notizen zu einem »Glashüttenmärchen« reichen bis ins Jahr 1900 zurück. Dabei schießen offenbar Kindheitserinnerungen an schlesische Glashütten, die heimatlichen Walensagen, in denen u. a. italienische Goldsucher, sog. Venediger, auftreten, und die Eindrücke der Venedigreise von 1897 zusammen. Ein erstes Dokument dieser vielschichtigen Anregungen ist das autobiographische Romanfragment *Der Venezianer* von 1903 (CA X,9–149), dessen erzählerische Konstellationen im Drama *Und Pippa tanzt!* annähernd wieder auftauchen.

Nach einigen dramatischen Ansätzen im Frühjahr und Sommer 1905 werden die eigentliche Konzeption und Niederschrift des Dramas durch eine persönliche Begegnung inspiriert: Am 13. September 1905, bei den Proben zu einer Neuinszenierung von *Hanneles Himmelfahrt*, lernt Hauptmann die junge Schauspielerin Ida Orloff kennen (vgl. TB IV,448). In einem (posthum publizierten) Rückblick auf die Entstehungszeit des Dramas beschreibt Hauptmann die Folgen der Begegnung: »Nehmen wir an, ein Mann von dreiundvierzig Jahren verliert sich in diesem Sinn an ein Mädchen von siebzehn. Der Mann, der anderweitig gebunden ist, hat seine Leidenschaft im Sinne eines Kampfes gegen diese Leidenschaft behandelt. Er will zwar ihr Objekt besitzen, nicht aber von ihm besessen werden. Er will im Besitz davon freiwerden. Das Werk *Und Pippa tanzt!* ist in diesem Bestreben ein dichterischer Befreiungsversuch« (CA XI,1149)[27] – dem allerdings noch viele weitere folgen ... Unter dem inspirierenden Eindruck der Begegnung mit Ida Orloff schreibt Hauptmann das Stück jedenfalls in weniger als acht Wochen nieder, von denen die Fertigstellung des vierten Akts offenbar am meisten Zeit beansprucht: drei andere, beträchtlich abweichende Fassungen liegen als Paralipomena vor (CA IX,1063–1104). Am 29. November 1905 liest Hauptmann die Schlußfassung seinen Gästen in Berlin vor (vgl. TB IV,457).

Die Uraufführung am 19. Januar 1906 im Lessing-Theater, Berlin, war offenbar umstritten. Die Vossische Zeitung berichtet von einer leidenschaftlichen »Schlacht« zwischen den Befürwortern und Kritikern des Stücks – und von einer unentschiedenen Mehrheit, die »den vom Applaus an die Rampe gezogenen, vom Widerspruch nicht zurückgeschreckten Dichter zu fragen schien: Was hast du mit uns gewollt?« (TB V,483). Neben eindeutiger Ablehnung (u. a. von Paul Schlenther) schwankt die Literaturkritik zwischen Irritation und Respekt. Die Vielschichtigkeit der Motive sichert dem Stück allerdings eine Bühnenpräsenz, die über die Vorkriegsepoche deutlich hinausragt (vgl. Cowen, B 6, 147).[28] Wenig beeindruckt von den (zahlreichen) Stimmen,

27 Am 22. Januar 1906 überreicht Hauptmann der Schauspielerin das Textbuch mit einer Widmung, in der er das Stück als Geschenk ihrer Jugend bezeichnet. Ida Orloff antwortet wenige Tage nach der Premiere: »Pippa grüßt ihren Schöpfer«: der Beginn eines langjährigen Briefwechsels. Vgl.: »Gerhart Hauptmann und Ida Orloff. Dokumentation einer dichterischen Leidenschaft«, Berlin / Frankfurt a. M. 1969, S. 107 ff.

28 Die Affinität des Glashüttenmärchens zur Musik dokumentiert sich – neben einem unvollendeten Vertonungsversuch von Alban Berg – in zwei Opern-Adaptationen von 1922 (O. von Chelius) und 1990 (A. Ruppert). 1996, 50 Jahre nach Hauptmanns Tod, folgt in Wuppertal die Uraufführung einer (mißlungenen) Rockoper von Otto Beatus.

die gerade den kryptischen vierten Akt kritisierten, plant Hauptmann in den folgenden Jahren und Jahrzehnten eine Ausweitung des Dramenstoffes zur Tetralogie *Walenzauber* (vgl. CA VIII,956; der Titel geht bereits auf das Jahr 1898 zurück). Insbesondere die Figur des alten Wann taucht (unter verschiedenen Namen) in immer neuen literarischen Vorhaben auf – u. a. in dem ersten, 1932 publizierten Kapitel des Romanfragments *Der neue Christopherus* (vgl. Cowen, B 6, 137–144; Sprengel, B 5: 1984, 174 f.).

Im Unterschied zum Märchendrama *Die versunkene Glocke* verzichtet Hauptmann in seinem Glashüttenmärchen auf eindeutig sagen- oder märchenhafte Gestaltungsmittel (vgl. Rasch, B 6.17). Anstelle von Wassergreis, Elfe und Waldschrat bevölkern Waldarbeiter, Maler, Glasbläser und der Glashüttendirektor die Rotwasserschenke des ersten Aktes. Als wollte Hauptmann an die Wirtshausszenen der *Weber* anknüpfen, setzt das Stück mit (durchaus naturalistischen) sozialen Spannungen ein: Der sichtlich wohlhabende, Champagner trinkende Glashüttendirektor muß sich gegen den Vorwurf zur Wehr setzen, daß es im Rotwassergrund keine Arbeit mehr gebe. Von der Schließung des letzten Glasofens scheint vor allem der alte Huhn betroffen, der sich nicht bis in den Nachbarort traut und nun vollkommen verwahrlost. Der Konflikt zwischen dem arbeitslosen Glasbläser und dem Unternehmer bleibt allerdings aus. Erst allmählich zeichnet sich ab, daß das Interesse der Protagonisten nicht um ihre materielle Existenzsicherung, sondern um Pippa, die junge Tochter des Italieners Tagliazoni, kreist.[29]

29 Vgl. dagegen den Deutungsvorschlag von Monika Grieger, die – unter Zuhilfenahme der tiefenpsychologischen Kategorien von C. G. Jung – nicht Pippa, sondern Michel Hellriegel zur Zentralfigur des Stücks erklärt: Pippa, Huhn, den Direktor und Wann als innerpsychische Figurationen Michel Hellriegels zu interpretieren, erscheint allerdings wenig plausibel (vgl. Grieger, B 6.17, 32 ff.).

Mit jedem Akt steigt man buchstäblich in höhere Gefilde. Die Kulisse wechselt von der gewöhnlichen Schenke ins zunehmend Ungewöhnliche und Mehrdeutige: Für Waldarbeiter, Maler und gewöhnliche Glasbläser ist da kein Platz mehr. Es entspricht der phantastischen Tendenz des Stücks, daß der alte Huhn zu einer Dionysosfigur avanciert und dem Handwerksburschen Hellriegel, in der Schenke noch ein träumerisch-versponnener Außenseiter, immer neue schillernde Visionen (in jambischen Trimetern) zuteil werden. Der alte Wann wird gleich bei seinem ersten Auftritt in seiner Doppelexistenz als mythische Persönlichkeit und zeitgenössischer Wissenschaftler eingeführt. Daß schließlich der Glashüttendirektor den Weg zur Gebirgshütte des alten Wann findet, verdankt er offensichtlich seiner Neigung zum Träumen (vgl. CA II,270).

Die vier Protagonisten, der Direktor, der alte Huhn, Michel Hellriegel und der alte Wann werden auf je andere Weise von dem Mädchen angezogen, das nach Hauptmanns eigenen Worten all das verkörpern soll, »was vor unserer Seele in schönen Farben und anmutigen Bewegungen hin und her tanzt« (zit. nach Tschörtner, B 5: 1996, 52). Innerhalb des Dramas erscheint Pippa denn auch als Schmetterling, als Vogel, als Funke und als Kristallglas. Ihr gegenüber verkörpern die vier Männer unterschiedliche Spielarten der Leidenschaft. Einer späten Selbstdeutung zufolge ist

> Hellriegel das reine, naive, kindlich-gläubige Element, Huhn die Kraft des rohen und wilden Triebes, der Direktor das, was zynisch an dem Triebe schmarutzt, zugleich das Genießerische auf Grund kalten Raffinements – aber auch etwas mehr. Wann ist das Überlegene, Hohe, Gestalthafte des Dichters selbst. Er ist, was dieser sein möchte: Herr im Spiel. (CA XI,1150 f.)

Der Überlegenheit des alten Wann widerspricht es allerdings, daß er den letzten, tödlichen Tanz Pippas nicht verhindern kann. Indem der alte Huhn das Mädchen mit in den Tod reißt, bewahrheitet sich seine Vision von einer erkalteten Welt, in der auch der letzte Funke erloschen ist (CA II,314 f.). Während dem alten Wann nur »schmerzliche Entsagung« bleibt, zieht Michel Hellriegel als blinder Seher – und zukünftiger Künstler – in den Süden. Die naive Unbeschwertheit des Eichendorffschen *Taugenichts*, an den der Handwerksbursche bei seinem ersten Auftritt erinnert, liegt unwiederbringlich hinter ihm.

Die in den letzten beiden Akten evozierte Verbindung von schlesischen Venedigersagen und dem Künstlertraum Venedig, von dionysischer Leidenschaft und apokalyptischer Welterkaltungsangst birgt allerdings die Gefahr, daß die skizzierten Deutungsperspektiven vollends verschwimmen. Nicht zufällig ist der vierte Akt des Glashüttenmärchens immer wieder kritisiert worden. »Während des Schlußakts, wenn das Symbolische sich immer tiefer in das Lebendige einfrißt, die Figuren immer anämischer werden, die Vorgänge immer prinzipieller, stellt sich Ermüdung ein. Das letzte Wort behalten die Langeweile und der Respekt«, schreibt Alfred Polgar.[30]

Die Jungfern vom Bischofsberg

Hauptmanns Lustspiel führt in die zweite Hälfte des 19. Jahrhunderts. Die vier (noch) unverheirateten Töchter des verstorbenen Kaufmanns Bertold Ruschewey, Sabine, Adelheid, Agathe und Ludowike, leben auf dem Landsitz Bischofsberg bei Naumburg und werden von heiratswilligen Junggesellen förmlich belagert. Gleich in der ersten Szene weist Gustav Ruschewey, der Bruder des Verstorbenen, einen spröden Altphilologen aus dem Haus, der es offensichtlich auf die Hand (und das Vermögen) der Älte-

30 Alfred Polgar, *Kleine Schriften*, hrsg. von Marcel Reich-Ranicki, Bd. 5, Reinbek 1985, S. 212.

sten abgesehen hat. Auch wenn dieser »Anschlag« gelassen abgewehrt wird, scheint die Zeit der unbeschwerten Jugend allmählich vorüberzugehen. Ein Jahr nach dem Tod des Vaters bereitet man Adelheids Hochzeit vor – Reinold Kranz, ihr Bräutigam, ist mit seinem jüngeren Bruder Otto, einem Kunststudenten, zu Gast auf dem Bischofsberg. Auch Agathe, die schöne, ein wenig bleichsüchtige drittälteste Tochter, steht im Begriff, sich zu verloben. Nachdem sie jahrelang keine Nachricht von Dr. Grünwald, ihrer Jugendliebe, erhalten hat, willigt sie in die Werbung des Naumburger Oberlehrers Dr. Ewald Nast ein: nicht aus Liebe, sondern aus Dankbarkeit dafür, daß er sich während einer längeren Krankheit um sie gekümmert hat. Dabei ist Grünwald soeben mit seinem Freund Kozakiewicz in Naumburg eingetroffen. In ihrer Konfusion bittet Agathe den Oberlehrer, sie vor Grünwald zu schützen.

Abgesehen von Emilie Ruschewey, der gefühllosen Schwester des Verstorbenen, sieht sich die ganze Familie allerdings eher veranlaßt, das Mädchen vor dem eitlen und herrschsüchtigen Nast zu beschützen. Gustav lädt Grünwald und seinen Begleiter auf den Bischofsberg (2. Akt). Unterdessen planen Ludowike und Otto zu Adelheids Polterabend ein »Schattentheater«, bei dem der (ahnungslose) Oberlehrer eine zentrale Rolle spielen soll. Zunächst stachelt man dessen archäologischen Ehrgeiz mit Hilfe eines Landstreichers an, der vorgibt, in der Nähe der alten Burgruine ein wertvolles Kruzifix gefunden zu haben. Nast glaubt sogleich an der betreffenden Stelle einen Schatz heben zu können.

Nach einigen vergeblichen Versuchen, mit Agathe ins Gespräch zu kommen, sieht Grünwald seine Chancen schwinden. Bei einer zufälligen Begegnung gelingt es ihm immerhin, Agathe die Gründe für seine lange Zurückhaltung zu erklären. Obwohl das Mädchen an ihrer Entscheidung für Nast festhält, schöpft Grünwald neue Hoffnung. Alles scheint auf einen Konflikt zwischen ihm und dem

Oberlehrer hinauszulaufen, der allerdings durch die Ankunft der Tante Emilie Verstärkung erhält.

Im Park des Landsitzes (4. Akt) bereitet man die Festlichkeiten des Polterabends vor. Nast will bei dieser Gelegenheit seine Verlobung mit Agathe bekanntgeben. Vor dem Eintreffen der Brautleute und der ganzen Familie wird er jedoch vom Vagabunden des ersten Akts auf eine Schatztruhe aufmerksam gemacht, die auf dem Boden des ausgetrockneten Brunnens steht: Hier soll das wertvolle Kruzifix gelegen haben. Der Zeitpunkt, um den Schatz in Ruhe zu heben, scheint denkbar ungünstig, da die Festgesellschaft sich bereits nähert: Man hat verabredet, vor dem Polterabend im Grünen ein Picknick zu halten. In der sicheren Gewißheit, eine archäologische Sensation zu präsentieren, macht der Oberlehrer die Familie auf die Schatztruhe aufmerksam, klettert in den Brunnen und fördert sie mit Hilfe des Landstreichers ans Tageslicht. Die von Otto Kranz und Ludowike heimlich präparierte Truhe enthält allerdings nichts als die Bestandteile des geplanten Picknicks: Naumburger Gänseleberwurst, Prager Schinken und andere appetitliche Dinge. Nast durchschaut die Intrige und flieht unter dem Gelächter der ganzen Familie.

Der fünfte Akt setzt wenige Stunden später am gleichen Ort ein. Agathe ist seit der Flucht ihres »Verlobten« verschwunden und wird von der ganzen Familie gesucht. Sabine findet sie verweint und verzweifelt in der Burgkapelle. Ihrer wahren Gefühle wird sich Agathe erst bewußt, als Grünwald sie entdeckt und seine Liebe ein weiteres Mal beschwört. Nach der obligaten Versöhnungsszene, zu der sich die beiden in die Dunkelheit der Burgkapelle zurückziehen, klingt das Lustspiel mit leiser Tanzmusik und allgemeiner Heiterkeit aus.

Nach einem frühen Fragment mit dem Titel *Goldene Zeiten. Ein Frühlingsmorgen* aus dem Jahr 1892 greift Hauptmann erst im Sommer 1904 den Plan wieder auf, persönliche Erinnerungen an die frühen achtziger Jahre zur Grundlage eines Dramas zu machen. 1881 hatte Georg Hauptmann Adele, eine der fünf Töchter des im Jahr zuvor verstorbenen Berthold Thienemann, auf dessen Landsitz Hohenhaus geheiratet. Drei Jahre später heirateten Carl Hauptmann und Martha Thienemann – gleichfalls auf dem Landsitz der Familie. Gerhart Hauptmann lernte bei diesen (und anderen) Gelegenheiten seine spätere Frau Marie Thienemann kennen. Mit dieser Zeit verbindet Hauptmann Erinnerungen an ein unbeschwertes, überschwengliches Jugend- und Liebesglück (vgl. CA VII,845, 1006). Die Agathe des Lustspiels trägt denn auch einige Züge von Hauptmanns erster Frau (die Scheidung fällt ins Jahr 1904), in dem jungen Kunststudenten Otto Kranz gibt Hauptmann beiläufig ein Selbstporträt als junger Mann (vgl. Brammer, B 6.18).[31]

In den ersten, noch im Jahr 1904 entstehenden Lustspielakten werden diese autobiographischen Erinnerungen mit einem mythologischen Hintergrund versehen, den Hauptmann weitgehend aus Walter Paters *Griechischen Studien* bezieht. Das Geschehen auf dem Landsitz (und Weinberg!) der Familie avanciert zu einem dionysischen Mysterium, bei dem der Oberlehrer nach Maßgabe der *Bakchen* von Euripides für seine spröde Verachtung des Weingotts büßen muß. Hauptmanns erster Versuch zur Umsetzung griechischer Mythologie im Drama geht offensichtlich seiner (von der Forschung überbewerteten) Griechenlandreise von 1907 voraus (vgl. Sprengel, B 5: 1982, 211–219). In der Schlußfassung nimmt Hauptmann die mythologische Grundierung der Handlung allerdings – bis auf wenige Anspielungen – wieder zurück. Das der Lustspieltradition und der biographischen Vorgabe verpflichtete Finale einer Hochzeitsfeier läßt sich nicht mit dem Konzept dionysischer Entgrenzung vereinbaren.

31 Erinnerungen an den Landsitz der Thienemanns und seine erste Frau Marie Thienemann gehen gleichfalls in die Erzählung *Die Hochzeit auf Buchenhorst* (CA VI,275–324) und das Epyllion *Mary* (CA IV,917–949) ein.

Am 10. September 1905 liest Hauptmann das überarbeitete Lustspiel (noch unter dem Titel *Ledige Mädchen*) Otto Brahm vor. Obwohl das Stück bereits im Winter 1905/06 abgeschlossen ist, kommt es erst am 2. Februar 1907 zur Uraufführung am Lessingtheater, Berlin. Über die letzte Phase der Entstehung und die Uraufführung berichtet Alfred Kerr:

> Hauptmann hatte mir im Winter 1906 das Manuskript übersandt – und gefragt, ob ich für die Aufführung wäre. Nein! Ich riet ab. Etwas höchst Unfertiges. Vollends für die gefundenen Würste des vierten Aufzugs war begreiflicher Lärm im Theater vorzusehen. Ein paar Monate später schrieb mir Hauptmann, er habe sich doch zur Aufführung entschlossen; er liebe, nach schwerer Musik, auch mal eine Musik wie von Haydn. Bei der Aufführung gab es einen Haydnskandal.
>
> (Zit. nach: Cowen, B 6, 150)

Der enttäuschenden Uraufführung folgen in den nächsten Jahren und Jahrzehnten nur wenige, halbwegs erfolgreiche Inszenierungen (und ein Tonfilm aus dem Jahr 1943 unter der Regie von Paul Brauer).

Offensichtlich empfand schon das Berliner Premierenpublikum das Lustspiel als nichtssagendes Stimmungsbild aus einer versunkenen Epoche. Hauptmanns Hochzeitsvorbereitungen auf dem Lande zeigen anstelle des problematischen, nervösen oder auch existentiell bedrängten Menschen der Jahrhundertwende harmlose Jungmädchensorgen. Das Stück ist von vornherein auf ein glückliches Ende angelegt: Wie ein Märchenprinz kehrt Grünwald gerade in dem Moment auf den Bischofsberg zurück, wo Agathes innerer Widerstand gegen Nast aufzuweichen droht. Schon die erste Begegnung der beiden Konkurrenten läßt keinen Zweifel daran, daß der Naumburger Oberlehrer von dem gewinnenden, braungebrannten und weltläufigen Dr. Grünwald über kurz oder lang aus dem Feld geschlagen wird. Hauptmann hat die lange Variante gewählt – und damit die Geduld des Publikums strapaziert. Der Mangel an dramatischer Spannung wird weder durch den Stimmungswert noch durch die Charaktere des Lustspiels aufgehoben. Die sorgfältige Profilierung des philiströsen Lehrers verdankt sich offenbar persönlichen Schulerfahrungen – und korrespondiert der zeitgenössischen, von Friedrich Nietzsche angeregten Schul- und Bildungskritik. Hauptmann verbindet Elemente der Typenkomödie mit dem Genre des Konversationsstücks, ohne allerdings jene Eleganz der Dialogführung zu erreichen, wie sie etwa Hugo von Hofmannsthal wenig später in der Komödie *Der Schwierige* vorführt.

Kaiser Karls Geisel

Hauptmanns »Legendenspiel« zeigt den Kaiser der Franken im Aachener Palast: Karl, »über das sechzigste Jahr hinaus« (CA II,483), ist im Begriff, sich ankleiden zu lassen, und sichtet die kaiserlichen Geschäfte. Da keine bedeutenden Entscheidungen zu treffen sind, berichtet Graf Rorico über das Anliegen des Sachsen Bennit, der seit Wochen zum Kaiser vorzudringen wünscht. Der Zufall will es, daß der Sachse um die Freigabe eines Mädchens bittet, dem Karl wenige Tage zuvor begegnet ist. Bennits Nichte Gersuind wird als sächsische Geisel gegen ihren Willen in einem Aachener Kloster festgehalten. Gegen den Rat seines Kanzlers Ercambald läßt Karl die Oberin und die junge Geisel kommen, um Bennits Vorwurf, seine Nichte werde von den Nonnen gefoltert, zu prüfen. Der Kaiser befiehlt den Verbleib des Mädchens im Kloster. Die abermalige Begegnung mit der jungen Gersuind, die von einer Glorie der Unschuld umgeben scheint, nimmt den Kaiser jedoch dermaßen gefangen, daß er sie wenig später – aller anderen Tagesgeschäfte überdrüssig – zurückholen läßt. Das Mädchen zeigt sich wenig beeindruckt von der Ausstrahlung des Kaisers und bittet um bedingungslose Freiheit, die Karl gewährt. Bereits im Abgehen versucht Gersuind, den jungen Grafen Rorico zu verführen.

Der zweite Akt spielt auf dem kaiserlichen Landsitz in der Nähe Aachens. Daß der anfangs so »aufrechte und kraftvolle« Monarch die Regierungsgeschäfte mehr und mehr vernachlässigt, versursacht Unruhe bei seinen Beratern. Nicht einmal die Nachrichten von ersten politischen Intrigen im Reich lösen beim Kaiser eine Reaktion aus. Statt dessen erkundigt sich Karl nach dem Verbleib der Geisel. Graf Rorico gesteht zögernd, daß Gersuind ihm nachgelaufen und nun im Gartenhaus des Landsitzes untergebracht ist. Vergeblich warnt Rorico vor dem äußerlich unschuldigen, innerlich hemmungslosen Mädchen. Für Karl ist Gersuind eine Heilige – und die Tatsache, daß sich ihre Wege noch einmal kreuzen, ein Fingerzeig der Vorsehung. Gersuind wird auf Befehl des Kaisers in den Garten gebracht, wo sie nun auch den Kaiser durch ihre amoralischen Ansichten verblüfft. Dennoch gibt Karl die Hoffnung nicht auf, das Mädchen zu entsühnen: Er bietet ihr Asyl auf seinem Landsitz an.

Auch unter kaiserlicher Aufsicht legt Gersuind ihr befremdlich triebhaftes Naturell nicht ab. Während der greise Magister Alcuin, den Karl eigens auf seinen Landsitz geladen hat, angesichts des Mädchens seine Ratlosigkeit eingesteht, versucht Ercambald den Kaiser zur Besinnung zu bringen. Der Kanzler verrät, was am Hof offenes Geheimnis ist: Gersuind lebt ihre sinnlichen Energien heimlich in einer nahen Dorfschenke aus. Fassungslos stellt Karl das Mädchen zur Rede – und wiederum räumt Gersuind alle Vorwürfe freimütig ein. Der Kaiser läßt angewidert von ihr ab und schickt sie zu ihrem Volk zurück.

Der vierte und letzte Akt spielt eine gute Woche später in jenem Kloster, wo Gersuind anfangs als Geisel festgehalten wurde. Graf Rorico hat das Mädchen heimlich in die Obhut der Nonnen gebracht; Gersuind läßt sich diesen Aufenthalt auch darum gefallen, weil sie zusehends an Kräften verliert. Ein unbekannter Greis, dessen Beschreibung an den Reichskanzler Ercambald erinnert, gab ihr einen vergifteten Becher zu trinken. Unterdessen ist Karl auf dem Weg zum Kloster, wo er Gersuind im Traum gesehen haben will. Seine große Liebe trifft er allerdings nicht mehr lebend an. An Gersuinds Totenbahre kommt die Leidenschaft des Kaisers zur Ruhe. Ercambald verteidigt sich gegen den Vorwurf des Mordes, indem er auf die kaiserlichen Pflichten und die aufsässige Menge hinweist, die die Kopflosigkeit des Monarchen längst bemerkt hat. Karl räumt seine Versäumnisse ein, tritt vor das aufgebrachte Volk und hebt das Schwert, um seinen neuen und alten Herrscherwillen zu demonstrieren. Die Menge bricht in endlosen Jubel aus.

Angeregt durch eine Novelle von Sebastiano Erizzo, die Hauptmann zunächst in deutscher Übersetzung kennenlernte, entsteht im Herbst 1905 ein erster Entwurf zu einem Drama um den Kaiser der Franken. Die zentrale Passage der Novelle, in der von der Leidenschaft Karls des Großen zu einer toten Jungfrau erzählt wird, ist dem Drama (im italienischen Original) vorangestellt. Neben historischen Werken über Karl den Großen läßt sich Hauptmann von zwei Werken inspirieren, die ihn mit der Dämonologie des Mittelalters vertraut machen: die gesammelten Abhandlungen von Wilhelm Hertz, aus denen er sich die mittelalterliche Sage vom Giftmädchen notiert (vgl. TB V,142 f.), und der 1906 erstmals ins Deutsche übersetzte *Hexenhammer* von Jakob Sprenger und Heinrich Institoris (vgl. Sprengel, B 5: 1982, 269 f.). Mit der eigentlichen Dramenkonzeption beginnt Hauptmann im April 1906, wird jedoch zunächst von anderen Werken abgelenkt. Zu Beginn des Jahres 1907 nimmt er das »Kaiserdrama« wieder auf und liest wenig später Grillparzers thematisch verwandtes Stück *Die Jüdin von Toledo* (vgl. TB V,161). Die wichtigste Anregung für *Kaiser Karls Geisel* verdankt sich jedoch weniger der Literatur als dem Leben, wie Hauptmann in einer Rede aus dem Jahr 1932 andeutet: »Als ich mit vierzig Jahren ein Stück mit dem Titel *Kaiser Karls Geisel* schrieb, geschah es, weil ich mich einen Greis dünkte und von den gefährlichen Emotionen der Liebe, ja vom Leben selbst damit Abschied zu nehmen gedachte« (CA VII,874). In Gersuind gibt Hauptmann abermals ein literarisches Porträt der Schauspielerin Ida Orloff, von der er sich vor der Vollendung des Stücks trennt. Hauptmann selbst spiegelt sich, wie seine Tagebucheintragungen erkennen lassen, in dem von der Leidenschaft angegriffenen Kaiser Karl (vgl. TB V,56, 99). Nach der Griechenlandreise schließt Hauptmann das Stück im Herbst 1907 ab; die Uraufführung folgt am 11. Januar 1908 im Lessingtheater, Berlin: ein eklatanter Mißerfolg.

»Man soll keine verzwickte Historie schreiben, die das Volk doch nicht verstehen kann. Mein Kaiser Karl erlebt, was jeder andere alte Mann auch erleben könnte« (zit. bei Behl, B 5: 1949, 101). Mit dieser Einschätzung gibt Hauptmann zu verstehen, daß die historische Situierung seines »Kaiserdramas« vollkommen nebensächlich ist. Ein gutes Jahrzehnt nach der katastrophalen Uraufführung des *Florian Geyer*, der umfangreiche Geschichtsstudien vorausgegangen waren, soll nicht mehr das historische Milieu, sondern eine elementare Gefühlsverwirrung von zeitloser Geltung im Mittelpunkt stehen. Dabei ist die Figurenzeichnung des Dramas durchaus an die Entstehungsepoche gebunden. Hauptmann versieht das Verhältnis zwischen dem Kaiser und der Geisel mit einer literarischen Kostümierung, die zahlreiche geschlechtstypologische Klischees der Jahrhundertwende aufgreift – und aus heutiger Sicht reichlich abgetragen wirkt. Bereits im ersten Akt erscheint Gersuind als *femme fragile* und *femme fatale* zugleich: Der Kaiser lernt sie als unschuldige Klosterschülerin kennen und mag nicht glauben, daß das Mädchen heimlich »dem ersten Ruf, der aus dem Abgrund dringt«, über die Klostermauern gefolgt ist (CA II,494). Das irritierende Doppelleben des Mädchens wird im Verlauf der folgenden Akte zunehmend entschleiert, bis selbst der Kaiser dem Anblick heiliger Unschuld nicht mehr traut. Gersuinds Auftritt in der Dorfschenke bildet den Höhepunkt ihrer sinnlichen Ausschweifungen. Deutlicher noch als in *Und Pippa tanzt!* avanciert der Tanz zum Ausdrucksmittel dionysischer Entgrenzung.

Karls Leidenschaft klingt im Zuge ihrer fortschreitenden Desillusionierung durchaus nicht ab (darin folgt das Stück Hauptmanns eigener Gefühlsverwirrung in den Jahren 1905–06). Im Gegenteil: Daß Gersuind das Doppelklischee der Heiligen und der Hure erfüllt, verstärkt offenbar ihre unwiderstehliche, quasi-magische Anziehungskraft. Hauptmann greift bei der Charakterisierung des Mädchens auf das Dämonisierungsvokabular sowohl der Jahrhundertwende als auch des Mittelalters zurück. Gersuind erscheint der aufgebrachten Menge als Vampir und Delila (CA II,574): zwei dämonische Bezugsgrößen, die im gleichzeitig entstehenden Drama *Gabriel Schillings Flucht* abermals Verwendung finden (vgl. Hortenbach, B 6.19, 165–169). Im Legendenspiel von 1908 fällt allerdings nicht ein von chronischer Erfolglosigkeit gezeichneter Maler der Jahrhundertwende, sondern der denkbar mächtigste Mann des Abendlands den Reizen dämonischer Weiblichkeit zum Opfer. Hauptmann will offenbar deutlich machen, daß auch ein Weltherrscher gelegentlich vor der Macht des Eros kapituliert. Seit der ersten flüchtigen Begegnung mit der Geisel ruht ein »fremder, unruhvoller Geist« auf dem Kaiser (CA II,485), und dieser Geist läßt sich weder durch politische Krisen noch durch die Warnungen der Berater vertreiben. Der gemütskranke König kommt erst angesichts der toten Gersuind zur Ruhe. Darin weicht Hauptmann von der novellistischen Vorlage ab, wo Karls Leidenschaft über den Tod der Jungfrau hinaus andauert. In Erizzos Novelle bleibt der Kaiser so lange an die Tote gefesselt, bis man unter der Zunge des Leichnams einen magischen Ring entdeckt – und entfernt. Hauptmann übernimmt zwar beiläufig das Motiv des Rings, streicht jedoch alle magischen Implikationen der Vorlage (vgl. Sprengel, B 5: 1982, 269). Statt dessen lehnt sich der Schluß des Dramas an Grillparzers *Jüdin von Toledo* (1872) an, wo gleichfalls der Tod der Geliebten eine plötzliche Besinnung des Königs zur Folge hat.

Hauptmann setzt in seinem Legendenspiel auf die Wirkung plakativer Kontraste. In Karl und Gersuind treffen die größtmöglichen Gegensätze aufeinander: Hohes Alter und jüngste Jugend, Macht und Ohnmacht, Christentum und heidnische Sinnlichkeit trennen den fränkischen Weltherrscher und die sächsische Geisel. Aus dieser Konstellation eine psychologisch glaubhafte Liebesgeschichte hervorzuzaubern, wie sie »jeder andere alte Mann auch erleben könnte«, ist Hauptmann nicht gelungen.[32] Überdies mag man es als Zumutung empfinden, daß das Drama Mitleid für einen Protagonisten einfordert, der die Geschicke des Abendlands zugunsten einer jungen Nymphomanin aus den Augen verliert. Krasser läßt sich Lessings These, daß auf der Bühne der König nur als Mensch interessiere, nicht banalisieren.

Griselda

Die zwölf Szenen des Lustspiels *Griselda* setzen auf dem (mittelalterlichen) Hof des Bauern Helmbrecht ein: Während Vater und Mutter Helmbrecht über die Arbeitslast der Ernte klagen, erscheint ein Fremder in der Tracht eines Ta-

32 Alfred Kerr hat die Abstrusität der wechselseitigen Liebe auf die treffende Formel gebracht: «Von ihr zu ihm: unmöglich. Von ihm zu ihr: wie ein Inzest.« Alfred Kerr, *Die Welt im Drama*, Bd. 2, Berlin 1917, S. 220.

gelöhners und bittet Griselda, die Tochter der Helmbrechts, um einen Schluck Wasser. Die stattliche zwanzigjährige Bauernmagd reagiert unwirsch und provoziert so den Fremden zu immer anzüglicheren Bemerkungen; zuletzt setzt sie ihn unsanft vor die Pforte. Der Fremde kehrt allerdings umgehend auf den Hof zurück. Erst jetzt erkennt der alte Bauer in ihm den verkleideten Markgrafen Ulrich von Saluzza. Griselda zeigt sich wenig beeindruckt und kommt auch der Bitte ihrer Mutter nicht nach, sich bei dem gnädigen Herrn zu entschuldigen. Als der Graf auf seinem Wunsch beharrt, einen Trunk Wasser aus ihrer Hand zu erhalten, willigt sie scheinbar ein – um ihm das gewünschte Wasser über den Kopf zu schütten. Graf Ulrich packt das Mädchen und trägt sie gegen ihren Widerstand ins Haus. Auf dem markgräflichen Schloß von Saluzza (2. Szene) sorgt sich die adlige Verwandtschaft unterdessen um den vollkommen verwilderten Hausherrn. Markgraf Ulrich will von den Heiratsvorschlägen des Familienrats nichts wissen und lenkt erst ein, als man ihm unter der Bedingung freie Wahl läßt, daß die Ehefrau hinreichend Erben zur Welt bringt. Überraschend kündigt der Markgraf an, in drei Tagen heiraten zu wollen: allerdings »keine Puppe mit einem Federhut« (CA II,595). Die alten Helmbrechts (3. Szene) haben sich mittlerweile damit abgefunden, daß ihre Tochter ein (uneheliches) Kind vom Markgrafen erwartet. Zu ihrer Überraschung trifft eine adlige Hochzeitsgesellschaft ein – und mit ihr Graf Ulrich, der abermals um Wasser bittet. Griselda ist ebenso widerspenstig wie bei ihrer ersten Begegnung. Erneut wird sie vom Grafen überwältigt, der die halb Ohnmächtige zu seiner Frau und neuen Markgräfin von Saluzza erklärt. Nachdem die kaiserliche Zustimmung eingetroffen ist, wird auf dem Schloß von Saluzza Hochzeit gefeiert (4. Szene). Der Graf begründet seine ungewöhnliche Brautwahl, indem er den anwesenden Damen versuchsweise eine Sense reichen läßt. Daß Griselda als einzige mit der Sense umzugehen vermag – und zugleich äußerlich wie eine vollkommene Gräfin wirkt, wertet er als Zeichen ihrer elementaren Überlegenheit.

Acht Monate später zeigt das Verhältnis der Eheleute substantielle Irritationen (5. Szene). Ungeachtet der zu erwartenden Niederkunft seiner Frau verweigert der Graf jeden ärztlichen Beistand. Dem heimlich aufs Schloß gerufenen Arzt gesteht er, daß er »das Kind im Mutterleibe« haßt, weil Griseldas Liebe ihm fortan nicht mehr allein gehören wird. In der unmittelbar folgenden Szene verstärken sich noch die Anzeichen krankhafter Eifersucht. Graf Ulrich unterstellt seiner Frau, daß ihr Lächeln schon jetzt nicht mehr ihm, sondern dem ungeborenen Kind gilt. Ebenso eifersüchtig und ungehalten zeigt sich der Graf Griseldas Eltern gegenüber, die ihre Tochter im Schloß besuchen. Während Griselda in ihren Gemächern bereits in Wehen liegt (7. Szene), trifft die Familie Vorkehrungen, das Neugeborene der Mutter fortzunehmen: Angesichts des eifersüchtigen Vaters wäre es auf dem Schloß seines Lebens nicht sicher. Der Markgraf wirkt dermaßen unkontrolliert, daß man ihm seinen Dolch abnimmt und ihn zuletzt wie einen Tobsüchtigen festhält. Drei Wochen nach der Geburt (8. Szene) hat sich der Markgraf in eine nahezu unzugängliche Jagdhütte zurückgezogen, weil Griseldas erste Frage nach der Geburt nicht ihm, sondern dem Kind galt. Griselda zieht ihrerseits die Konsequenz, indem sie sich ihre alten Bauernkleider geben läßt und gegen den Protest der gräflichen Familie das Schloß verläßt. Die neunte Szene spielt wiederum auf dem Hof des alten Helmbrecht. Die beiden Alten sind fassungslos, als Griselda in ihrer alten Kluft erscheint und sich umgehend an die gewohnte Arbeit macht. Auf die Bitten und Drohungen der gräflichen Familie, die ihr bis zum Hof gefolgt ist, geht Griselda nicht ein. Nur wenn der Markgraf ihr befehlen sollte, die Treppen des Schlosses zu waschen, würde sie noch einmal ins Schloß zurückkehren: als hörige Bauernmagd, wie es ihrem Stand entspricht. Ebenso aussichtslos erscheint es, den Grafen an seine ehelichen und politischen Pflichten zu erinnern (10. Szene). Ulrich führt ein radikales Eremitendasein und spottet der familiären Versuche, ihn zur Rückkehr auf sein Schloß zu bewegen. Offenbar fühlt er sich durch Griseldas Frage im Innersten gekränkt.

Die elfte Szene bringt insofern eine Wendung, als der Graf tatsächlich auf sein Schloß zurückgekehrt ist. In Gesellschaft mehrerer Waschmägde trifft auch Griselda ein, um ihre Schmach von den Stufen des Treppenhauses herunterzuwaschen. Der Zufall will es, daß sie aufgefordert wird, ihren Sohn, den die Familie herbeiholen ließ, die Treppe hinaufzutragen. Griselda bricht mit einem lauten Schrei auf der Treppe zusammen. Durch diesen Vorfall kommt der Markgraf zur Besinnung und schließt Frau und Kind in die Arme. In der letzten Szene wird der versöhnliche Ausgang durch die Taufe des kleinen Erbfolgers besiegelt. Markgraf Ulrich erweist sich als sentimentalischer Vater, der vor dem neuen kindlichen Regenten des Hauses die Waffen streckt. Auf seine Weisung wird die Treppenstufe, auf der Griselda zusammengebrochen ist, vergoldet.

Am 1. März 1907 wird Hauptmann offenbar auf jene Novelle des *Dekamerone* aufmerksam, die die Grundlage seines Lustspiels bildet (vgl. TB V,158). Die letzte der hundert Novellen Boccaccios handelt von der Bauernmagd Griselda, die unversehens zur Gräfin wird. Ein gutes Jahr später beginnt Hauptmann mit der Ausarbeitung des Novellenstoffs; die in der Centenarausgabe abgedruckten Paralipomena zeigen als Vorstufen zwei fragmentarische Vers- und Prosafassungen (vgl. CA IX,1107–1143).[33] Im Zuge der Ausarbeitung verwirft Hauptmann überdies die fünfaktige

33 Aus einem Brief Hauptmanns an Paul Schlenther geht hervor, daß Otto Brahms Votum gegen eine Versfassung von maßgeblichem Einfluß war (vgl. Otto Brahm – Gerhart Hauptmann, *Briefwechsel 1889–1912*, Erstausgabe mit Materialien, hrsg. von Peter Sprengel, Tübingen 1985, S. 224 f.).

Struktur und entscheidet sich (erstmals) für eine Abfolge von Szenen, von denen zunächst allerdings nur zehn gedruckt werden (nach der Zählung der Centenarausgabe die Szenen 1–9 und 11): Otto Brahm soll Hauptmann diese Kürzung vorgeschlagen haben (vgl. Behl, B 5: 1949, 81). Das freiwillige Exil des Markgrafen (10. Szene) und die Tauffeier (12. Szene) publiziert Hauptmann in den Jahren 1917 bzw. 1911. Erst die *Ausgabe letzter Hand* von 1942 vereint alle zwölf Szenen des Lustspiels.

Nachdem die Bedenken der Zensur wegen der »deutlichen und derben Worte für geschlechtliche Dinge« ausgeräumt sind (vgl. Cowen, B 6, 163), wird die Fassung des Jahres 1909 am 6. März gleichzeitig in Berlin und Wien uraufgeführt: Beide Inszenierungen bleiben ohne Erfolg. Über die Berliner Premiere schreibt Julius Hart: »Else Lehmann und Bassermann [die Hauptdarsteller der Berliner Inszenierung] haben ihren Schild über den Dichter gehalten und den gefallenen Helden, den edlen Patroklus aus der Schlacht getragen und vor den Besudelungen der Feinde geschützt.«[34]

Von der novellistischen Vorlage des *Dekamerone* weicht Hauptmanns *Griselda* in mehrfacher Hinsicht ab. Bei Boccaccio beschließt der Markgraf von Salucca, die Treue seiner Frau Griselda auf die denkbar härteste Probe zu stellen. Er gibt vor, ihre gemeinsamen Kinder töten zu wollen (läßt sie allerdings heimlich standesgemäß erziehen), erwirkt umgehend die Scheidung, schickt Griselda nur mit einem Hemd bekleidet auf ihren bäuerlichen Hof zurück und befiehlt ihr überdies, den Empfang seiner neuen Frau vorzubereiten. Erst als Griselda auch diese letzte Zumutung ohne Widerworte auf sich nimmt, deckt der Graf sein unmenschliches Spiel auf: Die Geduld der Protagonistin ist seither sprichwörtlich. Hauptmanns Lustspiel trägt dem Umstand Rech-

34 »Der Tag«, 8. 3. 1909, zit. nach LW 161.

Die Durchfallsringe
Zeichnung von Olaf Gulbransson, 1909

nung, daß die Prüfungen, die Boccaccios Markgraf seiner Frau auferlegt, im 20. Jahrhundert befremdlich wirken – und einer anderen Motivation bedürfen. Beide Figuren erhalten halbwegs moderne Züge: Der Markgraf trennt sich von seiner Frau, weil er sich nicht in der Lage sieht, ihre Liebe mit dem gemeinsamen Kind zu teilen: eine psychopathologische Spielart der Eifersucht, die Boccaccios Protagonist noch nicht kennt. Zugleich gewinnt die »neue« Griselda dermaßen an Stolz, Selbstbewußtsein und Widerspenstigkeit, daß von der alten sprichwörtlichen Demut nichts mehr zu spüren ist (vgl. Laserstein, B 6.20, 185). Im Gegensatz zur Renaissance-Novelle sind die Protagonisten des Lustspiels füreinander bestimmt, weil sie sich innerlich und äußerlich vollkommen gleichen.

In einem posthum publizierten *Griselda*-Kommentar aus dem Jahr 1909 schreibt Hauptmann:

> Ich sah in meinem Inneren das schöne und wilde Schauspiel von Tieren, die ihre Hürden durchbrechen, etwa von Pferden, und sich auf freier Steppe im stolzen Feuer des Kampfs und der Liebe begegnen. Was mich beschäftigte und bewegte, war das Naturkraftartige, war die Schönheit des Triebs; es war an ihm das Schöne und Sieghafte! und ich fühlte und sah ihn triumphieren über allen Staketenplunder kastenförmiger Konvention. Zwei Unzähmbare zähmen sich gegenseitig: das ist eine von den tollen Wunderlichkeiten der Welt.
>
> (CA XI,804 f.)

Dieser Faszination für elementare Naturkräfte ist es wohl auch zuzuschreiben, daß in Hauptmanns *Griselda*-Bearbeitung eine Vergewaltigungsszene der wechselseitigen Liebe zwischen dem Grafen und der Bauernmagd vorausgeht. Die Beschwörung der Triebe steht allerdings quer zur psychologischen Umdeutung des Novellenstoffs. Alfred Kerr hat die konzeptionelle Unstimmigkeit des Lustspiels in seiner Rezension angedeutet: »Ulrich ist Naturmensch. Ich sage:

das erste Gefühl eines Naturmenschen im Anblick einer Schwangeren wird nicht Haß gegen das Kind sein.«[35] Hauptmanns Versuch, die Renaissance-Vorlage gleichermaßen mit archaischer Naturkraft und moderner Psychologie zu kolorieren, hat denn auch nur wenige Verteidiger gefunden.

Die Ratten

Die fünfaktige Tragikomödie spielt sich in den oberen Stockwerken einer Berliner Mietskaserne ab. Im Dachgeschoß, wo der Kostümfundus des verkrachten Theaterdirektors Harro Hassenreuter untergebracht ist, wird eine heimliche Absprache getroffen: Frau John, die im zweiten Stock der Mietskaserne wohnt, wünscht sich seit dem Tod ihres Erstgeborenen so unbändig ein Kind, daß sie zu außergewöhnlichen Mitteln greift. Sie überredet Pauline Piperkarcka, ein von ihrem Liebhaber verlassenes, ungewollt schwangeres Dienstmädchen, das Kind auszutragen – und ihr zu überlassen. Man wird sich einig, daß das Kind heimlich zur Welt gebracht und als Nachwuchs des Ehepaars John ausgegeben werden soll – obwohl diese Absprache immer wieder gestört wird. Zunächst trifft Walburga Hassenreuter ein, die sich offenbar heimlich mit Spitta, einem Schauspielschüler ihres Vaters, verabredet hat, dann kommt Hassenreuter selbst, um eine frühere Geliebte zu empfangen. Alle anderen sind mittlerweile auf den Dachboden geflüchtet. Hassenreuter wird seinerseits durch den verspäteten Spitta gestört, der die Gelegenheit nutzt, dem Theatermann von seinen Zukunftsplänen zu berichten: Spitta will das Theologiestudium aufgeben und ganz der Schauspielerei leben.

Der zweite Akt zeigt die Wohnung der Frau John. Auf die Nachricht von der Geburt des Sohnes ist der ahnungslose

35 Alfred Kerr, *Die Welt im Drama*, Bd. 2, Berlin 1917, S. 241.

Maurerpolier John von seiner auswärtigen Arbeitsstelle nach Berlin zurückgekehrt. Das Ehepaar Hassenreuter, einige Schauspielschüler, Spitta und Walburga gratulieren den stolzen Eltern. Nach Verabschiedung der Besucher findet die Idylle allerdings ein jähes Ende: Pauline Piperkarcka erscheint, um ihr Kind zurückzufordern. Als sie das ausgehandelte Geld auf den Tisch legt, verliert Frau John die Besinnung. Jeder Versuch, das Dienstmädchen an die Abmachung zu erinnern oder durch Drohungen einzuschüchtern, bleibt fruchtlos. Die Piperkarcka hat den Knaben bereits als eigenes Kind auf dem Standesamt angemeldet – mit dem Hinweis, daß er bei Frau John in Pflege sei. Für den folgenden Nachmittag hat sich ein Vormundschaftsbeamter angekündigt, um die Lebensumstände der »Pflegeeltern« zu überprüfen.

Ohne vom Dilemma der Frau John zu wissen, probt Hassenreuter mit seinen Schauspielschülern im Dachgeschoß eine Passage aus Schillers *Braut von Messina.* Der konservative Rezitationsstil des ehemaligen Theaterdirektors ruft den Protest seines Schülers Spitta hervor, der für eine unverkrampft-naturalistische Artikulation und gegen die »Schule Schiller-Goethisch-Weimarischer Unnatur« (CA II,752) votiert. Der Streit um das angemessene Spiel im Spiel wird allerdings unterbrochen: Erst muß sich Hassenreuter mit Spittas Vater, einem Landgeistlichen, auseinandersetzen, der seinen Sohn wieder auf den rechten Weg bringen will. Dann überstürzen sich die Ereignisse. Die Piperkarcka stürmt das Dachgeschoß, weil sie in Begleitung des Vormundschaftsbeamten in der Wohnung der Frau John nur einen halbtoten Säugling vorgefunden hat. Frau John, die sie zur Rede stellen will, hat längst das Haus verlassen. Mit Hilfe Hassenreuters und eines Polizisten stellt sich heraus, daß das sterbenskranke Kind weder Frau John noch der aufgebrachten Piperkarcka, sondern der im Haus wohnenden morphiumabhängigen Frau Knobbe gehört. Der Säugling stirbt, während noch über seine Herkunft debattiert wird.

Als Frau John am nächsten Tag mit »ihrem« Kind zurückkehrt, scheinen sich die Verhältnisse zu beruhigen. Spitta und Walburga haben sich in die Wohnung der Johns geflüchtet und planen – gegen den Willen ihrer Eltern – eine gemeinsame Zukunft. Unterdessen machen die Nachrichten über die merkwürdigen Vorkommnisse im Dachgeschoß den vermeintlichen Vater John mißtrauisch, zumal Bruno Mechelke, der gewalttätige Bruder seiner Frau, in der Wohnung auftaucht. Heimlich gesteht Bruno seiner Schwester, daß er die Piperkarcka nicht – wie verabredet – lediglich eingeschüchtert, sondern unversehens getötet hat. Er wird polizeilich gesucht.

Wenig später, zu Beginn des fünften Akts, kehren Spitta und Walburga noch einmal in die Wohnung der Frau John zurück: das Haus ist mittlerweile umstellt. Es kommt zu einer Versöhnung mit Walburgas Eltern, die der flüchtigen Tochter gefolgt sind und endgültig in die Zukunftspläne der Verliebten einwilligen. Die Katastrophe folgt unmittelbar: John trifft mit der Nachricht ein, daß Bruno als Mörder der Piperkarcka gesucht wird. Von ihrem Mann und den Hassenreuters mehr und mehr in die Enge getrieben, gesteht Frau John ihren Betrug. Als es ihr nicht gelingt, mit dem Kind zu fliehen, stürzt sie sich aus dem Fenster zu Tode. Dem Kind steht die Abschiebung in ein Waisenhaus bevor, wo »von's Dutzend mehrschtens zehn« sterben (CA II,830).

Die Berliner Tragikomödie hat eine lange und vielschichtige Entstehungsgeschichte. Die beiden Schwerpunkte des Dramas, das Geschehen um den Theaterdirektor Hassenreuter einerseits, und die tragische Auseinandersetzung um das Kind des Dienstmädchens andererseits gehen auf zwei frühe Werkpläne Hauptmanns zurück: 1887 nimmt er sich vor, »Heßlers Maskenverleihanstalt« literarisch zu gestalten: den Kostümfundus in einer Berliner Kaserne, wo Alexander Heßler, ehemaliger Straßburger Theaterdirektor, u. a. dem jungen Hauptmann 1884/85 Schauspielunterricht erteilte. Ins gleiche Jahr fällt das Fragment einer Erzählung mit dem Titel *Der Buchstabe tötet*, in der es zu einer Auseinandersetzung zwischen den Pflegeeltern und der leiblichen Mutter eines Kindes kommt (vgl. CA XI,27–29). Ein Prozeßbericht des Berliner Lokalanzeigers vom 13. Februar 1907 (Wiederabdruck bei Sprengel, B 5: 1984, 141 f.) liefert weitere konkrete Anregungen für die Tragödie der Kindsunterschiebung. In der ersten Werknotiz läßt Hauptmann bereits die heterogenen Welten unter dem Dach einer Mietskaserne aufeinanderprallen. Durch Nebenfiguren wie den zwielichtigen Hausmeister Quaquaro, die morphiumabhängige Frau Knobbe und den kriminellen Bruder der Frau John avanciert die Tragikomödie zugleich zu einem in der Titelmetapher angedeuteten, dämonisch grundierten Panorama großstädtischer Lebensformen.

Die Niederschrift von insgesamt neun Fassungen des Dramas reicht – mit Unterbrechungen – von April 1909 bis Oktober 1910.[36] Am 13. November 1911 wird die Tragikomödie im Berliner Lessingtheater mit geringem Erfolg uraufgeführt. Erst 1916 setzt der Bühnenerfolg der *Ratten* ein, der bis zur Gegenwart anhält.

Während der Entstehungszeit der Berliner Tragikomödie besucht Gerhart Hauptmann eine Neuinszenierung seines ersten spektakulär uraufgeführten Bühnenstücks *Vor Sonnenaufgang*: Der Durchbruch des Naturalismus auf der Bühne liegt mittlerweile 20 Jahre zurück. Hauptmann ist von der Vorstellung so beeindruckt, daß er sich in einer Tagebuchnotiz des folgenden Tages vornimmt, stets die alte Kühnheit zu behalten (vgl. TB V,247, 595). In der Tat knüpft Hauptmann mit den *Ratten* an seine frühen Bühnenerfolge im Zeichen des Naturalismus an. Nicht literarische Vorlagen wie in *Kaiser Karls Geisel* und *Griselda*, sondern ein Prozeßbericht aus der Tagespresse markiert die

36 Vgl. Rudolf Ziesche, »Mutter John und ihre Kinder. Zur Vor- und Textgeschichte der *Ratten*«, in: Sprengel/Mellen, B 3: 1986. S. 225–248.

entscheidende Inspiration. Um das Berliner Mietshausmilieu möglichst authentisch zu schildern, verwendet Hauptmann – den naturalistischen Maximen entsprechend – eine Vielzahl von Sprachformen, die von prätentiöser Theaterdiktion über verschiedene Dialekte bis zur (eigens erlernten) Gaunerterminologie reichen (vgl. Bellmann, B 6.21).

Idee und Ausgangsgrund seiner Tragikomödie sei der Gegensatz zweier Welten, schreibt Hauptmann rückblikkend (CA XI,809). Die scheinbar wohlgeordnete Welt der Frau John ist von Anfang an brüchig: Der unerfüllte Kinderwunsch bedroht die Ehe (John trägt sich mit Auswanderungsgedanken), vor allem aber die psychische Stabilität der Protagonistin. »Schon wo se det erste Kindeken hatte, nu jar nachdem, wie et gestorben ist, wa eene Schraube los bei die John«, bemerkt Quaquaro (CA II,781). Durch die Ehe mit John ist auch ihr quasi-mütterliches Verhältnis zu Bruno Mechelke problematisch geworden. Im Kind der Piperkarcka sieht Frau John die einmalige Chance, ihre Ehe zu retten und die traumatisch gesteigerten Muttergefühle auszuleben. Der dramenimmanenten Psychologie der Mutterschaft zufolge ist dieser Versuch zum Scheitern verurteilt. Entgegen allen Absprachen kann sich Pauline Piperkarcka nicht dauerhaft von ihrem Kind trennen. Der Konflikt zwischen der leiblichen und der vermeintlichen Mutter erhält dadurch seine Schärfe, daß beide Frauen elementare Muttergefühle verspüren. »Paul, det Kind is aus meinem Leibe jeschnitten! Det Kind is mit meinem Blute erkooft«, sagt Frau John, als ihr Betrugsversuch längst aufgedeckt ist (CA II,825). Ihr Kampf um das Kind kommt den Geburtswehen der Piperkarcka gleich.

Der echten Tragödie der Frau John steht eine auf dem Dachboden gespielte literarische Tragödie gegenüber. Ohne vom Leid der Frau John etwas zu ahnen, läßt Hassenreuter – mit unfreiwilliger Komik – Schillers *Braut von Messina* rezitieren. Hauptmann nutzt diese zweite Welt seines Stücks nicht nur dazu, seine eigenen Auffassungen von der

Aktualität der Klassiker und angemessenem Bühnenvortrag dem jungen, offenbar theaterbegabten Spitta zuzuschreiben. Das im Dachgeschoß der Mietskaserne inszenierte Spiel im Spiel markiert insofern den Abstand zur naturalistischen Dramatik, als es die spielerische Auseinandersetzung mit der literarischen Tradition und die Integration mythischer Bilder erlaubt. Mit den Theaterleuten um Hassenreuter etabliert Hauptmann eine Beobachterinstanz auf der Bühne, die an den in der *Braut von Messina* wiederbelebten Chor der antiken Tragödie erinnert (vgl. Kaiser, B 6; Sprengel, B 6.21).

Zugleich erscheint die dramaturgische Funktion der sogenannten Boten aus der Fremde, die in Hauptmanns frühen naturalistischen Dramen die desolaten Lebensverhältnisse der Protagonisten in Augenschein nehmen, ins Groteske verzerrt. In den *Ratten* sind es bezeichnenderweise Komödianten, die in die Geschichte der Kindsunterschiebung hineingezogen werden. Mit der Welt der Kleinbürgerfamilie John konfrontiert, zitieren Hassenreuter und seine Schüler fortwährend literarische Deutungsmuster herbei – und verkennen die sich anbahnende Tragödie bis zuletzt (vgl. Marx, B 6.21). Das gilt auch für den jungen Spitta, von dessen anfänglicher Profilierung als Sozialagitator (nach dem Muster Alfred Loths) in der Endfassung des Stücks nur ein komisch wirkendes Beispiel sozialen Engagements übriggeblieben ist (vgl. CA II,763 ff.). Seinem Lehrer Hassenreuter gegenüber macht Spitta geltend, daß »ein Barbier oder eine Reinemachefrau aus der Mulackstraße ebensogut ein Objekt der Tragödie sein könnte als Lady Macbeth und König Lear« (CA II,778). Die Tragikomödie gibt ihm hierin recht, markiert jedoch zugleich die Fragwürdigkeit eines Standpunkts, der tragische Ereignisse ausschließlich in ästhetischen Kategorien wahrnimmt. Während Frau John im Begriff ist, sich zu Tode zu stürzen, qualifizieren Spitta und Hassenreuter die Situation als ein »wahrhaft tragisches Verhängnis« (CA II,831). Die Anteilnahme der Theaterleute an der Tragödie der Frau John bleibt oberflächlich. Indem Hauptmann die permanenten literarischen und mythologischen Rückversicherungen der Schauspieler als ästhetizistisches Geschwätz entlarvt, verleiht er seiner Tragikomödie eine Reflexionsebene, die den frühen naturalistischen Dramen fehlt. In den *Ratten* geht es um das Leid der Frau John – und um die Blindheit derjenigen, die dieses Leid verkennen.

Gabriel Schillings Flucht

Nach einem arbeitsreichen Sommer ist der Bildhauer Ottfried Mäurer wie in den Jahren zuvor mit Lucie Heil, seiner Freundin, zur Nachsaison auf die Ostseeinsel Fischmeisters Oye gereist. Diesmal schließt sich Gabriel Schilling, ein Berliner Maler, dem Erholungsurlaub der beiden an: Mäurer hat seinen Freund Schilling auf die Insel eingeladen, weil dieser in künstlerischer und privater Hinsicht eine elementare Krise durchlebt. Zur Erleichterung seiner Freunde verkündet Schilling gleich bei der Ankunft, daß er sein außereheliches Verhältnis mit Hanna Elias beendet habe: Zumindest eine Ursache seiner Misere scheint beseitigt, wenn auch die Ehe mit Eveline, einer verhärmten, frühzeitig gealterten Frau, durch diesen Entschluß wohl nicht glücklicher wird. Durch die Seeluft und den Zuspruch seiner Freunde inspiriert, will Schilling noch einmal ein neues Leben beginnen. Daß er unmittelbar nach seiner Ankunft dem Inselschreiner beim Schultern von Sargbrettern behilflich ist, wirkt allerdings unheilvoll. Die neuen Lebensperspektiven werden auch dadurch eingetrübt, daß eine am Rettungsschuppen befestigte, bizarre Galionsfigur Schillings Interesse auf sich zieht: Der Maler glaubt in ihr seine Geliebte Hanna Elias wiederzuerkennen.

Der zweite Akt spielt wenige Tage später im Wohnzimmer des Gasthauses von Klas Olfers, wo die drei Berliner

Quartier genommen haben. Beim Frühstück schlägt Mäurer vor, den Winter gemeinsam in Griechenland zu verbringen. Schilling willigt euphorisch ein, auch wenn er diesem Angebot nach seinen zahlreichen Rückschlägen nur halbwegs traut. Unterdessen ist Hanna Elias in Begleitung von Fräulein Majakin, einer jungen Russin, eingetroffen und hat sich gleichfalls bei Olfers einquartiert: eine unliebsame Überraschung für alle Anwesenden. Mäurer und Lucie Heil fliehen, bevor die neuen Gäste im Frühstückszimmer erscheinen. Ohne den Rückhalt seiner Freunde verfällt Schilling (nach einer kurzen, angestrengt frostigen Begrüßung) seiner ehemaligen Geliebten: Er bittet Hanna Elias um Verzeihung.

Im dritten Akt kommt es zur unvermeidlichen Begegnung zwischen Hanna Elias und Mäurer. Der Bildhauer ist entschlossen, seinen Freund vor dieser »Harpyie« zu schützen, und wendet sich demonstrativ ihrer russischen Begleiterin zu. Mit gekünstelter Heiterkeit versucht Schilling, die Spannungen zu überspielen: ein Kraftakt, dem der Zuckerkranke offenbar nicht gewachsen ist. Angesichts der rauschenden See bricht Schilling zusammen.

Auf Wunsch des Kranken ist Dr. Rasmussen, ein befreundeter Berliner Arzt, auf Fischmeisters Oye eingetroffen. Daß Schillings Frau gleich mitgereist ist, um sich um ihren Mann zu kümmern, verschärft und verlagert den Konflikt: Während Mäurer zunehmend durch die junge Russin abgelenkt wird, lassen Eveline Schilling und Hanna Elias ihrem wechselseitigen Haß freien Lauf. Mit Mühe gelingt es Rasmussen, die Frauen aus dem Zimmer des Kranken zu drängen.

Der fünfte Akt führt zur Strandkulisse des Anfangs zurück, wo mittlerweile ein Sturm aufzieht. Nach einigen Stunden totenähnlichen Schlafs hat sich Schilling unbemerkt aus seinem Zimmer geschlichen und flieht – an der Galionsfigur vorbei – ins Meer. Mäurer und Rasmussen kommen zu spät, um den todkranken und todessehnsüchtigen Maler zu retten.

Hauptmanns lakonische Notiz »Die eifersüchtige Malersfrau« vom 1. November 1900 gibt einen ersten Hinweis auf die Figurenkonstellation in *Gabriel Schillings Flucht* (vgl. TB IV,313). Mit diesem Werkplan bezieht sich Hauptmann auf die Ehemisere des Malers Hugo Ernst Schmidt, seines Jugendfreunds, der am 25. Juli 1899 an Zuckerharnruhr gestorben war. Über die Todesursache und die näheren Umstände erhielt Hauptmann ausführliche Nachricht vom gemeinsamen Freund Alfred Ploetz, der den Todkranken behandelt hatte. Wie der Gabriel Schilling des Dramas stand Schmidt zwischen zwei Frauen: seiner Ehefrau Clara und der Geliebten Lisa Lux: Beide lieferten sich unmittelbar nach dem Tod eine Szene (vgl. TB IV,570 ff.), deren Bühnentauglichkeit Hauptmann im nachhinein aufgefallen sein muß.[37]

Fünf Jahre nach der ersten Notiz, im Mai 1905, nimmt Hauptmann den Werkplan wieder auf, womöglich angeregt durch eine Begegnung mit dem Bildhauer Max Klinger, dem einige Züge Ottfried Mäurers entlehnt sind. Mit dessen Freundin Lucie Heil gibt Hauptmann ein literarisches Porträt seiner zweiten Frau Margarete Marschalk. Das Drama bleibt noch einmal bis zum nächsten Sommer liegen; im September 1906 folgt die Niederschrift.

In Fischmeisters Oye, dem Schauplatz des Dramas, läßt sich unschwer die Ostseeinsel Hiddensee erkennen, wo sich Hauptmann regelmäßig – u. a. mit Hugo Ernst Schmidt – aufhielt. Die das Drama prägende Kulisse des Meeres verdankt sich diesen persönlichen Erinnerungen – und Hauptmanns Schopenhauer-Lektüre wird vertieft: In dessen Hauptwerk *Die Welt als Wille und Vorstellung* erscheint das Meer als Symbol und Inbegriff des Willens (vgl. Sprengel,

37 Im *Buch der Leidenschaft* greift Hauptmann das Schicksal seines Freundes Hugo Ernst Schmidt ein weiteres Mal auf; Schmidt erscheint dort unter dem Namen Emmerich Rauscher, seine Freundin, Esther Naemi, (wie Hanna Elias) als Harpyie, Braut von Korinth und Lemure: vgl. CA VII,299 ff.

B 5: 1982, 221 f.). Das dem Stück vorangestellte Plutarch-Zitat (»Einige versichern, Eunostos sei ihnen begegnet, ans Meer eilend, um sich zu baden, weil ein Weib sein Heiligtum betreten habe«; CA II,405) entdeckt Hauptmann erst nach der Niederschrift des Stücks.

Nach dem fehlgeschlagenen Plan von 1907, das Drama am Moskauer Künstlertheater zur Uraufführung zu bringen (vgl. TB V,178, 490 f.), sieht Hauptmann zunächst von jedweder Publikation ab. Erst am 14. Juni 1912 gelangt *Gabriel Schillings Flucht* an Goethes Theater in Bad Lauchstädt zur Uraufführung – mit enormem Aufwand (die Bühnenausstattung besorgt Max Liebermann) und hervorragender Besetzung unter der Regie von Paul Schlenther. Die Buchausgabe erscheint nach dem Vorabdruck der »Neuen Rundschau« vom Januar 1912 im gleichen Jahr bei Fischer. Das mäzenatisch unterstützte Theaterexperiment in Bad Lauchstädt geht offenbar einerseits auf Hauptmanns Unzufriedenheit mit den Berliner Inszenierungen seiner Stücke, andererseits auf seine persönliche, dem Erstdruck vorangestellte Einschätzung des Dramas zurück: »Es ist keine Angelegenheit für das große Publikum, sondern für die reine Passivität und Innerlichkeit eines kleinen Kreises. Einmalige Aufführung, vollkommenster Art, im intimsten Theaterraum, ist mein unerfüllbarer Wunsch.« (CA II,404). Die Berliner Premiere ist dem »Berliner Lokal-Anzeiger« zufolge weniger erfolgreich – und bestätigt damit Hauptmanns Beurteilung (vgl. TB V,639 f.). Dennoch feiert *Gabriel Schillings Flucht* in späteren Jahren auch auf anderen großen Bühnen Erfolge.

Schon im ersten Akt des Dramas zeichnet sich ab, daß die Ostseeinsel Fischmeisters Oye nur eine vorläufige Station auf Gabriel Schillings Flucht darstellt. Die frische Seeluft und Mäurers Winterpläne führen dem äußerlich geschwächten und innerlich hoffnungslosen Maler zwar vorübergehend neue Energien zu, der überraschenden Ankunft von

Hanna Elias ist er trotzdem nicht gewachsen. Auf der kleinen Ostseeinsel erscheint Schillings Dilemma aussichtsloser als je, da die Ausweichmanöver und Ablenkungen der Großstadt Berlin nicht zu Gebote stehen. Ottfried Mäurer und Hanna Elias kämpfen mit letzter Entschlossenheit um den Maler, als handele es sich um Jagdbeute. »[...] sie [Hanna Elias] hat in mir einen zum Letzten entschlossenen Gegner gefunden. Diese Beute jag' ich ihr ab« (CA II,439), kündigt Mäurer zu Beginn des dritten Akts an. Im folgenden beschäftigt er sich allerdings dermaßen intensiv mit Hannas junger Begleiterin, daß er sowohl seine Freundin Lucie Heil als auch Schillings Geliebte aus den Augen verliert. Anstelle des Bildhauers schaltet sich nun Eveline Schilling in den Kampf um den Maler ein, dessen bedrohlicher Zustand dabei immer weniger Beachtung findet. Den beiden Frauen geht es ausschließlich um eigensinnige Besitzansprüche. Der beiläufig ins Spiel gebrachten Metapher der Jagdbeute entsprechend, wird der kranke Maler in die Enge getrieben und zur Strecke gebracht.

Gabriel Schilling zählt zu den schwächsten Protagonisten Hauptmanns.[38] Nichts von dem, was auf der Bühne geschieht, geht auf seine Initiative zurück: Schilling flieht auf Drängen seiner Freunde aus Berlin und flieht zuletzt – einer elementaren Anziehungskraft folgend – ins Meer. Mit den Krankheitssymptomen eines Zuckerkranken hat diese Form des Selbstmords nur vordergründig zu tun. Nach Maßgabe des Plutarch-Mottos scheint die See die ersehnte Reinigung von den Zumutungen des ehelichen und außerehelichen Eros zu versprechen (vgl. Machatzke, B 6.22, 82 ff.). Zugleich geht vom Meer eine Anziehungskraft aus, die eindeutig erotischen Charakter hat. Auf seinem letzten Weg folgt

38 Abgesehen von Schillings Passivität auf der Bühne erfährt der Zuschauer auch vom künstlerischen Schaffen des Malers zu wenig, um etwa – wie Karl S. Guthke vorgeschlagen hat – im verdrängten Künstlertum die heimliche Ursache des Untergangs zu entziffern (Guthke B 6.4, 34; vgl. dagegen Machatzke B 6. 22, 85 ff.).

Schilling der bizarren Galionsfigur, in der er schon zu Beginn eine ins Wahnwitzige gesteigerte Hanna Elias zu erkennen glaubte (vgl. CA II,420). Schillings Sehnsucht richtet sich auf eine erotisch konnotierte Auflösung im Unendlichen (vgl. Sprengel, B 5: 1982, 230 ff.) – und ist so eindeutig vorgezeichnet, daß ein dramatischer Spannungsbogen gar nicht erst entsteht. Gleich im ersten Akt rennt der Maler – nach dem Anblick der Galionsfigur – halb entkleidet »gegen die See hin« (CA II,421). Der Selbstmord ist nichts als eine Wiederholung dieser ersten, rauschhaften Meeresbegegnung.

Der mythischen Grundierung des Fluchtwegs korrespondiert das im Drama entworfene Bild der (heimlichen Hauptfigur) Hanna Elias: Sie erscheint als Harpye, Lemure, Delila, Braut von Korinth und verhängnisvolle Galionsfigur: eine *femme fatale*, wie sie der Literatur der Jahrhundertwende geläufig ist. Mit der Figurenkonstellation knüpft Hauptmann an sein frühes Drama *Einsame Menschen* an, das gleichfalls einen unentschlossenen Protagonisten zwischen zwei Frauen zeigt. Während die *Einsamen Menschen* von 1891 allerdings mit psychologischem Scharfblick entlarven, wie schwache Menschen sich durch ihre Schwäche martern können (s. S. 58–64), gilt Hauptmanns Interesse in *Gabriel Schillings Flucht* einer prekären, mythologisch bebilderten Geschlechtertypologie.

Festspiel in deutschen Reimen

Den Anfang des *Festspiels in deutschen Reimen zur Erinnerung an den Geist der Freiheitskriege der Jahre 1813, 1814 und 1815, aufgeführt bei der Jahrhundertfeier in Breslau 1913* – so der vollständige Titel – macht ein Vorspiel, in dem ein mit Magiermütze und Zauberstab versehener Direktor das Publikum auf das folgende Stück einstimmt. Philistiades, ein schlanker Jüngling mit allen Attributen des Hermes, hilft ihm dabei, indem er die Puppenfiguren vorzeigt, die das Stück bestreiten sollen. Der Spielleiter und sein Gehilfe werden allerdings umgehend vom rasenden »Pariser Pöbel der Revolutionszeit« (CA II,953) verdrängt, der die Bühne stürmt, noch bevor das entsprechende Stichwort des Direktors gefallen ist. Von einem Wirbel des Trommlers Mors begleitet, setzt sogleich die Schreckensherrschaft der Jakobiner ein. Das blutige Geschäft des Henkers wird wiederum unterbrochen von der Erscheinung der Pythia, die – ungeachtet des »finstren Wahnsinns« vor ihren Augen – eine Friedenszeit voraussagt. Sie weist das aufgebrachte Volk auf den künftigen Herrscher Napoleon hin, der als zwölfjähriger Knabe die Bühne betritt. Während dieser noch in vollkommener Harmonie mit einem Kreisel spielt, wird er auch schon vom Volk als Vollstrecker der Revolution gekrönt.

Die von Philistiades angekündigte nächste Phase des Stücks zeigt einen Karnevalsumzug, bei dem eine lächerlich kostümierte Strohpuppe als Kaiser des Römischen Reichs Deutscher Nation figuriert, neben ihr ein riesiger, arg zerzauster Adler. Beide werden von den Masken des Umzugs so lange bedrängt und verspottet, bis der Alte Fritz auftritt und die Peiniger mit seinem Krückstock verdrängt. Der Chor der Vögel feiert daraufhin den Adler als deutschen Phönix: »Heute ruppig, nackt und räudig, / morgen sonnenhoch und freudig!« (CA II,967). Von einer höheren Bühne aus beobachtet (der mittlerweile erwachsene) Napoleon in Gesellschaft Talleyrands und seiner Marschälle den Umzug. Der französische Kaiser läßt das deutsche Kaisergespenst zerschlagen, sammelt allerdings die herrscherlichen Insignien sorgfältig ein. Unterdessen versammelt sich deutsches Straßenpublikum auf der unteren Orchestra-Bühne. Hegel, Turnvater Jahn, Freiherr vom Stein, Gneisenau, Scharnhorst und Kleist geben ihre jeweiligen Vorstellungen über die Zukunft Deutschlands zum besten. Die anwesenden Bürger lassen sich allerdings weder von den preußischen Reformern, noch von Fichte und Blücher zu patriotischem Engagement begeistern. Auf der zweiten, höher gelegenen Bühne werden unterdessen elf Offiziere des Ferdinand von Schill standrechtlich erschossen: Napoleon zeigt sich ungnädig diesem preußischen Versuch gegenüber, eine Volkserhebung gegen den französischen Kaiser zu entfachen. Eine fackelschwingende Furie verkündet den weltumspannenden Krieg.

Während auf der Bühne erst Schnee, dann Blutregen niedergeht, klagen Mütter um ihre für Napoleon gefallenen Söhne. Preußische Grenadiere nehmen eins der »staatsgefährlichen Weiber« (CA II,996) fest, sehen sich allerdings umgehend einer Menge von Universitätsdozenten und Studenten gegenüber, die die Gefangene befreien und auf die nächsthöhere Bühne führen. Die befreite Mutter verwandelt sich in eine deutsche Athene und fordert die Einheit Deutschlands, die Befreiung von Fremdherrschaft und innere Freiheit. Unter leiser Sphärenmusik feiert die neue Athene Deutschland in jambischen Trimetern den Eros als Gott der Liebe und des Friedens. Ein Zug, der »alles umfaßt, was der Friede an Tätigkeiten und Segnungen enthält« (CA II,1004), zieht in einen gotischen Dom ein, der im Hintergrund der Bühne nach und nach sichtbar geworden ist. Mit dieser Friedensutopie endet das Festspiel. Die Schlußworte des Direktors werden allerdings noch einmal von einer Figur unterbrochen, die säbelklirrend die Treppe hinaufkommt: Blücher, der »Marschall Vorwärts«, spricht sich gegen das »Friedenstirili« des Schlußzugs aus. Der Spielleiter schickt ihn in die Puppenkiste und legt Deutschland anstelle der Blücherschen Kriegslust einzig dessen Parole »Vorwärts« ans Herz.

Am 23. April 1912 wird Gerhart Hauptmann vom Breslauer Magistrat gebeten, ein Festspiel zur Jahrhundertfeier der Befreiungskriege zu schreiben, das ein Jahr später in der (noch im Bau befindlichen) Breslauer Jahrhunderthalle aufgeführt werden soll. Nach kurzer Bedenkzeit nimmt Hauptmann am 3. Mai das in zweifacher Hinsicht verlokkende Angebot der Stadt an. Zum einen wird Hauptmann durch dieses Angebot endgültig zum Nationaldichter, zum anderen bietet es erstmals eine spektakuläre Gelegenheit zur Zusammenarbeit mit dem Regisseur Max Reinhardt, der gleichfalls vom Magistrat für das *Festspiel* vorgesehen ist.

Hauptmanns erster Entwurf vom 20. Mai 1912 bezieht sich in Gestalt eines Aufrufs zur »inneren friedlichen Einheit« ausschließlich auf die Gegenwart (Sprengel, B 6.23: 1989, 78 f.). Wie politisch brisant dieses Konzept auf den Regisseur gewirkt haben muß, läßt sich dem Schreiben entnehmen, in dem Reinhardts Geschäftsführer am 4. Juni 1912 vorsorglich jede behördliche Einflußnahme auf das Manuskript ausschließen läßt: Billiger Hurrapatriotismus und höfisch-byzantinische Rücksichten dürfe man bei diesem Werk nicht erwarten (vgl. Scheyer, B 6.23, 72). Als Hauptmann die Baupläne der Jahrhunderthalle vorgelegt werden, zieht er seine Zusage allerdings überraschend zurück, da ihm die »außerordentliche Größe des Festraums« eine Wirkung durch das Wort unmöglich zu machen scheint (Scheyer, B 6.23, 72). Eine Breslauer Delegation kann dieses »Mißverständnis« ausräumen und Hauptmann zum Rückzug vom Rückzug bewegen. Wenige Tage später, am 22. Juli 1912, skizziert Hauptmann einen zweiten Entwurf (CA IX,1205–1217), der insofern allegorisch ausgerichtet ist, als erstmals die Germania ins Spiel kommt – wie Pallas Athene gewappnet und von »Genien der Fruchtbarkeit, der Kraft, der Frömmigkeit, der Arbeit, der Kunst, der Wissenschaft, des Krieges, des Handels, des Verkehrs, des Friedens« umgeben (CA IX,1205). Wie in der Schlußfassung soll ein Vorspiel der eigentlichen Bühnenhandlung vorangehen: Der Entwurf sieht einen Dialog zwischen der Germania und dem Breslauer Magistrat vor, in dem die Aufführungsbedingungen des Festspiels ausgehandelt werden.

Der vermutlich im August 1912 entstehende dritte Entwurf greift erstmals auf die Geschichte der Befreiungskriege zurück – und stellt dabei die Figur Napoleons in den Mittelpunkt. Auch in formaler Hinsicht nähert sich Hauptmann der Schlußfassung an, indem er die volkstümlich-antike Tradition des Mimus wiederzubeleben versucht. Nach Maßgabe einer umfangreichen Studie von Hermann Reich[39] zählt Hauptmann formale Ungebundenheit, sprachliche und metrische Polyphonie sowie als Hauptmotiv die Nichtigkeit aller irdischen Pläne zu den entscheidenden Gattungsvorgaben des Mimus (vgl. Voigt, B 5: 1965, 71 f.; Sprengel, B 6.23: 1989, 85). Am schwierigsten gestaltet sich offenbar der Ausklang des Festspiels; die Centenarausgabe druckt drei heterogene Schlußvarianten ab (CA IX,1219–1238). Nach letzten Änderungen im Manuskript des Textbuchs kommt das *Festspiel* am 31. Mai 1913 vor 4500–6000 Zuschauern zur Uraufführung, die Hauptmanns bisherige Theatererfahrungen an Ausstattungsopulenz bei weitem überbietet. Die Mehrheit der Kritiker lobt Gerhart Hauptmann und Max Reinhardt gleichermaßen, ja man schreibt dem prominenten Regisseur eine wesentliche Einflußnahme auf Textgestalt und Konzeption des *Festspiels* zu (vgl. Sprengel, B 6.23: 1989, 91 ff.).

Daß Hauptmann im Nachspiel seines Stücks der Kriegslust Blüchers eine eindeutige Absage erteilen läßt, stößt allerdings sehr bald auf die Kritik konservativer Kreise. Die Publikation des Textbuchs zieht eine öffentliche Kampagne gegen das Festspiel nach sich, die über den Schlesischen Provinzial-Kriegerverband und den schlesischen Hochadel schließlich auch das Königshaus erreicht. Am 10. Juni kündigt der (bei der Premiere offenbar nicht anwesende) Kronprinz Friedrich Wilhelm von Hohenzollern in einem Schreiben an den Oberpräsidenten der Provinz Schlesien an, sein

39 Hermann Reich, »Der Mimus. Ein litterar-entwicklungsgeschichtlicher Versuch«, Bd. 1, Teil 1.2, Berlin 1903.

Protektorat der Jahrhundertausstellung zurückzuziehen, falls tatsächlich »Hauptmanns Stück eine Verherrlichung Napoleons, der Revolution und der demokratischen Weltanschauung sei« (zit. nach Sprengel, B 6.23: 1989, 103). Als Wilhelm II. sich in die Diskussion einschaltet und telegraphisch sein »größtes mißfallen über das festspiel des herrn hauptmann« (ebd.) ausspricht, setzt der Kronprinz die umgehende Absetzung des *Festspiels* beim Breslauer Magistrat durch. Die letzten vier der insgesamt 15 geplanten Aufführungen werden gestrichen. Während die konservative Presse triumphiert, kommt es zu einer eindrucksvollen Solidarisierung der liberalen Öffentlichkeit mit dem Festspielautor.

Die politische Intervention des Kaisers trifft Hauptmann um so überraschender, als er im Vorfeld der Uraufführung an ein Ende der fast zwanzigjährigen kaiserlichen Ignoranz glaubte. Am 28. Dezember 1912 notierte er in sein Tagebuch: »Mein Verhältnis zum modernen Deutschland hat sich gewandelt, naturgemäss versöhnlich gestaltet. Wie sonderbar, wie unerwartet« (TB V,323). Der politische Skandal um das *Festspiel* ist dazu angetan, ihn eines besseren zu belehren und seine literarische Friedensutopie nachträglich unglaubwürdig erscheinen zu lassen: »Wir werden bald ein Volk von Bajonetten und Kanonen sein, das losgeht wie eine Höllenmaschine, wenn man draufdrückt«, schreibt Hauptmann am 24. Juli 1913 an seinen Freund Ludwig von Hofmann.[40]

Bis zum Jahr 1913 weisen Hauptmanns Bühnenwerke – ungeachtet ihres Innovationspotentials – eine jeweils einheitliche, meist durch drei bis fünf Akte strukturierte

40 Gerhart Hauptmann / Ludwig von Hofmann, *Briefwechsel 1894–1944*, hrsg. von Herta Hesse-Frielinghaus, Bonn 1983, S. 93. Peter Sprengel hat den Desillusionierungseffekt des *Festspiel*-Skandals mit diesem und anderen autobiographischen Zeugnissen belegt (vgl. Sprengel, B 6.23: 1989, 105–107).

Handlung auf. Das gilt auch für die Tragödie des Bauernkriegs von 1895, in der eine (dem Sujet des *Festspiels* vergleichbare) geschichtliche Massenbewegung mit den Gestaltungsmitteln der naturalistischen Illusionsbühne inszeniert wird. Daß Hauptmann bei der Ausarbeitung des *Festspiels* von seiner eigenen Formensprache vollkommen abweicht, hängt weniger mit dem Mißerfolg des *Florian Geyer* als mit den in jeder Hinsicht außerordentlichen Umständen der Auftragsarbeit von 1913 zusammen. Die Anfrage des Breslauer Magistrats kommt der Chance gleich, vor der Öffentlichkeit des Kaiserreichs Goethes Nachfolge anzutreten – der seinerseits im Jahr 1814 *Des Epimenides Erwachen,* ein Festspiel zur Siegesfeier der Befreiungskriege, verfaßte. Für einen Anlaß von derartig politischer Tragweite kommt 1814 wie 1913 nur ein Schriftsteller in Frage, der als Nationaldichter gelten kann. Zugleich birgt der Auftrag nicht unerhebliche Risiken: Hauptmann wird sich darüber im klaren gewesen sein, daß die Initiatoren der Jahrhundertfeier ein feierlich-patriotisches Werk erwarteten. Um so bemerkenswerter erscheint es im Rückblick, in welche Formtradition sich das *Festspiel* einreiht. Der antike Mimus, wie ihn Hauptmann auf Anregung von Hermann Reich erstmals erprobt, provoziert eine karnevaleske Lachkultur, die Feierlichkeit und National-Pathos nicht eigentlich zuläßt. Mit den zu »deutschen Reimen« erklärten Knittelversen des *Festspiels* gibt Hauptmann zu erkennen, daß kein sprachlicher Feinschliff, sondern derbe, drastische Worte zu erwarten sind, wie man sie aus den Fastnachtspielen des Hans Sachs und einigen Stücken Goethes kennt. Darüber hinaus läßt die Rahmenfiktion des Puppenspiels alle Möglichkeiten, sich den herkömmlichen dramatischen Spielregeln zu entziehen. Im Einleitungsmonolog des Direktors wird gleich angekündigt, daß man Improvisationen in Kauf nehmen müsse. Hauptmann nutzt offenbar jede Chance, den feierlichen Anlaß des Festspiels herunterzuspielen – auch wenn sein Stück den (blutigen) Ernst des Sujets durchaus

Schutzumschlag der Erstausgabe, 1913

nicht ausklammert: »Hier gibt es Musiker, Philosophen, Dichter, / geruhsame Bürger und Straßengelichter: / Puppen, genau nach dem Leben geschnitzt, / jedwede blutet, wenn man sie ritzt«, heißt es im Vorspiel (CA II,950); wenig später setzt auf der Bühne der Terror der Französischen Revolution ein.

Neben dem schonungslosen Umgang mit den »heroischen« Figuren der Geschichte ermöglicht die Fiktion des Puppenspiels zugleich den raschen Wechsel zwischen historischem Stoff und allegorischem Kommentar. Indem Hauptmann eine Germania auftreten läßt, kommt er den Erwartungen des Publikums und den Konventionen des Genres gleichermaßen entgegen (vgl. hierzu Sprengel, B 6.23: 1991). Unterminiert wird dieses Zugeständnis an das symbolische Repertoire des Kaiserreichs allerdings dadurch, daß Hauptmanns »Athene Deutschland« einen Friedensappell im Zeichen des allverbindenden Gottes Eros an das Publikum richtet. Mit dieser Rede und dem folgenden feierlich-missionarischen Schlußumzug entfernt sich das *Festspiel* denkbar weit von seiner genuin unpathetischen Form: Hans Egon Hass konstatiert zu Recht einen krassen Widerspruch »zwischen dem ironisch-ungläubigen Geschichtsfatalismus der historischen Partien des *Festspiels* und dem Menschheits- und Liebesglauben seiner Ausgangsallegorie« (vgl. Hass, B 6.23, 111). Es spricht für Hauptmanns künstlerischen (und politischen) Instinkt, daß er in der Schlußszene die Puppenspielfiktion noch einmal aufgreift. In Blüchers Einspruch gegen das »Friedenstirili« der neuen Germania nimmt Hauptmann die Vorbehalte der konservativen Kreise vorweg. Deren Proteststurm gegen das *Festspiel* läßt erkennen, daß die Figur des Kriegsbefürworters Blücher nicht so leicht zum Schweigen zu bringen war, wie es die Schlußworte des Puppenspieldirektors suggerieren.

Der Bogen des Odysseus

Hauptmanns Drama lehnt sich an jene Gesänge der homerischen *Odyssee* an, die Odysseus' unverhoffte Heimkehr nach Ithaka schildern. Schauplatz aller fünf Akte ist das Gehöft des Sauhirten Eumaios: Dem Gespräch zweier Mägde, Melantho und Leukone, läßt sich entnehmen, daß nach langjähriger Abwesenheit des rechtmäßigen Herrschers Odysseus zahlreiche Freier in den Palast eingezogen sind, Penelope umwerben und das Gastrecht schändlich mißbrauchen. So sieht es jedenfalls Leukone, die Enkeltochter des Sauhirten, während Melantho von den zukünftigen Herrschern zu profitieren sucht. Eumaios selbst verachtet die neuen Machthaber und wartet sehnsüchtig auf die Rückkehr des Odysseus. Seiner Enkeltochter vertraut er an, daß Athene ihm im Traum befohlen habe, den mächtigen Bogen des Odysseus, den er seit Jahren versteckt hält, hervorzuholen und zu säubern. Überraschend erscheint Odysseus als Bettler auf dem Gehöft des Sauhirten. Unerkannt, vollkommen entkräftet und halb wahnsinnig klagt der fremde Ankömmling über sein Elend »ohne Maß und Ziel«. Er kommt erst wieder zu Kräften, als er von Leukone erfährt, daß er in seiner Heimat Ithaka angelangt ist. Leukone klärt den Bettler auch über die desolaten Verhältisse im Königreich auf: Während Penelope den »Schmarutzern« am Hof mehr und mehr entgegenkommt, schwebt Telemach, der einzige und mittlerweile erwachsene Sohn des Odysseus, seinerseits in Lebensgefahr. Die Freier planen, den legitimen Nachfolger des verschollenen Herrschers zu töten, sobald er von einer Erkundungsreise zurückgekehrt ist. Odysseus schreibt all diese Neuigkeiten der Göttin Athene zu, die er in Leukone zu erkennen glaubt. Ohne seine Identität preiszugeben, läßt er sich von Eumaios zu einem Gastmahl einladen.

Der zweite Akt spielt im Inneren des Anwesens. Zur Freude des Sauhirten und seiner Enkeltochter trifft Telemach ein und berichtet von seiner Fahrt und heimlichen Rückkehr. Umgehend wird ein großes Festmahl vorbereitet. Da ihm bei seiner Erkundungsfahrt alle Hoffnungen auf eine Rückkehr des Odysseus ausgetrieben wurden, will Telemach nun eigenhändig an den Freiern Rache üben. Von seinem Sohn für tot erklärt, läßt Odysseus für einen Augenblick die Maske fallen; Telemach erkennt ihn allerdings ebensowenig wie Eurykleia, die alte Dienerin, die von Penelopeia zum Anwesen des Sauhirten geschickt worden ist. Zuletzt findet sich Odysseus' greiser Vater Laertes ein, um bei Eumaios eine Hafersuppe zu erbitten: ein verarmter, verzweifelter Mann, der wie Odysseus dem Wahnsinn nahesteht.

Während im Hof das Festmahl angerichtet wird (3. Akt), setzt sich Laertes neben den fremden Bettler, der ihm auf frappierende Weise ähnlich sieht. Beide beobachten, wie Melantho zunächst ihren Vater, den Ziegenhirten Melantheus, dann vier Freier in den Hof läßt, die offenbar den Mägden des Sauhirten nachstellen und am Festmahl teilhaben wollen. Als Telemach ihnen entgegentreten will, stellt sich Odysseus in den Weg. Erst jetzt gibt er sich zu erkennen. Bevor Telemach noch reagieren kann, erscheint Leukone und berichtet, daß sich alle Brunnen nach langer Trokkenzeit unverhofft mit Wasser füllen. 30 Hirten stürzen in den Hof des Sauhirten, um das Ende der Trockenzeit mit einem dionysischen Tanz zu feiern, dem erst ein langgezogener, geheimnisvoller Hornton ein Ende setzt. Odysseus deutet den Ton als Erkennungszeichen des kriegerischen Pan und fordert die Hirten auf, zu den Waffen zu eilen. Man leistet dem fremden Bettler um so eifriger Gehorsam, als Blitz und Donner auf seiner Seite zu stehen scheinen. Angesichts der sich überstürzenden Ereignisse wird Telemach schlagartig bewußt, daß tatsächlich sein Vater sich hinter der Maske des Bettlers verbirgt.

Der vor Tatendrang berstende Sohn vermag allerdings kaum Freude über die Rückkehr des Odysseus zu empfinden. In Gegenwart des zunehmend kräftiger und jünger wirkenden Bettlers fühlt er sich so entwurzelt und mutlos wie vor seiner Reise. Immerhin kann Leukone ihren Geliebten davon abhalten, sogleich Ithaka zu verlassen, um sich anderswo zu bewähren. Auch Eumaios befällt Angst, als er von der wahren Identität des Bettlers erfährt. Um so sorgloser treten die Freier Eurymachos, Antinoos, Amphinomos und Ktesippos auf und fordern Bewirtung. Unter den Gästen entsteht erst Unruhe, als Melantheus hereinstürzt und von der Gefangennahme seiner Tochter berichtet. Daß Melantho nach ihrer Befreiung vor dem fremden Bettler warnt, wird von den Freiern allerdings nicht ernstgenommen. Man läßt Telemach, dessen heimliche Anwesenheit Melantheus verraten hat, an den Tisch holen, um den jungen Thronfolger in gewohnter Manier zu provozieren.

Während die Freier im Nebenraum ein orgiastisches Gastmahl halten, nutzt Odysseus die Zeit, um sich nach Penelopeia zu erkundigen. Offensichtlich fürchtet er sich weniger vor der zahlenmäßigen Übermacht der Gegner als vor dem Wiedersehen mit seiner Frau, deren Verhältnis zu den Freiern ihm undurchsichtig erscheinen muß. Das Gespräch zwischen Odysseus und den Seinen wird durch den Auftritt der sichtlich angetrunkenen Freier unterbrochen. Sie kündigen an, den jungen Telemach mit jenem Bogen töten zu wollen, den der Sauhirt für Odysseus aufbewahrt und unlängst gesäubert hat. Trotz angestrengter Versuche will es keinem gelingen, auch nur die Sehne zu spannen. Daraufhin nimmt Odysseus seinen Bogen, gibt sich den entsetzten Freiern zu erkennen und tötet sie in rascher Folge; Melantheus und seine Tochter läßt er hängen. Mit seiner Frage »Was wird die Mutter sagen, Telemach, / daß ich ihr schönstes Spielzeug schon zerschlug?« (CA II,942) endet das Drama.

Die Entstehungsgeschichte des Odysseus-Dramas reicht bis ins Jahr 1907 zurück. Hauptmanns Interesse richtet sich allerdings zunächst auf Episoden der *Odyssee*, die der Ankunft auf Ithaka vorausgehen: Am 10. März 1907 notiert er in sein Tagebuch: »Schon längere Zeit gehe ich mit dem Gedanken um, das Goethesche Fragment [*Nausikaa*] wieder aufzunehmen. Heut las ich die Episode bei Homer. Verglichen mit dieser Kunst ist das meiste von dem, was wir heut besitzen, kleinlich und verzerrt« (TB V,161). Mit dem Versuch, Goethes Nausikaa-Fragment aufzugreifen und zu überbieten, betritt Hauptmann in mehrfacher Hinsicht klassisches Terrain (vgl. Sprengel, B 6.24, 138 f.). Allerdings verlagert sich sein Interesse von der phäakischen Königstochter Nausikaa und ihrer (von Goethe vorgezeichneten) Liebe zu dem älteren, welterfahrenen Odysseus, der sich zuletzt schuldig-unschuldig von ihr trennen muß, auf andere Episoden der *Odyssee*. Im Königlichen Garten von Corfu, der ersten Station der Griechenlandreise von 1907, notiert Hauptmann am 1. April die ersten Zeilen eines Gedichts »vom Göttlichen Sauhirten« (TB VI,373): Fortan geht es nicht mehr um Odysseus' Ankunft bei den Phäaken, sondern um seine Rückkehr nach Ithaka. Daß Hauptmann den Königlichen Garten als »Zaubergarten der Kirke« (ebd.) identifiziert, deutet eine weitere Akzentverschiebung an: Nausikaa, die phäakische Königstochter, wird offenbar von der Zauberin Kirke verdrängt, deren fatale erotische Ausstrahlung Hauptmann selbst in Gestalt Ida Orloffs erlebt zu haben glaubte (vgl. TB V,24). Parallel zur Beschäftigung mit dem Gedicht vom Göttlichen Sauhirten nimmt sich Hauptmann in den Folgejahren mehrfach vor, Odysseus' Aufenthalt bei Kirke zu dramatisieren: ein Projekt, das im *Bogen des Odysseus* deutliche Spuren hinterläßt. Sowohl die Entwürfe von 1907 als auch die ersten Arbeitstitel (*Telemach*; *Eumäus*) deuten an, daß Hauptmann neben dem Sauhirten Eumaios vor allem Telemach besondere Aufmerksamkeit schenkt und damit den für Homer noch irrelevanten Vater-Sohn-Konflikt ins Spiel bringt.

Trotz der Vorsätze vom April 1907 zieht sich die Niederschrift des Dramas über mehrere Jahre (und teils in Prosa, teils in Versform ausgeführte Entwürfe) hin. Die Uraufführung des Odysseus-Dramas findet – gut anderthalb Jahre nach seiner Fertigstellung – am 17. Januar 1914 im Deutschen Künstlertheater, Berlin, statt, dem Hauptmann zu diesem Zeitpunkt noch als Sozietär angehört. Ungeachtet des enthusiastischen Premierenpublikums erhält die Aufführung in der Kritik ein zwiespältiges, vorwiegend negatives Echo: Nahezu alle Kritiker messen das zunächst in der »Neuen deutschen Rundschau«, dann im Fischer-Verlag publizierte Drama an der homerischen Vorlage. »Was bleibt in der Erinnerung? Nichts, das von der Erinnerung an das Epos nicht ohne Rest verdeckt würde. An ein Epos, das weit dramatischer ist als das nachgeborene Drama«, schreibt Alfred Polgar.[41] Alfred Kerr schlägt (nicht ohne Bosheit) vor, den Eigenwert des Stücks zu prüfen, indem man ihm die Namen (und damit die homerische Rückendeckung) entziehe: »Man setze den Titel: *Der Degen des Emil* – und das Stück wird nicht zu Ende gespielt.«[42] Hauptmann nimmt den Vorwurf mangelnder schöpferischer Vitalität zum Anlaß, gegen die artifizielle Lebensform der zeitgenössischen Kritiker zu polemisieren: Klarheit, Helligkeit, tiefe, geschlossene Form, Kraft und Tiefe lasse er dem Werk nicht von Leuten absprechen, die ihre Zeit unter künstlichem Licht in narkotisierter Luft zwischen Cafés, Restaurants und Alkoven verbrächten (vgl. CA VI,922 f.).

Wie jede Bearbeitung provoziert Hauptmanns Drama *Der Bogen des Odysseus* einen Vergleich mit der literarischen Vorlage, den Heimkehrgesängen der *Odyssee*. Dem modernen Publikum, das an die Wirklichkeit der Götter nicht mehr zu glauben vermag, kommt Hauptmann insofern entgegen, als er die Rolle der Göttin Athene streicht. Was immer den Figuren an scheinbar göttlicher Weisung

41 Alfred Polgar, *Kleine Schriften*, hrsg. von Marcel Reich-Ranicki, Bd. 5, Reinbek 1985, S. 101.

42 Alfred Kerr, *Die Welt im Drama*, Bd. 2, Berlin 1917, S. 261.

zuteil wird, schreibt Hauptmann der durchaus menschlichen Leukone zu, in der Eumaios und Odysseus gelegentlich die Göttin zu erkennen glauben. Im *Bogen des Odysseus* erscheint das Göttliche weithin psychologischen Ursprungs. Um so erstaunlicher wirkt die wunderbare, durch die Berührung mit der Heimaterde verursachte Verjüngung des Odysseus (vgl. dagegen *Odyssee* XVI, Vers 172 ff.). Auch das Naturwunder des dritten Akts, wo sich unversehens die Brunnen füllen und ein Gewitter dem Heimkehrenden zu Gebote zu stehen scheint, sprengt den Rahmen einer naturalistischen Dramaturgie. Während Odysseus von seinen eigenen Leuten noch unerkannt ist, scheint die Erde auf ihre Weise die Wiederkehr zu feiern.

»Gerhart Hauptmann richtet an den rückkehrenden Odysseus einige Fragen, die Homer, als er ihn glücklich nach Hause gebracht hatte, nicht die geringsten Beschwerden machten: Will meine Frau mich noch, will mein Sohn mich noch, will mein Volk mich noch, und will ich selbst mich noch?«, resümiert Paul Schlenther den Abstand zwischen dem homerischen Epos und dem durchaus modernen Drama (Schlenther, B 5: 1922, 226; Cowen, B 6, 177). Ohne Zweifel erscheint die Rückkehr des Herrschers nach zwanzigjähriger Abwesenheit im Drama von 1914 ungleich problematischer: Hauptmann reduziert und verzögert die homerischen Anagnorisis-Szenen nach Maßgabe der modernen Psychologie. Telemach etwa läßt sich nicht schlagartig (und mit göttlicher Hilfe) davon überzeugen, daß sein Vater vor ihm steht. Er benötigt nahezu zwei Akte – auch weil er sich vor der Gegenwart des übermächtigen Odysseus fürchtet, wie sich in Hauptmanns Dramen nicht wenige Söhne vor ihren Vätern fürchten. Dabei erscheint der Heimkehrende zu Beginn durchaus nicht imstande, die Herrschaft zurückzugewinnen. Der langjährige Leidensweg hat Odysseus längst am Beistand der Götter zweifeln lassen. Daß er sich als »Niemand« ausgibt, dient nur oberflächlich der (bei Homer vorgezeichneten) Selbstverleugnung; vor allem bezeichnet es die Gefahr des Identitätsverlusts, der Odysseus nur knapp entrinnt.

Im *Bogen des Odysseus* wird die epische Breite der Vorlage zu einer dramatischen Geschlossenheit gebündelt, wie sie einem Stück zukommen muß, das auf das Epitheton »klassisch« Anspruch macht. So beschränkt Hauptmann die Zahl der Freier auf die vier wichtigsten und läßt zwischen der Ankunft des Odysseus und dem Tod der Freier nur wenig Zeit verstreichen. Die Verschiebung des Handlungsschwerpunkts auf das Anwesen des Sauhirten hat allerdings andere Gründe. Schon in den ersten Notizen bildet das sog. »Eumaios-Idyll« (CA VII,26) den Kern der Konzeption. Hauptmanns Odysseus hat offensichtlich weniger mit dem Palast als mit der naturverbundenen Lebensform des Sauhirten im Sinn. In der Liebe zwischen Telemach und Leukone, der Enkeltochter des Eumaios, findet diese Wahlverwandtschaft ihre Fortsetzung. Gegenbild dieser ländlichen Idylle ist die Sphäre des Palasts, die von der in keiner Szene auftretenden, aber dennoch allzeit präsenten Penelopeia verkörpert wird – nach dem vielzitierten Urteil von Joseph Gregor »Hauptmanns bedeutendste und am besten gelungene Frauengestalt« (Gregor, B 5: 1951, 454). In krasser Abweichung von der epischen Vorlage erhält sie im Drama Züge der Kirke, jener Zauberin, deren erotischer Attraktion Odysseus mit knapper Not entkommen ist. Hauptmann greift das Bild der kunstvollen Weberin auf, das die *Odyssee* beiden Frauenfiguren – mit unterschiedlichem Akzent – zuschreibt, und deutet es metaphorisch um: Penelopeia erscheint – wie Kirke – als Spinne, die kalt lächelnd und unberechenbar ihre Netze webt (vgl. CA II,923).[43] Aus der geduldig wartenden Ehefrau der *Odyssee* wird eine *femme*

43 Vgl. Sprengel, B 5: 1982, 276. Das Anwesen des Sauhirten bildet die geeignete Kulisse, um die Lebensform der Freier auf dieses mythologische Muster hin durchsichtig erscheinen zu lassen. Die Orgie im Hof des Eumaios macht evident, daß die Freier der Penelopeia zu Schweinen geworden sind – und daß sie als solche geschlachtet werden.

fatale, deren Bezwingung die eigentliche Herausforderung für den Heimkehrer darstellt. Insofern das Odysseus-Drama »vom Erliegen und Obsiegen des Mannes gegenüber der Lockung einer magischen Sexualität [handelt], die den Bezauberten zum Tier macht«, bildet es, wie Peter Sprengel konstatiert hat (Sprengel, B 5: 1982, 274), ein komplementäres Gegenstück zu *Gabriel Schillings Flucht*. Die Auffassung der älteren Hauptmann-Forschung, daß das Odysseus-Drama vor allem das mystische Wirken elementarer Naturkräfte vorführe und einen radikalen Neuanfang signalisiere (vgl. Voigt, B 5: 1965, 66), ist damit widerlegt. Die Freier verkörpern eine Lebensform erotischer Abhängigkeit, wie sie für Hauptmanns Werk (und die Literatur des Fin de siècle) nicht untypisch ist. Damit verzichtet Hauptmann zugleich auf gesellschaftskritische Implikationen, die sowohl Goethes Werther als auch Botho Strauß[44] mit der Darstellung der maroden Freiergesellschaft verbinden.

Winterballade

Hauptmanns Blankverstragödie setzt auf einem einsamen schwedischen Bauernhof des 16. Jahrhunderts ein, wo der Fischhändler Toarin kurze Einkehr hält. Er ist auf dem Weg zu Pfarrer Arne, der wie in jedem Jahr den Fischhändler zu seinem Geburtstag erwartet. Drei Scherenschleifer mit berußten Gesichtern, die sich »von Trunk und Strapazen überreizt« (CA II,1082) gleichfalls nach dem Pfarrhof erkundigen, lösen beim Fischhändler Unruhe aus.

Im Pfarrhaus zu Solberga (2. Szene) wird unterdessen das Abendessen vorbereitet. In Gesellschaft seiner Frau, seiner Enkeltochter Berghild, der Waise Elsalil, die Berghild wie

44 Vgl. Botho Strauß, *Ithaka. Schauspiel nach den Heimkehr-Gesängen der Odyssee*, München 1996.

eine Zwillingsschwester gleicht, und eines Hilfsgeistlichen spricht der greise Pfarrer Arne das Tischgebet. Unheimliche Geräusche unterbrechen die Familienidylle. Ein Hund schlägt an, ohne daß Toarin oder ein anderer auf dem Hof erscheinen, und die Pfarrerin glaubt zu ihrem Entsetzen zu hören, wie auf dem Nachbargut Branehög lange Messer geschliffen werden. Pfarrer Arne schickt seine Familie zu Bett. Als er sich selbst zur Ruhe gelegt hat, wird er von Sir Archie, einem der vermeintlichen Scherenschleifer, überrascht. Gemeinsam mit seinen beiden Kumpanen Sir Douglas und Sir Donald, die (wie er) als schottische Söldner nach der Entlassung aus schwedischen Diensten auf eine Gelegenheit zur Heimreise warten, hat er sich durch den Rauchfang Einlaß verschafft. Sir Archie bittet den Pfarrer um Geld, verleiht seiner Bitte allerdings umgehend drohenden Charakter, da Arne ihm nicht gleich freigebig entgegenkommt. Nach einem kurzen Wortwechsel richten die drei auf dem Pfarrhof ein Blutbad an, bei dem nur das Waisenkind Elsalil durch einen Zufall überlebt.

Mit der dritten Szene – im Gerichtszimmer von Bohus – beginnt die verzweifelte Suche nach den Mördern. Der Sohn des Ermordeten, Pfarrer Arnesohn, weigert sich zu glauben, daß die Täter mitsamt dem Schatz des Pfarrers in eine offene Stelle der vereisten See geraten sein sollen, wie es Toarin bezeugt: Der Fischhändler will in der betreffenden Nacht Männerstimmen und einen Pferdeschlitten gehört haben, der offenbar in das einzige Eisloch gerast sei. Zudem habe er Elsalil, die überlebende Zeugin, ganz in der Nähe gefunden. Auch das Mädchen glaubt, daß die Mörder ertrunken sind; seit dem Vorfall hat sie ihre Sprache verloren.

In der vierten Szene taucht Sir Archie in der prächtigen Uniform der schottischen Obristen im Kramladen des Fischhändlers auf, wo Elsalil mittlerweile Unterkunft gefunden hat. Als Sir Archie das Waisenkind erblickt, verliert er die Fassung: Elsalil ähnelt so vollkommen dem Mädchen, das er im Pfarrhof ermordet hat, daß er sie für dessen Wiedergängerin hält. Tatsächlich fühlt Elsalil sich auf merkwürdige Weise zu Sir Archie hingezogen, ohne in ihm den Mörder Berghilds wiederzuerkennen.

Auf der Eisfläche des Sundes (5. Szene) vergegenwärtigen sich Toarin und Pfarrer Arnesohn noch einmal den angeblichen Untergang der Mörder. Inzwischen sind Münzen aus dem Schatz des Pfarrers Arne in der Stadt aufgetaucht, was vermuten läßt, daß die Mörder noch leben. Toarin berichtet, daß Elsalil seit kurzem unbewußt etwas zu suchen scheint und dabei tagelang durch die Gassen streift. Während die beiden eine festgefrorene Galeasse besteigen, erscheinen Sir Donald und Sir Douglas, um sich eine Unterkunft an Bord des bei Tauwetter auslaufenden Schiffes zu sichern. Auch Sir Archie taucht unverhofft bei der Galeasse auf: Seit der Begegnung mit Elsalil sieht er sich von ihr und ihrer toten Zwillingsschwester gleichermaßen verfolgt. Um sich nicht verdächtig zu machen, verschwinden die drei im Nebel, noch bevor Toarin und Arnesohn von Bord kommen. Elsalil kommt den beiden – offenbar auf der Spur von Sir Archie – wie in Trance entgegen.

In der sechsten Szene wird evident, daß Elsalil zur Geliebten Sir Archies geworden ist: In der Dunkelheit betreten beide heimlich Toarins Kramladen, wo Sir Archie unter dem Druck der Erinnerung an die Mordnacht besinnungslos zusammenbricht. Arnesohn und Toarin erscheinen und stellen das Mädchen zur Rede. Da Elsalil die Identität Sir Archies verschweigt und ihren Geliebten angesichts der Gefahr zu wecken sucht, wendet sich Arnesohn an den aus schweren Träumen erwachenden Obristen. Sir Archie leugnet nichts ab, erhält allerdings unverhofft von seinem Regiment Unterstützung, das Elsalil heimlich herbeigerufen hat. Arnesohn fordert den Mörder seines Vaters zum Duell.

Im Morgengrauen (7. Szene) wartet Arnesohn an der Galeasse auf seinen Gegner, der schließlich mit allen Anzeichen ausbrechenden Wahnsinns erscheint. Auf dem Weg zur Galeasse hat Sir Archie offenbar Elsalil umgebracht: Noch immer wehrt er sich mit Steinwürfen gegen eine tollwütige Hündin, von der er sich verfolgt glaubt. Zugleich zieht das Söldner-Regiment unter Sir Donald und Sir Douglas heran, da wegen des Tauwetters der Rückkehr nach Schottland nichts mehr im Wege steht. Mit einem rigorosen »Nein« weigert sich Sir Archie, seinen Leuten in die Heimat zu folgen. Wie vom Blitz getroffen bricht er tot zusammen.

Angeregt durch die Erzählung *Herrn Arnes Schatz* von Selma Lagerlöf[45], entwirft Hauptmann im Jahr 1905 unter dem Titel *Herrn Arnes Schatz, Dramatisierung* ein Szenarium und den Ansatz zu einem ersten Akt. Von zwei Arbeitsphasen im Frühjahr 1912 und 1914 abgesehen, bleibt das Projekt bis zum Jahr 1916 liegen. Von Januar bis Mai 1916 schreibt Hauptmann eine Fassung mit acht Szenen nieder, die er in Agnetendorf mehrfach vorträgt. Dem Tagebuch läßt sich Hauptmanns Ärger entnehmen, daß die »*Winterballade* nutzlos über Winter [1916/1917] verschleppt worden« ist (TB VI,379). Die Tragödie wird erst am 17. Oktober 1917 im Deutschen Theater, Berlin, unter der Regie von Max Reinhardt erstmals aufgeführt – mit einem zwar nicht enthusiastischen, aber respektvollen Presse-Echo (vgl. TB VI,396).

Hauptmanns *Winterballade* setzt andere Akzente als die erzählerische Vorlage. Während Selma Lagerlöf die Identität der Mörder erst im Verlauf ihrer (weitgehend analytischen) Erzählung preisgibt, zeigt Hauptmann gleich in der zweiten Szene, wer das Blutbad im Pfarrhaus zu Solberga verübt hat: ein kriminalistischer Spannungsbogen kommt der *Winterballade* nicht zu. Statt dessen konzentriert sich Hauptmann auf die psychologischen Folgen des Mordes: Im Mittelpunkt steht der vormals unbekümmerte Sir Ar-

45 Selma Lagerlöf, *Herrn Arnes Schatz. Erzählung*, übers. von Francis Marco, München 1904.

chie, der von den Folgen seiner Tat eingeholt wird, dem Wahnsinn verfällt und sich zuletzt mit einem »ungeheuren Nein« (CA II,1176) dem Weiterleben verweigert: »Es wäre möglich, den Schluß ganz neu zu gestalten«, notiert sich Hauptmann bereits im frühen Entwurf *Elsalill. Phantastisches Drama* (zit. nach Machatzke, B 6.25, 97).[46] Der schottische Obrist und Mörder richtet sich selbst. Dem Wirken der weltlichen Gerechtigkeit bringt das Stück im Unterschied zur Vorlage kein Vertrauen entgegen: Unter dem Schutz ihres Regiments ziehen die beiden anderen Mörder ungesühnt in Richtung Heimat (vgl. dagegen Stegemann, B 5: 1992, 379).

Sir Archies Begegnung mit Elsalil und ihrer »Milchschwester« Berghild trägt von Anfang an den Charakter einer Heimsuchung, wie sie für die Literatur der Jahrhundertwende (und das Werk Hauptmanns) typisch ist. »In welche Schlingen fällt man hier? / Hält der scheinheilige Schuft Lemuren, die / Blut trinken und in Gurgeln sich verbeißen?« (CA II,1102), fragt Sir Donald, als Berghild ihn von hinten anspringt, um das Leben Elsalils zu retten. Der Mord erhält den Charakter einer Bluthochzeit, die dem Vermählten fortan Kälte zuführt (vgl. CA II,1105). Das fragile Waisenkind der Vorlage avanciert in der Tragödie zu einer *femme fatale*, wie sie Hauptmann mit ähnlichen metaphorischen Requisiten in *Kaiser Karls Geisel* und *Gabriel Schillings Flucht* auf die Bühne gestellt hat. Selma Lagerlöfs Elsalill nimmt sich dagegen harmlos aus: Sie schwankt zwischen der Liebe zu Sir Archie und der inneren Verpflichtung, ihren Geliebten der Justiz auszuliefern. In der *Winterballade* richtet sich das Interesse nicht auf den Gewissenskonflikt des Mädchens, sondern auf das »Opfer« ihrer Heimsuchung. Man mag es vor dem Hintergrund der bestialischen Mordszene als Zumutung empfinden, daß Hauptmann Sir

46 Wolfram Mauser interpretiert die *Winterballade* dementsprechend als »Läuterungsdrama«. Vgl. Mauser, B 6.25, 237.

Archies Leiden über sechs Szenen ausbreitet und ihm einen heroischen Tod zuschreibt. In jedem Fall gibt Hauptmann mit seiner *Winterballade* weniger eine literarische Inszenierung der Kriegsgreuel (wie in der Forschung gelegentlich behauptet wird[47]) als eine Spielart erotischer Heimsuchung, die von einer Toten ausgeht und zum Tode führt (vgl. Machatzke, B 6. 25, 100 f.).

Der weiße Heiland

Die elf Szenen der »dramatischen Phantasie« führen in das Reich des mexikanischen Kaisers Montezuma, der zur Zeit der Ankunft der Spanier als Sonnensohn in Tenochtitlan residiert. Im Tempel des Quetzalcoatl (1. Szene) läßt sich der Kaiser ein weiteres Mal von der Verheißung des Sonnengotts berichten, derzufolge der Gott selbst eines Tages wiederkehre, um seine Kinder heimzuholen. Der Tempelpriester deutet an, daß die verheißene Frist von 3000 Jahren verstrichen ist. Zugleich präsentiert er das abgeschlagene Haupt eines spanischen Ritters: aufgrund der hellen Hautfarbe, der blauen Augen und der blonden Haare zweifellos ein (sterblicher) Diener des Sonnengotts Quetzalcoatl. Im Unterschied zu seinen Gefolgsleuten begrüßt der Kaiser die Nachricht, daß zahlreiche Göttersöhne an den Grenzen des Reichs gelandet sind. Für die priesterliche Verheißung ist er um so empfänglicher, als er melancholisch veranlagt scheint.

Die zweite Szene spielt im Palast des Montezuma. Cacamatzin und Qualpopoca, mexikanische Fürsten und Ge-

47 Vgl. Michaelis; B 5: 1962, 144; Hoefert, B 2: 1982, 55; Stegemann, B 5: 1992, 377–380. Gegen diese Deutung spricht auch die Tatsache, daß die Zeitgenossen von der Aktualität des Stücks nichts wahrnahmen. Alfred Holzbock etwa konstatiert im Gespräch mit Hauptmann, daß dessen neue Dichtung »nichts mit Aktualität, nichts mit dem Geist, dem Ringen, dem Lieben, dem Hassen unserer Zeit zu tun hat« (GI,68).

folgsleute Montezumas, beratschlagen mit Guatemotzin, dem Sohn des Kaisers, die politische Lage. Keiner teilt die Überzeugung Montezumas, daß sich hinter den fremden Eindringlingen der Gott und Friedensbringer Quetzalcoatl selbst verberge. Der Kaiser widersetzt sich jedoch dem Rat der Fürsten und wirft ihnen seinerseits Verrat und Blindheit vor. Die dritte Szene wechselt ins Lager der Spanier, die in der Stadt Cholula gerade ein Blutbad angerichtet haben. Las Casas ist der einzige, der gegen das bestialische Morden Einspruch erhebt. Cortez selbst sieht sich gezwungen, den eskalierenden Streit zwischen dem Humanisten und dem jungen Ritter Pedro de Alvarado zu schlichten, der jeden »Wilden« ohne Skrupel tötet. Als Gesandte Montezumas treffen Cacamatzin, Guatemotzin und Qualpopoca im Lager des Cortez ein: Neben großzügigen Geschenken überbringen sie die Bitte des Kaisers von Mexiko, nicht weiter zur Hauptstadt vorzudringen. Cortez weist die Bitte gelassen zurück, indem er auf den Auftrag seines Kaisers hinweist. Während die Spanier bereits unter dem Jubel des Volks in die Stadt Tenochtitlan einziehen (4. Szene), warnen Cacamatzin, Guatemotzin und Qualpopoca ein letztes Mal vor der drohenden Gefahr: Montezuma läßt sich nicht umstimmen; er begrüßt Fernando Cortez voller Enthusiasmus als Blutsbruder und göttlichen Heilsbringer.

Im großzügig ausgestatteten Quartier der Spanier schreibt Cortez seinen Bericht an Kaiser Karl V. (5. Szene): Ebenso unglaublich wie die Ausmaße und Reichtümer der Hauptstadt erscheint ihm das Verhalten Montezumas, der im Evangelium Jesu Christi offenbar die Verheißungen seines Volkes wiedererkennen will. Der Kaiser sieht in Cortez den Heiland und bietet ihm die Herrschaft über das Reich der Tolteken an. Die weiterhin mißtrauischen Gefolgsleute Montezumas suchen Rat bei den Priestern des Quetzalcoatl (6. Szene). Unversehens brechen bewaffnete Spanier unter der Führung Alvarados in den Tempel ein, um im Namen Christi den heidnischen Kult zu zerstören. Die Eindringlinge machen erst vor dem Kultbild der mexikanischen Schmerzensmutter halt, das sie für ein Bildnis der Muttergottes halten. Daß der Tempelüberfall im Volk zunehmend Unruhe auslöst, läßt den Kaiser unberührt (7. Szene). Montezuma empfängt Fernando Cortez wie einen Gott. Das Vertrauen erhält erst einen Riß, als Cortez rigoros die Bestrafung des Qualpopoca fordert und zur Sicherheit dem Kaiser Handschellen anlegen läßt. Unfähig, Widerstand zu leisten, wird Montezuma ins Quartier der Spanier abgeführt.

In Abwesenheit von Fernando Cortez plant Pedro de Alvarado einen Anschlag auf sechshundert mexikanische Edelleute, die sich im Hof des Huitlipochtli-Tempels versammelt haben (8. Szene). Während Montezuma noch den rituellen Hintergrund des Tanzes erklärt, metzeln die Spanier bereits die ausgelassene Menge aus dem Hinterhalt nieder. Das Blutbad im Tempelhof bringt das Volk endgültig gegen die weißen Fremdlinge auf (9. Szene). Als sich die Spanier gegen den Ansturm der Mexikaner kaum noch wehren können, setzen sie den gefangenen Kaiser unter Druck. Montezuma weigert sich, sein Volk zu beschwichtigen. Die Nachricht von der Rückkehr des Cortez gibt den Spaniern vorübergehend Auftrieb. Da der Ansturm der Mexikaner nach kurzer Frist wieder einsetzt, droht man dem Kaiser, seinen (mittlerweile gefangenen) Sohn Guatemotzin zu töten, wenn er den Angreifern nicht Einhalt gebiete. Als Vater und Sohn sich widersetzen, läßt Cortez den Kaiser gewaltsam auf das Dach des Quartiers führen.

Von Steinwürfen seiner Untertanen verletzt, liegt Montezuma im Quartier der Spanier (11. Szene). Cortez läßt den Todkranken wecken, um ihm die Segnungen der christlichen Kirche zukommen zu lassen und ihm die Hand zu reichen. Montezuma verweigert die Versöhnung und ruft, indem er sich mit letzter Kraft alle Verbände abreißt, Unheil und Verderben auf die Fremden herab.

Im Dezember 1907 stößt Hauptmann auf die *Drei eigenhändigen Berichte von Ferdinand Cortez an Kaiser Karl V.*, die wichtigste historische Quelle des späteren Dramas.[48] Einem durch die Lektüre angeregten Traumnotat ist zu entnehmen, daß Hauptmann sich auf der Seite der Eroberer sieht:

> Ich reise, mit einem, der die seligen Inseln sucht. Er und sein Trupp ziehen aus, um sie zu suchen. Auf den seligen Inseln verüben sie Raub, Brand, Mord, Fesselung! Sie schänden Frauen, betrügen Könige. Betrügen die Wölfe, betrügen sich selbst. [. . .] Auch Montezuma erwartet die Wiederkunft eines Helden und Königs.
>
> (Zit. nach TB V,553)

Einen Tag später, am 27. Dezember 1907, bündelt Hauptmann im Tagebuch die wichtigsten Stichworte zu einem Dramenplan: »Montezuma. Drama. Traum. Alp: Grausen.« (TB V,186). Entwürfe und Tagebuchnotizen aus dem Jahr 1908 lassen erkennen, daß Hauptmann das Montezuma-Drama zunächst in die Tetralogie *Walenzauber* integrieren will (vgl. TB V,202 f., 210). Im Frühjahr 1913 intensiviert sich Hauptmanns Beschäftigung mit dem Sujet; die Arbeitstitel des Dramas schwanken zwischen *Gold*, *Cortez*, *Montezuma* und *Der weiße Heiland*. Während der Ausarbeitung, die sich offenbar bis zur Premiere hinzieht, notiert Hauptmann Berührungspunkte mit den *Wiedertäufern* und *Helios* (vgl. CA VIII,697–848, 517–579), zwei unvollendeten Dramenprojekten (vgl. TB V,349; TB VI,109). Am 28. März 1920 wird *Der weiße Heiland* am

48 *Die Eroberung von Mexiko. Drei eigenhändige Berichte von Ferdinand Cortez an Kaiser Karl V.*, bearb. von Ernst Schultze, Hamburg 1907. Später kommen als Quellen hinzu: William Prescott, »Geschichte der Eroberung von Mexiko«, Leipzig 1845, und »Denkwürdigkeiten des Hauptmanns Bernal Diaz del Castillo«, übers. von Ph. J. Rehfues, 2 Bde., Bonn 1838. Eberhard Hilscher hat darauf hingewiesen, daß Hauptmann in seinem Drama historische Ungenauigkeiten (wie die Verwechslung von Azteken und Tolteken) in Kauf nimmt (vgl. Hilscher, B 5: 1987, 317 f.).

Großen Schauspielhaus, Berlin, uraufgeführt. Die Kritik schließt sich der insgesamt positiven Publikumsresonanz weitgehend an.

Wie in dem Inquisitionsdrama *Magnus Garbe*, das etwa zur gleichen Zeit entsteht, wendet sich Hauptmann mit dem *Weißen Heiland* einer dunklen Epoche des christlichen (Spät-)Mittelalters zu. Der Eroberungsfeldzug des Fernando Cortez macht evident, was Hauptmann immer schon am institutionalisierten Christentum zweifeln ließ: Im Namen Jesu Christi wird geraubt, gefoltert und getötet, sobald es der religiösen oder weltlichen Machtentfaltung dienlich ist. Im *Weißen Heiland* erhält die Kritik der christlichen Eroberer dadurch ihre besondere Schärfe, daß der unterliegende mexikanische Kaiser – wie Magnus Garbe – zu einer Christusfigur avanciert. Montezuma wächst im Verlauf der Handlung in die Passion Christi hinein (nach Maßgabe der Evangelien verspotten Soldaten den gefesselten Kaiser und streiten sich um seinen Mantel), während die als Heilsbringer empfangenen Spanier einen bestialischen Krieg anzetteln. »Sein Wilder ist Christ, seine Christen sind Wilde«: so faßt Alfred Kerr das Paradox des Montezuma-Dramas zusammen.[49]

Trotz dieser treffsicheren Formel unterläuft das Drama jede eindeutig moralistische Deutung. Hauptmanns Sympathielenkung zugunsten der Unterlegenen wird dadurch ausbalanciert, daß es zahlreiche Gemeinsamkeiten zwischen den beiden Parteien des Dramas gibt: Wie die Spanier von den Goldschätzen der Gastgeber fasziniert sind, so läßt sich der mexikanische Kaiser durch das goldene Haar der Eroberer blenden. Kompromißlose Befürworter des Krieges finden sich nicht nur unter den Spaniern, sondern auch im Gefolge Montezumas. Daß die Gefolgsleute des Cortez freundlich empfangen werden, verdankt sich dem Erlö-

49 »Die neue Rundschau« 31 (1920) S. 1086.

sungsbedürfnis eines melancholischen Kaisers, der alle Züge eines Außenseiters und Fremdlings trägt. Besonderes Gewicht legt Hauptmann auf das Phänomen, daß die christliche und die toltekische Religion Übereinstimmungen aufweisen, die von der gemeinsamen Erlösungshoffnung bis zu ikonographischen Details reichen (vgl. Schäfer, B 6.26, 73 ff.). Um so tragischer erscheint es, daß eine Vermittlung, wie sie von Montezuma auf der einen, und Las Casas auf der anderen Seite angestrebt wird, zum Scheitern verurteilt ist. Damit erteilt Hauptmanns dramatische Phantasie ihren utopischen Perspektiven eine doppelte Absage: Wie der europäische Traum von den seligen Inseln in einem bestialischen Blutbad endet, das die Eroberer mit knapper Not überleben, kehrt sich die mexikanische Erlösungshoffnung trotz der günstigen Vorzeichen in ihr Gegenteil um. Die in der Forschung debattierte Frage, ob Hauptmann die Position Deutschlands im Ersten Weltkrieg mit dem »frühkapitalistischen Eroberungszug der Spanier« (Hilscher, B 5: 1987, 315) oder aber mit dem wehrlos überfallenen Toltekenreich (Stegemann, B 5: 1992, 382) bezeichnen wollte, verliert vor diesem pessimistischen Hintergrund an Relevanz. Daß das Stück in der Folgezeit keine großen Theatererfolge erzielt hat, mag weniger am Sujet als an der sprachlichen Form liegen. Vermutlich nach dem Vorbild von Heinrich Heines *Bimini* und *Vitzliputzli* (wo es gleichfalls um die spanischen Eroberungsfeldzüge geht), wählt Hauptmann die vierhebigen Trochäen der Romanze – und nimmt damit für sein Drama eine gewisse Monotonie in Kauf. Schon Alfred Kerr moniert zu Recht, daß die Versfüße des Dramas mit einem Lederstrumpf angetan seien.[50]

50 Ebd.

Peter Brauer

Der erste Akt der Tragikomödie zeigt den Maler Peter Brauer in seinem spärlich möblierten Berliner Studio. Brauer ist im Begriff, in die Provinz zu reisen, wo angeblich ein hochdotierter Auftrag wartet. Das nötige Reisegeld wird ihm jedoch von seiner Frau verweigert, die offenbar den Glauben an derartige Projekte längst verloren hat und von Brauers Tochter Klara in ihrer Skepsis noch bestärkt wird. Erwin, der Sohn des Malers, steht als angehender Künstler auf der Seite seines Vaters, kann ihm aber seinerseits kein Geld vorstrecken. Das Dilemma des Malers spitzt sich zu, als der Althändler Carlowitz Schulden einfordert, von denen die Familie noch gar nichts weiß. Brauer muß befürchten, daß der Händler ihn anzeigt, da er dessen Möbel auf Kredit gekauft, mittlerweile aber angesichts existentieller Sorgen längst weiterverkauft hat: Ein Grund mehr, die Flucht in die Provinz anzutreten. Wider Erwarten streckt Frau Brauer ein wenig Geld vor – unter der Bedingung, daß Brauer seine Reise sofort antritt und so bald nicht zurückkehrt.

Zu Beginn des zweiten Akts hält sich Brauer bereits vierzehn Tage in einem kleinen Gasthof der schlesischen Kreishauptstadt Ratibor auf; der angekündigte Großauftrag ist allerdings ausgeblieben. Da noch keine Rechnung bezahlt ist, erwägen die Wirtsleute bereits, sich von dem offenbar mittellosen Berliner »Kunstprofessor« porträtieren zu lassen. Der Zufall fügt es, daß Brauer mit der großbürgerlichen Stammtischrunde des Städtchens ins Gespräch kommt und dem eintreffenden Herrn von Behaimb als renommierter Kunstmaler vorgestellt wird. Trotz der Anfeindungen von seiten des Photographen Schmolke, der die Hochstapelei des Malers durchschaut (und seinerseits in der Provinz Geschäfte machen will), erhält Brauer den Auftrag, einen Gartentempel auszumalen, der zum neuerworbenen Landschloß des Herrn von Behaimb gehört.

Zwei Monate später ist Brauer noch immer mit den Vorarbeiten beschäftigt, da er offensichtlich Wein und Waldmeisterbowle der anstrengenden Arbeit auf dem Gerüst vorzieht. Unversehens trifft Erwin Brauer ein und kündigt den Rest der Familie an: Mutter und Tochter wollen sich mit eigenen Augen von dem herrschaftlichen Auftrag überzeugen. Brauer präsentiert mit Genugtuung den Gartentempel und läßt zur Feier des Augenblicks den zufällig vorbeischauenden Schmolke ein Erinnerungsbild anfertigen. Während die Familie noch vor der Kamera posiert, erscheint der Auftraggeber, um in Begleitung seiner Frau und eines schottischen Kunstliebhabers den Fortschritt der Arbeiten zu begutachten. Das Resultat ist niederschmetternd. Das einzige, was die Herrschaften im Tempel zu sehen bekommen, sind zwei kleine Zwerge, Brauers Lieblingssujet, die links unten aufgemalt sind. Der Maler wird umgehend entlassen, was Frau und Tochter ein weiteres (und letztes) Mal in ihrem Mißtrauen bestätigt. Von den Seinen verlassen, bleibt Peter Brauer fassungs- und hoffnungslos vor dem Gartentempel zurück.

In seiner Autobiographie *Das Abenteuer meiner Jugend* berichtet Hauptmann über seine erste Begegnung mit dem Maler Curt Gitschmann, dem Vorbild des Peter Brauer, in Sorgau. Dem freien, nach Auskunft seiner Frau allerdings armen Künstler will der junge Hauptmann sein Skizzenheft vorgelegt haben und erste Auskünfte über die Breslauer Akademie verdanken (vgl. CA VII,777–780). Hauptmann hält den Kontakt zu Gitschmann bis zu dessen Tod im Jahr 1903 aufrecht. Schon 1901 sieht er den Maler als Modell eines Dramas vor, das allerdings vorerst liegenbleibt. Sechs Jahre später, in einem Tagebucheintrag vom 18. Februar 1907 zeichnet sich die Ausarbeitung ab: »Das Gitschmann Drama. Der arme Schlucker in den kleinen schlesischen Gasthöfen. Die Ausmalung der Säle. Das Gerüst. Sein Selbstgefühl seine Frau. Seine Tochter. Fallstaff II« (TB

V,155). Kurz darauf schreibt Hauptmann Teile des ersten und zweiten Akts in einer ersten Fassung nieder, schließt die Tragikomödie allerdings erst im März 1910 ab. Es vergehen noch einmal elf Jahre, bis Hauptmann das Stück für Bühne und Druck freigibt. Abgesehen von Hauptmanns im Jahr 1910 eskalierender Unzufriedenheit mit der Inszenierungspraxis Otto Brahms mögen Rücksichten auf die Familie des Malers Gitschmann – dessen Sohn im Jahr 1912 eine Bronzestatuette von Hauptmann anfertigt – bei dieser Verzögerung mitgewirkt haben. Am 1. November 1921 findet die Uraufführung am Lustspielhaus Berlin statt: ohne großen Erfolg. Paul Schlenther moniert einerseits die Unfertigkeit der Nebenfiguren, andererseits die Willensschwäche des Protagonisten: »[. . .] die Götter haben mit seiner Sache nichts zu tun« (Schlenther, B 5: 1922, 260).

Gut 20 Jahre später, am 23. September 1942, schreibt Hauptmann auf Bitten des Regisseurs Paul Rose einen neuen Schluß der Tragikomödie, die in dieser Form am 9. November erstmals aufgeführt wird (vgl. CA IX,1145–1148). In dieser Fassung erhält Brauer zuletzt einen 1000-Mark-Schein von seinem Auftraggeber, was das Stück an seinen Anfang zurückführt. Vollkommen unbeeindruckt von dem Fiasko im Gartentempel, hält Brauer nun an seiner künstlerischen Begabung fest: »Erwin, wieder einmal mein nie versagender guter Genius. So ist es auch bei dem großen Rembrandt gewesen: die Hilfe kam immer im letzten Augenblick.« (CA IX,1148).

Mit seinem tragikomischen Porträt des Peter Brauer greift Hauptmann auf eine ebenso erprobte wie abgegriffene Dramenkonstellation zurück. Wie in seiner Komödie *Kollege Crampton* von 1892 flieht ein chronisch erfolgloser Maler vor der verständnislosen Ehefrau und bezieht ein bescheidenes Gasthofzimmer, das er nun durch peinliche Auftragsarbeiten finanzieren muß. In dieser prekären Lage – Peter Brauer richtet sich schon darauf ein, einen zweijährigen Bullen und Nimrod, den verstorbenen Jagdhund des Herrn von Schulzen, zu porträtieren – läßt Hauptmann als deus ex machina einen Mäzen auftreten, dessen Unterstützung den künstlerischen Durchbruch erwirken soll. Hier endet die Komödie des Harry Crampton, und es beginnt die (künstlerisch überzeugendere) Entlarvung seines Nachfolgers Peter Brauer (vgl. Sinden, B 6, 137 ff.). Der letzte Akt der Tragikomödie bringt den Nachweis, daß Brauer auf dem Gebiet der Kunst krasser Dilettant ist. Die künstlerische Gestaltungskraft des Malers erschöpft sich offensichtlich in der Darstellung von Zwergen und Gnomen, was um so peinlicher wirkt, als Brauer unausgesetzt Velazquez, Frans Hals und Rembrandt zu seinen Vorbildern erklärt.

Daß Hauptmann die Mehrzahl seiner Künstlerfiguren nach Personen modelliert hat, deren prägende Eindrücke hinter ihm liegen, ist ihrer Bühnenwirkung abträglich. Peter Brauer gehört wie sein »Kollege« Crampton einer Vergangenheit an, die von den künstlerischen Irritationen der Moderne vollkommen unberührt ist. Die beiden Maler mögen in ihrer verzweifelten Hochstaplerei liebenswert oder krank[51] erscheinen, ernstzunehmen sind sie nicht. Überdies bleibt das Stück als Tragikomödie deutlich hinter den im gleichen Zeitraum entstehenden *Ratten* zurück (vgl. Kaiser, B 6).

Indipohdi

Auf einer entlegenen Insel im Ozean nähert sich der Zeitpunkt jenes rituellen Jünglingsopfers (1. Akt), das Prospero, der weiße Magier, unmittelbar nach seiner Ankunft abgeschafft hat. Vor zwei Jahren ist er mit seiner Tochter auf die Insel verschlagen worden und gilt seither den Einwohnern

51 Adolf Schweckendiek etwa beschreibt Peter Brauer aus medizinischer Sicht als Freudenneurotiker: vgl. Schweckendiek, B 6.27, 276–283.

als Sonnenheiland. Ein merkwürdiger Vorfall erinnert ihn an die bittere Erfahrung, als König vom eigenen Sohn entmachtet und vertrieben zu werden: Prosperos Tochter Pyrrha will bei einem Beutezug in den Bergen ihr Ebenbild, einen rotblonden Jüngling, gesehen haben. Unterdessen trägt Oro, der Oberpriester der Indianer, dem weißen Magier die Königswürde an und rät ihm zugleich eindringlich, dem Opferwillen des Volkes nachzugeben. Prospero nimmt die Königswürde nach langem Zögern an. Daß der Magier zugleich Tehura, die Tempeljungfrau und Tochter des Oberpriesters, zur Frau erhält, zieht ihm den Haß des jungen Amaru zu.

Im Inneren einer Felsenhöhle (2. Akt) kämpfen die Schiffbrüchigen Astorre, Dello und Lapo ums Überleben. Ormann, ihr Anführer und Sohn Prosperos, kehrt mit guten Nachrichten von einem Streifzug über die Insel zurück: Er hat einen fruchtbaren und offenbar bewohnten Teil der Insel entdeckt, einen Opfertempel und eine weiße Frau mit allen Zügen der Artemis. Vollkommen entkräftet stirbt Astorre, noch bevor Ormann seinen Bericht abgeschlossen hat. Unmittelbar darauf wird die Höhle von Amaru und seinen Kriegern gestürmt. Der Empörer spricht die weißen Ankömmlinge als wahre Sonnensöhne an, die ihn im Namen des Rachedämons Nama bei seinem Feldzug gegen Prospero unterstützen sollen.

Der dritte Akt spielt im Tal des Opfertempels. Zum Unwillen der Insulaner zögert Prospero, das rituelle Jünglingsopfer vollziehen zu lassen. Pyrrha stürzt atemlos ins Zelt des Priesterkönigs: Sie ist nur knapp ihren Verfolgern entkommen, die unter Amarus Führung die Dörfer der Insel niederbrennen. Prosperos Ahnung, wer sich dem Rachefeldzug des Insulaners angeschlossen hat, erhält sogleich Bestätigung: Ormann verschafft sich gewaltsam Einlaß, bricht jedoch angesichts seines Vaters, der ihm den Königsschmuck vor die Füße wirft, besinnungslos zusammen. Amaru gibt seinen Widerstand auf. Der Oberpriester sieht

Prosperos Macht eindrucksvoll bestätigt und bereitet den fremden Jüngling auf das bevorstehende Opfer vor.

Im Opfertempel vertraut der Priesterkönig Tehura an, daß es sich bei dem Fremden um seinen eigenen Sohn handelt, der ihn einst vom Thron verstoßen und vertrieben hat. Dem Oberpriester überreicht er ein Pergament, das unmittelbar vor der Kulthandlung vom Opfer verlesen werden soll, und begibt sich selbst mit Tehura in die Berge. Unterdessen schleicht sich Pyrrha in den Tempel, um den fremden Jüngling zu retten, von dem sie sich angezogen fühlt. Noch bevor Ormann und Pyrrha ihre Umarmung gelöst haben, erscheint jedoch der Oberpriester und vereitelt die Befreiung. Oro gibt dem Opfer das Pergament zu lesen: Erst jetzt begreift Ormann, daß Prospero sein Vater ist und sich an seiner Stelle opfern will. Auf dem Weg zum Gipfel des Vulkans (5. Akt) erklärt sich Prospero zum Enkel jenes legendären Inselherrschers Indipohdi, dessen Name »Niemand weiß es« bedeutet. Ormann erscheint zu spät, um seinen Vater um Vergebung zu bitten. Prospero hat bereits seinen letzten, einsamen Weg angetreten. Das Stück endet mit einem Monolog des auf dem Gipfel angelangten Magiers: Im Licht der aufgehenden Sonne nimmt Prospero Abschied von der »blutigen Riesenmühle Schöpfung / die grausam mörderisch die Frucht zermalmt« (CA II,1436).

Vermutlich um die Jahreswende 1912/13 verfaßt Hauptmann eine fragmentarische Shakespeare-Bearbeitung mit dem Titel *Die Insel. Paraphrase zu Shakespeares »Sturm«*, die bereits charakteristische Abweichungen von ihrer literarischen Vorlage aufweist (vgl. Voigt/Reichart, B 5: 1938, 35–40). Wenig später – im Frühjahr 1913 – beginnt Hauptmann mit der Konzeption und Niederschrift seines Dramas (zu den Quellen vgl. Schäfer, B 6.28, 13 ff.). Max Reinhardts *Sturm*-Inszenierung, die Hauptmann am 8. Oktober 1915 besucht, mag die Arbeit (nach längerer Unterbrechung) befördert haben; im Sommer 1916 sind jedenfalls vier Akte einer ersten Fassung fertiggestellt, aus der Hauptmann seinen Gästen vorliest. Im Unterschied zu seiner gängigen Praxis gibt Hauptmann das Stück deutlich vor der Uraufführung in Druck: 1920 in der »Neuen deutschen Rundschau«, 1921 als Einzeldruck im Fischer-Verlag. Die gekürzte (und erfolgreiche) Uraufführung des Dramas findet am 23. Februar 1922 im Staatlichen Schauspielhaus, Dresden, unter dem Titel *Das Opfer* statt: Gerhart Hauptmann führt – mit Unterstützung des Schauspieldirektors Wiecke und Bühnenbildern seines Sohnes Ivo – die Regie. Die Theaterkritiken fallen relativ freundlich aus, was auch darauf zurückzuführen ist, daß die Uraufführung den Auftakt der Feierlichkeiten zum 60. Geburtstag des Dichters bildet.

Hauptmanns Selbstkommentaren ist zu entnehmen, daß *Indipohdi* als persönliches dramatisches Testament gedacht ist. »Wenn nach meinem Tode einmal eine Trauerfeier stattfindet, so möchte ich, daß der fünfte Akt von *Indipohdi*, insbesondere der Monolog Prosperos, dabei gesprochen werde. Und ich würde wünschen, daß man *Indipohdi* – wenn ich nicht mehr bin – von Zeit zu Zeit an einem Erinnerungstage zu meinem Gedächtnis aufführe.« (Behl, B 5: 1949, 216, vgl. auch CA VI,874). Von Hauptmanns Überzeugung, daß sein Stück ungleich theatertauglicher sei als Hölderlins *Empedokles* (ebd.), haben sich die Bühnen der Nachkriegszeit nicht sonderlich beeindrucken lassen.

Prospero, der Name des Protagonisten, deutet bereits an, daß Hauptmann mit seiner dramatischen Dichtung auf Shakespeares *The Tempest* zurückgreift. Dennoch sind die Unterschiede zwischen den beiden literarischen Insel-Visionen ebenso offensichtlich wie gravierend: Hauptmanns Prospero muß ohne das mythisch-phantastische Personal auskommen, das Shakespeares Protagonisten auf seiner Zauberinsel zu Gebote steht. Der Kampf mit dem zufällig anlandenen Usurpator des Mailänder Herzogtums erscheint auch darum brisanter, weil es sich um Prosperos Sohn (nicht um seinen Bruder) handelt (vgl. Cowen, B 6, 201). Ormann verkörpert die schöne Wildheit und Machtlust der Jugend – und erhält darin von seiner Schwester Pyrrha Beistand, die sich zuletzt in ihrer Liebe zu dem fremden Jüngling gleichfalls gegen den Vater verschwört. Zugleich sieht sich Prospero von den Insulanern gezwungen, als Priesterkönig ein Menschenopfer zu vollziehen, das er innerlich verabscheut. Hauptmann löst das Dilemma durch das Selbstopfer des Protagonisten, der »beladen mit der Menschheit Sündenschuld, unschuldig« (CA II,1414) in den Tod zieht: Hauptmanns eigenen Worten zufolge »die tiefste und schmerzlichste Tragödie alles Menschlichen: dieser Weg in die Einsamkeit und das Nichts« (Behl, B 5: 1949, 216 f.).

In Prosperos Passion kreuzen sich die Spuren von Christus und Empedokles, mit dessen Aufstieg zum Vulkan Friedrich Hölderlins Empedokles-Drama enden sollte (vgl. Wocke, B 6.28). Tehura, die Tempeldienerin und Frau des Priesterkönigs, trägt überdies Züge der Goetheschen Iphigenie. Unter der Anstrengung, gleichermaßen an Shakespeare, Hölderlin und Goethe (und die christlichen Evangelien) anknüpfen zu wollen, bricht Hauptmanns Drama zusammen. In jüngster Zeit hat man kritisch angemerkt, daß Hauptmanns Rückzug aus der politischen Verantwortung in *Indipohdi* die deutlichste Ausprägung erfahre (Stegemann, B 5: 1992, 385). Von einem Rückzug kann freilich insofern keine Rede sein, als Hauptmann seine Werke zu keinem Zeitpunkt politisch in Dienst nehmen ließ.

Veland

Hauptmanns Dramatisierung der germanischen Wieland-Sage beginnt auf einer öden Schafsinsel, wo Bui und Boddi den verkrüppelten Schmied Veland bewachen (1. Akt). König Harald Schönhaar hat ihn vor Jahren bei einem Streifzug gefangennehmen, festsetzen und verstümmeln lassen, um jede Flucht zu verhindern. Unter entsetzlichen Qualen (und strenger Bewachung) fertigt Veland seither an, was immer der König an Gold, Reichtümern und Geschmeide fordert. Ein Ende der Knechtschaft scheint nicht in Sicht. Unverhofft trifft der Jäger Atli, ein Vertrauter des Königs, auf Velandsholm ein: Er ist auf der Suche nach Ai und Ingi, den beiden Söhnen des Königs, die seit Tagen vermißt werden. Zusammen mit den Wächtern legt sich Atli in einen Hinterhalt, um womöglich von Veland zu erfahren, was den Königsknaben zugestoßen ist. Tatsächlich spricht der Schmied in einer verzweifelten Anklage der Schöpfung von Haralds Söhnen und einem Racheplan, der seiner Qual ein Ende setzen soll. Noch bevor Atli aufbrechen kann, um Velands rätselhafte Worte dem König zu berichten, erscheint überraschend Haralds Tochter Bödwild auf der Insel. Die Königstochter interessiert sich zwar für die in der Höhle verborgenen Schätze des Schmieds, weist Velands Liebeswerbung jedoch im Bewußtsein ihrer königlichen Herkunft stolz zurück. Als sich die Schiffe des Königs nähern, sucht Bödwild Unterschlupf in der Höhle, um ihren heimlichen Beutezug vor dem Vater zu verbergen. In seiner Verzweiflung über den Verlust der Söhne bittet König Harald den verstümmelten Schmied für alles Unrecht um Verzeihung. Veland fordert die Hand Bödwilds als Preis für die Königssöhne Ai und Ingi. Als Harald ihn im Zorn töten will, zieht sich der Schmied blitzschnell in seine Höhle zurück: Der König bricht ohnmächtig zusammen.

Im Innern des Höhlenlabyrinths (2. Akt) bewundert die Königstochter unterdessen Velands Goldschmiedearbeiten. Angesichts des Hochzeitsschmucks, den Veland ihr anlegt, schiebt sie ihren Aufbruch immer weiter hinaus. Als die Strandwächter Einlaß begehren, schläfert Veland das Mädchen ein und läßt König Harald eine rätselhaft dunkle Einladung übermitteln: Das blutende, zerrißne Herz des Königs liege in Velands Kerker, ebenso die Königstochter, zu deren Hochzeit er den König und Bödwilds Bräutigam Gunnar bitte; er selbst werde sich als Adler in die Freiheit der Lüfte schwingen. Nach dem Abgang der Wächter wendet sich der Schmied Haralds Söhnen zu, die er in seiner Höhle beherbergt, seit sie – von Neugier getrieben – drei Tage zuvor auf der Insel angelangt sind. Veland lockt die ahnungslosen Kinder in ein Verlies, um sie zu töten. Auch der Schafhirt Ketill, eine »heilandartige Erscheinung« (CA III,57), die kraft ihres Flötenspiels durch alle Türen gelangt, kann den Rachebrand des Schmieds nicht auslöschen. Während sich draußen die Ankunft des Königs ankündigt, zwingt Veland die Königstochter in seine Arme.

Der dritte Akt zeigt Bödwilds Wandlung: Angesichts des Unrechts, das dem Schmied widerfahren ist, verflucht sie ihr königliches Elternhaus. Veland führt die ihm vollends ergebene Königstochter in ein Nebenverlies und bereitet sich auf den letzten Teil seines Racheplans vor. Er lädt den eintreffenden König und Bödwilds Bräutigam Gunnar an eine Hochzeitstafel, wo er dem unwissenden Harald mit dem Blut der Königssöhne zutrinkt. Sodann läßt Veland die Königstochter »ohne alle Bekleidung, etwa in der Haltung der knidischen Aphrodite« (CA III,86) auftreten und die Herzen der Ermordeten auf den Tisch stellen. Vor den Augen ihres Vaters und ihres Bräutigams, die wie von Starrkrampf befallen an der Tafel sitzen, läßt sich Bödwild ohne Widerspruch beleidigen, auf den Boden zerren und vergewaltigen. Das Stück endet mit dem zweiten Auftritt Ketills, der den Schmied ein letztes Mal zur Demut und Reue bewegen will. Veland weist die von Ketill in Aussicht gestellten Tröstungen des »Allvaters« hohnlachend zurück. Nach einem Abschiedsmonolog, in dem er dem König einen Sohn seines Bluts ankündigt, verschwindet der Schmied in einer plötzlichen, ungeheuren Helligkeit. Bödwild bleibt trauernd zurück.

Im Sommer 1897 entwirft Hauptmann erste Pläne zu einer Dramatisierung der Wieland-Sage; als Anregung und Grundlage dient Karl Simrocks *Edda*-Ausgabe.[52] Von 1898 bis 1905 entstehen umfangreiche Notizen und Entwürfe, deren weitgehend homogene Konzeption Peter Sprengel als *Veland I* bezeichnet hat (Sprengel, B 5: 1982, 34); Versuche einer Niederschrift vom Februar 1899 und August 1908 gehen nicht über wenige Seiten hinaus. In der Notiz vom 8. Mai 1916 – »Veland auf neuer Basis. Wie anders alles ringsum« (zit. nach Sprengel, B 5: 1982, 33) – deutet sich eine Neukonzeption an, die der Erfahrung des Ersten Weltkriegs Rechnung trägt und zur Grundlage jenes *Veland*-Fragments wird, das Hauptmann 1922 im 12. Band seiner Werkausgabe publiziert. Es inspiriert Hauptmann zur Weiterarbeit, daß Franz Servaes im Erscheinungsjahr bei seiner Laudatio auf den sechzigjährigen Hauptmann vor allem das *Veland*-Fragment enthusiastisch lobt. Seinem Tagebucheintrag vom 23. Dezember 1922 läßt sich entnehmen, daß das Stück auf eine Racheorgie zulaufen soll, die die Weltkriegs- und Revolutionserfahrungen der Gegenwart aufnimmt: »Hier muß eine furchtbare Orgie des Grauens einsetzen. Raserei der Revolutionen. Alle Scheußlichkeiten müssen aufzucken. Das Getretene und Zertretene der Welt bäumt sich auf.« (TB VII,75). Das im September 1923 abgeschlossene Stück kommt zwei Jahre später, am 19. September 1925, im Deutschen Schauspielhaus, Hamburg, unter der Regie Gerhart Hauptmanns zur Uraufführung. »Diese Schöpfung war Erlebnis. [. . .] Der Erfolg nahm am Schlusse begeisterte Formen an«, kommentiert die »Deutsche Tageszeitung«.[53] Ungeachtet der erfolgreichen Premiere erfährt das Stück in der Folgezeit wenig Beachtung, was Hauptmann um so mehr verbittert, als er den erniedrigten und aufbegehrenden Veland zu einem Sinnbild Deutschlands er-

52 *Die Edda, die ältere und jüngere, nebst den mythischen Erzählungen der Skalda*, hrsg. von Karl Simrock, 9. Auflage, Stuttgart 1888, S. 127–132.
53 Zit. nach LW 247.

klärt. Daß das Stück zu Hauptmanns 80. Geburtstag auf die Bühne kommt, ist einzig der Initiative des Schauspielers Heinrich George zu verdanken. In der Nachkriegszeit gilt die Tragödie – trotz der Inszenierungsvorschläge von Rolf Michaelis – für unspielbar (vgl. Michaelis, B 5: 1962, 203 ff.).

Mit seiner Dramatisierung der Wielandsage greift Hauptmann auf einen mythischen Stoff zurück, dessen Kargheit ganz unterschiedlichen Deutungen Raum läßt. Die umfangreichen Notizen der ersten Konzeption evozieren bereits eine »Verwandtschaft« zwischen Veland und Prometheus, jenem Titanen der griechischen Mythologie, der gegen den Göttervater aufbegehrt, für seine Taten leiden muß – und seit dem 18. Jahrhundert als paradigmatische Künstlerfigur gilt. Hauptmann schreibt seinem Protagonisten sowohl eine immense schöpferische Kraft als auch unaussprechliches Leid zu; gleich der erste Monolog Velands gerät zu einer Anklage an die Schöpfung (vgl. CA III,21–23), wie sie dem göttlichen Schmied der *Edda* vollkommen fremd ist. Angesichts des mitleidlosen und offenbar ohnmächtigen »Allvaters« verweigert Veland (wie vor ihm Goethes *Prometheus*) alle religiösen Ergebenheitsgesten. Franz Servaes sieht in dem *Veland*-Fragment von 1922 »wundes Bekennerleid der schöpferischen Künstlerseele« (zit. nach Sprengel, B 5: 1982, 33) – und bringt damit die Affinität zwischen dem griechischen Titanensproß und dem germanischen Schmied auf eine Formel, der Hauptmann umgehend zustimmt. Peter Sprengel hat auf zwei weitere mythische Bezugsgrößen der griechischen Antike hingewiesen: Veland sei sowohl die Leidenschaft des Dionysos als auch der Schmerz des Philoktet eigen (Sprengel, B 5: 1982, 40–43). Die mythensynkretistische Tendenz der Tragödie spiegelt sich in ihrer sprachlichen Form. Mit dem jambischen Trimeter wählt Hauptmann das Versmaß der antiken Tragödie.

Neben den prometheischen Zügen, die Veland zu einer leidenden (und zur literarischen Selbstdeutung geeigneten)

Künstlerfigur machen, ist Hauptmanns Protagonist allerdings von maßlosen Rachegefühlen getrieben. Angesichts der toten Kinder und der anschließenden blutigen Hochzeitsfeier schlägt das evozierte Mitleid mit dem verkrüppelten Schmied in sein Gegenteil um. Die Tragödie nimmt – im Unterschied zu anderen Bearbeitungen – nichts von der Grausamkeit der sagenhaften Vorlage zurück. Mit dem Schafhirten Ketill stellt Hauptmann seinem Protagonisten eine (der Sage unbekannte) Christusfigur gegenüber, deren Einspruch ohne Folgen bleibt (vgl. McCormick, B 6.29, 204 f.; Michaelis, B 5: 1962, 208 f.). Veland wählt den Weg ins Nichts – ohne wie Hauptmanns Prospero mit seinem Tod an die Passion Christi anzuknüpfen.

Hauptmanns Tagebuch zufolge verbirgt sich hinter Velands maßloser Rache die »Raserei der Revolutionen«. In der Figur des entsetzlich leidenden Sagenhelden soll sich zugleich das Getretene und Zertretene der (zeitgenössischen) Welt aufbäumen.[54] Vor dem Hintergrund der gesellschaftlichen Umbrüche der zwanziger Jahre setzt Hauptmann das Fragment von 1922 als Revolutionsdrama fort. Ungeachtet dieser gesellschaftskritischen Perspektive scheint es allerdings forciert, in Hauptmanns Tragödie – wie Harry Steinhauer vorschlägt – den Kampf des aufbegehrenden Proletariats gegen den modernen Kapitalismus zu lesen (vgl. Steinhauer, B 6.29, 260). Vielmehr verleiht Hauptmann ein weiteres Mal seinem radikalen Pessimismus Ausdruck: Veland kämpft nicht gegen die kapitalistische Form der Unterdrückung, sondern gegen die ganze Schöpfung als »[. . .] Schauplatz einer Wut, / die sich in Zeugung spaltet und Vernichtung [. . .]« (CA III,21).

54 In den vierziger Jahren verengt Hauptmann diese Deutungsperspektive insofern, als er Veland zu einem Sinnbild der deutschen Nation erklärt. In einem Brief an Rudolf K. Goldschmit konstatiert Hauptmann, daß Veland das auf elementare Weise Kultur gleichsam eruptiv unter tragischen Umständen hervorschleudernde Volk verkörpere (zit. nach Brescius, B 5: 1976, 305).

Dorothea Angermann

Es ist das Ende der Sommersaison in einem schlesischen Badeort. Dorothea Angermann, Tochter eines Gefängnispastors, hat gemeinsam mit zwei anderen jungen Frauen im Gasthof »Zum schwarzen Adler« einen Kochkurs absolviert. Dr. Herbert Pfannschmidt, einer der beiden Söhne des verstorbenen Gasthofbesitzers, hat sich in Dorothea verliebt und macht ihr einen Antrag: Sobald er den Professorentitel erworben und eine Anstellung als Bibliothekar hat, will er Dorothea heiraten.

Zu Beginn des zweiten Aktes hält er bei einem Besuch in Dorotheas Elternhaus um ihre Hand an. Pastor Angermann willigt ein. Doch obwohl Dorothea Herberts Liebe erwidert, gibt sie an, ihn nicht heiraten zu können. Wenig später enthüllt die Pastorin, Dorotheas Stiefmutter, ihrem Mann den Grund für Dorotheas Weigerung: Ein flüchtiges Rendezvous mit Mario Malloneck, dem leichtlebigen Koch im »Schwarzen Adler«, ist nicht ohne Folgen geblieben. Erzürnt über den Fehltritt seiner Tochter läßt der Pastor Malloneck holen. Gegen die Auszahlung einer Erbschaft Dorotheas soll der Koch die Verführte heiraten. Um zu verhindern, daß der »Skandal« (CA III,156) öffentlich wird, verlangt der Pastor ferner, daß Malloneck und Dorothea am Tag nach der Trauung nach Amerika ausreisen. Auf der Überfahrt verliert sie, wie der Zuschauer später erfährt, ihr Kind.

Etwa ein Jahr nach der erzwungenen Heirat findet sich Dorothea beim Kaufmann Hubert Pfannschmidt, Herberts Bruder, ein (3. Akt). Dieser ist Jahre zuvor mit seiner Familie nach Amerika ausgewandert und lebt hier, aufgrund glückloser Geschäfte, in äußerst dürftigen Verhältnissen, geplagt von Heimweh. Dorothea gibt sich als Tochter des Pastors Angermann zu erkennen und berichtet von der Erniedrigung, die sie an der Seite von Mario inzwischen erfahren hat: »Man wird geschlagen, zertreten, mißbraucht, man wird auf die Straße gejagt und muß Geld schaffen.« (CA III,168). Dann verläßt sie eilig das Haus. Draußen bricht sie im Schneesturm zusammen und wird von einem Polizisten ins Hospital des Armenhauses gebracht. Auch Herbert Pfannschmidt ist nach Amerika gereist, um dem Bruder nach dem Tod der Mutter die Nachricht von seiner Erbschaft zu überbringen. Nachdem Dorothea Huberts Haus verlassen hat, trifft er mit seiner Familie und Huberts Sohn Gotthold ein, der in der Heimat bei Pastor Angermann erzogen wurde. Herbert ist inzwischen mit einer Breslauer Stadtratstochter verlobt, ohne jedoch Dorothea vergessen zu können.

Die Brüder Pfannschmidt haben Dorothea aus dem Armenhaus zu sich geholt und während eines vierwöchigen Fiebers gepflegt (4. Akt). Herbert und Dorothea sehen in ihrem Wiedersehen eine neue Chance auf ein gemeinsames Leben. Herbert ist inzwischen gewillt, seine bürgerliche Existenz aufs Spiel zu setzen. Dorothea sieht die Möglichkeit, durch Herberts Liebe »gereinigt« zu werden (vgl. CA III,185). Doch Mario Malloneck trifft ein, um seine Frau zurückzuholen. Der Versuch der Brüder Pfannschmidt, Dorothea von Mario freizukaufen, scheitert. Dorothea tritt ein und verhindert ein gewaltsames Ende des Konflikts. Sie bekennt sich zu Mario und verläßt Herbert, um mit ihrem Mann nach New York zu reisen. Herbert bricht weinend zusammen.

Der fünfte Akt spielt acht Monate später in Hamburg. Herbert ist inzwischen verheiratet, Huberts Gesundheit durch eine Geschlechtskrankheit, die er sich in jungen Jahren durch eine Zufallsbekanntschaft zugezogen hat, zerstört. Dorothea ist krank in St. Pauli aufgelesen und zu Hubert Pfannschmidt gebracht worden. Auch für sie besteht keine Aussicht auf Heilung. Angesichts ihres nahenden Todes hat Dorothea den »quälenden Wunsch« (CA III,201), ihren Vater wiederzusehen. Bei ihrem Zusammentreffen gibt sich der Vater schuldlos an Dorotheas Schicksal und lehnt es ab, sie nach Hause zu holen: »Zu Hause ist kein Kubikmeter Platz ... Du gehörst hinter Schloß und Riegel, mein Kind, aber Gott sei Dank nur ins Irrenhaus!« (CA III,208). Die Begegnung führt zur Katastrophe: Dorothea nimmt sich das Leben.

Im Frühjahr 1925 beginnt Hauptmann mit der Konzeption des Schauspiels *Dorothea Angermann* und schließt die Arbeit Ende November desselben Jahres ab. Wichtige Anregungen reichen in die Breslauer Schülerzeit zurück, wo Hauptmann zeitweise bei dem protestantischen Gefängnisgeistlichen Gauda wohnte – und gewisse Einblicke in den Strafvollzug erhielt. So ist in seiner Autobiographie u. a. von einem Wechselfälscher die Rede, der als Vorbild für die Nebenfigur Dr. Weiß diente (vgl. CA VII,641–645). Bereits im Jahr 1908 plant Hauptmann ein (durch den Breslauer Aufenthalt inspiriertes) Pastorendrama *Der Gefängnisgeistliche*, ohne allerdings über erste Entwürfe hinauszugelangen. Der amerikanische Schauplatz Meriden ist Hauptmann seit der Amerika-Reise von 1894 vertraut und figuriert als Hintergrund eines Dramenfragments von 1897/1908 (*Peter Hollmann* CA IX,148–183), das gleichfalls in das Schauspiel eingeht.

Am 20. November 1926 findet die Uraufführung von *Dorothea Angermann* synchron in Wien (Theater in der Josefstadt; Regie Max Reinhardt), München (Kammerspiele), Leipzig (Schauspielhaus), Hamburg (Thaliatheater) und 13 weiteren Städten statt. Mit Ausnahme Alfred Kerrs reagieren die meisten Kritiker ablehnend: »Eine Massenuraufführung und durchweg: eine Enttäuschung, in Wien wie in München, wo der Fortgang des Spiels immer wieder unterbrochen wurde [...]« resümiert Günther Rühle.[55] In

55 Günther Rühle, »Theater für die Republik 1917–1933 im Spiegel der Kritik«, Frankfurt a. M. 1967, S. 755. Die pointierteste Kritik formuliert Herbert Jhering im »Berliner Börsen-Courier« vom 19. 10. 1927 (vgl. LW 251).

München löst die Aufführung einen politisch motivierten Skandal aus:

> Als zum Schluß Beifall laut wurde, setzte das Lager der Opposition mit lautem Lärmen, Zischen und Pfeifen ein. Die Führung hatten dabei Leute, die offenkundig mehr gegen die Person Hauptmann und seine weltanschaulichen und politischen Ansichten demonstrierten als gegen sein dichterisches Werk. Man sah in den Reihen der Opponenten nicht wenige Braunhemden von Hitler-Anhängern.[56]

Als Reaktion auf den Aufführungsskandal findet am 30. November – wenige Tage nach einem Bankett zu Ehren Gerhart Hauptmanns – eine kulturpolitische Kundgebung in der Münchner Tonhalle statt, bei der u. a. Thomas und Heinrich Mann gegen die Beleidigung Gerhart Hauptmanns protestieren. Aus dem Jahr 1958 datiert eine (west-)deutsche Verfilmung des Schauspiels.

Mit dem Schauspiel *Dorothea Angermann* scheint Hauptmann auf die Formtradition des bürgerlichen Trauerspiels zurückzugreifen. Die Pastorentochter Dorothea Angermann läßt sich im Zustand der Apathie verführen, wird von ihrem Vater gezwungen, den Verführer zu heiraten, und geht an dieser Ehe, die alle Spielarten brutaler Ausnutzung aufweist, elend zugrunde. Mit Pastor Angermann, der selbst allen sinnlichen Genüssen zugeneigt ist, seine Tochter jedoch wegen eines Fehltritts ins Unglück schickt, überbietet Hauptmann die in zahlreichen bürgerlichen Trauerspielen vorgezeichnete Figur des unbarmherzigen Vaters. Anfangs wirft der Pastor Dorothea ihrem Verführer nach, um seine eigene Stellung nicht zu gefährden, zuletzt stößt er die innerlich Gebrochene mit den Worten »Was man sich einbrockt, muß man auslöffeln« (CA III,210) zurück. Der

56 »Breslauer Neueste Nachrichten« vom 23. 11. 1926. Ebd. S. 250.

zweite und der letzte Akt, die von Pastor Angermann beherrscht werden, seien (im Unterschied zu den anderen) allerbester, bitterster und menschlichster Hauptmann, konstatiert Harry Graf Kessler.[57]

Herbert Pfannschmidt erweist sich als zu schwach, um Dorothea ihrem Verhängnis zu entreißen. Er will sich die Pastorstochter durch »Erreichung eines bestimmten akademischen Grades und Titels« verdienen (CA III,141), glaubt sie schließlich von ihrem Mann loskaufen zu können – und verkennt dabei vollkommen ihr Naturell: Dorothea ist nicht »das schlicht-bescheidene, ländlich-unschuldsvolle Pastorskind« (CA III,183), das der gelehrte Bräutigam in ihr sehen will. Vor die Wahl gestellt, kehrt Dorothea zu ihrem Mann zurück, der offenbar wie sie unter aufgepeitschten dunklen Trieben leidet (vgl. CA III,194). Nach dem Urteil Thomas Manns ein Werk

> voller Verachtung und Anklage gegen das, was sich »gesund« nennt und so genannt wird auf Erden, voll aber einer geistigen Neigung zu dem, was als krank aus dem Bereich des Menschlichen zu verstoßen, diese Gesundheit, wohl gar das Bibelbuch in den Armen, jederzeit in saft- und kraftvoller Verlogenheit bereit und beflissen ist.[58]

Um den Sumpf zu durchschauen, auf dem die Welt des Bürgertums »wie eine irisierende Pfütze« schwimmt (CA III,167), bedarf es einer inneren Wildheit und Leidenschaft, wie sie der Pastorstochter, nicht aber ihrem gelehrten Verehrer zukommt. Hauptmann entlarvt die Bigotterie und Verlogenheit der bürgerlichen Welt, ohne ihr alle Schuld am Schicksal der Protagonistin zuzuschreiben. Dorotheas Verhängnis erscheint in seiner bitteren Zufälligkeit von Anfang an unausweichlich – was Hans Mayer aus ideologiekriti-

57 Harry Graf Kessler, *Tagebücher 1918–1937*, hrsg. von Wolfgang Pfeiffer-Belli, Frankfurt a. M. 1961, S. 546.
58 Zit. nach LW 252.

scher Sicht moniert hat (Mayer, B 5: 1967, 70). Wie Rose Bernd sieht sich Dorothea Angermann von einer anonymen »kläffenden Hetzmeute« gejagt (CA III,167).

Die grotesken Zufälle, die Hauptmann vorsieht, um die Handlung ihrem Ende entgegenzutreiben, gehören zu den ästhetischen Schwächen des Stücks. Daß Dorothea am Kai in Hoboken die Adresse von Hubert Pfannschmidt erfährt, ohne in demjenigen, der sich nach der Adresse erkundigt, ihren ehemaligen Verlobten zu erkennen, oder daß sie bei ihrer Rückkehr nach Deutschland in letzter Minute von einem ehemaligen Verehrer aufgegriffen wird, widerspricht der für die Dramenhandlung prätendierten Wahrscheinlichkeit. An die Bühnenpräsenz der *Ratten* von 1911 reicht das Stück auch deshalb nicht heran, weil das Schicksal der verstoßenen Tochter mittlerweile an Aktualität verloren hat: »Väter, die die Tochter zugrunde richten, um deren Ehe zu reparieren (sprechend: ›Leider bist du am Leben!‹), spielen auf dem Theater, das uns angeht, nicht mehr mit«, schreibt Alfred Polgar schon 1926.[59]

Spuk

Die schwarze Maske, der erste der beiden unter dem Titel *Spuk* publizierten Einakter, spielt an einem Februartag des Jahres 1662 in der schlesischen Stadt Bolkenhain. Im Haus des Bürgermeisters Schuller treffen nach und nach die zum Mittagessen geladenen Gäste ein: Graf und Gräfin Hüttenwächter, der Fürstabt von Hohenwaldau, dem die Bürgermeisterin eine umfangreiche Schenkung zukommen lassen will, Ortspastor Plebanus Wendt und der skurrile Organist Hadank. Zuvor ist unverhofft Löwel Perl, ein Freund der

59 Alfred Polgar, *Kleine Schriften*, hrsg. von Marcel Reich-Ranicki, Bd. 5, Reinbek 1985, S. 444 f.

Familie, von einer längeren Geschäftsreise zurückgekehrt: Seine erste Frage gilt dem Befinden der Bürgermeisterin Benigna Schuller, der sich nicht nur der Reichtum des Bürgermeisterhauses, sondern auch dessen einzigartige, von Toleranz geprägte Atmosphäre verdankt. Am Tisch der Schullers finden sich die Vertreter der immer noch zerstrittenen Konfessionen friedlich zusammen – und werden von Jedidja Perl, einem Jansenisten, und dem Hugenotten François Tortebat bedient.

Das Mittagessen wird umgehend gestört: Daga, die Magd des Hauses, will einen Mann mit einer schwarzen Maske im Garten gesehen haben, den man allerdings sehr bald als Rauchfangkehrer identifiziert. Dennoch stellt sich ein ungezwungenes Gespräch nicht wieder ein. Als ein schwarz gehüllter, mit einem Totenkopf maskierter Tänzer in den Saal dringt – es ist Karnevalszeit –, bricht die Bürgermeisterin für einen Augenblick ohnmächtig zusammen; mit der Mulattin Arabella, die als Stieftochter aus ihrer ersten Ehe bei den Schullers lebt, zieht sie sich von der Tafel zurück. Der Bürgermeister will dem karnevalesken Treiben in seinem Haus ein Ende setzen, kann aber nicht verhindern, daß ein »schöner herkulischer Halbneger« (CA III,238) den Saal betritt und die mittlerweile nervös überreizten Gäste ein weiteres Mal erschreckt. Man zieht sich zur Beruhigung in die Bildergalerie des Hauses zurück. Unterdessen erscheinen Löwel Perl und die Bürgermeisterin, die durch die Ereignisse, mehr noch durch einen Brief, den Perl ihr mitgebracht hat, angegriffen ist. Dem Freund der Familie ist längst bekannt, daß die Mulattin Arabella die Tochter der Bürgermeisterin ist, die nach der Geburt von ihrem früheren Geliebten Johnson in die Ehe mit einem reichen Kaufmann getrieben wurde. Seit dem unaufgeklärten Tod des Kaufmanns sucht sie sich vor Johnsons Nachstellungen zu schützen. Größere Geldsummen konnten Arabellas Vater offensichtlich nicht zufriedenstellen. Der Brief macht deutlich, daß Johnson auch das selbstgewählte Exil Benignas in der schlesischen Provinz aufgespürt hat.

Der Hausdiener Jedidja Potter erkennt als erster, um wen es sich bei dem schwarzen Eindringling handelt: Potter hat dem eifersüchtigen Johnson seinerzeit die Schlafzimmertür zu Benignas erstem Ehemann gewiesen – und sich dadurch der Beihilfe zum Mord schuldig gemacht. Der Diener bricht angesichts des Mörders tot zusammen. Als sein Leichnam entdeckt wird, bricht unter den Gästen Panik aus. Benigna ahnt nun, daß Johnson im Hause ist, und will ihn – gegen den Rat Löwel Perls – ein letztes Mal sehen. Wenig später berichtet der Fürstabt den verbliebenen Gästen vom Tod der Bürgermeisterin: Er läßt offen, ob sie an der in der Stadt grassierenden Pest, durch Selbstmord oder Mord gestorben ist. Schuller bleibt verzweifelt zurück.

Das »Satyrspiel« *Hexenritt* führt in die mondhelle Nacht einer unbewohnten schwedischen Insel. Von der Entenjagd ermüdet, richten Lars Andersdal und Peter Lerch ihr Nachtlager in der Schloßruine der Insel ein. Die bizarre Umgebung – in der ehemaligen Schloßhalle steht ein alter, in einem Kartoffelhaufen versinkender Konzertflügel – weckt bei dem Schweden Andersdal Erinnerungen an die ehemalige Bewohnerin der Insel. Die »Generalin« hat sieben Ehemänner überlebt, darunter den Onkel Andersdals, der ihr sein gesamtes Vermögen vermacht hat. Der Schwede ist überzeugt, daß die alte lebens- und liebeshungrige »tolle Madame« auch nach ihrem Tod noch in der Ruine herumspukt. Daß er ihren Geist anruft, bereitet dem Stadtmenschen Lerch ein gewisses Unbehagen. Unmittelbar nach der Abendmahlzeit verwischen die Grenzen zwischen Traum und Wirklichkeit. Es treten auf: die Generalin (zunächst als verhutzeltes Weib, dann als Landedelfrau), der Marquis René Seigneur de Beauveau-Craon, ein Haremsmädchen, ein Tscherkesse und sieben Besen, die die verstorbenen Ehemänner der Generalin verkörpern. Gegen

Morgen wachen die beiden Jäger unbescholten aus ihren Träumen auf.

Wie die 1915 fertiggestellte Tragödie *Magnus Garbe* geht das Schauspiel *Die schwarze Maske* auf einen Sagenstoff zurück, den Hauptmann im Jahr 1898 notiert. Im Mittelpunkt der schlesischen Sage stehen Tod und Auferweckung einer Bürgermeistersfrau, die in den Arbeitsnotizen den Namen Schuller erhält (vgl. CA IX,1241 sowie S. 260). Daß Hauptmann für das Schauspiel von 1929 ursprünglich den Titel *Alkestis* vorgesehen haben soll (Voigt, B 5: 1965, 195), hängt vermutlich mit dem Sagenstoff zusammen, in dem ja gleichfalls der Tod der geliebten Ehefrau auf wunderbare Weise rückgängig gemacht wird. Von diesem sagenhaft-mythischen Hintergrund ist in der *Schwarzen Maske*, mit deren Konzeption Hauptmann im März 1928 beginnt, nicht mehr viel zu spüren.[60] Hauptmann beschränkt sich auf eine realistische, historisch glaubhafte Dramenhandlung (vgl. Hildebrandt, B 5: 1968, 77); wie bei dem Satyrspiel *Hexenritt*, dessen Erstfassung im November 1928 vorliegt, sind einige Figuren durch persönliche Begegnungen angeregt.[61] Beide Dramen werden unter dem (Ober-)Titel *Spuk* am 3. Dezember 1929 im Wiener Burgtheater uraufgeführt (der Erstdruck folgt unter demselben Titel im Jahr 1930). Die Aufführung erzielt nicht mehr als einen Achtungserfolg. Daß nur wenige (und erfolglose) Neuinszenierungen folgen, führt Hauptmann gesprächsweise auf unbegabte Regis-

60 Hauptmann selbst soll allerdings Carl Friedrich Wilhelm Behl gegenüber behauptet haben, daß der Tod Benigna Schullers in seiner tieferen Bedeutung nur als Neugestaltung des Alkestis-Mythos verstanden werden könne (vgl. Voigt, B 5: 1965, 195).

61 Graf Ebbo Hüttenwächter aus der *Schwarzen Maske* ist ein literarisches Porträt des Grafen Eberhard zu Stolberg-Wernigerode (vgl. TB VII,234), hinter Löwel Perl verbirgt sich Hauptmanns Freund Max Pinkus. Im *Hexenritt* greift Hauptmann auf eigene Jugenderlebnisse (Behl, B 5: 1949, 274 f.) und seine Begegnung mit dem schwedischen Ornithologen Bengt Berg zurück, der als Vorbild für Lars Andersdal diente (TB VII,254 f.).

seure zurück (vgl. Behl, B 5: 1949, 274). Der Einakter *Die schwarze Maske* dient allerdings als Vorlage für die gleichnamige Oper von Krzysztof Penderecki, die 1986 bei den Salzburger Festspielen zur Uraufführung kommt (vgl. Schremmer, B 6.31).

Die beiden Einakter *Die schwarze Maske* und *Hexenritt* bilden eine kompositorische Einheit, die Hauptmann erst in der Werkausgabe von 1942 ansatzweise zurücknimmt. Die entstehungsgeschichtliche Zusammengehörigkeit äußert sich nicht nur in dem Obertitel *Spuk*, der publikumswirksam allerlei Gespenstisches in Aussicht stellt. Rolf Michaelis hat darauf hingewiesen, daß beide Stücke um eine Frau kreisen, deren erotisches Verhalten den betroffenen Männern zum Rätsel wird (vgl. Michaelis, B 5: 1962, 137). Benigna Schuller wirkt offenbar darum so anziehend auf ihre Umgebung, weil sie – wie die Generalin – dämonische und seraphische Züge vereint (vgl. CA III,226, 266). Hauptmann variiert sein Sujet nach Maßgabe der antiken Einheit von Tragödie und Satyrspiel. Während in der *Schwarzen Maske* die erotische Disposition der Protagonistin erst im Verlauf der Handlung aufgedeckt wird und zu ihrem Tod führt, erhalten die legendären Ausschweifungen der Generalin im *Hexenritt* durchweg komische Züge. Dem mehrfach variierten Auftritt des Todes in der *Schwarzen Maske* korrespondiert die letztlich harmlose Erscheinung der verstorbenen Generalin. Daß in beiden Stücken beiläufig Shakespeare-Dramen zitiert werden, unterstreicht ihre kompositorische Einheit im Detail.

Der erste Einakter verdankt seinen Effekt der künstlich arrangierten Spannung: Hauptmann bringt alle religiösen Fraktionen des 17. Jahrhunderts an einen Tisch und schreibt dieses Verständigungswunder einer Frau zu, deren innere Zerrissenheit das Schauspiel erst an den Tag bringt. Im Unterschied zur Tragödie *Magnus Garbe*, wo eine ganz ähnliche Atmosphäre religiöser Toleranz systematisch von außen zerstört wird, erscheint der »Burgfrieden« (CA III,221) im Hause Schuller innerlich bedroht. In einem (dramaturgisch unzureichend motivierten) Bekenntnismonolog gibt Benigna Schuller ihre Vergangenheit preis, die – wie sich im folgenden zeigt – nicht eigentlich vergangen ist. Angesichts ihres früheren Geliebten Johnson bricht eine Leidenschaft durch, der die Josephs-Ehe mit Silvanus Schuller nichts entgegenzusetzen hat: eine Reminiszenz an die im gleichen Zeitraum entstehenden Werke *Dorothea Angermann* und *Wanda*.

Im *Hexenritt* erscheint die erotische Anfechtung insofern harmloser, als sie nur im Traum Präsenz gewinnt. Lars Andersdal und Peter Lerch gehören zu den wenigen männlichen Protagonisten im Werk Hauptmanns, die sich der erotischen Ausstrahlung einer Frau entziehen können, die als Seraph und Dämon, als syrische Göttin und Astarte apostrophiert wird (vgl. CA III,266). Nach der abenteuerlichen Nacht in der Schloßruine schießen die beiden ihre Enten, wie sie es vor ihrer Ankunft taten. Zugleich nutzt Hauptmann die offene, zum Spott geeignete Form des Satyrspiels, um das zeitgenössische Spektrum psychoanalytischer Trends von Swedenborg bis Freud vor einer bizarren Kulisse zur Disposition zu stellen. So preist etwa der Marquis de Beauveau-Craon – bezeichnenderweise eine Traumfigur – jene okkultistischen Praktiken an, die in den zwanziger Jahren lebhaft diskutiert wurden (vgl. CA III,267 f.).

Vor Sonnenuntergang

Der 70. Geburtstag des Geheimen Kommerzienrats Matthias Clausen wird mit einer großen Gartenparty gefeiert. Dabei erregt Inken Peters, eine junge Kindergärtnerin, das Aufsehen einiger Gäste: Es geht das Gerücht, daß Matthias Clausen, der seit einigen Jahren Witwer ist, an dem einfachen Mädchen Gefallen gefunden hat. Das Verhältnis scheint der feinen Gesellschaft um so heikler, als Inkens Vater sich im Gefängnis das Leben nahm, weil er des Versicherungsbetrugs verdächtigt wurde.

Nach der Feier zieht sich Clausen mit seinem Jugendfreund Professor Geiger zu einer Plauderstunde zurück. Clausen erzählt dem Freund von der Krise, die ihn nach dem Verlust seiner Frau befiel. Lediglich die Sorge um das Wohlergehen seiner Kinder sowie die Bemühungen seines Arztes Steynitz und des Privatsekretärs Wuttke hielten ihn vom Selbstmord zurück. Trotz seiner augenscheinlich neugewonnenen Vitalität bekennt Clausen, sich inmitten seiner Familie und der gewohnten Umgebung einsam zu fühlen. Die übertriebene Zuwendung seiner ledig gebliebenen Tochter Bettina, die den Vater abgöttisch verehrt, ist Clausen unbequem. Seine Abscheu gilt aber vor allem dem derben Schwiegersohn Klamroth, der die Geschäfte von Clausens Firma leitet. Clausen plant, Familie und Heimat zu verlassen, um mit Inken Peters ein neues Leben zu beginnen.

Fünf Wochen später (2. Akt) besucht Pastor Inmoos Inkens Mutter. Neugierig, etwas über das Verhältnis von Inken zu Clausen zu erfahren, berichtet er von den Heiratsgerüchten, die in der Stadt kursieren. Inken solle, so warnt er, keine preziösen Geschenke aus dem Familienbesitz der Clausens annehmen. Nachdem der Pastor sich zu einer Taufe begeben hat, trifft Justizrat Hanefeldt ein. Im Auftrag eines Teils der Familie Clausen bietet er Frau Peters Geld an, wenn sie mit Inken die Gegend verläßt. Frau Peters fürchtet, daß im Falle ihrer Zustimmung Inken Selbstmord begehen könnte, »da sie in puncto Ehre empfindlich wie ihr Vater ist« (CA III,309). Inken kehrt aus der Stadt zurück und bekräftigt im Gespräch mit der Mutter ihre Entschlossenheit, Clausen zu heiraten. Davon läßt sie sich auch durch eine anonyme Postkarte nicht abhalten, in der ihre Familie – in Anspielung auf das Schicksal des Vaters – als »Verbrecherbande« (CA III,314) bezeichnet wird. Der anonyme Verfasser fordert sie auf, die Gegend zu verlassen.

Clausen zieht es zu einem Besuch bei Inken: Eine Auseinandersetzung mit seiner Tochter Bettina, die das Verhältnis des Vaters zu Inken verurteilt, hat ihn in eine verzweifelte Stimmung versetzt. Selbstmord oder Verzicht aus Pflicht scheinen ihm die einzig gangbaren Auswege. Inken gelingt es, ihn von der heilsamen Kraft ihrer Liebe zu überzeugen. Als Zeichen für ihren nunmehr unlösbaren Bund schenkt Clausen Inken einen Ring seiner verstorbenen Frau.

Etwa einen Monat später (3. Akt) lädt Clausen Inken und ihre Mutter zu einem Frühstück in sein Haus ein. Als Frau Peters erfährt, daß die gesamte Familie anwesend sein wird, fährt sie nach Hause zurück. Auf die Nachricht, daß Inken am Familienfrühstück teilnimmt, reagieren Clausens Kinder mit Empörung: Sie lassen eigenmächtig das Gedeck des unliebsamen Gastes vom Tisch entfernen. Erzürnt weist Clausen seine Kinder aus dem Haus und entzieht Klamroth die Firmengeschäfte.

Auf Wunsch von Clausen trifft einen Monat später (4. Akt) Professor Geiger ein. Sanitätsrat Steynitz klärt Clausens Jugendfreund über den Gang der Ereignisse auf: Klamroth hat per Gerichtsbeschluß wieder die Leitung der Firma übernommen. Indessen verhandelt Clausen mit einem Konsortium über den Verkauf des Geschäfts. Daß der Vater zudem ein Anwesen in der Schweiz erworben und einen Teil seiner wertvollen Kunstsammlung dorthin verlagert hat, läßt die Kinder juristische Maßnahmen ergreifen: Sie wollen den Vater für unzurechnungsfähig erklären lassen. Clausen tobt, als er von Justizrat Hanefeldt erfährt, daß gegen ihn ein Entmündigungsverfahren eingeleitet ist, und läßt sich auch von den Kindern nicht beschwichtigen. Unmittelbar nach dieser Szene erleidet er einen Schwächeanfall.

In verwirrtem Zustand sucht Clausen zu Beginn des fünften Aktes das Haus von Frau Peters auf. Nach seinem

Zusammenbruch ist er aus dem Krankenbett geflohen und sucht Inken an dem Ort, wo er sie zum ersten Mal sah. Inken und Professor Geiger treffen ein und versuchen, Clausen zu überzeugen, mit ihnen in die Schweiz zu flüchten. Doch ihre Worte erreichen Clausen nicht mehr. Er begeht mit Gift Selbstmord.

Die Entstehung des Schauspiels *Vor Sonnenuntergang* ist in ihrer Zeitentiefe und Unüberschaubarkeit symptomatisch für die Arbeitsweise Gerhart Hauptmanns: Auf der Basis des gesamten Nachlaßmaterials zählt Rudolf Ziesche 20 Arbeitstitel und einundzwanzig Arbeitsphasen, die sich vom Jahr 1892 bis wenige Tage vor der Uraufführung im Jahr 1932 erstrecken.[62] Schon frühe Notizen der neunziger Jahre beziehen sich auf Shakespeares *King Lear*. In den zwanziger Jahren gewinnt dieses literarische Vorbild insofern an Aktualität, als die »Liebesraserei« und »Entmündigungsgeschichte« von Max Pinkus dem Dramenplan zuwachsen (vgl. Sprengel, B 6.32, 35). Eine erste fragmentarische Fassung des Schauspiels entsteht im Spätherbst 1928 und enthält – wie die zweite in der Centenarausgabe abgedruckte Fassung von 1931 – noch keinen direkten Goethe-Bezug (vgl. CA IX,1299–1326, 1327–1373). Über den Winter 1931/32 setzt Hauptmann die Arbeit kontinuierlich fort, wobei vor allem der fünfte Akt mehrfache Überarbeitungen erfährt. Nach letzten Korrekturen der Fahnenabzüge kommt das Stück am 17. Februar 1932 im Deutschen Theater, Berlin, unter der Regie von Max Reinhardt zur Uraufführung: allerdings ohne den fünften Akt, gegen den vor allem der Clausen-Darsteller Werner Krauß votiert. Das Stück endet – wie bei den meisten Neuinszenierungen – mit dem Herzschlag des Geheimrats im vierten Akt. Reinhardts erfolgreiche Berliner Inszenierung – bis zum 11. Mai wird

62 Rudolf Ziesche, »Die Erschließung von Hauptmanns Nachlaß – Die Überlieferung von *Vor Sonnenuntergang* als Beispiel«, in: Kuczynski/Sprengel, B 3: 1991, 149–158.

sie 84mal wiederholt – strahlt als Auftakt der Festvorstellungen zu Hauptmanns 70. Geburtstag auf zahlreiche Städte aus. Im Herbst 1932 wird *Vor Sonnenaufgang* an 63 Spielplätzen gegeben.

Die unter der nationalsozialistischen Herrschaft entstandene (und prominent besetzte) Verfilmung von 1937 mit dem Titel *Der Herrscher* (Drehbuch: Thea von Harbou und Carl J. Braun; Regie: Veit Harlan) löst sich radikal von der literarischen Vorlage. Im Sinne einer schlagkräftigen propagandistischen Wirkung düpiert Clausen die habgierigen Nachkommen, indem er sein wirtschaftliches Imperium dem Staat vermacht.

Auf den ersten Blick kehrt Hauptmann mit dem Schauspiel *Vor Sonnenuntergang* zur Form und zum Sujet seiner frühen naturalistischen Familiendramen zurück. Im Haus des Geheimen Kommerzienrats Clausen wird ein Generationskonflikt ausgetragen, wie ihn Hauptmann seit dem *Friedensfest* von 1890 mehrfach variiert hat.[63] Diesmal wirkt die dramenimmanente Sympathielenkung eindeutig zugunsten des Vaters: Clausens Kinder verwehren ihm das Leben (in Gestalt der jungen Inken Peters), verordnen ihm, um das Erbe nicht zu gefährden, den bürgerlichen Tod, und treiben ihn schließlich in den Selbstmord. Die Motive der umtriebigen Nachkommen (und ihrer Eheleute) reichen von Eifersucht über Standesdünkel und Profitgier bis zu blanker Boshaftigkeit.

Vom naturalistischen Frühwerk unterscheidet sich das Schauspiel allerdings dadurch, daß sich im Untergang des Großbürgers Clausen zwei literarische Vorbilder kreuzen: Der Geheime Kommerzienrat ist ein ins Bürgerliche transponierter *King Lear*, der nach Maßgabe Shakespeares von seinen eigenen Kindern brutal entmachtet wird. Im Verlauf

63 Vgl. Alfred Kerr, *Mit Schleuder und Harfe. Theaterkritiken aus drei Jahrzehnten*, hrsg. von Hugo Fetting, Berlin 1981, S. 554.

der Handlung wird Clausen diese Analogie selbst bewußt. Um so bitterer, daß seine Frage, wer von den Kindern wohl seine Cordelia sei (CA III,335), unbeantwortet bleibt. Egmont, der jüngste Sohn Clausens, beteiligt sich zwar nicht aktiv an der Entmündigung seines Vaters, stellt sich ihr aber auch nicht vehement entgegen. Indem Clausen der jungen Inken Peters einen Antrag macht, tritt er zugleich (unbewußt) in die Spuren Goethes – der 1822 als 73jähriger um die Hand der jungen Ulrike von Levetzow anhalten ließ. Die Affinität zu Goethes Marienbader Leidenschaft drängt sich insofern auf, als Goethe im Haus des Geheimrats als »Hausheiliger« gilt (vgl. CA III,320). Clausen hat seinen Kindern Wolfgang, Bettina, Ottilie und Egmont Namen gegeben, die Goethes Werk- oder Lebenssphäre entstammen (vgl. Schulz, B 6.32, 282). Darüber hinaus sieht der Bildungsbürger Clausen in der brotschneidenden Inken sogleich das ikonographische Vorbild aus den *Leiden des jungen Werther* (CA III,314). Im Unterschied zu Shakespeares *King Lear*, der bereits die frühsten Dramenkonzeptionen prägt, werden die zahlreichen Goethe-Anspielungen erst unmittelbar vor dem »Goethe-Jahr« 1932 in das Stück integriert. *Vor Sonnenuntergang* ist – wie Peter Sprengel gezeigt hat (vgl. Sprengel, B 6.32) – nur zum geringeren Teil ein Goethe-Drama. Dennoch avanciert der großbürgerliche Protagonist Clausen durch seine unbewußt-bewußte Goethe-Nachfolge zu einem literarischen Selbstporträt des Dichters. Hauptmann schreibt ihm darüber hinaus seine persönliche Vorliebe für Marc Aurel und seine gelegentliche (durch Goethes Vorbild nobilitierte) Faszination für junge Frauen zu (vgl. TB VII,160 f.): Der Vorname Inken verdankt sich einer flüchtigen Sylter Bekanntschaft des Jahres 1915 (vgl. Schulz, B 6.32, 281).

Signifikanter als diese autobiographischen Hintergründe sind die gesellschaftskritischen Implikationen des Dramas. Dem Generations- und Machtwechsel innerhalb der Familie Clausen korrespondiert ein gesellschaftlicher Umbruch, der wenig Gutes erwarten läßt. Am sinnfälligsten erscheint die traditionsverachtende, rücksichtslose Brutalität der neuen Zeit in Clausens Schwiegersohn Klamroth. Obwohl Hauptmann in der Schlußfassung jeden direkten Hinweis auf die politischen Kräfte der Gegenwart vermeidet (in einer früheren Fassung des Stücks sympathisieren Clausens Sohn und Schwiegersohn ausdrücklich mit der nationalsozialistischen Partei – vgl. CA IX,1354), ist seine Botschaft so unmißverständlich, daß der »Völkische Beobachter« als Organ der »Bewegung« mit einem Verriß reagierte.[64]

Den neuen und offenbar geschichtsmächtigen Kräften hat Clausens bürgerliche, an Goethe orientierte Lebensform wenig entgegenzusetzen. Angesichts der Verschwörung seiner Nachkommen fällt der Geheimrat in jene Untergangssehnsucht zurück, aus der ihn nur Inken Peters vorübergehend befreien konnte. Einer von Goethe inspirierten Lebensform, wie sie Matthias Clausen (und Gerhart Hauptmann) eigen ist, spricht das Stück alle Zukunftsperspektiven ab (Sprengel, B 6.32). *Vor Sonnenuntergang* ist gleichermaßen Abgesang auf die bürgerliche Epoche und düsterer Ausblick auf eine neue, von Profit geprägte Zeit. Am 19. Februar 1933, ein Jahr nach der Uraufführung, notiert Hauptmann in sein Tagebuch:

> Stimmung vor Sonnenuntergang. Das Stück ist inzwischen geschrieben. Der Zustand scheint sich erst jetzt zu vollenden. Die Vergangenheit kapselt sich ab. Eine Masche der Geistesgeschichte Deutschlands schließt sich. [...] Das Geistige steht nicht mehr im Vordergrund. [...] Alle, aber auch fast alle Ereignisse der Welt oder sagen wir des politischen Kampfes der Völker im Innern und nach außen stoßen mich ab. Und ich habe das scheußliche Vorrecht bekommen, in diesen Dingen nichts weiter zu sehen als ein grauslich-ekelhaftes Gemisch von Kot, Blut und Tränen.
>
> (TB VII,222)

64 Vgl. LW 253 f.

Die goldene Harfe

Die 15 Szenen des Dramas führen in die zwanziger Jahre des 19. Jahrhunderts: Im reichsgräflichen Schloß Ulmenweiher trifft unerwarteter Besuch ein: Nach langen Jahren erscheinen die Zwillingsbrüder Graf Friedrich-Alexis und Graf Friedrich-Günther von Saltern, die seinerzeit mit dem Sohn des Reichsgrafen in die Freiheitskriege gezogen waren. Für die junge Komteß Juliane ist der Besuch um so erschütternder, als sie noch immer unter dem Tod ihres Bruders leidet, der im Krieg gefallen ist. Völlig vom gesellschaftlichen Leben zurückgezogen, widmet sie sich der Musik – soeben hat sie eine goldene Harfe geschenkt bekommen –, der Literatur und dem Andenken des Toten. Ihre Begrüßung der Ankömmlinge ist dementsprechend verhalten. Auf Anregung der Komteß besuchen die jungen Leute sogleich den Grabestempel ihres Bruders. Die lastende Atmosphäre des Schlosses wirkt so bedrückend auf die Ankömmlinge, daß sie vorübergehend die sofortige Abreise in Erwägung ziehen. Innerhalb weniger Tage gelingt es ihnen allerdings, die Tochter des Hauses dem ausgelassenen, sorglosen Leben zurückzuführen. Daß Juliane in Gesellschaft des »Dichter-Grafen« Günther und des »Musiker-Grafen« Alexis die wöchentlichen Blumen für ihren gefallenen Bruder vergißt, löst bei ihr jedoch Schuldgefühle aus. Auch zwischen den Brüdern treten Spannungen auf, die sich vor allem der vollkommen gleichverteilten Zuneigung der Komteß verdanken. Da beiden nach Unterbrechung des Aufenthalts auf Schloß Ulmenweiher zumute ist, werfen sie ein Los: Graf Alexis fällt die Abreise zu. Erst jetzt wird ihm bewußt, wie ungern er sich von der Komteß trennt. Weder Alexis noch Günther sind in der Lage, das wechselseitige Versprechen zu halten: Günther gesteht der Komteß mit einer Umarmung seine Liebe, Alexis kommt unverhofft früher von der Reise zurück. Da die Spannung zwischen den

Brüdern immer unerträglicher wird, fordern sie eine Entscheidung. Von ihren Verehrern (und von ihrer Mutter) in die Enge getrieben, wählt die Komteß den verletzlicheren Dichter-Grafen Günther – was sie am nächsten Morgen schon bereut. Kurz vor der vereinbarten Abreise des Grafen Alexis wird sein Bruder tot aufgefunden: »ruhig ausgestreckt, mit friedlichem Ausdruck des Gesichts, ohne Pulsschlag und ohne Atem« (CA III,457). In seinem Abschiedsbrief wünscht er Juliane und Alexis ein glückliches Leben: anders fände er seine Ruhe im Jenseits nicht.

Die Niederschrift des Schauspiels *Die goldene Harfe* fällt in das Jahr 1933. Am 18. Februar notiert Hauptmann in sein Tagebuch:

> Unvermittelt sah ich heut im Traum ein Bild, das mit dem Plan eines Stückes zusammenhängt, an das ich seit länger als einem Jahrzehnt gelegentlich denke. [. . .] Ich sah ein schönes vergeistigtes junges Mädchen von etwa fünfundzwanzig Jahren, sah eigentlich nur Kopf und Schultern und über die Schulter blickend das von Tränen überströmte Gesicht eines jungen Mannes. Ein anderer junger Mann kniete vor dem Mädchen. Alle drei aristokratische Typen. Ich habe diese Szene nie gedacht, und doch ist sie der Höhepunkt meines Stücks. Vielleicht die Urzelle. Die jungen Männer sind zwei Brüder, in gleich leidenschaftlicher Liebe für die junge sentimentalische Komtesse entbrannt. Die Komtesse liebt beide mit einer Leidenschaft, die sich nicht entscheiden kann. Die Brüder hatten die Angelegenheit durch Los oder sonstwie zwischen sich entschieden. Sonach hatte der eine sie dem andern überlassen und war ins Ausland gegangen. Aber die Liebe ist stärker als sein Ehrenwort, er taucht wieder auf. Das Bild zeigte mir diesen Augenblick und die Gemütslage der drei Personen, vor allem der Brüder, die sich trotz der Rivalität innig lieben. (TB VII,221)

Vier Monate später, am 3. Juli 1933, beendet Hauptmann die Niederschrift des Stücks, das am 15. Oktober des gleichen Jahres auf ausdrücklichen Wunsch Hitlers an den Münchener Kammerspielen uraufgeführt wird.[65] Der Erstdruck folgt im gleichen Jahr; 1942 erscheinen Teile einer (früheren) Versfassung. In der Folgezeit bleibt das Drama ohne nennenswerte Bühnenpräsenz.

Mit der Konzeption und Niederschrift der *Goldenen Harfe* hat sich Hauptmann offenbar jenen indischen Leitspruch zu eigen gemacht, den Friedrich und Alexis von Saltern gleich nach ihrer Ankunft zitieren: »Schließ aus den rauhen Odem der Wirklichkeit, und nur dem Duft der Träume gib Dach und Fach!« (CA III,392). Von der rauhen Wirklichkeit des Jahres 1933, die Hauptmann immerhin dazu veranlaßte, das Ende seiner Epoche zu konstatieren (vgl. TB VII,222 f., 226), ist in der *Goldenen Harfe* nichts zu spüren. Hauptmann stellt durchweg erlesene Figuren auf die Bühne: die zahlreichen Eichendorff-Anklänge (von denen das Posthorn nur eines ist) verleihen dem Stück eine Zeitlosigkeit, die weder von der Gegenwart noch von irgendeiner konkreten Vergangenheit eingefärbt wird.[66]

Im Vergleich mit dem Traumnotat vom 18. Februar 1933 hat sich die Konstellation in der Endfassung signifikant verändert. Hauptmann weitet den Kreis der Rivalen aus: Günther und Alexis konkurrieren nicht nur miteinander um die

65 Vgl. Jan-Pieter Barbian: »›Fehlbesetzung‹: Zur Rolle von Gerhart Hauptmann im ›Dritten Reich‹«, in: Bialek, B 3: 1997, 260.

66 Hauptmann scheint sich darüber im klaren gewesen zu sein, daß man seinem Stück – angesichts der neuen politischen Verhältnisse – anachronistische Empfindsamkeit vorwerfen könnte. Unmittelbar vor der Uraufführung betont er dementsprechend in einem Gespräch vom 14. Oktober 1933 die durchaus kraftvolle Empfindung der Figuren: »Das Stück paßt in unsere Zeit von heute; denn es gibt laute und ruhige Momente in jedem Menschenleben. Auch bei Napoleon und Alexander gab es Augenblicke der stillen Größe. Das Werk ist ein Beispiel für einen stillen Heroismus« (zit. nach LW 257 f.).

Gunst der Komteß, sondern auch mit dem verstorbenen Bruder. Rolf Michaelis hat darauf hingewiesen, daß der Verstorbene die eigentliche Mittelpunktfigur des Stücks sei, »das sich unter dem Schleier eines rührseligen Familienstücks als Gleichnis von der ins menschliche Leben wirkenden Kraft der Toten enthüllt« (Michaelis B 5: 1962, 217). Sinnfällig wird das Verhängnis dadurch, daß nur Alexis sich von jener Locke getrennt hat, die Juliane den drei gemeinsam in den Krieg ziehenden Männern mitgab. Ihr Bruder liegt mit der Locke auf dem Herzen im Grabtempel des Schlosses – und Günther trägt sie nach wie vor mit sich. Der Besuch des Grabmals in der dritten Szene hinterläßt bei ihm denn auch eine innere Unruhe: »War's der Bericht von der Locke, die der Verewigte, wie ich, auf dem Herzen trägt? [...] Irgendwie bestand ein Kontakt zwischen mir und der Gruft, die mich frösteln machte« (CA III,399), gesteht er seinem Bruder. Damit ist das Ende des Dramas vorgezeichnet. Der Bruderzwist löst sich nicht (nach dem Muster der Motivtradition) durch Mord und Totschlag, sondern durch ein Opfer, das Graf Günther gleichermaßen im Dienst der Lebenden und im Bann des Verstorbenen vollzieht. Julianes Abkehr von ihrem Totenkult wird erst durch die Verbindung mit Alexis unwiderruflich: Es steht zu vermuten, daß der Musiker-Graf sie aus den »Seufzeralleen« und »Sumpfgräben« (CA III,419) des reichsgräflichen Schlosses herausführen wird, das durchweg Anzeichen eines verhängnisvollen Traum- und Schattenreiches trägt. Im Jahr 1934 hat Augustus J. Prahl die dramenimmanente Überwindung der Todessehnsucht auf die politische Vitalisierung Deutschlands beziehen wollen: Der Komteß – als Sinnbild der deutschen Seele – werde in Gestalt des Musikergrafen Alexis neues, zukunftsreiches Leben zugeführt (vgl. Prahl, B 6.33, 221). Diese aktualisierende Lesart der *Goldenen Harfe* läßt allerdings außer acht, daß Hauptmann den beiden Zwillingsbrüdern gleiche Sympathie und gleichen Edelmut zukommen läßt. Womöglich ist gerade die penetrante

Großherzigkeit der Brüder der Theaterwirkung des Stücks abträglich. Im Vergleich mit der Familie des Geheimen Kommerzienrats Clausen, die Hauptmann ein Jahr zuvor auf die Bühne stellte, wirken die Protagonisten der *Goldenen Harfe* blutleer und marionettenhaft.

Hamlet in Wittenberg

Das Drama setzt im Wirtshaus »Zum Pilgerstab« ein: Auf dem Weg nach Wittenberg beziehen Hamlet und sein Gefolge hier ihr Nachtquartier. Während Horatio, Wilhelm und Fachus sich mit den rüden Gästen der Spelunke anlegen, beobachtet Hamlet eine im Hof versammelte Zigeunerschar. Plötzlich stürmt Hamida, eine junge Zigeunerin, in die Schenkstube und wirft sich Hamlet zu Füßen, um bei ihm Schutz vor ihrem Zigeunerhauptmann zu suchen. Don Pedro, ein spanischer Grande, nutzt die allgemeine Konfusion und entführt die Zigeunerin, der er offenbar schon länger aufgelauert hat. Bei dem jungen Dänenprinzen hinterläßt die Begegnung tiefe Spuren. Die zweite Szene zeigt einen melancholischen, »im Wesensmark« verwundeten Hamlet (CA III,482), den seine Freunde nur mit Mühe zur Teilnahme am Rathausfest überreden können.

Im Ratssaal von Wittenberg (2. Akt) eröffnet Hamlet den Tanz mit der Bürgermeisterstochter Bärbe Hohndorf, die (wie alle anwesenden Bürgerstöchter) den jungen Prinzen verehrt. Hamlet gerät ein weiteres Mal mit dem Spanier Don Pedro zusammen: zunächst beim Rathausfest, wo man sich schnell aus den Augen verliert, dann – zu fortgeschrittener Stunde – vor einem Wittenberger Freudenhaus. Dort wird Hamida von Don Pedro gefangengehalten. Der Zufall will es, daß ihr soeben eine Flucht aus dem Freudenhaus mißglückt ist: Der Stadtweibel bringt die Entlaufene zurück. Hamlet verteidigt die Zigeunerin gegen die Besitzansprüche des Spaniers. Während er Don Pedro zu Boden streckt, gelingt es allerdings einem zwielichtigen Scholaren, sich der Zigeunerin zu bemächtigen. Nur Lischka, ein Zigeuner, der seiner Geliebten Hamida zur Flucht aus dem Freudenhaus verholfen hatte, bleibt dem Scholaren auf den Fersen. Sein Versuch, den Entführer zu töten, mißlingt.

Auf der Fachusburg in der Nähe Wittenbergs (3. Akt) erhält Hamlet Nachricht, daß Hamida ihn erneut um Hilfe anfleht. Sie wird immer noch von dem Scholaren gefangengehalten und soll beim morgigen Wittenberger Hochschulfest für Geld tanzen. Mit Masken und Phantasiekostümen verkleidet, befreien Hamlet und seine Freunde das Zigeunermädchen, ziehen mit ihr zum Rathausplatz und führen dort ein Stück auf, das der Dänenprinz eigens verfaßt hat: »König Kophetua und das Bettlermädchen«.

Unmittelbar im Anschluß an das Fest ziehen Hamlet und Hamida – noch immer als Königspaar des Schauspiels verkleidet – in die Fachusburg (4. Akt). Halb Wittenberg wird Zeuge, wie Hamlet die fassungslose Zigeunerin zu seiner Königin erklärt. In einer Wittenberger Schenkstube nimmt Lischka unterdessen Rache an dem Scholaren, der Hamida entführte. Die dritte Szene des vierten Akts zeigt Hamlet im Studierzimmer des Philipp Melanchthon, wo er um die Trauung mit Hamida nachsucht. Der Humanist gibt jedoch seine Empörung über das orgiastische Treiben auf der Fachusburg zu erkennen und lehnt Hamlets Bitte ab.

Auf der Fachusburg verfolgen Wilhelm, Horatio und Fachus die Heiratspläne des Prinzen mit Sorge (5. Akt). Sie lassen die Zigeunerin beobachten und greifen prompt ihren Geliebten Lischka auf, der sich über eine Strickleiter Zugang zu Hamidas Gemächern verschafft hat. Beim abendlichen Gastmahl wirkt Hamlet verändert. Er sieht abermals den Geist seines Vaters, der ihm schon auf dem Rückweg von Wittenberg begegnete. Rosenkranz und Güldenstern bestätigen, was Hamlet schon weiß: Der König ist tot. Angesichts dieser Nachricht steht der Dänenprinz dem Verhör

Lischkas nahezu teilnahmslos gegenüber. Hamlet streift den Märchentraum von König Kophetua und dem Bettlermädchen ab, entläßt das Zigeunerpaar in die Freiheit und nimmt seine Rolle als Rächer des Vaters an.

Hauptmanns Pläne, den Wittenberger Aufenthalt des Dänenprinzen Hamlet (von dem in Shakespeares *Hamlet* beiläufig die Rede ist) zu einem Drama auszuweiten, reichen in die zwanziger Jahre zurück. Sie korrespondieren den ersten Notizen zum Hamlet-Roman *Im Wirbel der Berufung* (s. S. 345–354) und den beiden *Hamlet*-Bearbeitungen, die Hauptmann 1927/28 vorlegt. Mit einem Tagebucheintrag vom 31. Oktober 1930 beginnt die konkrete, allerdings mehrfach unterbrochene Konzeption des Stücks:

> Ich denke an einen *Hamlet in Wittenberg.* [. . .] *Hamlet in Wittenberg* würde den prinzlichen Studenten in seinem damals noch zeitfremden Genie charakterisieren. So würde er sich Melanchthon, so Cranach, so Luther gegenüber verhalten; so dem Tolstoibauern Karlstatt gegenüber. [. . .] Man könnte auch den jungen Jan von Leyden einführen etc., Hutten und die vielen Bakchanten. Alle dürfen die gleiche gebildete Sprache sprechen, wie die Gebildeten zu jener Zeit Latein.
> (TB VII,152)

Während der Niederschrift, die größtenteils in die Zeit von Juli bis November 1934 fällt, rückt Hauptmann zunehmend davon ab, den Dänenprinzen mit Lukas Cranach, Luther, Jan van Leyden, Karlstadt und Giordano Bruno in Wittenberg zusammenzubringen (vgl. CA IX,1401–1419). In der Endfassung erinnert nur die Szene des vierten Akts, wo Hamlet bei Melanchthon um Rat nachsucht (vgl. IV.3), an diesen Plan. Die »dramatische Dichtung« *Hamlet in Wittenberg* kommt am 19. November 1935 gleichzeitig in Leipzig (Altes Theater), Osnabrück (Deutsches Nationaltheater) und Altona (Stadttheater) zur Uraufführung. Dem Erstdruck im Jahr 1935 stellt Hauptmann ein Vorwort voran, in dem er sein Drama als »demutsvolle Huldigung« an Shakespeare bezeichnet: einen Vergleich mit Shakespeares *Hamlet* habe er nicht herausfordern wollen (vgl. CA III,461). In der Folgezeit bleibt das Stück weitgehend unbeachtet.

Mit seiner »dramatischen Dichtung« von 1935 lenkt Hauptmann die Aufmerksamkeit auf Hamlets Vorgeschichte und Studienzeit in Wittenberg. Ausgangspunkt der Konzeption ist ein Satz, den Hauptmann sich aus einem Buch von Cornelius Gurlitt, »*Die Lutherstadt Wittenberg*«, Berlin (o. J.), notiert: »Wittenberg aber versetzt ihn (Hamlet) in die Zeit des Zögerns und der Vorbereitung zur großen Tat« (CA IX,1403). Um so überraschender wirkt es, daß er dem Dänenprinzen – im Unterschied zum ersten Dramenkonzept – keinerlei reformatorische Bildungserlebnisse zukommen läßt. Im Zentrum des Dramas steht Hamlets Leidenschaft für die junge Zigeunerin Hamida. Mit ihr will der Dänenprinz »im Genusse seines stillen Glücks« leben und aller Welt entkommen (vgl. CA III,563). Dieses Vorhaben ist schon deshalb zum Scheitern verurteilt, weil die Zigeunerin Hamida – eine der zahlreichen von Ida Orloff inspirierten Frauengestalten – von einem elementaren Freiheitsdrang beseelt ist. Im Unterschied zu *Elga* (1905) und *Kaiser Karls Geisel* (1908), wo Hauptmann ein ähnlich prekäres Liebesverhältnis durchspielt, rückt Hamlet innerlich von der Verbindung ab, noch bevor der »Betrug« seiner Geliebten ans Licht kommt. Die Erscheinung des toten Königs lenkt seine Aufmerksamkeit endgültig auf den »großen Weltlauf« (CA III,573), dem er sich wenig später am Hof seines Vaters stellen wird.

Zuvor erfährt die Liebesgeschichte zwischen dem Dänenprinzen und der Zigeunerin allerdings eine mehrfache literarische Nobilitierung. Hamlet selbst sieht sich in der Spur von Antonius und Kleopatra (»Ich finde mich selbst lächerlich, aber wenn ich an sie denke, begreife ich den Antonius.

Ich könnte das Weltreich Alexanders von Mazedonien für sie hergeben« – CA III,523) und stilisiert sich zugleich zu jenem legendären König Kophetua, der ein armes Bettlermädchen zur Königin wählte.[67] Hauptmann fügt zwei weitere Vorbilder aus dem Fundus der deutschen Literatur hinzu: Wie ein zweiter Wilhelm Meister befreit Hamlet seine Geliebte aus den Fängen eines Menschen, der von ihren Kunststücken profitieren und sie womöglich verkaufen will. Die Zigeunerin teilt Mignons unstillbare Sehnsucht (vgl. CA III,571) und beherrscht den legendären Eiertanz (CA III,505), mit dem Mignon in Goethes Roman *Wilhelm Meisters Lehrjahre* brillierte. Darüber hinaus spiegelt sich Goethes *Faust II* in der Liebesgeschichte des Hamlet-Dramas: Nach Maßgabe Helenas wechselt die Zigeunerin in Gesellschaft ihres Geliebten zum Blankvers über – »Siehst du, / die Liebe macht gelehrig. Leichter schon / fließt dir die fremde Sprache von der Zunge«, kommentiert Hamlet (CA III,549). Gewissermaßen als Ersatz für die (ursprünglich vorgesehene) reformatorische Prominenz führt Hauptmann seinen Hamlet in die Gesellschaft von Faust und Wilhelm Meister. Durch diese Wahlverwandtschaft unterstreicht er noch einmal seine 1915 erstmals publizierte Überzeugung, daß Shakespeares Protagonisten wesensmäßig der deutschen Nation zugehörten (vgl. CA VI,929 f.). Im Drama von 1935 bemerkt Fachus dementsprechend: »[...] er [Hamlet] sei Däne oder nicht, er ist trotzdem deutsch in jeder Faser. Und weil er somit auf mirakulöse Weise mein Landsmann ist, liebe ich ihn wie einen Bruder« (CA III,520 f.).

Diese nationale »Aneignung« Hamlets hat allerdings auch provokative Aspekte: Als »genuin deutscher« Protago-

67 Die Ballade *König Kophetua und das Bettlermädchen* wird innerhalb der elisabethanischen Literatur mehrfach überliefert. Hauptmann war im Besitz einer Kopie des berühmten Gemäldes *König Kophetua und das Bettlermädchen* (1884) von Edward Burne-Jones (vgl. Voigt/Reichart, B 5: 1938, 145).

nist wählt Hamlet nicht die hübsche Wittenberger Bürgerstochter Bärbe Hohndorf, sondern eine junge Zigeunerin zu seiner Märchenkönigin.[68] Der Dänenprinz fühlt sich zum »Flußbett« (CA III,572) jenes Volks hingezogen, das im Deutschland der dreißiger Jahre einer zunehmend brutalen Verfolgung ausgesetzt ist. »Was ein ortsansässiger Gauner vertuschen will, schiebt er natürlich auf die Zigeuner«, läßt Hauptmann einen Wirt bemerken (CA III,510): eine Feststellung, die unter der nationalsozialistischen Herrschaft prekäre Aktualität gewinnt (vgl. Krämer, B 6.34, 423–429). Hamlets apokalyptische Vision im letzten Akt läßt sich nicht nur auf sein literarisch vorgezeichnetes Ende, sondern auch auf die Situation Deutschlands beziehen:

> Der mag'sche Dampf, der aus den Häuptern dringt,
> der Geist der Geister, die sich widerfahren,
> wird in ein Haßgespenst mit blut'gen Haaren
> sich schwebend bilden, mit der Fratze Krieg,
> der schreiend huldigen die blut'gen Scharen:
> Der zahme Zauber wird zu Blitz und Schlag,
> den Brand wird der Verzweiflung Regen löschen
> und Nacht bebrüten jeden Sonnentag –
> nur brand'gen Weizen wird man dann noch dreschen.
> (CA III,583 f.)

Hauptmann weitet das Schicksal des Dänenprinzen zu einer elementaren Untergangsvision aus, die dem »ungeheuren, blut'gen Faschingstreiben / der wirren Menschheit« (CA III,589) gilt.

68 In den ersten Entwürfen gilt Hamlets Leidenschaft noch der Tocher von Lukas Cranach: vgl. CA IX,1403–1408.

Die Tochter der Kathedrale

In einem Prolog wird die Vorgeschichte der dramatischen Handlung erzählt: Die Herzogin Heurodis von Andorra gebiert Zwillinge: Prinz Peter und Prinz Paul. Die Herzogin Ermelinda von Foix ist neidisch auf das doppelte Mutterglück der Freundin und behauptet, daß eine Frau, die Zwillinge bekommt, ihrem Mann untreu war. Folge dieses Ausspruches ist ein Krieg zwischen den Häusern Foix und Andorra. Doch auch Ermelinda bringt Zwillinge zur Welt und sieht ihr eigenes Schmähwort gegen sich selbst gerichtet. Sie setzt eines der Mädchen aus. Auf dem Altar der Kathedrale in Andorra wird das Kind gefunden und gelangt in die Obhut der Kirche. Man nennt es Frene, die Tochter der Kathedrale.

Prinz Peter liebt Frene, die im Kloster lebt und im folgenden Jahr zur Nonne geweiht werden soll (1. Akt). Am Fronleichnamstag stört er die Prozession, indem er der vorbeiziehenden Frene ein Minnelied singt. Vor den Augen der empörten Äbtissin treffen sich ihre Blicke. Um das Mädchen wiederzusehen, dringt Peter, als Mönch verkleidet, in das Haus der Amme Afra ein, wo Frene sich regelmäßig einfindet. Als das Mädchen der Amme ihre Liebe zum Prinzen gesteht, gibt Peter sich zu erkennen. Die Liebenden sinken sich in die Arme.

In ihrem Palast (2. Akt) beraten Herzog Otto und seine Frau Heurodis über das Gesuch des Herzogtums Foix um Waffenruhe. Prinz Peter und Frene sind geflohen und haben sich nach ihrer heimlichen Trauung auf einen Herrenhof in Foix zurückgezogen. Dort trifft die Amme Afra ein, um Frene ins Kloster zurückzuholen. Doch Frene bekennt sich unbeirrbar zu dem, der ihr »so lieb fast wie der Heiland ist« (CA III,764). Zum Abschied übergibt Afra Frene eine Truhe, die man einst auf dem Hochaltar neben ihr fand. Prinz Peter öffnet sie und zieht eine Krone hervor.

Der dritte Akt beginnt im Schloß des Herzogs Wilhelm von Foix. Herzogin Ermelinda ist von krankhaften Schuldgefühlen geplagt: Sie wirft sich vor, eines der Zwillingsmädchen ermordet zu haben. Graf Trossebof, der Kanzler des Herzogpaars von Andorra, überbringt die von Heurodis durchgesetzte Waffenruhe. Um den Frieden zu besiegeln, soll Prinz Paul Wilhelms Tochter Geralda heiraten. Obwohl der Kanzler Geralda nie zuvor sah, kommt sie ihm merkwürdig bekannt vor. In der Klause eines Eremiten trifft Prinz Paul, der den Hof von Andorra verlassen hat und im Wald lebt, auf Geralda. Er hält sie für eine wilde Jägerin, entwaffnet sie und erhält daraufhin Zutritt zu ihrer Kammer.

Am nächsten Morgen sehen sich die Zwillingsbrüder wieder (4. Akt). Als Frene hinzukommt, verwechselt Paul sie mit Geralda und wird ohnmächtig. Unterdessen berichtet Trossebof der Herzogin Heurodis die Ergebnisse seiner Mission in Foix. Prinz Paul und Geralda verweigern sich der verabredeten Heirat, weil sie vermeintlich einen anderen lieben. Heurodis befiehlt dem Kanzler, ihre Söhne rechtzeitig zum feierlichen Friedensschluß mit dem Herzogpaar von Foix an ihren Hof zu bringen.

Als Graf Trossebof den Befehl der Herzogin übermittelt (5. Akt), erkennt er in Frene das Ebenbild Geraldas. Heurodis und die Prinzen begrüßen die glückliche Wendung der Dinge, Ermelinda jedoch stirbt vor Freude, als sie am Tag der Friedensfeier ihre totgeglaubte Tochter wiedersieht.

Nach eingehender Beschäftigung mit dem von Wilhelm Hertz herausgegebenen *Spielmannsbuch*, das unter anderem die literarische Vorlage enthält[69], beginnt Hauptmann im August 1935 mit der Konzeption des Dramas. Im Januar 1936 entsteht eine erste Fassung; bis zum Sommer folgt eine

69 *Lai del Freisne*, in: *Spielmannsbuch*, hrsg. von Wilhelm Hertz, Stuttgart 1900, S. 156–170.

zweite und – unter dem Titel *Der Frauenfriede* – eine dritte Fassung. Im Herbst 1936 beginnt Hauptmann mit der Niederschrift der vierten Fassung, die er im Sommer 1937 fortsetzt und im Frühjahr 1938 abschließt. Am 26. Juni 1938 ist die fünfte und endgültige Fassung fertiggestellt. Daß sich der Handlungsschauplatz im Verlauf der dreijährigen Konzeption von Nordfrankreich nach Andorra und Foix verlagert, führt Felix A. Voigt auf Otto Rahns Studie »Kreuzzug gegen den Gral« (Freiburg 1933) zurück, wo die Herkunft der Gralssage in Foix lokalisiert wird (Voigt, B 6.35, 4 ff.). Am 3. Oktober 1939 findet die Uraufführung der *Tochter der Kathedrale* im Staatlichen Schauspielhaus, Berlin, statt; der Erstdruck folgt im gleichen Jahr. Im Jahr 1942 wird im Rahmen der Breslauer Festwoche anläßlich Hauptmanns 80. Geburtstags eine Neuinszenierung gegeben, die offenbar erfolgreicher verläuft. Darüber hinaus hat das Stück auf der Bühne wenig Beachtung gefunden.

Das Drama geht zurück auf den Lai *Frène* der Marie de France.[70] Dieser Vorlage aus dem 12. Jahrhundert entnimmt Hauptmann das Motiv der Zwillingsgeburt und der Verleumdung. Bei Marie wirbt ein Ritter um das Findelkind Frène, wird aber zu einer standesgemäßen Hochzeit mit der Tochter eines Barons gezwungen. Deren Mutter erkennt in Frène das Zwillingsmädchen, das sie einst aussetzte, so daß einer Vermählung der Liebenden nichts im Wege steht.

Die geradlinige Handlungsführung des mittelalterlichen Lais wird bei Hauptmann ausgebaut und vielfach verzweigt. Ihr Fundament ist symmetrischer Natur: Die Herzogtümer Foix und Andorra führen Krieg gegeneinander. Der Herzog von Andorra ist verbittert und krank, seine Frau weise und souverän. Die Herzogin von Foix ist einem krankhaften Wahn verfallen, ihr Mann heiter und besonnen.

70 Vgl. Voigt, B 6.35, und Frederick W. J. Heuser, »Marie de France als eine Quelle zu *Die Tochter der Kathedrale*, in: Heuser, B 5: 1961, 184–195.

Die Zwillingspaare entsprechen sich auf eine ähnliche Weise: Prinz Paul und die unbändige Geralda sind ebenso wesensverwandt wie der »Künstler« Peter und das »Gotteskind« Frene (vgl. Fiedler; B 6, 95 ff.). Im Unterschied zu Heinrich von Kleists Erstlingsdrama *Die Familie Schroffenstein*, wo eine ähnliche Duplizität der Motive zu einer klaren, auf die Katastrophe zuführenden Handlung gebündelt wird, mangelt Hauptmanns Drama die Koinzidenz von Inhalt und Form: Die Handlung wird durch zahlreiche versprengte, für den dramatischen Verlauf verzichtbare Motive angereichert und führt ohne zwingende Motivierung zu einer wunderbaren Lösung: »Zauberartig, / sagt einer von den sieben Weisen, sei / die Welt und was wir Schicksal nennen: nun, / ihn, diesen Zauber, sucht dies Minnelied / euch darzustellen und zu zeigen, wie, / nach Herakleitos, sich Disharmonie / in Harmonie verwandelt« (CA III,717 f.). Dabei wird zugleich angedeutet, daß sich das Glück der herrschaftlichen Zwillingspaare dem (göttlichen) Zufall verdankt. Der »Weber aller Weber« sei eine Spielernatur und fehlbar: »Er treibt sein Spiel, / er spielt es zwecklos und zu eigner Freude. / Nun, diese Spiele des Allmächtigen haben / gar manches Spielzeug: fürchterlicher Art / das eine und an Grauen unermessen! / das andere holdbeglückender Natur!«, heißt es zuletzt (CA III,822). In diesem Spiel behalten – dank wunderbarer Fügung – die positiven Kräfte das letzte Wort.

In einem Interview hat Hauptmann eigens auf das dem Stück vorangestellte Motto hingewiesen, demzufolge der Mensch einer Ergänzung der Wirklichkeit durch eine Idealwelt bedarf, in der die edelsten und höchsten Funktionen seines Geistes zusammenwirken (vgl. CA III,713). Das Drama scheint dieses elementar-menschliche Bedürfnis befriedigen zu wollen, indem es die Versöhnung zwischen den Herzogtümern zu einer Synthese von heidnischer Sinnenfreude und christlicher Religiosität allegorisiert (Fiedler, B 6, 95). In jüngster Zeit hat man die lichte Welt des Herzogtums Foix als Form der »inneren Emigration« deuten wollen; die inquisitorischen Praktiken des Herzogtums Andorra enthielten Anspielungen auf die nationalsozialistische Diktatur, unter der das Stück entstand, konstatiert Jörg Platiel (Platiel, B 5: 1993, 88 f.). Daß Hauptmann den Stoff mit Gralsmotiven versieht und seine Figuren durch Analogien aus dem Fundus der antiken, mittelalterlichen und neuzeitlichen Mythologie zu nobilitieren sucht, ist der ästhetischen Qualität des Dramas durchaus abträglich. Die dürftige Wirkungsgeschichte legt die Vermutung nahe, daß für die Idealwelt der *Tochter der Kathedrale* kein elementares Bedürfnis besteht.

Ulrich von Lichtenstein

In einem Palazzo in Venedig imitiert der Dichter Ulrich von Lichtenstein auf einem Holzpferd reitend mit seinem Gefolge ein Turnier (1. Akt). Mit schlechten Nachrichten kehrt der Troubadour Blondel von Ulrichs Minneherrin, Gräfin Maria, zurück: Die Herzogin läßt Ulrich ausrichten, daß ihr sein Werben zuwider ist. Ulrich beschließt, sich als Frau Venus verkleidet in Ritterschaft zu üben. Wer Frau Venus besiegt, soll ein goldenes Fingerlein erhalten. Er versteht dies als Symbol seines Minnedienstes, weil er bei einem Turnier in Brixen am Finger leicht verletzt wurde. Als Ulrichs Nichte Isabella die Wunde für lächerlich befindet, hackt Ulrich sich den verwundeten Finger ab.

Blondel überbringt ein goldenes Kästchen als Minnegeschenk an Herzogin Maria (2. Akt). Widerwillig nimmt sie das Kästchen an und erblickt entsetzt dessen Inhalt: Ulrichs abgetrennten Finger. Weil Ulrich sich als Frau Minne zum Narren macht und die Besitztümer für seine Turnierausrüstung verpfändet, will Gräfin Katharina von Lichtenstein einen Machtspruch des Herzogs gegen ihren Mann erwirken. Doch nimmt sie Ulrich in Schutz, als Maria sich über Ulrichs Minnedienst lustig macht: an edler Ritterschaft, Liebe und Güte sei ihm keiner gleich. Maria beschließt, Ulrich durch eine List bloßzustellen: Sie will ihn zum Schein auf ihr Schloß einladen und ihm Hoffnung auf eine gemeinsame Liebesnacht machen. Im Schlafzimmer soll er aber statt ihrer seine eigene Ehefrau vorfinden.

Ulrich kämpft inzwischen erfolgreich als Frau Venus (3. Akt). Die Freude über den erworbenen Ruhm wird jedoch getrübt, als Blondel ihm das Kästchen zurückbringt. Auf dem Turnierplatz in Bozen erscheint auch Ulrichs ärgster Widersacher am Hof der Herzogin, der Schloßhauptmann Hund vom Stier, um Ulrich zu besiegen. Noch ehe es zum Kampf kommt, sinkt Hund jedoch volltrunken zu Boden. Bald darauf erscheint Marias Kammerherr Trostelin und überreicht Ulrich eine Einladung der Herzogin nach Schloß Runkelstein. In der Kleidung eines Pilgers macht sich Ulrich auf den Weg.

Auf Schloß Runkelstein wird die Johannisnacht ausgelassen gefeiert (4. Akt). Die Herzogin überredet Gräfin Katharina, die – angeheitert vom Tanz mit einem Edelknaben – in die Gemächer der Herzogin tritt, sich in ihrem Prunkbett auszuruhen. Wenig später folgt jedoch unbemerkt der Edelknabe Katharina in das Schlafzimmer. Ulrich verblüfft Maria, als er sich nach seiner Ankunft nicht wie ein Liebesnarr gebärdet, sondern sein Verständnis vom hohen Minnedienst erläutert. Obwohl sie nun nur noch halbherzig zu der List entschlossen ist, schickt sie ihn in ihr Schlafgemach. Ulrich rettet Katharina vor dem gewaltsamen Übergriff des Edelknaben und fällt in einen tiefen Schlaf. Im nachhinein deutet er das Erlebte als Heilschlaf: Gott habe ihm den Sinn seiner Venusfahrt im Traum offenbart und die Liebe zu seiner Frau neu belebt. Maria bereut ihre List und schlägt Ulrich für die Lauterkeit seines Herzens (vgl. CA III,707) zum Ritter.

Unter dem Titel *Frau Venus Brautfahrt* macht sich Hauptmann im Jahr 1910 erste Notizen zu einem Drama, in dessen Mittelpunkt der legendäre Ritter Ulrich von Lichtenstein stehen soll. Als Quelle dient ihm dabei die von Ludwig Tieck verfaßte Prosafassung des *Frauendienstes* von Ulrich von Lichtenstein[71]; Spuren der fiktiven mittelalterlichen Autobiographie finden sich bereits in einigen aus dem Jahr 1899 stammenden Passagen des *Kynast*-Fragments. Fünf Jahre später, am 19. März 1915, notiert Hauptmann in sein Tagebuch – womöglich unter dem Eindruck der Bekanntschaft mit Eberhard Graf Stolberg-Wernigerode: »Vielleicht Ulrich v[on] Lichtenstein nun reif« (TB VI,90, 322). Dennoch vergehen noch einige Jahre, bis Hauptmann (nach weiteren Notizen des Jahres 1918) mit der Niederschrift beginnt. Im März 1923 entstehen der erste Akt (und Teile des zweiten), vom 30. Dezember 1926 bis zum Februar 1927 wird der dritte Akt nahezu fertiggestellt. Fortan scheint Hauptmann das Stück um den »etwas übergeschnappten Minnesänger«[72] aus den Augen verloren zu haben. Daß es dennoch nicht unvollendet bleibt, verdankt sich der Initiative von Erhart Kästner, der als Privatsekretär Hauptmanns das Manuskript im Jahr 1936 ausgräbt und zur Fertigstellung drängt. Am 30. November ist das Drama bis auf die Schlußszene vollendet. Nach mehrfacher Umarbeitung des Schlußakts liest Hauptmann das Stück im Sommer 1937 vor. Zwei Jahre später, am 11. November 1939, findet die Uraufführung am Wiener Burgtheater statt. Weitere Bühnenerfolge sind nicht zu verzeichnen.

71 *Frauendienst oder Geschichte und Liebe des Ritters und Sängers Ulrich von Lichtenstein, von ihm selbst beschrieben*, nach einer alten Handschrift bearb. und hrsg. von Ludwig Tieck. Stuttgart/Tübingen 1812. Zur Entstehung vgl. Eberhard Hilscher, »Gerhart Hauptmanns Mittelalterdichtungen«, in: Engel/Bomers, B 3: 1997, 102 ff.

72 So Hauptmann in einem Brief an von Mutius vom 19. August 1923. Zit. nach LW 309.

Mit der Komödie *Ulrich von Lichtenstein* taucht Hauptmann ein weiteres Mal in die Welt des Mittelalters ab: Im Unterschied zum *Armen Heinrich* von 1902 steht diesmal ein durchweg positiv gestimmtes Werk im Mittelpunkt: Hauptmann hält sich in den ersten drei Akten seines Dramas weitgehend an den (von Ludwig Tieck bearbeiteten) *Frauendienst* des Ulrich von Lichtenstein: eine fiktive Autobiographie, in der u. a. die Verkleidung als Frau Venus und das Geschenk des Fingers vorgezeichnet sind. Im Unterschied zu Tiecks Prosabearbeitung verwendet Hauptmann (erstmals) vierhebige gereimte Trochäen.

Der lautstarke Auftakt des Stücks mit derb-zotigen Passagen läßt keinen Zweifel an seiner Gattungszugehörigkeit. Das Komische ergibt sich aus krassen Kontrasten: Ulrich simuliert ein Turnier auf einem Holzpferd: »bis auf eine Art Badehose und einen zurückgeschlagenen Turnierhelm mit riesigen Straußenfedern, ganz nackt« (CA III,599). Das Gedicht über Venedig, die »Krone aller Städte« (CA III,603), entsteht beim Stuhlgang: »Kaum, daß ich die Pille nahm, / war die Weise fix und fertig, / und sie blieb mir gegenwärtig, / während ich zu Stuhle kam. –« (CA III,604). In einem lächerlichen Kostüm (»zwei gewalt'ge blonde Zöpfe!« CA III,618) verkörpert Ulrich Frau Venus, und als Minnegeschenk läßt er seiner Angebeteten seinen abgehackten Finger überreichen. Doch die Eindeutigkeit, mit der sich Ulrich als Narr des Stücks präsentiert, wird sehr bald relativiert: Ulrichs Tränen, als er das verschmähte Geschenk zurückerhält, verraten die Empfindsamkeit des Helden. Katharina, die auf ihren Mann wegen seines sorglosen und verschwenderischen Lebensstils nicht gut zu sprechen ist, verteidigt ihn gegen die groben Beleidigungen der Herzogin: »Seine Güte, seine Milde, / seine Mannestreu' und Stärke / leuchten weit von seinem Schilde, / und ihn loben seine Werke« (CA III,637). Blondel und Isabella wollen die Herzogin überdies von ihrem Streich abbringen.

Für einen Augenblick droht die Komik in Tragik umzuschlagen, da die Herzogin Ulrichs Sensibilität vollkommen übersieht. Doch ihre Verwechslungsintrige läuft auf wunderbare Weise ins Leere. Der Gattungskonvention entsprechend müßte Ulrichs »Laster« bloßgestellt, ihm (und dem Publikum) vor Augen geführt und dadurch aufgehoben werden. Anders im Schlußakt der Komödie: Die prekäre Konstellation im Schlafzimmer der Herzogin wird dadurch entschärft, daß Ulrich sie nahezu bewußtlos durchlebt und rückblickend als Traum auffaßt. Im »Heilschlaf« will er sogar den tiefsten Sinn seiner Venusfahrt erfahren haben: »Denn was mich im Traume traf, / dieser brennend goldne Strahl, / war ein Gruß vom Heiligen Gral« (CA III,706). Zu einer Versöhnung kommt es insofern, als die Herzogin ihr Komplott bereut und Ulrich – dank seiner Gralserleuchtung – zu einer neuen, religiös unterlegten Minne-Auffassung gelangt: »Zwei Marien gibt es nur; / eine, die das Leben mir, / und die andre, die es dir, / süßer Heiland, hat gegeben« (CA III,708): Mit diesem Schlußwort vollzieht Ulrich eine »Verschmelzung von Minnedienst und Marienkult« (Fiedler, B 6, 90), die sich von seiner bisherigen Lebensform radikal abhebt. Er erwägt sogar, sich von der Welt zurückzuziehen, um als Eremit substantielle Selbsterfahrungen zu machen (vgl. CA III,705 f.). Die spirituelle Läuterung des Protagonisten wirkt um so überraschender, als von einer Gralssuche in den ersten drei Akten nur beiläufig die Rede war (vgl. Kokott, B 5: 1989, 61).

Der in zehnjährigem Abstand konzipierte und mehrfach überarbeitete Schlußakt löst sich von der Vorlage des *Frauendienstes* und lehnt sich statt dessen an Shakespeares *Sommernachtstraum* an, der ja gleichfalls in der flirrenden Atmosphäre der Johannisnacht spielt (vgl. Voigt, B 6.36, 57, 72). Die Shakespeare-Reminiszenzen suggerieren jedoch eine erotische Turbulenz, die Hauptmanns Komödie durch ihre quasi-religiöse Schlußwendung fremd ist. Daß »der heilige Minnewahn / auch ein Dornenkranz mit Blüten« (und somit eine Form der *imitatio Christi*) sei (vgl. CA III,681), vermag das Stück nicht plausibel zu machen. Vielmehr stehen sich die burlesken Eingangsszenen und das religiös grundierte Finale unvermittelt gegenüber.

Die Atriden-Tetralogie

Iphigenie in Aulis (1943)

Der erste Teil der Atriden-Tetralogie führt in das Lager der Griechen, die auf ihrem Feldzug gegen Troja in Aulis festsitzen. Im Lager führt man die Windstille, die unmenschliche Hitze und die grassierenden Seuchen auf ein Vergehen des Heerführers Agamemnon zurück, der im heiligen Hain der Göttin Artemis eine Hindin getötet haben soll. Angestiftet von dem machtgierigen Seher Kalchas, der sich auf einen delphischen Orakelspruch berufen kann, fordert das Heer eine radikale Aussöhnung: Iphigenie, Agamemnons Tochter, soll der Artemis geopfert werden. Daß ein geheimnisvolles Schiff in der Bucht festgemacht hat, das die Göttin Hekate von Tauris geschickt haben soll, bringt Agamemnon beinahe um den Verstand. Unter dem Druck nächtlicher Träume, in denen ihm die Göttin erscheint, hat der griechische Heerführer Frau und Tochter nach Aulis befohlen. Bevor er seine Weisung rückgängig machen kann, treffen Klytämnestra und Iphigenie bereits im Lager der Griechen ein. Ungeachtet der Drohungen von seiten des Sehers Kalchas schickt Agamemnon die Ahnungslosen wieder zurück: Den Grund für diese schroffe Weisung will Agamemnon seiner Frau in einem nahen Gasthaus mitteilen, wo sie mit Iphigenie auf ihn warten soll. Kalchas droht dem Heerführer »schwerstes Unheil« an, sollte er das Opfer seiner Tochter verweigern.

Der zweite Akt spielt vor dem Gasthaus am Kithairon,

wo Klytämnestra und Iphigenie seit einigen Tagen auf Agamemnon warten. Iphigenie leidet um so mehr unter der bevorstehenden Heimreise, als Agamemnon ihr die Hochzeit mit Achill in Aussicht gestellt hatte, um sie ins Heerlager zu locken. Vergebens versucht Iphigenies Amme Peitho, Mutter und Tochter zur unverzüglichen Abreise zu überreden. Als Kind einer Hekate-Priesterin wurde Peitho von Tauris verschleppt und sieht das grauenhafte Schicksal der Atriden voraus, ohne es verhindern zu können. Von ihr erfährt Klytämnestra den wahren Grund der Reise. Agamemnon hat sich unterdessen wieder umstimmen lassen. Als er am Kithairon eintrifft, um Iphigenie zur Opferhandlung abzuholen, stellt sich ihm Klytämnestra in den Weg. Agamemnon gibt weniger seiner rasenden Frau als dem Anblick der ahnungslosen Iphigenie nach. Er schickt sie in die Zyklopenburg von Mykene zurück.

Im Palast von Mykene, Schauplatz des dritten Akts, mehren sich seit der Ankunft von Klytämnestra und Iphigenie unheilvolle Anzeichen. In ihrer Verzweiflung wendet sich Klytämnestra an Aigisthos, der ihr jede Hilfe – auch den Mord Agamemnons – anbietet. Agamemnon trifft ein, nachdem ihm Artemis im Traum erschienen ist: Er ist nun willens, das von ihm geforderte Opfer zu vollziehen. Zu seiner Überraschung weiß Iphigenie intuitiv, was sie in Aulis erwartet – und willigt ein. Klytämnestra vermag gegen die Opferbereitschaft ihrer Tochter und die Entschlossenheit Agamemnons nichts auszurichten: Auch der Altmännerrat von Mykene fordert das Menschenopfer, um die Göttin zu versöhnen.

Der vierte Akt zeigt das Heerlager der Griechen am Rande des Aufstands. Kalchas und Odysseus machen den immer noch abwesenden Heerführer für die Misere verantwortlich. Der Unmut des Heeres richtet sich bereits gegen die verbliebenen Fürsten. Kalchas verkündet, daß Achill den Heerführer und seine Tochter aus Mykene holen werde, damit das Opfer endlich stattfinden kann. Die aufgebrachte Menge läßt sich allerdings nicht mehr beschwichtigen: Schon fliegen Steine gegen die Heerführer, als plötzlich unter Blitz und Donner Talthybios, der Herold Agamemnons, im Lager erscheint: Er kündigt die Rückkehr des Heerführers an – und dessen Bereitschaft, Iphigenie für den Feldzug zu opfern. Angesichts der opferbereiten Jungfrau schlägt der Unmut der Menge in ekstatische Rührung um, der selbst Kalchas erliegt. Mit der Stimme des Kriegsgottes Ares weckt Agamemnon die Kampflust seines Heeres.

Im Tempel der Artemis (5. Akt) bereitet man sich auf die Opferhandlung vor, obwohl befremdliche Zeichen darauf hindeuten, daß den Göttern der Mord an Iphigenie nicht recht ist. Selbst Kalchas versucht das Opfer zu verhindern. Peitho will wissen, daß Hekate sich mit Hades, dem schwarzen Zeus, geeinigt habe: »Das Opfer soll nicht sterben, aber auch / nicht leben: soll, halbgöttisch, Priesterin / fortan der Hekate in Tauris sein« (CA III,931). Unversehens erscheinen drei Priesterinnen der Hekate und entführen die immer noch opferwillige Iphigenie auf das in der Bucht ankernde taurische Schiff. Wenig später berichtet Kritolaos von dem Wunder, das sich auf dem Altar des Tempels ereignet hat: Der opferwütige Agamemnon habe – ohne es zu bemerken – anstelle seiner unauffindbaren Tochter eine Hindin geschlachtet. Die Tragödie endet mit dem Kampfruf des Agamemnon, der in einem »ekstatisch-überirdischen Zustand« (CA III,943) seinem Heer Aufbruch und Kampf gegen Troja befiehlt.

Agamemnons Tod (1947)

Die einaktige Tragödie *Agamemnons Tod* setzt zehn Jahre später im Demetertempel bei Mykene ein. Der Tempelhüter Thestor, Vater des Kalchas, verabschiedet die Jünglinge Orest und Pylades, die sich hier heimlich mit Elektra getroffen haben. Agamemnons Sohn Orest ist mit seinem

Freund auf der Flucht, seit Aigisthos die Herrschaft in Mykene übernommen hat. Ungeachtet der in Argos umgehenden Gerüchte von der Niederlage des Griechenheeres ahnt Elektra, daß ihr Vater lebt.

Kurz darauf betreten Agamemnon, Kritolaos und die trojanische Seherin Kassandra ärmlich und elend gekleidet den Tempel: Auf der Rückfahrt von Troja haben sie Schiffbruch erlitten; noch wissen sie nicht, daß sie in Argos angekommen sind. Die ergreifende Wiedererkennungsszene zwischen Vater und Tochter wird jäh unterbrochen, als Klytämnestra sich dem Tempel nähert. Elektra, Agamemnon, Kritolaos und Kassandra verbergen sich. Wie so oft kommt die Königin, um der Kore ein Opfer für ihre Tochter Iphigenie zu bringen. Von einem Traum entnervt, in dem ihr ein blutiges Haupt erschienen ist, zieht sie sich ins Badgewölbe des Tempels zurück. Elektra ahnt, daß Klytämnestra ihren Vater ermorden will, und holt Hilfe aus der Stadt. Als die Königin aus dem Quellraum zurückkehrt, entdeckt sie den Fremden, stellt ihn zur Rede und erkennt zu ihrem Entsetzen Agamemnon. Während Kassandra das drohende Unheil prophezeit, beeilt sich die zum Schein versöhnte Klytämnestra, dem Befehl des Agamemnon Folge zu leisten: Sie geleitet ihren Mann in das Badegewölbe des Tempels. Auf der Suche nach der Königin stürmt Aigisthos in den Tempel; als er von Kassandra erfährt, daß Agamemnon zurückgekehrt und bei der Königin sei, ersticht er blindwütig die trojanische Seherin. Aus dem Quellraum des Tempels dringen die Todesschreie des Agamemnon. Aigisthos begreift erst, was geschehen ist, als er das blutige Haupt des Ermordeten erkennt. Noch bevor er sich vor Entsetzen töten kann, kommt Elektra an der Spitze der Volks zurück und verflucht die Mörder ihres Vaters. Den ehrwürdigen Greisen gegenüber, die nun den Tempel betreten, bekennt sich Klytämnestra nach kurzem Zögern als Mörderin des Agamemnon. Aigisthos stellt sich hinter das Verbrechen der Königin, indem er Thestor für dessen Schmähworte tötet. Die Greise schließen sich Elektras Vergeltungsruf an: Sie fordern Vergeltung für den Mord und rufen Orest zum rechtmäßigen Herrscher von Mykene aus.

Elektra (1947)

Auch der dritte Teil der Atriden-Tetralogie, die einaktige Tragödie *Elektra*, spielt in dem (mittlerweile verwahrlosten) Demetertempel nahe Mykene. Nach langer, qualvoller Wanderschaft betreten Orest und Pylades ahnungslos den Ort, wo Agamemnon starb. Angetrieben durch einen delphischen Orakelspruch, ist Orest in die Heimat zurückgekehrt und sucht seine Mutter, der gegenüber er sowohl Liebe als auch Haß empfindet. Von entsetzlichen Leiden gezeichnet, tritt Elektra hinter einem Götterbild des Tempels hervor. Seitdem sie sich mit knapper Not aus der Kerkerhaft befreien konnte, die Klytämnestra ihr zugedacht hatte, lebt sie verborgen und halb wahnsinnig am Ort des Verbrechens. Elektra gibt sich dem Bruder zu erkennen und bestätigt zugleich, was Orest bislang nicht glauben wollte: Agamemnon wurde von Klytämnestra im Badgewölbe des Tempels getötet. Orest bricht zusammen, als er die Mordwaffe, ein blutbeflecktes Beil mit Doppelklinge, aus den Händen seiner Schwester erhält. Während Pylades noch versucht, Elektra von ihrem Racheplan abzuhalten, bricht ein Gewitter los, das Klytämnestra und Aigisthos ungewollt in den verwahrlosten Tempel treibt. Ohne zu wissen, wohin sie geraten sind, sehen sich die beiden zunächst Pylades und Elektra, schließlich Orest gegenüber, der immer noch das Mörderbeil in der Rechten trägt. Klytämnestra verweigert die ausgestreckte Hand ihres Sohnes und bekennt sich zum Mord an Agamemnon. Als Aigisthos sich mit Gewalt gegen die Anschuldigungen der Geschwister zur Wehr setzen will, stirbt er von Pylades' Hand. Orest wächst erst allmählich die Kraft zur Rache zu. Er tötet seine Mutter, als sie sich auf ihn stürzt, um ihn zu erwürgen. Im Bewußtsein, den delphischen Orakelspruch erfüllt zu haben, schreitet Orest ins Freie.

Iphigenie in Delphi (1941)

Im Apollon-Tempel zu Delphi, Schauplatz des vierten (und zugleich entstehungsgeschichtlich ersten) Teils der Atriden-Tetralogie, haben die Priester ihr Rauchopfer beendet. Der anbrechende Tag läßt große Ereignisse erwarten: Oberpriester Pyrkon will wissen, »daß endlich sich der Atreuskinder Schicksal / zum Lichte kehre« (CA III,1031). Von den Erinnyen gehetzt, betritt Elektra den Vorhof des Tempels: noch immer trägt sie das Doppelbeil, mit dem Agamemnon und Klytämnestra getötet wurden. Wenig später – Elektra ist vor Erschöpfung zusammengebrochen – taucht ebenso verwahrlost und vermummt Orest auf: Den Priestern gegenüber nennt er sich Theron und gibt an, mit einem der Schiffe, die im Hafen festgemacht haben, von Tauris gekommen zu sein. Der im Halbschlaf antwortenden Elektra gibt Theron/Orest zu verstehen, daß sie Geschwister im Unglück sind; für einen Augenblick erscheint beiden der Schatten Klytämnestras, ohne daß sie sich gegenseitig erkennen. Theron/Orest behauptet seiner Schwester gegenüber sogar, daß sowohl Orest als auch dessen Freund Pylades der grausamen Hekate-Priesterin von Tauris zum Opfer gefallen seien.

Nachdem zunächst Theron/Orest, dann Elektra den Tempelbereich verlassen haben, tritt Pylades auf (2. Akt): Er bezeugt den Priestern, daß es Orest geglückt sei, den delphischen Götterspruch zu erfüllen. Der Sohn Agamemnons habe sowohl das Bild der Artemis als auch deren Priesterin aus Tauris geraubt, sei allerdings nach vollbrachter Tat innerlich zusammengebrochen – und unauffindbar. Als Pylades erfährt, daß auch Elektra sich in Delphi aufhält, macht er sich auf die Suche nach seiner Geliebten. Unterdessen ist ein Gewitter aufgezogen, das eine bunte Menge von Wallfahrern in den Tempel treibt: unter ihnen Theron/Orest und Elektra. Noch immer beharrt der angebliche Steuermann darauf, daß Orest tot sei. Als das Unwetter vorbeigezogen ist, kündigt der Oberpriester die zeremonielle Versöhnung zwischen Apoll und Artemis an. Das taurische Kultbild und die Priesterin der Artemis werden in einer Prozession zum Tempel gebracht. Als der Zug den Tempelhof erreicht hat, stürzt sich Elektra mit ihrem Beil auf die Oberpriesterin, in der sie die Mörderin ihres Bruders Orest zu erkennen glaubt. Pylades kann die Bluttat verhindern. Es kommt zu einer wechselseitigen Wiedererkennungsszene, von der nur die Oberpriesterin (Iphigenie) ausgeschlossen bleibt.

Am Morgen des folgenden Tages findet sich die Oberpriesterin im Tempel ein, um ihrer Göttin ein Opfer zu bringen: Sie bittet um jene tiefe Einsamkeit, die ihr in der fremden Wildnis von Tauris zuteil wurde. Auch Elektra und Pylades betreten den Tempel; als sie die Priesterin bemerken, zieht sich Pylades zurück: Elektra will die fremdvertraute Priesterin für die Tat des Vortags um Vergebung bitten. In einem langen Gespräch gibt sich die Priesterin als Elektras Schwester Iphigenie zu erkennen – ohne jedoch mit ihr ins Leben zurückkehren zu wollen. Nach einer Umarmung nehmen die Schwestern voneinander Abschied. Während der feierlichen Entsühnungszeremonie wird die Nachricht überbracht, daß die fremde Priesterin der Artemis sich in den Tod gestürzt habe: Ihre wahre Identität wird als heiliges Geheimnis des Apollon-Tempels gewahrt.

Über die Anregung zu *Iphigenie in Delphi*, dem entstehungsgeschichtlich ersten Werk der Atriden-Tetralogie, gibt Hauptmann selbst im Vorwort zum Erstdruck Auskunft: Durch einen Zufall sei er (im Jahr 1940) auf jene Passage aus

Goethes *Italienischer Reise* gestoßen, wo Goethe von seinem Vorhaben spricht, neben seiner *Iphigenie auf Tauris* eine *Iphigenie von Delphi* zu schreiben: Der von Goethe skizzierte (allerdings unausgeführte) Dramenentwurf habe ihn durchaus gefangengenommen und zu der vorliegenden Tragödie inspiriert, die tatsächlich bis zum zweiten Akt weitgehend Goethes Plänen korrespondiert (vgl. CA III 1026). Vom Juli 1940 bis zum Februar 1941 schreibt Hauptmann seine *Iphigenie in Delphi* nieder. Die erste Fassung und Paralipomena zur zweiten Fassung der Tragödie sind in der Centenar-Ausgabe abgedruckt (CA IX,1421–1482). Im September 1940, noch vor der Fertigstellung der ersten Atriden-Tragödie, verspürt Hauptmann die Notwendigkeit, mit einer *Iphigenie in Aulis* die »Voraussetzung für die letzte Opfertat Iphigeniens zu gestalten« (Behl, B 5: 1949, 48). Die Entstehungszeit der *Iphigenie in Aulis* reicht von September 1940 bis September 1943; Carl Friedrich Wilhelm Behl zählt insgesamt neun Fassungen (vgl. CA IX,1483–1588). Im Sommer 1942 weitet Hauptmann den Stoff zunächst um den Einakter *Agamemnons Tod* aus, der von Juni 1942 bis Januar 1944 entsteht. *Elektra*, das vierte und letzte Werk der Atriden-Tetralogie, folgt von August 1942 bis Februar 1945. Sowohl die Eigendynamik der stofflichen Ausweitung als auch die umfangreichen Vorarbeiten lassen erkennen, daß Hauptmann die Atriden-Tetralogie als sein wichtigstes Alterswerk aufgefaßt hat. Innerhalb des handschriftlichen Nachlasses stellen die Entwürfe den größten Einzelkomplex dar (vgl. Sprengel, B 5: 1984, 249).

Nur die Eck-Dramen der Tetralogie gelangen zu Lebzeiten Hauptmanns auf die Bühne: *Iphigenie in Delphi* wird am 15. November 1941 im Staatlichen Schauspielhaus, Berlin, *Iphigenie in Aulis* zwei Jahre später, am 15. November 1943, im Wiener Burgtheater uraufgeführt. Die Premiere der beiden Einakter folgt am 10. September 1947 in den Kammerspielen des Deutschen Theaters in Berlin. Obwohl die Tetralogie sehr bald als bedeutendstes Alterswerk Gerhart Hauptmanns gilt, gelangt sie in der Nachkriegszeit nur selten auf die Bühne. Im Jahr 1962 inszeniert Erwin Piscator an der Berliner Volksbühne die erste (und vielbeachtete) Gesamt-Aufführung des Dramenzyklus (zur Bühnengeschichte vgl. Delvaux, B 6.37: 1992, 39–44).

Die Entstehungsgeschichte und thematische Gewichtung der Atriden-Tetralogie lassen erkennen, daß Hauptmanns Interesse vor allem der Iphigenie gilt. Ausgangspunkt des Dramenzyklus ist das von Goethe skizzierte Zusammentreffen von Iphigenie, Elektra und Orest in Delphi, wo eine letzte Mordtat der Atriden »durch eine glückliche Wendung« verhindert wird. Hauptmann übernimmt im wesentlichen Goethes Vorgaben (die ihrerseits an das Handlungsgerüst einer verlorengegangenen griechischen Tragödie anknüpfen), spart allerdings die allseits harmonische Wiedererkennung und Versöhnung der Atriden aus. Den Abschluß der *Iphigenie in Delphi* – und der gesamten Tetralogie – bildet eine Opferhandlung, deren Voraussetzungen Hauptmann zur Grundlage des zweiten Iphigenie-Dramas macht: Iphigenie scheidet mit einem Opfertod aus dem Leben, das doch für sie (wie für ihre Geschwister) mit der Zusammenkunft in Delphi allererst beginnen könnte. Mit dieser Schlußwendung rückt Hauptmann radikal von Goethes *Iphigenie auf Tauris* ab. Zwei Jahre vor den ersten Entwürfen zu seinem Drama kritisiert Hauptmann in einer Aufzeichnung bereits die Heimatsehnsucht der »klassischen« Iphigenie: »Was sucht sie denn noch in dem grausigen Mordhause zu Mykene? Der Vater ist ihr Mörder, die Mutter ihres Vaters Mörder als die Rächerin, Orestes der Mutter Mörder: Welche Scheußlichkeiten des Elternhauses, welcher Geruch von Grausamkeit und Blut erwarten sie!« (zit. nach Sprengel, B 5: 1984, 251). Bei der Niederschrift der *Iphigenie in Delphi* setzen sich diese Bedenken gegen die Verdrängung der grausamen Vergangenheit durch. In der ersten Fassung des Dramas folgt auf die wechselseitige Anagnorisis ein gemeinsamer Neuanfang (vgl. CA IX,1421–1482), in der Endfassung bleiben die Greuel der Atriden im Opfertod der Iphigenie präsent.

Während Goethes Iphigenie als humane Vermittlergestalt erscheint, die dem barbarischen Menschenopfer ein Ende setzen will, sehnt sich Hauptmanns Protagonistin in die menschenferne Einsamkeit und den Dienst ihrer taurischen Göttin zurück. »[. . .] ich starb ins Göttliche hinein / und mag im Sterblichen nicht wieder leben« (CA III,1068), gibt sie Orest zu verstehen. Das Drama von 1941 beschreibt eine ebenso radikale und unwiderrufliche Abkehr von der menschlichen Lebensform, wie sie Cardenio in der Erzählung *Das Meerwunder* (1934) mit den Worten »Ich will kein Mensch sein« (CA VI,399) zum Ausdruck bringt (s. S. 341). Dementsprechend kommt dem Opfertod der Iphigenie keine *erlösende* Funktion zu (wie in der älteren Forschung gelegentlich behauptet wird). Käte Hamburger hat schon 1954 gegen die christologischen Deutungen geltend gemacht, daß Elektra und Orest des Opfers nicht bedürfen, da sie zum Zeitpunkt des Todes schon entsühnt sind (Hamburger, B 6.37, 223). Mit ihrem Sturz in die Phädriaden-Schlucht wiederholt und vollendet Iphigenie ihren ersten Opfertod im Artemis-Tempel von Aulis, der sie den Menschen entzogen und einer chthonischen Gottheit zugeführt hat. Im Dienst der Todesgöttin Hekate ist ihr eine Hellsichtigkeit zugekommen, die jede blinde Hoffnung auf eine glückliche Zukunft ausschließt. Die archaischen Züge der Göttin lassen sich nicht (wie noch bei Goethe) auf ein menschliches Mißverständnis zurückführen und ins Humane auflösen: Angeregt durch Studien von Bachofen und Kerényi stellt Hauptmann der homerisch-olympischen Götterwelt eine chthonische Göttin gegenüber, deren bedrohliche Präsenz im neuen Kultus nicht aufgehoben wird (vgl. Hamburger, B 6.37, 231). Die Spannung zwischen dem delphischen Apoll und der taurischen Hekate bleibt bestehen.

Die beiden Einakter *Agamemnons Tod* und *Elektra* bilden das Bindeglied zwischen den Eckdramen der Tetralogie. Nach dem Vorbild der *Orestie* von Aischylos werden die Mordtaten an Agamemnon und Klytämnestra in zwei Dramen vorgeführt, die weitgehend parallel strukturiert sind und sich an demselben Schauplatz abspielen. Schiffbrüchig und orientierungslos wie Odysseus trifft Agamemnon im Demetertempel ein und fällt einem Anschlag zum Opfer, den Hauptmann ausschließlich auf den Haß der zutiefst verletzten Mutter zurückführt. Klytämnestra nimmt mit ihrem Mord Rache für den von Agamemnon vollzogenen Opfertod der Iphigenie. Im Unterschied zur antiken Vorlage bedarf sie weder der Anstiftung von seiten des Aigisthos (der sich bei Hauptmann von der Tat zunächst mit Entsetzen abwendet) noch substantieller Eifersuchtsgefühle gegenüber der trojanischen Geisel Kassandra. Auch im zweiten Einakter unterstreicht Hauptmann den elementaren Charakter der Mordtat. Orest schwankt bis zuletzt zwischen der verhängnisvollen Pflicht, den Mord an seinem Vater rächen zu müssen, und unmittelbar empfundener Mutterliebe; dem »antiken« Orest, wie er in der *Orestie* oder der *Elektra*-Tragödie von Euripides erscheint, ist dieses Dilemma durchaus fremd. Vor dem Hintergrund kindlicher Zuneigung wirkt die Tat, mit der das Drama ausklingt, um so schrecklicher.

Die grundsätzliche Orientierung an den beiden ersten Teilen der *Orestie* hat zur Folge, daß das Schicksal der Iphigenie auf Tauris (vorerst) ausgespart bleibt. Im Verlauf der Konzeption hat Hauptmann eigens versichert, daß für eine taurische Iphigenie in seiner Tetralogie kein Platz sei (Behl, B 5: 1949, 114). Damit distanziert er sich von Goethes Drama, das der Iphigenie eine ungebrochen humane Gesinnung zuschreibt. In welchem Maße Hauptmanns Iphigenie sich im Dienst der taurischen Göttin verändert, wird durch die Spannung zwischen der *Iphigenie in Aulis* und der *Iphigenie in Delphi* evident.

Der erste Teil der Tetralogie liefert insofern die Voraussetzung für den Opfertod der delphischen Iphigenie, als er mit ihrer Entrückung in die Sphäre der Hekate endet. Im Verlauf der Konzeption und Niederschrift löst sich Hauptmann mehr und mehr von der literarischen Vorlage des Euripides. Dabei tritt das in der antiken *Iphigenie in Aulis* schon vorgezeichnete Schwanken des Agamemnon in den Vordergrund: Vor Beginn der Handlung ist Agamemnon entschlossen, dem delphischen Orakelspruch zu folgen, der den Sühnetod seiner Tochter fordert. In den fünf Akten der Tragödie macht er diesen Entschluß ungeachtet aller Risiken zweimal rückgängig – um zuletzt nahezu bewußtlos die Opferhandlung zu vollziehen. Dabei wird die durch einen Orakelspruch verbriefte Unausweichlichkeit des Opfers gleich mehrfach unterminiert: Es scheint im Interesse weniger der Götter als des machtgierigen Kalchas zu liegen, dem selbstbewußten Heerführer der Griechen ein unmenschliches Opfer aufzuerlegen. Daß der Seher Kalchas in der Vergangenheit um Iphigenie geworben und eine Absage erhalten hat (vgl. CA III,877), verleiht auch der Wahl des Sühneopfers eine subjektive, von Ressentiment geprägte Färbung.

Agamemnon seinerseits unterliegt der »Dämonie des Machtrausches« (Michaelis, B 5: 1954, 101), wenn er nach langem Zögern das Leben seiner Tochter dem militärischen Erfolg in Troja unterordnet. Sein anfänglich prometheisches Aufbegehren gegen den Ratschluß der Götter weicht einem ekstatischen Zustand, in dem er mit dem Göttervater Zeus eins zu werden glaubt. Dem versammelten Heer gegenüber kündigt Agamemnon eine neue, heilige Zeit an:

> Gottheit und Menschheit schmelzen ineinander.
> Die Kraft der Wandlung überwältigt uns,
> so euch wie mich: was wir vorhin gewesen,
> das sind wir nicht mehr. Um uns mischen sich

des Hades und Olympos Götterlüfte;
wir trinken atmend sie in unser Blut
und damit heiligen Wahnsinn.
(CA III,925)

Dabei kehren sich die Zeichen der Götter in dem Moment gegen den Heerführer, wo er – von »blindem Priesterwahn« berauscht (CA III,929) – zum Vollzug des Opfers schreitet. Gerade im religiösen Enthusiasmus verfehlt Agamemnon das Votum der Götter. Ein Gleichklang von göttlichem und menschlichem Ratschluß, wie ihn Goethe seiner *Iphigenie* unterlegt hat, erweist sich vor dem Hintergrund des 20. Jahrhunderts als unmöglich.

Von allen Teilen der Atriden-Tetralogie erscheint *Iphigenie in Aulis* am deutlichsten vom Kriegsgeschehen der Entstehungszeit geprägt: Unter der Herrschaft des Kriegsgotts Ares fällt das griechische Heer in »grause Bräuche der Vergangenheit« (CA III,885) zurück. »Es geht nicht mehr um Wohlsein, Königin, / ein Weniger, ein Mehr davon, o nein: / es geht um alles! Sitte, schöner Schein / der hohe Adel köstlicher Gewöhnung / ward losgebundener Dämonen Raub« (CA III,891), resümiert Kritolaos. Angesichts der aufgebrachten Menge bedarf es eines Menschenopfers, um die revolutionäre Stimmung in ekstatische Kriegsbegeisterung umschlagen zu lassen. Zweifellos werfen diese Passagen ein (wenig schmeichelhaftes) Schlaglicht auf das nationalsozialistische Terror-Regime. Analogien zwischen Agamemnon und Hitler sowie Kalchas und Goebbels, die Erwin Piscator zur Grundlage seiner spektakulären Inszenierung von 1962 gemacht hat, liegen Hauptmanns Dramen-Zyklus jedoch fern (vgl. Sprengel, B 5: 1984, 262 f.). Die Atriden-Tetralogie ist schon deshalb kein anti-faschistisches Werk, weil sie den auf der Bühne vorgeführten Grausamkeiten eine elementare Zeitlosigkeit zuschreibt.

Die Finsternisse

Hauptmanns Requiem *Die Finsternisse* spielt im Jahr 1934 in einer kleinen schlesischen Stadt: Im Haus des verstorbenen Kommerzienrats Joel finden sich die engsten Angehörigen und Freunde zu einem Nachtmahl ein: Lutz Joel, seine Frau Esther, der Schriftsteller von Herdberg mit Frau, Professor Friedländer und der Bildhauer Kroner, der soeben die Totenmaske des Verstorbenen angefertigt hat. Obwohl der Kommerzienrat die Stadt »mit seinen Fabriken groß gemacht« hat (CA VIII,400), wird die Beerdigung im engsten Kreis erfolgen: Angesichts des auch in Rahstadt grassierenden Antisemitismus wird der Todesfall im Hause Joel erst nach dem Begräbnis öffentlich bekanntgemacht. Mit Ausnahme des Ehepaars Herdberg haben sich die meisten nicht-jüdischen Freunde längst von der Familie Joel distanziert. Die fünf Szenen des Requiems zeigen die Ankunft der letzten Gäste und die Gespräche beim mitternächtlichen Essen im Hause Joel. Bevor das Nachtmahl beginnt, nehmen drei Schattengestalten an der gedeckten Tafel Platz: der Prophet Elias, der Jünger Johannes und Ahasver, der ewige Jude; der Verstorbene kommt als »Gastgeber« hinzu. Das Gespräch dieser Runde kreist um die Qual der Unsterblichkeit – und findet im Nachtmahl der Beerdigungsgäste eine gewisse Fortsetzung: Der Tod des Kommerzienrats gibt den Anstoß, über die endlose Leidensgeschichte des jüdischen Volkes zu sprechen, zumal sie in der Gegenwart einen neuen Höhepunkt zu erreichen droht. Während draußen ein Gewitter niedergeht, steigt die Spannung dermaßen, daß die Wirklichkeitswahrnehmung der Anwesenden verschwimmt. Esther Joel, die Schwiegertochter und engste Vertraute des Verstorbenen, faßt die allgemeine Bestürzung in eine düstere Vision:

> Mir ist [. . .], als ob wir auf einer schwarzen Arche beisammen wären, auf schwarzen Wogen, in schwarzer Luft. [. . .] Die schwarze Arche schwimmt durch die

> schwarzen Zeiten. Das Wasser, mit dem sie flutet, verläuft sich nicht. Wir sind die Bürger der Sintflutgewässer. Stets log uns noch jeder Ararat. (CA VIII,410)

Auch nach dem Gewitter bleibt die Stimmung gedrückt. Der Bildhauer Kroner greift die Vision der ewigen Sintflut wieder auf: »So schwimmen wir hin, verfolgt, gemartert, getötet, ahasverisch und ruhelos, aber unsterblich durch die Ewigkeit!« (CA VIII,415).

Auf die Nachricht vom Tod seines Freundes Max Pinkus reist Hauptmann mit seiner Frau am 21. Juni 1934 nach Neustadt, wo im engsten Kreis die Trauerfeier stattfinden soll. Hauptmann war mit dem jüdischen Industriellen seit dem Ende des Ersten Weltkriegs befreundet (vgl. Reichart, B 6.38); Dramenfiguren wie Löwel Perl in der *Schwarzen Maske* (s. S. 209–214) und Matthias Clausen in *Vor Sonnenuntergang* (s. S. 214–220) sind wesentlich von Max Pinkus inspiriert. Unter dem Eindruck der Trauerfeier notiert Hauptmann am 22. Juni 1934 in sein Tagebuch:

> Man hat den Tod des königlichen Juden nicht öffentlich bekanntgemacht, weil unter den heutigen Umständen die Stadt, die ihm unendlich viel verdankt, an seinem Begräbnis nicht hätte teilnehmen können. So senkt man ihn in der Stille ein. Natürlich weiss die Stadt vom Bürgermeister bis zum einfachen Bürgermann, dass er verschieden ist. Aber es gibt ein allgemeines, halsverrenkendes Wegblicken ... Der Aufenthalt in Neustadt an sich ein Trauerspiel.
> (Zit. nach: LW, 296)

Bis zur Niederschrift dieses »Trauerspiels« vergehen allerdings noch einige Jahre. Im Februar 1935 macht sich Hauptmann erste Notizen, die eine Verbindung mit dem fragmentarischen Bildhauerdrama *Raoul Markuse* vom

Frühjahr 1934 andeuten (vgl. CA IX,616–626). Kroner, der Bildhauer der *Finsternisse*, ist wie Raoul Markuse ein literarisches Porträt des Bildhauers Kurt Kroner, mit dem Hauptmann seit 1903 bekannt war (vgl. Hass, B 6.38, 120 f.).

Vom 7. bis zum 14. Februar 1937 diktiert Hauptmann in Rapallo die fünf Szenen des Requiems, das Erinnerungen an die Trauerfeier vom Juni 1934 und zahlreiche Details aus dem Leben von Max Pinkus aufgreift. Kommerzienrat Joel hat wie Pinkus eine nicht unproblematische »späte Liebesleidenschaft« (CA VIII,414) hinter sich und stirbt wie dieser in seiner (außerordentlich umfangreichen) Bibliothek. Vor allem aber charakterisiert Hauptmann den Protagonisten nach dem Vorbild seines Freundes als öffentlichen Wohltäter. Dessen karitatives Engagement wird im Jahr 1934 sowohl von der Stadt als auch von seiten der nichtjüdischen Freunde verleugnet. Wie das Ehepaar Herdberg waren Gerhart und Margarete Hauptmann die einzigen nicht-jüdischen Teilnehmer der Trauerfeier (vgl. Reichart, B 6.38). Das Motiv der Totenmaske geht nicht auf Max Pinkus, sondern auf Samuel Fischer zurück, an dessen Trauerfeier Hauptmann gleichfalls 1934 teilnahm (vgl. Behl, B 5: 1949, 36).

Hauptmann hält das Manuskript zunächst zurück, da an eine Veröffentlichung unter der nationalsozialistischen Herrschaft nicht zu denken ist. Am 31. Januar 1945 läßt er den Text sogar in seinem Beisein vernichten. Daß das Werk dennoch überliefert ist, verdankt sich Carl Friedrich Wilhelm Behl und Felix A. Voigt, die vor der Vernichtung das Typoskript von 1937 beiseite schaffen und eine weitere Abschrift anfertigen ließen. Diese gelangt über weitere Durch- und Abschriften zu Walter A. Reichart, der nach Kriegsende noch eine Druckerlaubnis von Hauptmann erhält (Behl, B 5: 1949, 284). Der von Reichart besorgte Erstdruck (New York 1947) ist allerdings aufgrund der chaotischen Überlieferung nicht mehr als der »Abdruck einer Abschrift einer Durchschrift einer Abschrift« (Cowen, B 6, 266), was allerlei Ungenauigkeiten zur Folge hat. Die Centenar-Ausgabe hat einen Teil dieser Fehler durch Kollationierung der verfügbaren Ab- und Durchschriften beseitigen können. Am 5. Juli 1952 wurde das Requiem *Die Finsternisse* in Göttingen uraufgeführt.

Innerhalb der Hauptmann-Debatte der Nachkriegszeit dient das Requiem den Verteidigern des Dichters als Nachweis seiner radikalen Distanz zur herrschenden Ideologie. Zweifellos wird die antisemitische Stimmung im Umfeld der Familie Joel deutlich vor Augen geführt: Trotz seiner Großzügigkeit und Hilfsbereitschaft will man den verstorbenen jüdischen Fabrikanten Joel nicht mehr kennen. Da auf einmal »schlecht Wetter« für die Juden hereingebrochen ist, befürchten die Diener bereits, daß auch der Sohn sich nicht mehr lange halten wird (vgl. CA VIII,400). Dr. Siegmund Israel, der Bruder von Esther Joel, hat als Jude seine Stellung in der Berliner Charité aufgeben müssen und steht vor der Auswanderung in die Vereinigten Staaten (CA VIII,408, 413). Insgesamt bildet der beim Nachtmahl erkennbare Wohlstand der Familie einen bizarren Kontrast zur gesellschaftlichen Außenseiterrolle, die das neue Regime den Juden aufzwingt. Die großzügigen Spenden für öffentliche Einrichtungen und die persönliche Unterstützung bedürftiger Freunde lassen vor dem Hintergrund der neuen politischen Verhältnisse keine Gesten der Dankbarkeit mehr erwarten.

Innerhalb des Stücks werden diese bitteren Erfahrungen in einen mythischen Horizont gerückt und damit zu einem unausweichlichen Schicksal: Die Gäste im Haus des Kommerzienrats stimmen darin überein, daß das jüdische Volk von jeher zum Leid disponiert sei. Unter dem Eindruck des Todes wird (die dem Verstorbenen am nächsten stehende) Esther Joel mit einem »neuen, qualvollen Sinn ausgestattet«

(CA VIII,412), der sich in der apokalyptischen Vision von der »schwarzen Arche« Bahn bricht.[73] Zugleich glauben die Anwesenden für einen Moment, jene Schattengestalten zu erblicken, die vor ihnen an der Tafel Platz genommen und ihrerseits unendliches Leid zum Ausdruck gebracht haben. Hauptmann gibt zu verstehen, daß sich die elementare Leiderfahrung der Schatten auf geheimnisvolle Weise allen Anwesenden mitteilt: Kroner zitiert eben jenen Spruch des Propheten Habakuk, den der Verstorbene in der Nacht vor seinem Tod auf einen Zettel geschrieben hat: »Herr, wie lange soll ich schreien, und du willst nicht hören? Wie lange soll ich zu dir rufen über Frevel, und du willst nicht helfen?« (CA VIII,403, 407)

Eine derartig mythische Überhöhung der jüdischen Leidensgeschichte birgt freilich die Gefahr, die konkreten Ursachen des Leids aus den Augen zu verlieren. Die einzige (vom Schriftsteller Herdberg aufgeworfene) Frage nach den Ursachen gilt ausgerechnet einer möglichen, gleichfalls überzeitlichen »Mitschuld« der Juden (vgl. CA VIII,408). Von den gesellschaftlichen Ursachen des Antisemitismus der dreißiger Jahre ist in den *Finsternissen* nicht die Rede. Die Suspendierung der politischen Gegenwart kündigt sich bereits in Hauptmanns Tagebuchnotizen über die Trauerfeier für Max Pinkus an:

> Dieses uralte Schicksal [der Juden] hat, so scheint es, Ewigkeit, also Unsterblichkeit. Aber es wirft immer neue schwarze bedrohende und verschlingende Wogen gegen die Inseln, Burgmauern und Burgen der Betroffenen und ihm Verfallenen. Ich fühle, daß es in seiner ewigen Gegenwart unter allen Völkerschicksalen das erhabenste, das größte und furchtbarste ist. (LW 296)

73 Hartwig Kleinholz interpretiert diese Szene als »Todesmagie«, die im Alterswerk von Hauptmann nachhaltige Spuren hinterlassen habe (Kleinholz, B 6.38, 124 ff.; vgl. auch Meetz, B 6.38, 46 f., und Hass, B 6.38, 131 ff.).

Die hier angedeutete »Exklusivität« des jüdischen Schicksals wird im Schlußwort des Requiems allerdings aufgehoben. Auf die düstere Prophezeiung des Bildhauers Kroner, derzufolge das jüdische Volk auf alle Zeiten »verfolgt, gemartert, getötet« werde, antwortet der Schriftsteller von Herdberg: »Nicht nur ihr Juden! Das trifft uns alle« (CA VIII,415).

Magnus Garbe

Als angesehener Bürgermeister einer reichsfreien Stadt des 16. Jahrhunderts wehrt sich Magnus Garbe gegen die blinde Glaubenswut des Dominikanertribunals, das seit kurzem in der Stadt für Unruhe sorgt. Offensichtlich geht es den Inquisitoren unter Pater Paulus Gislandus darum, die weltliche Macht der Stadt zu brechen, die vor allem der weithin bekannte Bürgermeister verkörpert. Der Zufall will es, daß eine lange Trockenzeit die Bevölkerung für die Gerichtspredigten der Dominikaner empfänglich gemacht hat. Während Garbe versucht, den Senat zum Widerstand gegen die sogenannten Gerichtsverfahren des Glaubenstribunals zu bewegen, bereitet sich seine Frau Felicia, Tochter einer alteingesessenen vermögenden Familie, auf die Geburt ihres ersten Kindes vor. Das Stück setzt im Patrizierhaus des Bürgermeisters ein, wo man Gerüchte über die grausamen Praktiken der Inquisitoren vor der Hochschwangeren zu verheimlichen sucht. Als Magnus Garbe von der Senatssitzung zurückkommt, kündigt sich auch schon die Geburt an: Auf Bitten seiner Frau und des befreundeten Arztes Dr. Anselo verläßt Garbe das Haus und macht – in Begleitung des Malers Jan Gossaert – einen langen Spaziergang zum vor der Stadt liegenden Weinberg. Unmittelbar nach seinem Abgang treffen beunruhigende Nachrichten im Bürgermeisterhaus ein: Eine stadtbekannte Wundheilerin soll beim peinlichen Verhör die Frau des Bürgermeisters belastet haben: Felicia Garbe habe vor ihrer Ehe Unzucht mit dem Satan getrieben. Schon versammelt sich eine aufgebrachte Menschenmenge vor dem Haus der Garbes und verschafft sich gewaltsam Einlaß.

Der zweite Akt spielt im Weinberg des Bürgermeisters. Magnus Garbe sucht sich im Gespräch mit dem alten Winzer Eckart, der außerhalb der Stadtmauern ein unabhängiges Leben führt, von dunklen Ahnungen abzulenken. Nach wie vor kann er sein Glück nicht fassen, mit der überaus schönen Felicia verheiratet zu sein und nun auch noch Vater zu werden. Während der Bürgermeister mit Gossaert den Weinberg hinaufsteigt, erscheinen der Ratsdiener Gösswein und Dominik, der Diener der Garbes, mit schrecklichen Neuigkeiten aus der Stadt. Auf Anweisung der Dominikaner hat der aufgebrachte Mob Felicia Garbe unter Geburtswehen in den Kerker geschleppt. Es bleibt dem eintreffenden Dr. Anselo überlassen, dem Bürgermeister nicht nur die Geburt eines gesunden Sohnes, sondern auch die Verhaftung seiner Frau mitzuteilen. Magnus Garbe bricht zusammen.

Drei Wochen später steht die öffentliche Verbrennung der Bürgermeisterin unmittelbar bevor. Dem Gespräch zwischen Scharfrichter Adam und seinen Gesellen im Gefängnisturm der Stadtmauer läßt sich entnehmen, daß Felicia Garbe bislang allen Folterqualen getrotzt und der peinlichen Anklage widersprochen hat. Seit der Verhaftung der Bürgermeisterin geht ein sintflutartiger Regen nieder – für die Inquisitoren ein untrügliches Zeichen, daß der Höllenfürst seine Buhlschaft nicht auf dem Scheiterhaufen sterben lassen will. Auch das Kind der Garbes wird vom Scharfrichter bewacht; zwei Dominikaner examinieren es auf Anzeichen verschiedener Satansgeschwüre. Mit einem Beschluß des Magistrats kann der Einlaß begehrende Doktor Anselo den Scharfrichter allerdings dazu bewegen, das Kind freizugeben und dem von einem Schlaganfall gezeichneten Bürgermeister eine Abschiedsstunde mit seiner Frau zu gewähren. Magnus und Felicia Garbe sterben in einer letzten Umarmung, bevor der Scharfrichter in die Zelle kommt, um das Todesurteil zu vollstrecken.

Im Jahr 1898 plant Hauptmann ein Drama nach einer schlesischen Sage, in dem es um Tod und Auferweckung einer Bürgermeistersfrau gehen soll (CA IX,1241); elf Jahre später wird daraus ein Dramenentwurf (CA IX,1241–1244), der noch einmal bis zum Jahr 1914 liegenbleibt. Unter den Arbeitstiteln *Bürgermeister Schuller, Milch und Blut, Felicia Carel* und *Bürgermeister Wortwein* entwirft Hauptmann nun verschiedene Szenarien, in denen das Thema der Inquisition zunehmend in den Vordergrund rückt. Diese »Fusion« des Sagenstoffs mit einem Sujet, das Hauptmann schon seit Jahren beschäftigt, verdankt sich offenbar den Anfeindungen, denen der Autor des *Festspiels in deutschen Reimen* im Jahr 1913 ausgesetzt ist. Den Tagebuchnotizen läßt sich entnehmen, daß Hauptmann die Kampagne der konservativen Presse als »Scheiterhaufen« (TB V,337) von inquisitorischer Eigenart empfindet. Konkrete Anregungen entnimmt er überdies einem Buch des Exjesuiten Paul Graf von Hoensbroech, »Das Papstthum in seiner sozial-kulturellen Wirksamkeit«, Bd. 1: Inquisition, Aberglaube, Teufelsspuk und Hexenwahn, Leipzig 1900 (vgl. Sprengel, B 6.39, 57 ff.), in dem u. a. von einer als Hexe verurteilten Frau die Rede ist, die im Bett zum Scheiterhaufen getragen wird. Neben derartigen historisch verbürgten Grausamkeiten geht Hauptmanns eigenes Leid in das Drama ein. Der zweifach wiederholte Satz Felicias – »Trinke mit deinen Freunden Wein, feiere Feste, wie du sie feierst! Wie du sie feierst und sie verdienst« (CA II,1021) – entspricht nahezu wörtlich einem im Tagebuch notierten Satz Margarete Hauptmanns, die im September 1911 lebensgefährlich erkrankte (TB V,295). »Ich hätte das Stück nicht schreiben können, wenn nicht die schwere Krankheit Margaretes und das Kesseltreiben gegen mich wegen des Breslauer Festspiels vorausgegangen wären«, resümiert Hauptmann rückblickend (Behl, B 5: 1949, 91 f.).

Nach einer Neugliederung vom Januar 1915 (CA IX,1285) beginnt Hauptmann im Sommer mit der endgültigen Niederschrift: am 15. September ist die Tragödie *Magnus Garbe* vollendet. Aus welchen Gründen Hauptmann das Stück mit dem handschriftlichen Untertitel »die bitterste Tragödie der Menschheit« mehr als zwei Jahrzehnte zurückhält, ist unklar. Erst 1939 unternimmt der Intendant des Theaters von Baden-Baden einen Inszenierungsversuch, scheitert allerdings am Einspruch der (nationalsozialistischen) Behörden, die der Tragödie »politische Unzweckmäßigkeit« bescheinigen. Daß Hauptmann das Stück in die Werkausgabe von 1942 übernimmt, läßt sich dennoch nicht als Zeichen verdeckten Widerstands werten. Einem eigenen Kommentar zufolge ist Hauptmann an einer aktualisierenden, möglicherweise tendenziösen Aufführung nicht interessiert (vgl. Behl, B 5: 1949, 15).

Die Tragödie *Magnus Garbe* wird erst am 4. Februar 1956 – als letztes von Hauptmanns vollendeten Dramen – am Schauspielhaus Düsseldorf uraufgeführt. Vor dem Hintergrund der Kriegserfahrungen verzeichnen die Rezensenten vor allem eine Vision des totalen Terrors (vgl. Sprengel, B 6.39, 45). In den folgenden Jahren nehmen sich nur drei weitere Theater des düsteren Inquisitionsdramas an.

Auf den ersten Blick scheint Hauptmanns literarischer Beschwörung des Terrors eine prophetische Qualität zuzukommen. Die Geschichte des 20. Jahrhunderts bestätigt im nachhinein, daß die Spielarten unmenschlicher Grausamkeit, die in der Inquisitionstragödie *Magnus Garbe* dem 16. Jahrhundert zugeschrieben werden, noch immer zum politischen Repertoire gehören. »In dieser Tragödie werden bereits ahnungsvoll die Schreie der Kriegsopfer, der Geängstigten und unschuldig Verfolgten und das Rollen der Totenkarren in unserem Jahrhundert vernehmbar. Ein Angsttraum zieht an uns vorüber wie in gleichzeitig entstandenen Werken Franz Kafkas«, schreibt Eberhard Hilscher (vgl. Hilscher, B 5: 1987, 315, zuvor Hering, B 6.39, 338). So plausibel diese pazifistisch-prophetische Lesart des Dramas nach dem Terrorregime der Nationalsozialisten erscheinen mag – sie übersieht die dem Drama inhärente, durchaus kämpferische Verteidigung deutscher Kultur gegen fremdländische Einflüsse. Mit Blick auf die Entstehungszeit hat Peter Sprengel plausibel gemacht, daß Hauptmann mit seiner Tragödie eine Art literarischen »Kulturkampf« bestreitet (vgl. Sprengel, B 6.39). Den genuin deutschen Protagonisten des Dramas, Magnus und Felicia Garbe, steht auf der Bühne eine dunkle, fanatische Macht fremdländischen Ursprungs gegenüber. Übersetzt man diese Konstellation in die politische Terminologie des Jahres 1914, geht es Hauptmann in seiner Tragödie offenbar auch um die gegenwärtige Bedrohung der deutschen Kulturtradition von außen. Nicht zufällig beschreibt Hauptmann den Beginn des Ersten Weltkriegs im Tagebuch mit einer Metapher, die dem Fundus der Inquisitionstragödie zu entstammen scheint: »Blutige Geisseln sausen u[e]ber Deutschlands Leib. Die besten Ma[e]nner werden hingemäht« (TB VI,32). Das Märtyrertum der Bürgermeisterin hat offensichtlich nicht nur einen biographischen, sondern vor allem einen historisch-politischen Hintergrund: Felicia Garbe verkörpert die schutzlos allen Angriffen ausgesetzte, Folterqualen leidende Mutter Germania. Mit der Inquisitionstragödie *Magnus Garbe* nimmt Hauptmann die Friedensvision zurück, die er zwei Jahre zuvor in seinem *Festspiel* der »Athene Deutschland« zugedacht hatte.

Daß Hauptmanns Inquisitionstragödie von den Bühnen der Nachkriegszeit weitgehend vernachlässigt wurde, hängt allerdings weniger mit ihren verdeckten politischen Implikationen als mit dem düsteren Sujet zusammen. Die mit dem wirtschaftlichen Wiederaufbau beschäftigte Gesellschaft der fünfziger Jahre bot ein denkbar ungeeignetes

Publikum für eine Tragödie, die den universellen Terror vergegenwärtigt. Überdies greift Hauptmann auf die Formensprache und die Drastik barocker Märtyrertragödien zurück. Nach Maßgabe jener Herrscher, deren Leidensweg Andreas Gryphius in seinen Trauerspielen nachzeichnet, kommt dem Bürgermeisterehepaar zu Beginn alles erdenkliche Glück zu: Reichtum, öffentliche Anerkennung, ebenso integre wie gelehrte Freunde, Ehe- und Familienglück. Die Vornamen Magnus und Felicia deuten Größe und Glück auf ihre Weise an. Wie es der Tradition der Märtyrerdramen entspricht, folgt eine Passion, die unaufhaltsam (und mit christologischen Anspielungen unterlegt) auf den Tod der Protagonisten zuläuft. Gedanken an eine mögliche Rettung läßt Hauptmann gar nicht erst aufkommen. Das Stück verdankt seine beklemmende Spannung dem Kunstgriff der tragischen Ironie: der Zuschauer ahnt das Verhängnis, bevor es die Protagonisten ereilt; die elementare Wucht des Schreckens wird dadurch nicht geschmälert. Thomas Mann sah denn auch in diesem Werk Hauptmanns »Leiden an den Greueln der Menschheit, ihrem dämonisch-rätselhaften Los und zumal unter dem, was sie selbst sich an Folter und Jammer bereitet«[74], auf unvergleichliche Weise veranschaulicht.

74 Thomas Mann, *Gerhart Hauptmann* (1952), in: T. M., *Gesammelte Werke in 13 Bänden*, Bd. 9, Frankfurt a. M. 1990, S. 810. Hans Reisiger hat zu diesem Urteil maßgeblich, nahezu wörtlich beigetragen. Vgl. Reisigers Brief an Thomas Mann vom 24. September 1952, in: »Thomas Mann Jahrbuch« 7 (1994) S. 251–255.

Das epische Werk

Am Anfang der literarischen Laufbahn Gerhart Hauptmanns stehen »novellistische Studien«. Diese Gattungsbezeichnung verweist einerseits auf die Tradition des Poetischen Realismus, für den die Novelle zu den wichtigsten literarischen Formen zählt, andererseits auf den wissenschaftlichen Experimentcharakter naturalistischer Prosa. Daß Hauptmann hinter den radikalen Formexperimenten von Arno Holz und Johannes Schlaf zurückbleibt und statt dessen schon in seiner ersten erfolgreichen Novelle *Bahnwärter Thiel* mythologisierende Ausdrucksformen erprobt, spricht für einen eigenwilligen künstlerischen Gestaltungswillen. Das novellistische Frühwerk ist – ungeachtet seiner Affinität zum literarischen Naturalismus – den späteren Romanen und Erzählungen erstaunlich nahe. So deutet sich schon im *Bahnwärter Thiel* ein Thema an, das für Hauptmanns Prosa bestimmend bleibt: die unüberwindbare Abhängigkeit des Protagonisten von einer Frau.

Nach der Novelle *Der Apostel* von 1890 wird die Prosa innerhalb des Gesamtwerks für 20 Jahre von dramatischen Werken verdrängt. Der öffentlichen Würdigung als Dramatiker schließt sich Hauptmann insofern unbewußt an, als er sein Erstlingswerk *Fasching* in die ersten Gesamtausgaben aufzunehmen vergißt. Um so überraschender ist das literarische Niveau, mit dem er 1910 seine Roman-Produktion eröffnet: *Der Narr in Christo Emanuel Quint* markiert den ästhetischen Höhepunkt der sechs zu Lebzeiten publizierten Romane Gerhart Hauptmanns. In den Augen der lesenden Öffentlichkeit avanciert Hauptmann zunehmend vom Dramatiker zum Dichter im emphatischen Sinn: Die Tatsache, daß der 1911 publizierte Roman *Atlantis* (durchaus zufällig) dem spektakulären Untergang der Titanic literarisch vorgreift, hat an dieser Entwicklung maßgeblichen Anteil. Mit dem *Ketzer von Soana* von 1918 folgt ein weiterer (und letzter) Publikumserfolg innerhalb des epischen Werks. Das für das Frühwerk charakteristische psychopathologische Interesse des Erzählers läßt in den zwanziger Jahren spürbar nach. Statt dessen rücken mit dem Quint-Roman mythologische und literarische Muster, mit *Atlantis*, *Wanda*, dem *Buch der Leidenschaft* und *Im Wirbel der Berufung* autobiographische Erfahrungen in den Vordergrund.

Im Jahr 1928 legt Hauptmann das Versepos *Till Eulenspiegel* vor. Daß es – im Unterschied zu den anderen Versepen Hauptmanns – von der Öffentlichkeit wahrgenommen wird, verdankt sich einer beispiellosen verlegerischen Werbekampagne. Trotz der enttäuschenden Verkaufszahlen zementiert das Hexameter-Epos Hauptmanns Renommee als Klassiker. Auch thematisch sucht Hauptmann in den dreißiger und vierziger Jahren den Anschluß an klassische Werke der Weltliteratur. Der Roman *Im Wirbel der Berufung* von 1936 ist gleichermaßen Hamlet-Roman und Kontrafaktur von *Wilhelm Meisters Lehrjahren*. Die Auseinandersetzung mit Goethe setzt sich in den kleinen Prosawerken *Das Märchen* (1941) und *Mignon* (1947) fort. Das Terzinenepos *Der große Traum* von 1942 schließlich dokumentiert den (prekären) Anspruch, Dantes *Göttliche Komödie* überbieten zu wollen.

Es liegt nahe, Hauptmanns Konzentration auf literarische Vorbilder, phantastische und autobiographische Sujets als eine Art innere Emigration zu deuten. Die unmittelbare, bedrückende Gegenwart der nationalsozialistischen Herrschaft taucht in den Prosawerken der dreißiger und vierziger Jahre nicht auf. Daß in der Erzählung *Der Schuß im Park* (1939) von einem prekären Verhältnis zwischen einem baltischen Baron und einer schwarzen Frau die Rede ist (und die Afrikanerin dem maroden Europäer eindeutig überlegen erscheint), mag als verdeckter literarischer Einspruch gegen die Rassendoktrin der Nationalsozialisten gelten. Die phantastische Erzählung *Das Meerwunder* von 1934 beschränkt sich (wie der 1938 publizierte Tintoretto-Essay) darauf, einer elementaren Verzweiflung am Menschengeschlecht Ausdruck zu verleihen.

Insgesamt bietet das epische Werk ein erstaunliches (und größtenteils vergessenes) Spektrum an Formen, das Studien, Novellen, Erzählungen, Phantasien, Meditationen, Klein-Epen sowie Romane, Hexameter-, Stanzen- und Terzinenepen einschließt. Die erzähltechnischen Innovationen und Experimente der Moderne haben Hauptmann offenbar nicht beeindrucken können. Selbst seine bedeutendsten epischen Werke *Bahnwärter Thiel* (1888), *Der Narr in Christo Emanuel Quint* (1910), *Der Ketzer von Soana* (1918) und *Das Meerwunder* (1934) sind im weitesten Sinne herkömmlich erzählt. Bei manchen anderen Werken macht sich rasche Niederschrift und mangelnde Sorgfalt bemerkbar: Es fehlt jene Überarbeitungs- und Korrekturphase, die Hauptmann bei seinen Dramen in der Regel bis unmittelbar vor der Uraufführung ausschöpft.

Sowohl die Vielfalt als auch die schwankende Qualität des epischen Werks machen eine Auswahl notwendig. Abgesehen von den posthum publizierten Prosafragmenten sind folgende Einzelwerke nicht eigens berücksichtigt: die Erzählungen *Die Spitzhacke* (1931), *Die Hochzeit auf Buchenhorst* (1931), *Der Schuß im Park* (1939) und *Das Märchen* (1941); die Versepen *Promethidenlos* (1885), *Anna* (1921), *Die blaue Blume* (1927) und *Mary* (1939); die Hauptmanns Sohn Benvenuto gewidmeten Gralphantasien *Parsival* und *Lohengrin* von 1914 sowie die 1942 publizierten Meditationen *Sonnen*. Kommentare zu den autobiographischen Werken *Griechischer Frühling* (1908) und *Das Abenteuer meiner Jugend* (1937) sowie zum essayistischen Werk sind in die Darstellung der Biographie eingegangen.

Fasching
Eine Studie

Hauptmanns erste Erzählung handelt von einem Segelmacherehepaar, das kaum eine dörfliche Feier ausläßt. Sobald der gefrorene See den Schiffsverkehr lahmlegt, bestimmen »Feste, Tanzmusiken, Schmausereien im eigenen Hause und bei Fremden« (CA VI,19) den Alltag der Kielblocks. Auch in diesem Jahr bildet der Faschingsball den Höhepunkt der winterlichen Feiersaison. Mit aufwendiger Kostümierung – der Segelmacher geht als Halsabschneider, seine Frau Marie als Gärtnerin – machen sich die Kielblocks auf den Weg zum Festlokal. Wie üblich nehmen sie Gustav, ihren einjährigen Knaben, mit; die durch einen Schlaganfall behinderte, von Geldgier besessene Großmutter hütet das Haus. Der Maskenball dauert bis in die frühen Morgenstunden und wird – nach kurzem Kleiderwechsel – im Heidekrug fortgesetzt. Selbst als man mittags vor der eigenen Haustür angelangt ist, mag Kielblock sich noch nicht zur Ruhe legen. Der Segelmacher überredet seine Frau, mit dem Schlitten über den See zur Schwester zu fahren, wo man mit gleicher Ausgelassenheit bis zum Abend weiterfeiert. Obwohl von einem Jungen die Rede ist, der bei hellem Tage in eine offene Stelle des Sees geraten und beinahe ertrunken sei, sieht Kielblock der Rückfahrt gelassen entgegen. Sowohl der Vollmond als auch ein Licht im Fenster des Kielblockschen Hauses lassen die Passage unbedenklich erscheinen. Unterwegs zieht allerdings ein Unwetter auf, das das Vollmondlicht in kurzer Frist einschluckt. Als auch noch das Orientierungslicht im Zimmer der Großmutter erlischt, wird Kielblock von kaltem Entsetzen gepackt. In seiner Todesangst steuert er den Schlitten in die offene Stelle des Sees. Für die Familie kommt jede Rettung zu spät. Am andern Morgen werden ihre Leichen aus dem See geborgen; die Fischer des Dorfes finden im Haus des Segelmachers nur die Großmutter vor, die über nächtlichem Geldzählen im Alkoven eingeschlafen ist.

Im Frühjahr 1887 beginnt Hauptmann mit der Niederschrift seiner ersten Novelle – offenbar angeregt durch einen authentischen Unglücksfall: Am 13. Februar war der Schiffsbaumeister Zieb mit Frau und Kind bei einer nächtlichen Schlittenpassage im Flakensee bei Erkner eingebrochen und ertrunken. Die Berliner »Staatsbürger-Zeitung« berichtete zwei Tage später ausführlich über den Hergang des tragischen Ereignisses (vgl. den Abdruck der Zeitungsmeldung bei Requart/Machatzke, B 5: 1980, 74). Der Erstdruck der Novelle im Jahr 1887 in der wenig bekannten (und im Folgejahr eingestellten) Zeitschrift »Siegfried« machte so wenig Aufsehen, daß selbst Hauptmann seinem Erstlingswerk vorläufig keine weitere Beachtung schenkte. In den Werkausgaben bis in die frühen zwanziger Jahre ist die Novelle nicht abgedruckt. Erst 1922 machte der Germanist Max Herrmann – nach einem Zufallsfund des Erstdrucks – auf die Novelle aufmerksam, so daß im Folgejahr die erste Buchausgabe vorlag. Das Echo der Literaturkritik blieb dennoch vergleichsweise spärlich.

Die künstlerische Intention des jungen Gerhart Hauptmann wird erkennbar, wenn man die Novelle mit dem ihr zugrunde liegenden Unglücksfall vergleicht. Aus dem fleißigen, sparsamen Handwerkerehepaar Zieb werden zwei rücksichtslos leichtlebige Menschen, deren Vergnügungsrausch auf dem Höhepunkt karnevalesker Ausgelassenheit ein plötzliches Ende findet. Auf den ersten Blick scheint Hauptmann eine moralisierende Deutungsperspektive zu eröffnen – wie er sie fortan, etwa im *Bahnwärter Thiel*, vermeiden wird. Der Maskenball, eine weitere wesentliche Zutat, weist gleich mehrfach auf das Unheil voraus. Kielblock tritt auf »wie'n toter Leichnam, der drei Wochen in der Erde gelegen hat« (CA VI,21), und imitiert im Scherz den Hilferuf jenes Knaben, der am Vortag beinahe im See umgekommen wäre. Damit nicht genug: Gleich zu Beginn bemerkt ein Fischer beiläufig, er gehe Netze kaufen, um den Segelmacher bei Gelegenheit aus dem See zu fischen (CA VI,17). Neben dieser exzessiven Vorausdeutungstechnik (vgl. Guthke, B 5: 1980, 62) knüpft Hauptmann an genuin literarische Traditionen an, wenn er der alten, geldgierigen Großmutter märchenhafte Züge verleiht. Im Unterschied zum Märchenschema geht das Verderben der Kielblocks allerdings nicht auf die »böse« Großmutter zurück. Der Segelmacher verkennt in seinem »Vergnügungsfieber« (CA VI,20) die dämonisch-elementaren Kräfte der Natur – bis er ihnen schutzlos ausgeliefert ist: »[. . .] jetzt war es ihm plötzlich, als stünde er auf einem ungeheuren Käfig, darin Scharen blutdürstiger Raubtiere eingekerkert seien, die, vor Hunger und Wut brüllend, ihre Tatzen und Zähne in die Wände ihres Kerkers knirschend eingruben.« (CA VI,30). Bahnwärter Thiel und zahlreiche spätere Protagonisten Hauptmanns werden ähnliche Bilder für die elementare Kraft der Natur finden.

Bahnwärter Thiel

Gerhart Hauptmanns »novellistische Studie« von 1888 schildert das Leben eines Bahnwärters, der im märkischen Kiefernforst, weit abseits der nächsten menschlichen Ansiedlung, seinen Dienst versieht. Die ersten Absätze der Novelle erwecken den Eindruck, als gäbe es über die monotone Lebensform des Bahnwärters neben alltäglicher Arbeit und sonntäglichem Kirchgang nicht viel zu berichten. Dem äußeren Anschein nach geht dem stämmigen und immer ordentlich gekleideten Bahnwärter Thiel selbst der frühe Tod seiner ersten, von Anfang an kränklichen Frau nicht sonderlich nahe. Die Handlung gewinnt erst eine gewisse Dynamik, als Thiel zum zweiten Mal heiratet, um seinem Kind aus erster Ehe die notwendige Pflege zukommen zu lassen. Lene, eine robuste Kuhmagd, scheint zwar äußerlich besser zu Thiel zu passen als die im Wochenbett gestorbene Minna, führt allerdings – wie die Dorfbewohner mit Spott bemerken – nach kurzer Zeit ein harsches Ehe-Regiment. Dank seines »unverwüstlichen Phlegmas« erträgt Thiel die »harte herrschsüchtige Gemütsart, Zanksucht und brutale Leidenschaftlichkeit« seiner Frau ohne Widerspruch (CA VI,38 f.); Tobias hingegen, der schwächliche Sohn aus erster Ehe, ist Lenes Wutausbrüchen schutzlos ausgesetzt. Thiel zieht sich mehr und mehr in den isolierten Bezirk seines Bahnwärterhäuschens zurück, wo er in langen, einsamen Nächten Zwiesprache mit seiner verstorbenen Frau hält. Als Lene ein eigenes, kerngesundes Kind zur Welt bringt, wird Tobias dermaßen vernachlässigt, daß selbst die Nachbarn sich Sorgen machen.

Die mühsam etablierte Balance zwischen Lenes brutaler Leidenschaftlichkeit und Minnas spirituellem Zuspruch gerät ins Wanken, als dem Bahnwärter ein Stück Land längs der Bahnlinie zur Bewirtschaftung überlassen wird. Thiel sieht sich außerstande zu verhindern, daß Lene in den »geheiligten« Bezirk des Bahnwärterhäuschens eindringt, der ausschließlich der Verstorbenen gewidmet ist. Das in einem Traum vorweggenommene Unheil – Thiel sieht Minna mit einem blutigen Bündel im Arm auf den Bahngleisen – tritt ein, als Lene zur Bewirtschaftung der neuen Fläche ihrem Mann zur Arbeit folgt. Während sie längs der Bahnlinie Kartoffeln pflanzt, bleibt der kleine Tobias unbeaufsichtigt. Das Kind wird vom Schnellzug erfaßt und stirbt noch auf dem Weg zum Arzt. Thiel bricht zusammen, als er nach endlos langen Stunden der Ungewißheit vom Tod seines Sohnes erfährt. Man bringt den bewußtlosen, wirr phantasierenden Bahnwärter nach Hause, wo er scheinbar in einen ruhigen Schlaf fällt. Noch in der Nacht entdecken Dorfleute, die Tobias' Leiche ins Haus tragen, daß Thiel Frau und Kind erschlagen hat. Am nächsten Morgen findet man ihn an der Stelle, wo Tobias vom Zug überfahren wurde. Die Erzählung endet mit der Einlieferung des Bahnwärters in die Irrenabteilung der Berliner Charité.

Hauptmanns Themenkatalog läßt sich entnehmen, daß er im Frühjahr 1887 mit der Niederschrift der Novelle *Bahnwärter Thiel* begann. Ob tatsächlich – wie Hauptmann gut 40 Jahre später in der ersten Fassung seiner Autobiographie andeutet – ein konkreter Unglücksfall als stoffliche Anregung diente (Requardt/Machatzke, B 5: 1980, 116), ist bis heute nicht geklärt. Schon 1930 berichtet die »Breslauer Zeitung« von einem »Lokaltermin in Sachen Hauptmann, Thiel, Naturalismus«, der ohne konkretes Ergebnis blieb: Hundert Studenten der Germanistik suchten – den »Mord im Herzen, den Kartenplan in der Hand, die Novelle in der Tasche« – die märkische Bahnlinie ab, ohne ein authentisches Bahnwärterhäuschen zu entdecken (vgl. Post, B 7.2, 151–153).

Anregend wirkte zweifellos die dörfliche Umgebung von Erkner, wo Hauptmann seit 1885 mit seiner (wachsenden) Familie wohnte. Zu den Jugenderinnerungen an die Bahnhofswirtschaft in Sorgau, die seine Eltern vorübergehend bewohnten, traten jetzt Gespräche mit Bahnwärtern im märkischen Forst. Die biographisch grundierten Eindrücke von elementarer Natur und dämonischer Technik gingen nicht nur in die Bahnwärter-Novelle, sondern auch in einige Eisenbahn-Gedichte ein, die Hauptmann in der Erkner-Zeit verfaßte.[1]

Daß die Novelle 1888 in der naturalistischen Pro-

1 Vgl. Requardt/Machatzke, B 5: 1980, 120–132; Cowen, B 7, 43 f.

gramm-Zeitschrift »Die Gesellschaft« abgedruckt wurde, war von nachhaltiger Wirkung (die erste Buchausgabe folgte vier Jahre später zusammen mit der Novelle *Der Apostel*). Innerhalb der literarischen Zirkel avancierte Hauptmann zum ersten deutschen Prosaisten der neuen Richtung, ja zu einem deutschen Emile Zola. Neben den zahlreichen (und tonangebenden) enthusiastischen Lesern meldeten sich allerdings auch einige Kritiker: In sozialistischen Kreisen monierte man etwa, daß Hauptmann grundsätzlich zuviel Gewicht auf »die Schilderung kranker Seelen und seelischer Erkrankungen« lege.[2]

Die begeisterte Aufnahme des *Bahnwärter Thiel* innerhalb der literarischen Avantgarde erklärt sich vor allem dadurch, daß Hauptmanns Novelle den Maximen des Naturalismus vollkommen zu entsprechen scheint. Schon der Untertitel »Novellistische Studie« deutet den wissenschaftlich-experimentellen Charakter der Novelle an. Daß in den einleitenden Passagen aus neutraler Position berichtet und auf jede Innensicht verzichtet wird, unterstreicht die sachliche, ausschließlich objektiven Informationen vorbehaltene Perspektive. Überdies schildert Hauptmann ein Kleinbürgermilieu, wie es die Naturalisten als literarisches Sujet gegen die herkömmlichen Stoffe durchzusetzen versuchten. Hauptmanns minutiöse Beschreibung des ausbrechenden Wahnsinns (die ihm u. a. die abschätzige Bezeichnung »Kliniker« einträgt – vgl. Neuhaus, B 7.2, 38) ist offensichtlich nicht nur von Büchners *Lenz* und *Woyzeck*, sondern gleichfalls von den deterministischen Verfallsstudien Emile Zolas inspiriert. Die Novelle trifft den Nerv ihrer Zeit.

2 E[duard] B[ernstein], »Zwei Novellen von Gerhart Hauptmann«, in: »Die Neue Zeit« 11 (Oktober 1892) S. 112. Zit. nach Neuhaus, B 7.2, 38. Vgl. auch die von Klaus D. Post abgedruckte kritische Rezension aus dem Jahr 1893 (Post, B 7.2, 149–151).

Gegen diese literaturgeschichtliche Etikettierung ist allerdings einzuwenden, daß Hauptmanns *Bahnwärter Thiel* das naturalistische »Programm« in wesentlichen Punkten unterläuft. Die symbolische Grundierung der Novelle und ihr sorgfältig ausbalanciertes Spektrum von Gegensätzen sprechen für einen künstlerischen Gestaltungswillen, der sich mit den poetologischen Vorgaben des Naturalismus nicht vereinbaren läßt. Hauptmanns Bahnwärter wird zwischen der kränklichen, körperlos präsenten Minna und der starken Lene, zwischen spiritueller Liebe und körperlicher Leidenschaft hin- und hergerissen. Seiner psychischen Disposition entsprechend sind Wohnhaus und Bahnwärterhäuschen räumlich weit voneinander getrennt. In den Söhnen des Bahnwärters, dem schwächlichen Tobias aus erster Ehe und dem kraftstrotzenden »Balg« der Lene, wiederholen sich die konträren Charaktere der Frauenfiguren mit unverminderter Prägnanz. Zugleich verklammert Hauptmann diese Gegensätze im Bild der Eisenbahnstrecke, dessen zentrale Symbolfunktion schon Fritz Martini und Benno von Wiese hervorgehoben haben (Martini, B 7.2, 68; von Wiese, B 7.2, 271 f.): Minnas Traumbild schleppt sich – wie der Schnellzug »irgendwoher aus der Ferne« kommend« (CA VI,52) – mit ihrem blutigen Bündel über die Gleise; Lenes sinnliche Macht erscheint wie die Bahnstrecke als »Spinngewebe«, das sich »fest wie ein Netz von Eisen« (CA VI,47) um den Bahnwärter legt. Beide Frauenfiguren werden durch den metaphorischen Fluchtpunkt der Eisenbahnstrecke charakterisiert: ein erster Hinweis darauf, daß sich Thiels Seelenbezirke nicht auf Dauer auseinanderhalten lassen. Auch die elementaren Gegensätze von Natur und Technik, von »Waldeinsamkeit« (CA VI,47) und Schnellzug, verschwimmen dermaßen, daß Thiel sie zuletzt als eine einzige dämonische Bedrohung wahrnimmt.

Von der zeitgenössischen naturalistischen Prosa hebt sich Hauptmanns Novelle vor allem dadurch ab, daß hinter dem erbärmlichen Ende des Bahnwärters ein Verhängnis von archaisch-elementarer Wucht erkennbar wird.[3] Bereits in ihren Anfängen ist Hauptmanns Erzählkunst weit davon entfernt, nichts als bloße Natur sein zu wollen.

Der Apostel

Die Novelle beginnt mit der Ankunft eines Mannes in Zürich, der sich wenig später als Wanderprediger zu erkennen gibt: Die weiße Mönchskutte mit Strick und Stirnband unterscheidet den Apostel von allen anderen Menschen. Nach kurzer Nachtruhe in einem einfachen Gasthaus kleidet er sich an und steigt die Berge hinauf. Von der elementaren Bergwelt umgeben, erinnert der Apostel sich an den Traum der vergangenen Nacht: Italienische Landleute, die ihm begegnet waren, beteten ihn an. Der Traum und die starken Natureindrücke inspirieren ihn, zu den Menschen hinabzusteigen, um ihnen die göttliche Botschaft vom Weltfrieden zu bringen. Während des Abstiegs mehren sich die Anzeichen eines messianischen Sendungsbewußtseins: Wie Jesus beim Einzug nach Jerusalem vernimmt der Apostel »Hosianna, rauschende Palmwedel, Jauchzen« (CA VI,78); die zu ihm durchdringenden spöttischen Rufe der Umstehenden faßt er als christologisches Ehrenzeichen auf. Nach einer spontanen Pfingstpredigt am Seeufer sieht der Apostel in einer Traumvision den Messias in sich hineinschreiten. Die Novelle endet mit der Rückkehr eines Menschen in die Berge, der von seiner Göttlichkeit überzeugt ist.

3 Vgl. Martini, B 7.2. Die bei weitem forcierteste mythologische Deutung hat Klaus D. Post vorgelegt, der die beiden Frauen der Novelle als Verkörperungen der von Johann Jakob Bachofen entwickelten tellurischen Prinzipien interpretiert (Post, B 7.2, 109–116). Die von Post vorausgesetzte, frühe Bachofen-Lektüre Gerhart Hauptmanns ist allerdings zweifelhaft (vgl. Sprengel, B 5: 1984, 192).

Hauptmann greift bei seiner dritten Novelle auf Anregungen zurück, die er seinem Aufenthalt in Zürich im Jahr 1888 verdankt. Dort besuchte er Vorlesungen des berühmten Psychiaters Auguste Forel, besichtigte die von Forel geleitete Nervenheilanstalt Burghölzli und lernte – an einem Pfingstsonntag – den Wanderprediger Johannes Guttzeit kennen, der sich zwei Jahre später mit einiger Entrüstung in dem Apostel der Novelle wiedererkannte. Neben diesen unmittelbaren Erlebnissen gehen Motive aus Büchners Künstlernovelle *Lenz* und Dostojewskis Roman *Der Idiot* in die Novelle ein. Wenige Monate nach der Niederschrift im Frühjahr 1890 folgt der Erstdruck in der Zeitschrift »Moderne Dichtung«. Zwei Jahre später erscheint die Novelle zusammen mit dem *Bahnwärter Thiel* als Buch bei Fischer. Die öffentliche Resonanz ist wohl auch deshalb gering, weil die Novelle 1890 im Schlagschatten der Bühnenwerke, 1892 in dem der bereits prominenten Bahnwärter-Novelle steht.

Als »psychopathologische Fallstudie religiöser Wahnvorstellungen« (Requardt/Machatzke, B 5: 1980, 234) hat diese Novelle nicht nur ein spezifisch naturalistisches Sujet, sie eröffnet zugleich Hauptmanns lebenslange literarische Auseinandersetzung mit der Figur Jesu Christi, die mit dem Roman *Der Narr in Christo Emanuel Quint* einen (vorläufigen) Höhepunkt erreicht (vgl. auch die vorangegangenen *Jesus-Studien*, CA XI,1211–1258). Gerhart Hauptmann beschreibt das Skandalon einer Imitatio Christi in seiner dritten Novelle als pathologisches Phänomen. Der Apostel hört gleich zu Beginn ein »merkwürdiges Schwatzen«, das ihn seit Wochen plagt (CA VI,73); zuletzt vernimmt er ausschließlich »eines alten Freundes Stimme«: Gottvater, der mit seinem Sohne redet (vgl. CA VI,84). Damit ist angedeutet, daß das messianische Selbstbewußtsein des Apostels nicht auf göttliche Einwirkung, sondern auf eine krankhafte Disposition zurückgeht. Die Befindlichkeit des Wanderpredigers schwankt zwischen Allmachtsphantasien und beklemmendem Selbstzweifel. Es macht die Stärke der Novelle aus, daß Hauptmann auf auktoriale Distanzierungsgesten verzichtet und die Beweggründe seines Protagonisten nur beiläufig entlarvt. Daß sich der Apostel mit Wohlgefallen im Spiegel betrachtet und »mit seinem edlen Gange, einsam in der Frühe auf die Berge steigend« von einem großen Maler porträtiert werden möchte (vgl. CA VI,72 f.), relativiert die evangelische Mission nachhaltig. Der briefliche Vorwurf des Predigers Johannes Guttzeit, daß in der Novelle die erhabensten Wünsche und Vorstellungen einer heuchlerischen, gelbsüchtigen Seele zugeschrieben seien, greift allerdings zu kurz. In seinem Antwortschreiben weist Hauptmann diese Vereindeutigung des Apostels zurück – und bestreitet zudem, daß dieser ein Abbild Guttzeits darstellen soll (Requardt/Machatzke, B 5: 1980, 235). Ungeachtet des starken Eindrucks, den der Prediger auf den jungen Hauptmann machte, läßt sich die Novelle nicht auf »photographische« Aspekte reduzieren. Neben dem authentischen Vorbild Johannes Guttzeit steht gleichberechtigt ein literarisches: In Georg Büchners Künstlernovelle *Lenz* sind die enthusiastischen Naturwahrnehmungen[4] und religiösen Exaltationen des Apostels bereits vorgezeichnet. Offensichtlich gehört die in der Novelle beschriebene *imitatio Christi* zum Spektrum radikaler Lebensformen der Jahrhundertwende: Rainer Maria Rilke (*Der Apostel*) und Thomas Mann (*Gladius Dei*) machen sie ihrerseits zum Novellenthema.

4 Karl S. Guthke hat zu Recht darauf hingewiesen, daß die Natur in Hauptmanns dritter Novelle – im Unterschied zu *Bahnwärter Thiel* und *Fasching* – als »Quelle gerade der lichtvollen, höheren, göttlichen Kräfte« erscheint (Guthke, B 5: 1980, 66).

Der Narr in Christo Emanuel Quint

Gerhart Hauptmanns erster Roman erzählt die Geschichte einer radikalen Nachfolge Christi, die sich gegen Ende des 19. Jahrhunderts in Schlesien zugetragen haben soll. Die Romanhandlung beginnt mit einer spektakulären Szene: An einem Sonntagmorgen im Mai verläßt Emanuel Quint die elterliche Tischlerhütte, wandert ins nahegelegene Reichenbach und hält auf dem Marktplatz eine Bußpredigt, die ihm sogleich Polizeigewahrsam einträgt. Beim anschließenden Verhör gibt der junge Quint zu verstehen, daß er sich einzig als Bekenner des Evangeliums Jesu Christi begreift, und wird mit strengem Verweis vom Pfarrer und Amtsvorsteher entlassen. Die Episode hat Folgen: Quint fühlt sich durch den obrigkeitlichen Widerstand und das spöttische Publikum erstmals der vollen Nachfolge Christi gewürdigt. Überdies schließen sich ihm zwei armselige Brüder an, die von dem merkwürdigen Prediger Rat und Tat erhoffen: Ihr Vater ist seit Wochen schlaflos und fiebrig. Von seinem ersten Auftritt berauscht, folgt Quint den beiden Webern und bewirkt durch seine bloße Anwesenheit, daß der Vater nach einem erschöpfenden Tobsuchtsanfall zur Ruhe kommt. Für die beiden pietistischen Betbrüder Anton und Martin Scharf (nicht für den skeptischen Chronisten) handelt es sich um ein Wunder, das nur Christus selbst bewirkt haben kann.

Mit der Gewißheit, daß der Heiland in ihm ist, setzt Quint seine Wanderschaft durch das schlesische Eulengebirge fort. Dabei trifft er sehr bald auf einen weiteren Wanderprediger, der seinem Publikum – nach dem Vorbild Johannes' des Täufers – das kommende Gericht ausmalt. Quints demütig vorgetragene Auffassung der Heiligen Schrift wirkt auf den strafgewaltigen Mann dermaßen überzeugend, daß er sich herbeiläßt, ihn zu taufen. Spätestens von diesem Zeitpunkt an ordnet sich Quints Lebensweg nach Maßgabe der Evangelien: Auf den Spuren Christi zieht der Getaufte für vierzig Tage und Nächte in die Einöde der Bergwelt. Auch dort erfüllt sich, was geschrieben steht. Quint sieht sich drei Versuchungen ausgesetzt, denen er im Vertrauen auf seine Sendung widersteht. Unterdessen hat die erste Wunderheilung Kreise gezogen. Die Brüder Scharf suchen Quint im Gebirge auf, weil sie ihn für den »Gesalbten des Vaters« halten. Als Quint in einer dürftigen Weberhütte auch noch ein tobsüchtiges Mädchen heilt, setzt ein großer Zustrom von Heilungs- und Erlösungsbedürftigen ein. Quint sieht sich gezwungen, vor den zudringlichen Massen und der abermals beunruhigten Amtsgewalt zu fliehen. Mit Hilfe eines ortskundigen Schmugglers, des böhmischen Josef, gelingt es ihm nur vorübergehend, der Verhaftung zu entgehen. Im Gefängnis träumt Quint von einer mystischen Hochzeit, in deren Verlauf Jesus vollkommen in ihn eingeht.

Während die Brüder Scharf unter dem Eindruck ihrer Erlebnisse eine Quint-Gemeinde gründen, überstellt man den »um Christi willen zum Narren« gewordenen Prediger in sein Heimatdorf – ein psychiatrisches Gutachten hat nur Zeichen leichten Schwachsinns feststellen können. In Giersdorf wird Quint sowohl der Spott der Nachbarn als auch der Haß seines Schwiegervaters zuteil. Bald zeichnet sich ein Ende der Erniedrigungen ab, da das Gurauer Fräulein, eine für ihre Wohltätigkeit bekannte pietistische Adlige, durch den Ortspfarrer Erkundigungen über den »Giersdorfer Heiland« einzieht. Als Quint bei einer Zusammenkunft mit seinen mittlerweile eingetroffenen Jüngern überfallen und verletzt wird, läßt sie ihn auf ihre Kosten gesundpflegen. Nach einigen Wochen im Krankenhaus siedelt Quint auf Veranlassung der Adligen bis auf weiteres in die Gärtnerei der Herrschaft Miltzsch über. Als Gast der Familie Heidebrand lebt Quint weitgehend unauffällig; Spannungen entstehen erst, als Ruth, die Tochter der Gärtnerfamilie, in die religiöse Lebenswelt des Fremden eintaucht und sich ihrer Familie entfremdet. Daß Quint kein Geld annimmt, die Dorfkinder um sich versammelt und dem Gottesdienst fernbleibt, stößt mehr und mehr auf Unwillen. Unterdessen haben die beim Giersdorfer Überfall versprengten Quint-Jünger in einer versteckten Talmühle ein religiöses Gemeinwesen gegründet, das – in Abwesenheit des Meisters – teils häretische, teils orgiastische Züge annimmt.

Als der fünfte Abgesandte der zunehmend verwilderten Talbrüder in der Miltzschen Gärtnerei erscheint, gibt Quint nach und kümmert sich um seine Gemeinde. In der Talmühle angekommen, beruhigt und unterweist er die fanatisierten Jünger. Noch in der Nacht verläßt Quint die Talbrüder, um Ruth Heidebrand, die ihm heimlich bis zur Talmühle gefolgt ist, zu ihren Eltern zurückzubringen. Quints Rückkehr ist nicht dazu angetan, die Eltern versöhnlich zu stimmen; darüber hinaus sind die Talbrüder inzwischen derartig auf ihren »Herrn« eingeschworen, daß sie ihm in sein Exil nachfolgen. Am Ostersonntag ist die Gärtnerei von Quint-Jüngern umlagert, die endlich das Geheimnis des Reichs in Erfahrung bringen wollen. Was Quint ihnen daraufhin zur Antwort gibt, ist eindeutig von messianischem Selbstbewußtsein geprägt. Nach Maßgabe der Strafpredigten Christi brüskiert Quint die Menge, indem er ihr religiöse Heuchlerei vorwirft und zugleich gegen den Mammon, gegen Kriegsdienst und weltliche Gerichtsbarkeit zu Felde zieht. Als er sich selbst als auferstandenen Christus und Heiland ausgibt, fliegt der erste Stein. Mit knapper Not entgeht Quint dem Tod.

Während Nathanael Schwarz ein weiteres Mal versucht, den von ihm Getauften von seinem Christuswahn abzubringen, findet Quint in Kurt Simon und Benjamin Glaser neue Anhänger. Mit Ausnahme des böhmischen Josef treffen auch die übrigen Jünger wieder ein und ziehen mit ihrem Meister nach Breslau, wo man in einem einfachen Gasthaus Quartier nimmt. Die großen Leiden und Martern, die Quint für seine Person angekündigt hat, lassen vorerst auf sich warten. Als die Jünger zeitgleich an mehreren öffentlichen Plätzen der Stadt verkünden, daß Christus auferstanden sei, erhält Quint Zulauf von seiten der Stadtbevölkerung. Wie Christus im Hause Levi mit Zöllnern und Sündern tafelt er in Gesellschaft zwielichtiger Gestalten im »Musenhain«, einer berüchtigten Breslauer Spelunke. Dort machen die Quintianer zugleich Bekanntschaft mit dem Intellektuellenmilieu der Großstadt. Wüste Debatten zwischen den im »Musenhain« versammelten Quint-Jüngern, Sozialisten, Fortschrittsenthusiasten und Künstlern lassen erkennen, daß Quints Mission sich mit der Aufbruchstimmung einer ganzen Generation berührt.

Unter wachsendem Erwartungsdruck schart Quint ein letztes Mal seine Jünger um sich, um ihnen – nach einem gemeinsamen Mahl – die Füße zu waschen. Als wäre ihm die Rolle des Judas zugefallen, hält der überraschend hinzugekommene böhmische Josef dieser christologischen Geste nicht stand. Als wenig später bekannt wird, daß Ruth Heidebrand in der Nähe Breslaus tot aufgefunden wurde, fällt der Mordverdacht auf den selbsternannten Messias. Quint kehrt ins Gasthaus zurück und wird umgehend verhaftet. Im Prozeß verzichtet er auf jede Stellungnahme zur Mordanklage; ein (falsches) Geständnis legt er erst ab, als man den böhmischen Josef als Mörder entlarvt hat. Am Tag seiner Freilassung geht Quint absichtsvoll den verbliebenen Anhängern aus dem Weg. Im Namen Christi zieht er nun allein über Berlin, Frankfurt und Süddeutschland in die Schweiz. Die Spur des Narren in Christo endet am Gotthardpaß, wo man seine erstarrte Leiche bei der Schneeschmelze entdeckt. In seiner Tasche steckt ein Zettel mit der Frage »Das Geheimnis des Reichs?«

In einem Interview aus dem Jahr 1912 behauptet Gerhart Hauptmann, 27 Jahre an seinem Roman gearbeitet zu haben (GI,55 f.). Dabei rechnet er seine umfangreichen *Jesus-Studien* der Jahre 1885–90 (CA XI,1211–1258) offensichtlich ebenso zu den Vorarbeiten wie mehrfache Ansätze zu Jesus-Dramen, von denen nur zwei erhalten sind (CA IX,70–106). Der thematische Zusammenhang ist evident: In den fragmentarischen *Jesus-Studien* gibt Gerhart Hauptmann eine ebenso eigenwillige und unorthodoxe Deutung der Evangelien, wie er sie Jahrzehnte später seinem Romanhelden zuschreibt.[5] Hier wie dort akzentuiert Hauptmann vor allem das problematische Verhältnis zwischen dem Religionsstifter und seinen Anhängern. Wie Jesus von Nazareth, der sich den *Studien* zufolge »bis zur Mitte seiner Laufbahn [...] den Namen ›Gottes Sohn‹ niemals selbst beigelegt« haben soll (CA XI,1254), gerät auch Quint erst allmählich in den Sog einer messianischen Lebensform – nicht zuletzt aufgrund von Mißverständnissen seiner Jünger. In den überlieferten Dramenfragmenten setzt Hauptmann seine Deutung der Evangelien erstmals in literarische Wirklichkeit um. Das zweite, nach 1894 entstandene Fragment eines »sozialen Dramas« mit dem Titel *Jesus von Nazareth* ist bereits – wie der spätere Roman – im Weber-Milieu der Gegenwart angesiedelt. Dort tritt der junge Schreiner Martin inmitten sozialer Unruhen die Nachfolge Christi an; ein Weber übernimmt die Rolle des Johannes (vgl. CA IX,74–106). Neben diesen Dramen-Fragmenten gehört die bereits 1890 fertiggestellte Novelle *Der Apostel* (s. S. 274–276) in den thematischen Umkreis des Romanprojekts.

Der Plan zu einem Jesus-Roman entsteht offenbar erst nach der Jahrhundertwende. Im Januar 1901 finden sich erste Tagebuch-Notizen zu einem Romanprojekt; in den frühesten erhaltenen Romanpassagen konfrontiert Hauptmann seinen Protagonisten gleich zu Beginn mit einem sozialistischen Agitator, der in der Christusgestalt einen Gesinnungsgenossen zu entdecken glaubt (vgl. CA XI,283–298).

5 Darauf hat erstmals Samuel Dickinson Stirk hingewiesen (B 7.4). Ulrich Lauterbach resümiert, daß keines der in den *Jesus-Studien* entwickelten Argumente zur Reinigung der Lehre Jesu von Schlacken und Wucherungen im Quint-Roman fehlt: Lauterbach, B 7: Bd. 2,415–417.

Bereits 1902 schließt Hauptmann mit seinem Verleger Fischer einen Vorvertrag ab, obwohl die Arbeit am Roman über erste Entwürfe noch nicht hinausgekommen ist. Fünf Jahre später nimmt sich Hauptmann das Projekt wieder vor: Vom Sommer 1907 bis zum April 1910 ensteht die Endfassung des Romans. Einem auf Dezember 1909 datierten Entwurf zufolge soll Quint zuletzt »mit den Zwölfen« in Berlin Einzug halten (vgl. CA XI,298–301). Womöglich verzichtet Hauptmann unter Termindruck auf diese Episode: Im Januar 1910, während er noch an der zweiten Romanhälfte schreibt, beginnt Fischer bereits mit dem Vorabdruck der ersten Kapitel in der »Neuen Rundschau«. Wenige Monate später erscheint der Roman in Buchform.

Schon die Notizen zum Drama *Jesus von Nazareth* stehen unter dem Vorsatz, die aktualisierte Geschichte Jesu mit eigenen Lebenserfahrungen zu verknüpfen. Das am 2. April 1894 notierte Motto »Das eigene Leben hinein verquicken« (CA IX,75) gilt auch für den späteren Roman. Peter Sprengel hat detailliert beschrieben, auf welche Erfahrungen Hauptmann bei der Konzeption des Quint-Romans zurückgriff (Sprengel, B 5: 1982, 73–138). Da ist zunächst die religiöse Erlebniswelt der Jahre 1878–79: Als Landwirtschaftseleve auf Gut Lederose fühlte sich Hauptmann nach eigenem Bekunden »religiös fanatischen Einflüssen schutzlos hingegeben«. Mit den »Stimmungs- und Innenerlebnissen jener Zeit« will Hauptmann, wie es in einem um 1902 verfaßten Briefentwurf heißt, den ersten Teil seines Romans bestreiten (zit. nach Sprengel, B 5: 1982, 86). Zum Umkreis Quints gehört denn auch ein junger, sensibler Gutslehrling, dem Hauptmann ein eigenes Gedicht zuschreibt (vgl. CA V,39 und VII,746). Dieser halb sentimentalische, halb skeptische Quint-Anhänger mit Namen Kurt Simon ist Hauptmanns Selbstporträt als junger Mann. Darüber hinaus kreuzen in durchsichtiger Maskierung Studienfreunde und Weggefährten späterer Jahre den Weg des Narren in Christo: die Brüder Heinrich und Julius Hart sind als Herausgeber einer

Berliner Zeitschrift (die niemand liest) in den Brüdern Hassenpflug porträtiert; hinter dem fortschrittsbegeisterten Dr. Hülsebusch wird Hauptmanns Jugendfreund Alfred Ploetz erkennbar. Für die Charakterisierung des schwärmerischen Protagonisten greift Hauptmann – wie schon bei der Novelle *Der Apostel* – auf psychologische Studien zurück, die er 1888 in Zürich machte.

Bei den zeitgenössischen Kritikern wird Hauptmanns erster Roman überwiegend positiv aufgenommen. Die Vorbehalte kirchlicher Zeitschriften nimmt Hauptmann mit Gelassenheit zur Kenntnis: »Ich habe im Buche alles gesagt, was ich zu sagen hatte: wenn es undeutlich geblieben ist, dann kann i c h gewiß nicht helfen. Wer aber in dem ›Narren in Christo‹ den Antichrist zu sehen vermeint, der nehme sich in Obacht, daß ihm nicht etwa selbst Hörner und Klauen wachsen«, schreibt er am 19. 9. 1912 an Alfred Oehlke (zit. nach Sprengel, B 5: 1982, 94). Die amtskirchliche Romankritik bezieht sich offensichtlich nicht nur auf die wenig glaubwürdigen Kirchenvertreter des Romans. Daß der *Narr in Christo* von vielen Kritikern als religiöse Bekenntnisschrift, als Mysterium, von Julius Bab sogar als »fünftes Evangelium« bezeichnet wird, provoziert den Widerspruch der religiösen Orthodoxie. Robert Faesi deutet 1912 Hauptmanns Protagonisten erstmals weder als neuen Christus noch als Antichrist, sondern als Psychopathen (vgl. Faesi, B 7.4) – und eröffnet damit eine Deutungstradition, die bis zur Gegenwart anhält.

Mit seinem ersten Roman kehrt Gerhart Hauptmann noch einmal ins Milieu der schlesischen *Weber* zurück. Das Drama von 1892 deutet bereits an, daß die ärmliche und monotone Lebensform der Weber auch religiöse Inspirationen freizusetzen vermag: Während der Protest der Unterdrückten im dritten Akt allmählich eskaliert, beginnt ein alter Weber plötzlich ohne jeden Dialekteinschlag in der Diktion der Lutherbibel vom kommenden Gericht zu sprechen (vgl. CA I,402 ff.). Der Roman macht dieses Phänomen zum Ausgangspunkt seiner Geschichte. 40 Jahre nach dem im Drama gestalteten Aufstand der schlesischen Weber verkündet Emanuel Quint im schlesischen Reichenbach seine Vision eines neuen Lebens in Christus; Elend und Erlösungsbedürftigkeit der Menschen, die seinen Weg kreuzen, haben sich offensichtlich nicht geändert. Daß Quint seine ersten und glühendsten Anhänger bei den Ärmsten findet, ist ein Indiz für das gesellschaftskritische Potential des Romans. Ausgerechnet den Pfarrern des Romans, den installierten Verkündern des Evangeliums, fällt nichts Besseres ein, als Quint Arbeit und »Gehorsam gegen die Obrigkeit« (CA V,14) nahezulegen.

Sein unverwechselbares Profil gewinnt der Roman allerdings dadurch, daß Quints religiöser Aufbruch alle Anzeichen eines mythischen Spurengangs trägt. Schon die Figurenkonstellation entspricht weitgehend den biblischen Vorgaben. Als unehelicher Sohn eines Tischlers tritt Emanuel Quint im Alter seines Vorbilds Jesus von Nazareth zum ersten Mal an die Öffentlichkeit. Von einem Bußprediger, der »[w]ie der Täufer Johannes gleichsam Donner, Blitz und feurige Ruten« redet (CA V,26), empfängt Quint die Taufe in freier Natur. Daß eine Taube im rechten Moment heranschwebt, komplettiert das biblische Taufszenario. Nach einem etwa vierwöchigen Exil mit manifesten Versuchungen schart Quint Jünger um sich, heilt Kranke und spricht in Gleichnissen. Die Mehrzahl der Romanfiguren nimmt auf die eine oder andere Weise an Quints biblischem Rollenspiel teil: Benjamin Glaser als reicher Jüngling, die an der Tafel im »Musenhain« versammelten »Sünder« als Gäste im Hause Levi, die Kellnerin Elise Schubrich als Maria Magdalena, nicht zuletzt der böhmische Josef in der Rolle des Judas; als Quint seinetwegen unschuldig verhaftet wird, erhängt er sich nach Maßgabe seines biblischen Vorläufers. Mit zunehmender Konsequenz modelliert Quint seine

Laufbahn nach dem Muster Jesu Christi. Nach einer Fußwaschung und dem letzten Mahl im Beisein der Jünger scheinen jene Leiden zu folgen, auf die der Giersdorfer Heiland längst zusteuert. Quint wird unschuldig verhaftet und vor Gericht gebracht, wie es geschrieben steht; seine Passion bleibt allerdings trotz (fälschlichem) Geständnis hinter der biblischen Vorgabe zurück. Wie die Jünger vor dem leeren Grab stehen Quints verbliebene Anhänger am (vermeintlichen) Tag der Entlassung vor dem Gefängnis; ihren Meister sehen sie nicht mehr.

Die Geschichte des Narren in Christo wird freilich nicht in der Diktion der Evangelien erzählt. Gerhart Hauptmann überläßt es einem überwiegend distanzierten Chronisten, auf den krankhaften Wahn des Protagonisten und die Leichtgläubigkeit seiner Jünger hinzuweisen. Gleich zu Beginn werden die wesentlichen psychologischen Ursachen der kollektiven Schwärmerei genannt: innerhalb der monotonen Arbeitswelt der Weber bildet die Bibel als einziges Buch imaginäre Entschädigung für ein entbehrungsreiches Leben. Quint selbst tritt die Nachfolge Christi an, weil er (nach eigenem Bekenntnis) seit seiner Jugend davon träumt, »ein wundergewaltiger König und Gott zu sein« (CA V,41). Der Romantitel ist dementsprechend ambivalent: Während Quint sich selbst unter Berufung auf den ersten Korintherbrief als »Narren in Christo« bezeichnet, deckt der Chronist die pathologischen Aspekte des Ehrentitels auf.

Die Kommentare des Chronisten rücken den biblisch inspirierten Schwärmer in die Nähe des Don Quijote. Daß Quint sich nicht zum Ritter, sondern gleich zum Messias erklärt, verleiht seinen Abenteuern jedoch ganz eigene Reize. Anstelle des bodenständigen Sancho Pansa wird Quint von fanatisierten Jüngern begleitet, die ihn in seinem Christuswahn zusätzlich bestärken. Dementsprechend muß sich Quint – im Unterschied zum Ritter von der traurigen Gestalt – nicht unausgesetzt in seiner erlesenen Existenz behaupten. Im Gegenteil: Es gehört zur biblischen Vorlage, daß die messianische Hoffnung der Jünger zunächst geheimgehalten wird. Im Roman entsteht daraus ein folgenreiches Mißverständnis: Offensichtlich wird Quint nach seinen ersten Auftritten von der Erlösungshoffnung der fanatisierten Betbrüder überrascht. Mit einer gewissen Bestürzung stellt er die Frage, für wen sie ihn eigentlich halten. »Wir wissen, daß du der Gesalbte des Vaters bist«, antworten sie zum Entsetzen ihres Meisters, der ihnen denn auch sofort »die schreckliche Absurdität einer solchen Behauptung« vor Augen führt (CA V,67). Ihre Zweideutigkeit gewinnt die Szene dadurch, daß sie in den Evangelien genau vorgezeichnet ist. Schon Quints Frage ist dazu angetan, den Messiasglauben der Betbrüder zu bestärken: So fragte Jesus von Nazareth seine Jünger (vgl. Lk. 9,20 f.). Noch bei dem glaubwürdigen Versuch, jede messianische Hoffnung in Abrede zu stellen, bleibt Quint in der Spur Christi. Im Unterschied zu Cervantes' fahrendem Ritter gerät der Narr in Christo zunehmend in den Sog radikaler Erwartungen und Sehnsüchte; angesichts allgemeiner Erlösungsbedürftigkeit entwickelt Quints messianische Lebensform eine Eigendynamik, die sich jeder Kontrolle entzieht. Ungeachtet ihrer pathologischen Ursachen läßt sie sich nicht als anachronistische oder unterhaltsame Schwärmerei nach dem Muster des *Don Quijote* abtun. Gerade die amtlichen Kirchenvertreter stehen im Roman vor einem Dilemma, da die Nachfolge Christi das Zentrum ihrer Lebensform bildet und überdies nach dem Wortlaut des Evangeliums mit einer Wiederkehr Christi jederzeit zu rechnen ist. Daß sie ihrer Aufgabe nicht gerecht werden, verleiht der exaltierten Laufbahn des Narren in Christo zusätzliche Sympathie.

Diese christologische Variation des *Don Quijote* ist ein zentrales Motiv zahlreicher (größtenteils längst vergessener) Romane der Jahrhundertwende. Sie konfrontieren einen selbsternannten Messias mit der Lebenswelt der Moderne.[6] Hauptmanns Quint-Roman hebt sich insofern von ihnen ab, als er über die Kritik an der religiösen Orthodoxie und die literarische Erprobung neuer Spiritualitätsformen weit hinausgeht. Vor allem der zweite Teil des Romans führt vor Augen, daß Quint nicht nur bei den Unterdrückten, sondern auch bei der Breslauer Bohème Anhänger findet. Nicht zufällig läßt Hauptmann seinen Narren im »Musenhain« mit Sozialisten, Künstlern und allerlei Zukunftsaposteln tafeln. Emanuel Quint bildet den Mittelpunkt dieser bizarren Abendmahlsgemeinschaft, weil sich die Erlösungsbedürftigkeit einer ganzen Generation in ihm spiegelt. Angesichts dieser Mehrdeutigkeit gerät selbst die skeptische Perspektive des Chronisten ins Wanken. Nachdem er immer wieder auf die Krankheitssyndrome seines Protagonisten hingewiesen hat, räumt der distanzierte Erzähler auf der vorletzten Seite die Möglichkeit ein, daß es sich bei diesem Menschen tatsächlich um Christus gehandelt haben könnte (vgl. CA V,413). Am Ende des Romans steht kein »letztes Wort«, sondern eine Frage.

Peter Sprengel hat darauf hingewiesen, daß die Säkularisation der christlichen Glaubensinhalte zu den Voraussetzungen des Romans gehört (Sprengel, B 5: 1984, 196 f.). Hauptmanns aktualisierende, gleichermaßen sozialistische, psychopathologische und künstlerische Deutung der Figur Christi verdankt sich zweifellos der radikalen Religionskritik des 19. Jahrhunderts. Je weiter allerdings die Säkularisation fortschreitet, desto »unlesbarer« werden Jesus-Romane wie *Der Narr in Christo*. Hauptmanns Protagonist macht Voraussetzungen, die gegen Ende des 20. Jahrhunderts problematisch geworden sind. Während Cervantes' fahrender Ritter die Beschaffenheit seiner erlesenen Existenz fortwährend einer ahnungslosen und unbelesenen Umgebung er-

6 Elisabeth Hurth, »›Der neue Heiland‹. Aspekte der Jesusroman-Literatur um 1900«, in: »Wirkendes Wort« 43 (1993) S. 575–592.

läutern muß, ist Quints Anhängern immer schon klar, welche Stationen im Leben Christi vorgezeichnet sind. Für den Leser erschließt sich der Roman nur, wenn er mit den Evangelien so vertraut ist, daß er (wie Quints Jünger) die Zweideutigkeit der Romanhandlung erkennt. Zweideutig ist der Roman nicht nur, insofern er sich gleichermaßen auf die mythische Folie der Evangelien und auf die Gegenwart der Jahrhundertwende bezieht. Der eingeschaltete Chronist sorgt dafür, daß der Roman weder zu einer psychopathologischen Schwärmerstudie noch zu einem religiösen Gesinnungsbuch wird: Nähe und Distanz, Sympathie und Entlarvung sind genau ausbalanciert.

In der Forschung gilt der *Narr in Christo* zu Recht als Hauptmanns bedeutendster Roman – was sich in einer beachtlichen Anzahl von Quint-Studien niedergeschlagen hat.[7] Allerdings ist die Bewertung des Protagonisten bis heute umstritten. Gegen die pathologischen Befunde von Faesi (B 7.4), Sulser (B 7.4), Ziolkowski (B 7.4), Krauß (Sprengel/Mellen, B 3: 1986) und Leonhardt-Aumüller (B 7.4) schreiben Monica Hensel (B 7.4) u. a. dem Narren in Christo lebenswerte Ideale zu. Peter Sprengels entstehungsgeschichtlich orientierte Studie von 1982 markiert insofern einen Wendepunkt, als sie den Roman vor dem Hintergrund der zeitgenössischen Reformbewegungen interpretiert und so die Vieldeutigkeit der Narren-Geschichte vor Augen führt.

Atlantis

Der erste Teil des Romans schildert die in mehrfacher Hinsicht abenteuerliche Amerika-Reise, die der junge Bakteriologe Friedrich von Kammacher im Januar 1892 unternimmt. Kammachers Reise an Bord des Post- und Schnelldampfers

7 Vgl. den Forschungsüberblick von Sprengel, B 5: 1984, 195 f., und Wende-Hohenberger, B 7.4, 9–13.

»Roland« markiert das (vorläufige) Ende einer bemerkenswerten Karriere: Mit einer bakteriologischen Arbeit hat der junge Arzt seinen wissenschaftlichen Ruf leichtfertig aufs Spiel gesetzt. Nachdem er bei seiner Frau Anzeichen lebensbedrohlicher Geisteskrankheit ausgemacht hat, gibt er sowohl die bürgerliche Lebensform als auch die wissenschaftliche Laufbahn auf. Kammacher verkauft sein Haus, schließt die ärztliche Praxis und schickt seine drei Kinder in Pension – um einer jungen Tänzerin nach New York zu folgen, der er seit Wochen besinnungslos von Auftritt zu Auftritt folgt.

Ein Tanz mit dem Titel »Mara oder das Opfer der Spinne« ist die Glanznummer der 15jährigen Artistin Ingigerd Hahlström – und Sinnbild ihrer fatalen Attraktion. Als Biene entdeckt sie auf der Bühne eine große Blume, die allerdings von einer widerlichen Spinne besetzt ist. Mit einer Mischung aus Furcht, Entsetzen und Neugier kehrt sie zur Blüte zurück – und verstrickt sich zuletzt hoffnungslos im Netz der Spinne. Nach spektakulären Erfolgen auf zahlreichen europäischen Bühnen reist Ingigerd Hahlström nun in Begleitung ihres Vaters und eines Verlobten zu einem Engagement nach New York. Der Roman läßt keinen Zweifel daran, daß Ingigerd im Tanz ihre eigene Geschichte zur Darstellung bringt. An Bord des Amerikadampfers zeigt die Tänzerin mädchenhafte Unschuld und Neugier für allerlei Abgründiges mit gleicher Profession. Zugleich wirft der Tanz ein Licht auf das Verhältnis zwischen Ingigerd und ihren Verehrern: Friedrich ist dermaßen von dieser *femme fragile* eingenommen, daß er im Begriff steht, seinerseits die Rolle des Spinnenopfers zu übernehmen.

Neben der Werbung um die Gunst der Tänzerin macht Friedrich Bekanntschaft mit anderen Passagieren. Ober- und Zwischendeck des »Roland« bilden einen Querschnitt durch die wilhelminische Gesellschaft vor der Jahrhundertwende. Während Künstler, Geschäftsreisende, Ärzte und gescheiterte Existenzen als Kajütpassagiere dem Champagner oder dem Kartenspiel zusprechen, drängen sich im Zwischendeck kinderreiche Familien auf Matratzenlagern. In Begleitung des Schiffsarztes taucht Friedrich in diese Sphäre ab. Weder die Eindrücke sozialen Elends noch die flüchtige Liaison mit einer russischen Jüdin lösen jedoch den Bann der Tänzerin.

Was Friedrich tagsüber an innerer Zerrissenheit niederkämpft, raubt ihm nachts den Schlaf. Im Traum sieht er sich mit einem Rettungsboot in einem geheimnisvollen Hafen ankommen, der von Jugendfreunden und Verstorbenen bevölkert ist. Friedrichs träumerische Hadesfahrt knüpft an Atlantis- und Vinetamythen an – und nimmt den tatsächlichen Untergang des Dampfers vorweg. In zunehmend stürmischerem Wetter läuft das Schiff auf ein treibendes Wrack. Nur ein Bruchteil der Passagiere überlebt den Untergang. Zusammen mit Ingigerd und einigen anderen gelangt Friedrich in ein Rettungsboot, das nach 24 Stunden von einem Frachtschiff aufgegriffen wird. Bei den Überlebenden setzen sich Euphorie und Zukunftshoffnung gegen die grauenvollen Eindrücke der Katastrophe durch.

In New York angekommen, verlieren sich die Überlebenden allerdings sehr bald in der Betriebsamkeit der »Neuen Welt«, mit der sich der zweite Teil des Romans kritisch auseinandersetzt. Friedrich übernimmt es, die zur Halbwaise gewordene Ingigerd vor den Profitinteressen ihrer New Yorker Agentur zu schützen. Zugleich wird er in eine Künstlerkolonie eingeführt, die ihn zu eigenen bildhauerischen Versuchen ermuntert. Daß Ingigerd seinen Heiratsantrag zurückweist und nach langwierigen Verhandlungen mit amerikanischen Sittlichkeitsbehörden auf die Bühne zurückkehrt, führt zum Bruch. Friedrich flüchtet zu seinem Jugendfreund Peter Schmidt nach Meriden und zieht sich vollständig zurück. In der Einsamkeit Connecticuts steigert sich seine innere Krise zu einem lebensbedrohlichen Nervenfieber. Durch Eva Burns, eine New Yorker Bekanntschaft, wird Friedrich zum zweiten Mal gerettet. Bei einem

Freundschaftsbesuch findet sie den bewußtlosen Einsiedler und pflegt ihn gesund. Mit dieser Frau, deren Pragmatismus und Lebensmut von den Dekadenzsymptomen Ingigerds abstechen, kehrt Friedrich nach Europa zurück. Der Roman schließt mit dem Ausblick auf einen neuen Lebensanfang.

Als erste Anregung zu seinem Roman gibt Hauptmann 1912 den Untergang jenes Schiffes an, mit dem er 1894 nach Amerika reiste:

> Ich habe in den neunziger Jahren eine Reise nach Amerika gemacht und auf dem Dampfer ›Elbe‹ eine sehr stürmische, öfter gefahrdrohende Überfahrt gehabt. Genau ein Jahr später ging die ›Elbe‹ mit demselben Schiffspersonal, das ich seinerzeit bei der Überfahrt kennengelernt hatte, unter. Dies macht auf mich einen tiefen Eindruck, und es bildete sich in mir die erste Idee zu diesem Roman. (GI,51)

Im Unterschied zu seinem Protagonisten schiffte sich Hauptmann nach Amerika ein, um seine Ehe zu retten. Marie Hauptmann war am 18. Januar 1894 mit den Kindern auf der »Fürst Bismarck« nach Amerika gereist, nachdem sie von Hauptmanns Liebe zu Margarete Marschalk erfahren hatte. Der überraschte Ehemann reiste ihr umgehend nach.

In der Tat verwertet Hauptmann wesentliche Eindrücke von der stürmischen Überfahrt an Bord der »Elbe« für seinen Roman. Passagiere und Besatzungsmitglieder tauchen mit geringfügig veränderten Namen wieder auf; hinter Peter Schmidt verbirgt sich Hauptmanns Jugendfreund Alfred Ploetz, bei dem Marie Hauptmann 1894 Zuflucht suchte. Pläne zur literarischen Gestaltung des Schiffsuntergangs und der eigenen Ehekrise werden allerdings für einige Jahre zugunsten anderer Werke zurückgedrängt. Erst ab 1906 tauchen im Tagebuch vereinzelte Notizen auf, die sich dem Romanprojekt zuordnen lassen (TB V,94, 157). In dieser

Zeit verschiebt sich offensichtlich auch die Thematik des Romans unter dem Eindruck einer neuen Lebenskrise. Hauptmanns Verhältnis zu der jungen Schauspielerin Ida Orloff gefährdet die 1904 geschlossene Ehe mit Margarete Marschalk und zieht eine Vielzahl literarischer Verarbeitungsversuche nach sich. So werden im Atlantis-Roman Friedrichs Eheprobleme von der Faszination für eine dämonische *femme fragile* überlagert, die zahlreiche Züge Ida Orloffs trägt. Als Hauptmann im Frühjahr 1911 mit der Niederschrift der ersten Romanfassung beginnt, greift er u. a. auf jene Tagebuchnotizen der »Orloff-Zeit« zurück, in denen die zentrale Spinnen-Metaphorik des Romans vorweggenommen ist: »Ich bin umstrickt von etwas in ihr [Ida Orloff], aber die Netze werden dünner«, schreibt Hauptmann am 5. März 1906 in sein Tagebuch (TB V,39). Einen Tag später notiert er die erste Fassung des Gedichts *Haben sich Fäden gezogen?* (TB V,40), das er später seinem Protagonisten Friedrich zuschreibt (CA V,672).

Am 7. Mai 1911 beendet Hauptmann die erste Fassung des Romans unter dem Titel *Erleuchtungen und Verfinsterungen* (TB V,280), vom 16. Januar bis zum 24. April 1912 wird die überarbeitete Fassung mit dem neuen Titel *Atlantis* im »Berliner Tageblatt« publiziert. Die öffentliche Wirkung des Romans steht von Anfang an unter dem Eindruck eines merkwürdigen Zusammenfalls von Wirklichkeit und Literatur. Am 15. April 1912 erreicht die Nachricht vom Untergang der »Titanic« mit über 1500 Menschen an Bord die Weltöffentlichkeit. Zu diesem Zeitpunkt ist Hauptmanns Roman einschließlich der suggestiven Schilderung der Schiffskatastrophe bereits abgedruckt. Die (nochmals überarbeitete) Buchausgabe[8], die 1912 zum 50. Geburtstag des Dichters im sechsten Band der *Gesammelten Werke* erscheint, wird ein Erfolg. Noch im gleichen Jahr schließt Hauptmann einen Vertrag über die Verfilmung des Romans

8 Zum Vergleich zwischen Erstdruck und Buchausgabe vgl. Kremkus, B 7.5.

mit der Nordisk Films Kompagni, Kopenhagen (vgl. Göktürk, B 7.5). Hauptmanns Einfluß auf Drehbuch und Besetzung legt die biographischen Hintergründe des Romans frei (Ida Orloff spielt Ingigerd Hahlström), trägt allerdings auch, wie Peter Sprengel vermutet (TB V,650), zum Mißerfolg des 1913 fertiggestellten Films bei.

Ungeachtet der spektakulären Wirkung des Romans melden sich schon im Jahr 1912 kritische Stimmen. Hauptmann habe seinen Protagonisten samt dämonischer Leidenschaft zu einem wenig glaubwürdigen Typus aufgebläht und sei mit dem Roman zu schnell fertig geworden, resümiert Paul Schlenther die Vorbehalte der Kritiker (Schlenther, B 5: 1922, 261–266). Hauptmanns briefliche Bemerkung vom 2. August 1912: »Ich habe mich einmal bewußt gehen lassen. Es war ein Experiment, und ich werde es nicht wieder tun« suggeriert, daß er selbst mit seinem Werk nicht zufrieden war.

Im Unterschied zu seinem ersten Roman greift Gerhart Hauptmann in *Atlantis* ganz offensichtlich auf eigene Erlebnisse zurück. Die prekäre Leidenschaft für eine junge Frau mit madonnenhaftem Äußeren und nymphomaner Veranlagung wird einem Protagonisten zugeschrieben, der die Laufbahn als Künstler noch vor sich hat. Friedrich von Kammacher lernt erst im Verlauf des Romans, was Hauptmann mit der Niederschrift praktiziert: die eigene Leidenschaft in künstlerischer Gestaltung aufzuheben. Dieser Aspekt verbindet den Roman mit anderen Werken, in denen Hauptmanns Orloff-Erlebnis künstlerisch umgemünzt wird: Die Dramen *Und Pippa tanzt!* und *Kaiser Karls Geisel* sowie der Roman *Wanda* haben gleichfalls die dämonische Ausstrahlung einer *femme fragile* zum Thema.

Im Atlantis-Roman erhält die fatale Leidenschaft des Protagonisten mythologische Züge. Hauptmanns Beschäftigung mit der *Odyssee* schlägt sich nicht nur in dem gleichfalls 1912 fertiggestellten Drama *Der Bogen des Odysseus*, sondern auch in der Irrfahrt des Amerika-Reisenden nieder: Friedrich sinniert über die Gefahr, ein neues Tier im Stall der Circe Ingigerd zu werden (CA V,476)[9] und steigt wie Odysseus (im Traum) in die Unterwelt hinab. Dieser Traum führt vor Augen, mit welcher Souveränität Hauptmann mythologische Motive der *Odyssee* und der Atlantis-Sage mit eigenen Traumprotokollen vermischt. Die Lichtbauern, die Friedrich in der versunkenen Stadt zu sehen bekommt (CA V,505), entstammen einem Traum von Margarete Marschalk. »Meine alte Idee: der Traum ist der Mutterboden aller Märchen und Sagen«, notiert sich Hauptmann in diesem Zusammenhang ins Tagebuch (TB IV,304).[10]

Wie Friedrichs Atlantis-Traum birgt vor allem das zentrale Motiv des Romans, der Schiffsuntergang, mehrere Deutungsebenen. Offenbar hielt Hauptmann das Sujet für geeignet, die tödliche Gefahr erotischer Verlockungen zum Ausdruck zu bringen. Friedrich begibt sich im doppelten Sinne aufs offene Meer hinaus, indem er – nach Auflösung seiner bürgerlichen Existenz – der jungen Ingigerd Hahlström nachreist. Die Artistin erscheint dementsprechend nicht nur in der durch den Tanz evozierten Metaphorik von Spinne und Spinnenopfer, sondern auch als »verführerische[] und ekstatische[] Galionsfigur« (CA V,626) eines Geisterschiffs; das Wasser ist ihr Element (vgl. Sprengel, B 5: 1982, 256–264). Daß Friedrich den Schiffsuntergang glücklich überlebt, nimmt das Abklingen der fatalen Leidenschaft vorweg.

Neben der individuellen erotischen Heimsuchung, der Friedrich vorübergehend erliegt, veranschaulicht die Schiffskatastrophe zugleich die Orientierungslosigkeit und Morbi-

9 Auch dieser Aspekt entspricht dem Verhältnis zwischen Hauptmann und Ida Orloff: »Sie [Ida Orloff] liebt Tiere. Circe. Sie muß vielleicht Schweine um sich haben. Dieser Verzauberung darf ich nicht unterliegen, werde es nicht«, schreibt Hauptmann am 25. Januar 1906 in sein Tagebuch (TB V,24).

10 Friedrichs zweiter Traum, in dem ein geheimnisvoller Vogel »Moira« ruft (CA V,529), geht auf Hauptmanns Traumprotokoll vom 7. Mai 1906 zurück (TB V,71 f.; vgl. auch 96).

dität einer ganzen Epoche. An Bord des Amerikadampfers ist die wilhelminische Gesellschaft der Jahrhundertwende versammelt; man verständigt sich über die Perspektiven der Gegenwart, über Frauenemanzipation und Mutterrecht, über die soziale Frage, über Fortschritt und neue Medien: »Man aß, man trank, man lachte und flirtete, alles mit dem Bewußtsein, ein Bürger des neunzehnten und bald des wahrscheinlich noch köstlicheren zwanzigsten Jahrhunderts zu sein« (CA V,490). Es wirft einen Schatten auf die scheinbar sorglose Stimmung, daß die meisten Passagiere einen mehr oder weniger verzweifelten Neubeginn im »Dollarland« Amerika suchen – und die wenigsten dort ankommen. Vor diesem Hintergrund verliert Friedrichs Passion ihre Exzentrik. Der orientierungslose junge Gelehrte ist sich bewußt, die chaotische Befindlichkeit Europas zu verkörpern: »Ich bin ein echtes Kind meiner Zeit und schäme mich deshalb nicht! Jeder Mensch von Bedeutung ist heut ebenso zerrissen, wie es die Menschheit im ganzen ist« (CA V,492 f.), verteidigt Friedrich seine widersprüchlichen Gefühle und Gesinnungen.

Das Erscheinungsbild der Metropole New York ist allerdings nicht dazu angetan, den von Dekadenz gezeichneten Europäern eine überzeugende Alternative zu bieten. Die Datierung der Romanhandlung verleiht der Amerikareise gewissermaßen paradigmatische Qualität: Während Hauptmann 1894 nach Amerika reiste, gerät Friedrich nach stürmischer Überfahrt in den Rummel der Columbus-Feierlichkeiten des Jahres 1892. Hauptmann schickt seinen Protagonisten absichtsvoll 400 Jahre nach der Entdeckung Amerikas in die Neue Welt. Die Bilanz der Entdeckungsreise fällt ernüchternd aus: Hektik, Geschäftigkeit und bigotte Moral der amerikanischen Gesellschaft lassen den Columbus des Jahres 1892 desillusioniert nach Europa zurückkehren. Eindrucksvoller als dieser zweite Teil des Romans, in dem Hauptmann die amerikanische Profitgesellschaft der »zerrissenen« europäischen Kultur plakativ gegenüberstellt, ist die Schilderung der verhängnisvollen Überfahrt. Mit sicherem Gespür bringt Hauptmann die Anfälligkeit der modernen Technik und das Krisenbewußtsein der Gesellschaft im Bild eines Schiffsuntergangs zum Ausdruck. Die öffentliche Reaktion auf den Untergang der »Titanic« gibt ihm hierin nachträglich recht.

Die Konstellation des Romans deckt sich in mehrfacher Hinsicht mit einer Novelle, die gleichfalls im Jahr 1912 publiziert wurde. Thomas Manns *Der Tod in Venedig* schildert die erotische Heimsuchung des Künstlers Gustav von Aschenbach in Gestalt eines polnischen Knaben. Als Charonsfahrt und Aufbruch in die Sphäre dionysischer Leidenschaft markiert Aschenbachs Venedig-Reise die Auflösung einer vorbildlichen bürgerlichen Lebensform. Auch Thomas Mann verschachtelt in seiner Novelle eigene Erlebnisse mit mythologischen Bezugsgrößen, erzählt allerdings mit jener spürbar ironischen Distanz, die Kritiker an Hauptmanns Roman vermißten: »Dieser ganze Friedrich von Kammacher mit seiner unwahrscheinlichen Generalsherkunft und bakteriologischen Laufbahn, mit seiner geisteskranken Frau und seiner knabenhaften Leidenschaft für das Tanzweibchen wäre nur durch sympathisierende Ironie menschlich zu nehmen gewesen«, schreibt Paul Schlenther (Schlenther, B 5: 1922, 264). Im Unterschied zu Thomas Manns Hauptfigur überlebt Friedrich von Kammacher sein Abenteuer mit knapper Not. Daß er sich vom Arzt zum Künstler entwickelt, signalisiert überdies eine pointierte Umkehrung des Bildungswegs von Goethes Wilhelm Meister. Im übrigen bleibt Hauptmann unter dem erzähltechnischen Niveau seines ersten Romans. Der thematischen Auseinandersetzung mit den großen Fragen der Gegenwart steht eine eklatante formale Anspruchslosigkeit entgegen, die durch die kurze Entstehungszeit nur zum Teil erklärt ist.

Der Ketzer von Soana

Rückblickend berichtet der Erzähler von seiner Begegnung mit einem merkwürdigen Berghirten in den Tessiner Alpen. Auf einem Berghang des Monte Generoso lernt er den als »Ketzer von Soana« verschrieenen Hirten Ludovico kennen, einen Einsiedler, der mit gleicher Selbstverständlichkeit seine Ziegen versorgt und von griechischer Mythologie spricht. Der neugierige Fremde und der Sonderling freunden sich an. Bei einem der nächsten Besuche liest Ludovico eine Geschichte vor, die den (angeblich authentischen) Fall des ehemaligen Priesters von Soana nachzeichnet: Kurz nach seiner Einführung als neuer Ortsgeistlicher genießt Francesco Vela bereits den Ruf eines Heiligen. Als der junge Priester überraschend von Luchino Scarabota, einem wegen seiner inzestuösen Ehe berüchtigten Berghirten, Besuch erhält, beschließt er, die Familienverhältnisse der Scarabotas – mit bischöflichem Auftrag – persönlich zu untersuchen. Beim Aufstieg zur Alpe von Santa Croce fühlt Francesco Vela erstmals die berauschende Wirkung der frühlingshaften Bergwelt, besinnt sich allerdings rechtzeitig seiner Mission: Angesichts des Priap-Kultes, den Scarabota in seiner ärmlichen Hütte pflegt, bricht der Priester in heiligen Zorn aus. Da die Bewohner von Soana die Scarabotas aufgrund ihrer sündhaften Lebensform nicht in der Dorfkirche dulden würden, bietet er der Familie einen Gottesdienst in der entlegenen Bergkirche Sant' Agata an. Ungeachtet dieser seelsorgerischen Maßnahme ist Vela sowohl von den Natureindrücken der Bergwelt als auch von der ausnehmend schönen Tochter Scarabotas verwirrt.

Zurück in seiner Pfarrei, vermag er weder durch Gebete und Kasteiungen noch durch die Beichte seiner Sünden zum geistlichen Alltag zurückzufinden. Statt dessen besucht der Priester das Atelier seines Onkels, des Bildhauers Vincenzo Vela, und erliegt unverhofft der Faszination weiblicher

Aktfiguren: Er glaubt nun mit Gewißheit, von einem Dämon besessen zu sein. Alle geistlichen Skrupel verschwinden, als Vela zum zweiten Mal in die Bergwelt aufsteigt, um die vereinbarte Messe zu lesen. Angesichts der frühlingshaften Natur und der schönen Tochter, deren Erscheinung ihn seit der ersten Begegnung verfolgt, schließt Vela die ganze sinnlich-vitale Schöpfung in seinen Gottesdienst ein: Die ihm vertrauten christlichen Symbole mischen sich dabei zwanglos mit Insignien des Dionysos-Kultes. Schließlich wird selbst das Bild der Gottesmutter, deren Verehrung Vela in seiner Gemeinde mit Inbrunst fördert, von den Zügen der jungen Hirtin überlagert. Der zweiten Messe für die verfemte Familie fehlt – aufgrund der Abwesenheit des Mädchens – jede Inspiration. Unfähig, ohne ihren Anblick wieder ins Dorf zurückzukehren, steigt Vela zur Alpe der Scarabotas auf. Agata kommt ihm auf einem Ziegenbock entgegen – wie jene Bacchantinnen, deren Bild er auf einem antiken Sarkophag ausgemacht hat. Vela befiehlt ihr, zu ihm ins Pfarrhaus zu kommen. Als Agata wenige Tage später in Soana erscheint, wird sie beinahe von der wütenden Dorfbevölkerung gesteinigt. Zur vorgesehenen christlichen Unterweisung kommt es auch deshalb nicht, weil Vela endgültig seiner Leidenschaft erliegt. Der Priester läßt seine Gemeinde hinter sich und begleitet Agata zurück in die Berge. Als neuer Adam und neue Eva feiern sie auf quasi-paradiesischem Terrain ihre Vereinigung. Francescos letzter Versuch, seine geistlichen Pflichten wiederaufzunehmen, scheitert unter dem Eindruck dieses Erlebnisses. Die Erzählung des Berghirten schließt mit der Rückkehr des Priesters zu seiner Geliebten.

Was aus dem Liebespaar Francesco und Agata geworden ist, verrät Ludovico nicht. Beim Abstieg nach Soana begegnet dem Erzähler allerdings eine Frau, deren unwiderstehliche Ausstrahlung ihn an jene Hirtin erinnert, von der in der Erzählung die Rede war.

Am 14. Februar 1911, ein Jahr nach Abschluß seines Romans *Der Narr in Christo Emanuel Quint* also, beginnt Hauptmann mit der Niederschrift der (späteren) Binnenerzählung des Berghirten. Drei Jahre später ist deren Handlung bis zum bacchantischen Auftritt der jungen Hirtin gediehen (CA VI,150), bleibt allerdings bis auf weiteres unvollendet liegen. Erst 1917 greift Hauptmann den Stoff auf, vollendet die »Erzählung des Berghirten« und entwirft die Rahmenhandlung. Während der sechsjährigen Entstehungszeit schwankt Hauptmann zwischen den Titeln *Der Dämon von Soana, Versuchung und Fall Francesco Velas* und *Die Syrische Göttin.* Unter dem Titel *Der Ketzer von Soana* erscheint die Erzählung (vordatiert auf 1918) zu Weihnachten des Jahres 1917. Obwohl die Literaturkritik durchaus nicht mit einmütigem Enthusiasmus reagiert, entwickelt sich der *Ketzer von Soana* zum erfolgreichsten Prosawerk Hauptmanns: Nach sechs Jahren hat das Buch eine Auflage von 141 000 erreicht.

Dem in den letzten Jahren edierten Tagebuch-Nachlaß läßt sich entnehmen, daß Gerhart Hauptmann sich schon vor den Entstehungsjahren 1911–17 mit der Thematik der Novelle beschäftigte. Zum Umkreis der Anregungen gehört nicht nur die Griechenlandreise von 1907, als dessen literarische Umsetzung die Erzählung lange aufgefaßt wurde. Wichtiger sind Hauptmanns Aufenthalte am Monte Generoso in den Jahren 1897–1901. In Rovio, dem authentischen Vorbild Soanas, hört er von einer inzestuösen Berghirtenfamilie und sammelt jene Natureindrücke, die er später dem Erzähler und dem Priester seiner Novelle zuteil werden läßt. Bereits am 23. April 1897 notiert sich Hauptmann nach einem Atelierbesuch bei dem Bildhauer Vincenzo Vela: »Der Mensch, dessen Sinne durch eine antisinnliche Moral verdorben und geschwächt worden – und solche sind zahlreich –, ist ein von Priestern um sich selbst betrogener armer Schelm.« (TB III,142): Daß Francescos »Begegnung« mit der Kunst Velas zugleich die Abkehr von der priesterlich-zölibatären Lebensform markiert, hat einen Erlebnishintergrund, der dem Verfasser der Novelle noch mehr als zehn Jahre später präsent ist. Schließlich greift Hauptmann bei der Niederschrift auf Träume und Gedanken aus dem Jahr 1905 zurück, die um die entfesselnde Macht des Eros kreisen (vgl. TB IV,412 f., 415, mit CA VI,140, 92). Im gleichen Jahr liest er den Hirtenroman *Daphnis und Chloe* von Longos, dessen Maxime, daß Eros älter und mächtiger als Kronos sei, in der Novelle zitiert wird (CA VI,91, 166).

> Mit dem Wort »dionysisch« ist ausgedrückt: ein Drang zur Einheit, ein Hinausgreifen über Person, Alltag, Gesellschaft, Realität, als Abgrund des Vergessens: das leidenschaftlich-schmerzliche Überschwellen in dunklere vollere schwebendere Zustände; ein verzücktes Jasagen zum Gesammt-Charakter des Lebens, als dem in allem Wechsel Gleichen, Gleich-Mächtigen, Gleich-Seligen; die große pantheistische Mitfreudigkeit und Mitleidigkeit, welche auch die furchtbarsten und fragwürdigsten Eigenschaften des Lebens gutheißt und heiligt; aus einem ewigen Willen zur Zeugung, zur Fruchtbarkeit, zur Ewigkeit heraus; als Einheitsgefühl von der Nothwendigkeit des Schaffens und Vernichtens.[11]

Was Friedrich Nietzsche in diesem (posthum publizierten) Aphorismus als Wesen des Dionysischen bestimmt, entspricht der Lebensform des ehemaligen Priesters von Soana. Mit jedem Aufstieg in die Bergwelt des Monte Generoso erlebt Francesco Vela neue Facetten jener »dunkleren, volleren, schwebenderen Zustände«, um schließlich die domestizierte Alltagswelt seiner Herkunft gänzlich abzustreifen. Thomas Mann und andere Zeitgenossen haben Hauptmanns Novelle dementsprechend als dionysische Fortsetzung des Christus-Romans *Der Narr in Christo Emanuel*

11 Friedrich Nietzsche, *Nachgelassene Fragmente 1887–1889*, Kritische Studienausgabe, hrsg. von Giorgio Colli und Mazzino Montinari, Bd. 13, München 1988, S. 224.

Quint aufgefaßt.[12] Daß im Unterschied zum Roman nicht eine christlich-spirituelle Passion, sondern dionysisches Lebensgefühl illustriert wird, hat auch stilistische Konsequenzen. Gerhart Hauptmann feiert die sinnliche Entgrenzung des Francesco Vela mit breiter erzählerischer Orchestrierung. Leitmotive wie die Blütenpracht, der rauschende Wasserfall und die unentwegt kreisenden Adler machen die Bergwelt des Monte Generoso zum Inbegriff ursprünglicher Natur, deren zyklische Erneuerung den Priester mitreißt. Die Liebe zwischen Francesco und Agata kommt einem Naturereignis gleich. Hauptmann versieht sie mit immer neuen, der hochzeitlichen Bergwelt entlehnten Bildern – was mitunter zu stilistischen Entgleisungen führt:

> Allein er hob bald ihr süßes Madonnengesicht zu dem seinen, [. . .] und indem er daran, was er so gefesselt hielt, lange, mit dem Feuer des Wahnsinns im Auge, gierige Blicke weidete, schoß er plötzlich wie ein Falke auf ihren heißen, von Tränen salzigen Mund herab und blieb untrennbar mit ihm verschmolzen. (CA VI,157)

Der Weg in die Berge führt nicht nur zurück zur Natur, sondern zugleich in mythisches Terrain. Agatas Ziegenritt etwa erscheint als Vergegenwärtigung des auf dem Sarkophag vorgezeichneten Bacchantinnenzugs. Für den Priester wird der mythische Spurengang oberhalb von Soana um so problematischer, je unverkennbarer er die christliche Heilsgeschichte zurückbuchstabiert: Agata verwandelt sich im Verlauf der Erzählung von einer Madonnenfigur zu einer anderen Eva, Francesco findet über die Naturverbundenheit seines Namenspatrons Franziskus von Assisi zur paradiesischen Lebensform des ersten Menschen zurück. Am

12 Thomas Mann gegenüber spricht Hauptmann von dem (früheren) Vorhaben einer »dionysischen Fortsetzung« des *Narren in Christo* (15. 12. 1932 in der »Vossischen Zeitung«). Unklar ist allerdings, ob Hauptmann den *Ketzer von Soana* als derartige Fortsetzung aufgefaßt hat. Vgl. Cowen, B 7, 71 f.

Ende gelingt den beiden der Eintritt ins Paradies – durch eben jene geschlechtliche Vereinigung, die der christlichen Deutungstradition zufolge die Vertreibung aus dem Paradies bewirkt. Schon Franz Rauhut hat darauf hingewiesen, daß Hauptmann mit seiner Novelle – im Unterschied zum literarischen Muster *La faute de l'abbé Mouret* von Emile Zola – eine Vermittlung der christlich-spirituellen und der sinnlich-dionysischen Lebensform im Sinn hat (vgl. Rauhut, B 7.6). Francescos geistliches Hirtenamt findet in der natürlichen Welt der Berghirten seine notwendige Ergänzung (vgl. Meinert, B 7.6). Daß das Liebespaar nach der Vertreibung des Priesters die in der Gegend verstreuten Heiligtümer zu »Asylen ihrer verruchten Lust« mißbraucht, wie Ludovico mit gespielter Entrüstung nachträgt (CA VI,168), markiert freilich die Grenzen dieses quasi-religiösen Versuchs: Um den Ketzer von Soana schart sich keine neue Gemeinde, sieht man von dem sichtlich begeisterten Herausgeber der Erzählung ab. Hauptmann räumt dem Eros zwar alle Gewalt, aber nur begrenzten Spielraum ein.

Francesco Vela wird in eine mythisch-elementare Lebensform hineingezogen, die mit der Programmatik von Emanzipationsbewegungen wenig gemein hat. An die Stelle der christlichen Doktrin tritt nicht freie Selbstbestimmung, sondern ein neuer Gott, der bedingungslose Unterwerfung einfordert: In Francescos Traum, wo wilde Eremiten mit weiblicher Gefolgschaft unter dem »Joch des furchtbaren Triebs« einem Phallusdienst nachgehen (CA VI,140), ist die unwiderstehliche Macht des Eros vorgezeichnet. Vergleicht man diese Vision mit ihrer Vorlage, einem Traum, den Hauptmann im Jahr 1905 in sein Tagebuch notiert, wird eine Akzentverschiebung erkennbar, die für das Spätwerk Gerhart Hauptmanns charakteristisch ist.[13] Im Tagebuch

13 Peter Sprengel hat diese Akzentverschiebung im Werk Hauptmanns begrifflich »Von der Pathologie zur Utopie« überschrieben. Vgl. Sprengel, B 5: 1984, 186–220.

schließt sich an die Beschreibung der Orgie eine Assoziation an, die die Vision eindeutig pathologischen Fällen erotischer Manie zuordnet:

> Ein Dunst wilder Grausamkeit benebelte uns, die wir die Erscheinung sahen, und etwas von der Urangst der Kreatur. – Aber noch etwas anderes. Das Menschliche menschlicher, daher das Göttliche näher. Das eiserne Joch. (Meine Erfahrungen mit dem Maniakalischen in den Irrenhäusern.) (TB IV,413)

Diese pathologische Deutungsperspektive wird in der Novelle unterdrückt. Im Unterschied zum *Narren in Christo Emanuel Quint,* dessen Enthusiasmus durch einen skeptischen Chronisten ausbalanciert wird, fehlt in der Novelle jede kritische Perspektive. Der Herausgeber gerät dermaßen in den Sog von Ludovicos Anschauungen, daß er seinen Bericht mit einer Apotheose beschließt. Beim Abstieg erkennt er in der ihm entgegenkommenden Frau die Geliebte des Ketzers – und beschreibt sie als syrische Göttin: »Sie stieg aus der Tiefe der Welt empor und stieg an dem Staunenden vorbei – und sie steigt und steigt in die Ewigkeit, als die, in deren gnadenlose Hände Himmel und Hölle überantwortet sind.« (CA VI,169) Die Rahmenhandlung der Novelle dient nicht zur ironischen Distanzierung. In der Begeisterung des Herausgebers ist eine Rezeptionshaltung vorgezeichnet, die jeden Einspruch erledigt. Es macht die Stärke der Novelle aus, daß Francescos neue, dionysische Lebensform nicht auf das Ausleben erotischer Triebe reduziert wird. Hauptmann gibt zu verstehen, daß das dionysische »Hinausgreifen über Person, Alltag, Gesellschaft, Realität« mit jeder bürgerlichen Existenz unvereinbar ist.

Phantom
Aufzeichnungen eines ehemaligen Sträflings

Um mit sich selbst ins reine zu kommen, schreibt der ehemalige Sträfling Lorenz Lubota nieder, was zu seiner Verhaftung geführt hat. Obwohl Lubota – nach mehr als sechs Jahren Gefängnis – mit Frau und Schwiegervater ein neues Leben begonnen hat, kreisen seine Gedanken unablässig um die Vergangenheit. Ausgangspunkt der Erinnerungen ist die Photographie eines jungen Mädchens und der Tag der ersten Begegnung mit ihr, der 28. Mai 1900. Von diesem Augenblick an nimmt das Leben des körperlich behinderten Breslauer Amtsschreibers Lubota einen anderen Verlauf. Vollkommen entrückt von der Schönheit des ahnungslosen Mädchens, vernachlässigt Lubota seinen Beruf, seine Abendstudien und die bedürftige Mutter. Als er das Mädchen zwei Monate später in einer Kutsche wiedererkennt, folgt er ihr besinnungslos bis zu ihrem Elternhaus, der Eisenwarenhandlung Harlan. Lubota nimmt sein gewohntes Leben nur oberflächlich wieder auf. Um den vermögenden Eltern halbwegs imponieren zu können, versteigt er sich in dichterische Ambitionen und borgt von seiner Tante, einer Pfandleiherin, Geld für angemessene Kleidung. Lubota wird zum Hochstapler aus unglücklicher Liebe.

Vor der Pfandleihstube macht Lubota die Bekanntschaft mit Wigottschinski, einem halbseidenen Vertreter der Breslauer Unterwelt, der es offenbar auf das Geld der Pfandleiherin abgesehen hat. Dieser neue »Freund« macht sich die heimliche Leidenschaft des Amtsschreibers zunutze: Wigottschinski schlägt eine erneute Anleihe bei der Tante vor, um Startkapital für eine (imaginäre) Geschäftsgründung zu erhalten; Lubotas neuer, selbstbewußter Lebensstil läßt sich auf diese Weise bequem finanzieren. Als Gerüchte über die bevorstehende Verlobung der jungen Veronika Harlan kursieren, beschließt Lubota, seine Ansprüche unmißverständlich geltend zu machen. Als selbsternannter Dichter von Weltrang fordert er zunächst brieflich, dann unter persönlicher Vorsprache die Hand der Minderjährigen – natürlich ohne Erfolg. Vorübergehende Ablenkung findet Lubota bei Melitta, einer jungen Prostituierten, die seinem Idol frappierend ähnlich sieht. Die neue Beziehung verschlingt allerdings rasch die verbliebene Barschaft. Als Lubota einen weiteren Vorschuß erbittet, schöpft die Tante Verdacht und fordert ultimativ ihr Geld zurück. Dergestalt in die Enge getrieben, planen Wigottschinski, Lubota und Melanie (die längst in die Fänge Wigottschinskis geratene Schwester des Amtsschreibers), einen Einbruch in die Pfandleihstube zu inszenieren. Durch einen Zufall bemerkt die Pfandleiherin den angeheuerten Einbrecher, wehrt sich und wird umgebracht. Die Verhaftung der Drahtzieher folgt am nächsten Morgen. Daß Lubota seine Aufzeichnungen mit der Hoffnung beschließt, dem Bannkreis verderblicher Leidenschaft endgültig entkommen zu sein, verdankt sich nicht zuletzt der selbstlosen Marie Starke, die Lubota kurz vor der Verhaftung die Treue geschworen und ihn anschließend geheiratet hat.

Von 1915 bis 1922 entwirft Gerhart Hauptmann verschiedene Skizzen, deren Ausgangspunkt zunächst noch eine glückliche Ehe bildet (vgl. CA XI,303–343). Erst im vierten erhaltenen Paralipomenon avanciert der Protagonist zu einem unverheirateten Magistratschreiber, der sich in die kindlich-schöne Tochter des Eisenwarenhändlers Harlan verliebt. Diesem Entwurf fügt Hauptmann Hinweise auf Tagebucheintragungen aus den Jahren 1905/06 zu, in denen von Ida Orloff die Rede ist. Den insgesamt fünf Paralipomena läßt sich außerdem entnehmen, daß Hauptmann mehrfach die Erzählperspektive verändert. Vor der endgültigen Niederschrift entsteht ein Filmskript, dessen Handlungsverlauf weitgehend mit der späteren Erzählung übereinstimmt. Der erst in der Druckfassung auftauchende

Name Lorenz Lubota deutet darauf hin, daß Hauptmann mit dieser Erzählung auch über sich selbst Gerichtstag hält. Zwischen 1887 und 1889 plante er einen autobiographischen Roman, dessen Protagonist den Namen Lorenz Lubota tragen sollte (vgl. CA VII,1081, und XI,30–32). Allerdings verschiebt sich der autobiographische Hintergrund der Erzählung im Verlauf der Entstehung: Während die Schilderung der jungen Ehe in einer ärmlichen Stadtwohnung offenbar von Hauptmanns Zeit mit seiner ersten Frau in Berlin-Moabit inspiriert ist, tritt nun die verhängnisvolle Faszination für ein junges Mädchen in den Vordergrund, das unverkennbar Züge Ida Orloffs trägt. Erstmals verteilt Hauptmann die frappierende Widersprüchlichkeit der jungen Schauspielerin (die etwa Ingigerd Hahlström in *Atlantis* noch ungeteilt verkörpert) auf zwei Figuren: Veronika Harlan erhält das makellose Äußere, Melitta vertritt Freizügigkeit und horrende Ansichten. Marie Starke schließlich erinnert an Hauptmanns erste Frau Marie Thienemann.

In den Umkreis der Anregungen gehören womöglich auch Hauptmanns Züricher Studien des Jahres 1888. Ein zeitgenössischer Rezensent will von einem pathologischen Fall wissen, der den Anstoß für die Erzählung gab:

> Hauptmann hörte, in vagem Bildungstrieb, die Vorlesungen des Psychiaters Forel. Da wurde eines Tages ein junger Mensch vorgestellt, dessen Irrsin bei absonderlicher Gelegenheit zum Ausbruch gekommen war. Er stammte aus einer kleinen Stadt, wo ein reicher Kaufmann mit einer sehr schönen Tochter wohnte. Der junge Mann hatte gehört, das Mädchen habe sich verlobt. Er ging in all seiner Aermlichkeit zu den Eltern, die er gar nicht kannte, und erklärte kategorisch, aus der Verbindung könne nichts werden, weil er das Mädchen zu heiraten gedenke. So kam der Bursch in Forels Klinik.[14]

14 Julius Elias in der »Film-BZ / BZ am Mittag« vom 19. 11. 1922 (zit. nach Kandler, B 7.7, 29).

Ob sich diese Begebenheit, auf die Hauptmann selbst an keiner Stelle hinweist, tatsächlich in Zürich zugetragen hat, bleibt offen.

Gegen den ausdrücklichen Rat seines »Haus-Verlegers« Samuel Fischer ließ Hauptmann die Erzählung 1922 als Fortsetzungsroman in der »Berliner Illustrirten Zeitung« abdrucken – was von den meisten Literaturkritikern mit Nichtachtung gestraft wurde. Öffentliche Resonanz erhielt die Erzählung erst, als im November – im Zusammenhang mit den Feiern zu Hauptmanns 60. Geburtstag – die Verfilmung von Friedrich Wilhelm Murnau präsentiert wurde. (Die Drehbuchautorin Thea von Harbou griff dabei offensichtlich nicht auf Hauptmanns Filmskript zurück). Die im folgenden Jahr von Fischer besorgte Buchausgabe (mit neuem Untertitel und geringfügigen Änderungen) fand keinen großen Absatz – und überwiegend negative Kritiken.

Mit der Erzählung *Phantom* kehrt Gerhart Hauptmann noch einmal in die Welt des erzählerischen Naturalismus zurück. Die Geschichte des behinderten Amtsschreibers, dessen verborgene Leidenschaft unversehens pathologische Züge annimmt, erinnert an die »klassischen« Sujets der Naturalisten (vgl. Hertling, B 7.7, 207). Lubotas Krankheitsgeschichte spielt in kleinbürgerlich-proletarischem Umfeld und bietet ernüchternde Einblicke in die Halb- und Unterwelt einer Großstadt. Allerdings erliegt Hauptmanns Amtsschreiber weder einer erblich bedingten Neurose noch den verderblichen Einflüssen seines Milieus, wie es den theoretischen Vorgaben des Naturalismus entspricht. Im Zentrum der Erzählung steht eine erotische Heimsuchung, die sich offenbar jedem wissenschaftlichen Zugriff entzieht. Lubota sieht nicht psychologische Phänomene (wie sie in den Vorstufen der Erzählung auftauchten)[15], sondern einzig ma-

15 Vgl. u. a. CA XI,308. Hauptmanns widersprüchliches Verhältnis zur zeitgenössischen Psychologie hat Karl S. Guthke freigelegt (Guthke B 5: 1979).

gisch-dämonische Kräfte am Werk. Daß die sorgfältig abgesicherte, scheinbar leidenschaftslose Existenz des Amtsschreibers unter dem Eindruck einer zufälligen Begegnung in sich zusammenfällt, kommt jenem dionysischen Erlebnis gleich, das Hauptmann wenige Jahre zuvor im *Ketzer von Soana* vorgeführt hat (vgl. Guthke, B 5: 1980, 152). Lorenz Lubota wird allerdings keine unmittelbare Befreiung zuteil. Während Francesco Vela die zölibatäre Lebensform zugunsten einer dezidiert natürlichen Leidenschaft abstreift, legt sich Lubota eine imaginäre Dichter-Existenz zu, der er selbst nicht gewachsen ist.[16] Um das Ende dieser Hochstapler-Laufbahn drastisch vor Augen zu führen, greift Hauptmann offensichtlich auf Dostojewskis Roman *Schuld und Sühne* zurück. Im Raubmord an der Pfandleiherin (den Lubota allerdings weder plant noch verübt) sahen schon zeitgenössische Kritiker eine Parallele zu Dostojewskis populärstem Roman.

Insgesamt hat sich die Forschung weitgehend dem abschlägigen Urteil der Literaturkritik angeschlossen – und die Erzählung vernachlässigt. Erst Ulrich Lauterbach (B 7: Bd. 3) und zuletzt Rebecca Kandler (B 7.7) konnten zeigen, daß das zeitgenössische Urteil sowohl durch das Publikationsorgan als auch durch die Verfilmung negativ beeinflußt wurde. Dabei führt eine erneute Lektüre zu durchaus überraschenden Ergebnissen. Bislang übersehen wurden z. B. Spuren von Selbstironie: Gerade dem *Hochstapler* Lubota hat Hauptmann eigene Züge verliehen. Bei seiner mißglückten Brautwerbung gibt sich Lubota als junges Genie und Verfasser eines Dramas mit dem Titel *Konradin von Hohenstaufen* aus – das zu den ersten Dramenprojekten des jungen Gerhart Hauptmann zählt (CA XI, 212–221). Lubotas künstlerische Prätention gipfelt in der Überzeugung, »als Genie [...] am Beginn einer langen Dornenbahn« zu

16 Gunter Hertling vergleicht unter diesem Aspekt die Erzählung mit Thomas Manns Hochstaplerroman *Die Bekenntnisse des Hochstaplers Felix Krull.* Vgl. Hertling, B 7.7.

stehen (CA VI,232). Obwohl er zu diesem Zeitpunkt nur ein paar Gedichte geschrieben hat (die von einer Literaturzeitschrift postwendend zurückgeschickt wurden), will Lubota das »gottgewollte Martyrium des großen Dichters und Denkers« willig erleiden und sogar vor dem (obligatorischen) »Gang nach Golgatha« nicht zurückschrecken (ebd.). Diese Selbststilisierung zum leidenden Dichter ist nicht dazu angetan, die Eltern des Mädchens zu beeindrucken. Lubota selbst spricht rückblickend von »gedrechselten Phrasen« (CA VI,233) – die allerdings das dichterische Selbstverständnis Gerhart Hauptmanns ziemlich genau wiedergeben. In dieser Szene führt Hauptmann erstmals im Narrenkleid vor, was er für sich selbst in Anspruch nimmt: eine dichterische *Imitatio Christi*.

Die Insel der großen Mutter oder Das Wunder von Île des Dames
Eine Geschichte aus dem utopischen Archipelagus

Mit seinem dritten Roman begibt sich Gerhart Hauptmann auf ein Terrain jenseits persönlicher Erfahrungen und Eindrücke. Schauplatz der Handlung ist eine paradiesische Insel im Stillen Ozean, wo einige hundert Europäer nach einem Schiffbruch Zuflucht finden. Daß es sich bei den Überlebenden mit Ausnahme eines Knaben um Frauen handelt, verleiht der Robinsonade ihren besonderen Charakter. Angesichts der prächtigen, aber offenbar menschenleeren Insel schwankt das »Damenrudel« (CA V,683) zwischen Euphorie und Verzweiflung. Die Berliner Malerin Anni Prächtel schlägt Wahlen vor, um diesem Chaos zu begegnen, und setzt sich auch gleich kraft ihrer natürlichen Autorität als Präsidentin durch. Unter ihrer Leitung werden Zehnerschaften gebildet, Erkundungstrupps ausgewählt und erste provisorische Unterkünfte gebaut. Die Lage stabilisiert sich, zumal die Insel den Bedürfnissen der Schiffbrüchigen in jeder Hinsicht entgegenkommt. Natürliche Nahrungsmittel sind im Übermaß vorhanden, und das Klima ist so angenehm, daß man die umständlichen Kleidungsreste der europäischen Zivilisation nach und nach abstreift. Sehr bald stellt sich heraus, daß jede lebensnotwendige Profession unter den Schiffbrüchigen vertreten ist; was immer an Werkzeugen benötigt wird, findet sich in den vorbildlich ausgestatteten Rettungsbooten.

Für die Präsidentin Anni Prächtel und Rodberte Kalb, eine scharfsinnige Intellektuelle, ist der Inselaufenthalt auch darum eine besondere Herausforderung, weil sie den Errungenschaften der Zivilisation seit längerem kritisch gegenüberstehen. Das Zwangsabenteuer auf der Île des Dames gibt ihnen Gelegenheit, in paradiesischer Umgebung neue, spezifisch weibliche Gesellschaftsformen zu entwickeln. Gemeinsam mit der Anglo-Holländerin Laurence Hobemma, die sich zur Religionsstifterin und Vestalin der Insel entwickelt, leiten die beiden Frauen die Geschicke der Kolonie – sofern Regierungshandlungen überhaupt notwendig sind. Die paradiesische Umgebung stimuliert die »Lust am Mythos« dergestalt, daß man sich spielerisch wie hesperische Nymphen auf der Insel der Seligen fühlt. Auch der erste Todesfall erschüttert das paradiesische Selbstgefühl nur vorübergehend. Am ersten Jahrestag der Ankunft scheinen alle elementaren Schwierigkeiten der Kolonie überwunden – auch wenn der Dreifrauenrat erste Anzeichen von Langeweile und Lebensüberdruß wahrnimmt.

Derartige Befürchtungen werden in dem Moment gegenstandslos, als die schwärmerisch veranlagte Babette Lindemann eine unbefleckte Empfängnis ankündigt. Nach eigener Aussage will sie mit dem Schlangengott Mukalinda eine mystische Hochzeit gefeiert haben. Die rationalistisch veranlagte Präsidentin spottet zunächst über die Exaltationen der Schwärmerin, sieht sich allerdings widerlegt, als diese einige Monate später einen gesunden Knaben zur Welt bringt. Da die im Inselinneren gesichteten Menschenaffen als Erzeuger ausscheiden und Phaon, der einzige Knabe der Kolonie, allem Anschein nach zu jung ist, arrangiert man sich mit dem Wunder von Île des Dames. Laurence Hobemma, Rodberte Kalb und Anni Prächtel bestätigen die Existenz des Gottes Mukalinda und begründen einen Kultus, der die Vaterschaft mit einem göttlichen Geheimnis umgibt. Weitere Geburten ereignen sich in schneller Folge. Auch Laurence Hobemma wird die mysteriöse »Beschattung« durch Mukalinda zuteil. Daß sie kurz zuvor unwillkürlich den Spuren Phaons bis zum entlegenen Schlangensee der Insel folgt, löst – zumindest für den Leser – das Rätsel der Vaterschaft. Tiefere Zuneigung entwickelt der heimliche Erzeuger der Insel-Nachkommenschaft allerdings ausschließlich zu einem Waisenkind, dem Laurence Hobemma den Namen Diodata gegeben hat.

Erst durch das Erlebnis der Mutterschaft scheint die Gefahr einer Sinnkrise auf der Île des Dames vollends gebannt. Während man die Mutterschaft ohne Mann als entscheidenden Sieg über das männlich dominierte Europa feiert, wächst allerdings eine substantielle Bedrohung der Idylle schon heran. Nach wenigen Jahren löst der männliche Teil des Nachwuchses bei den radikalen Verfechterinnen des Frauenstaats ernste Sorgen aus. Nachdem die Option der Kindstötung durch den Widerspruch der Präsidentin verworfen ist, einigt man sich darauf, die Knaben vom sechsten Lebensjahr an in einem abgelegenen, nur über einen schmalen Paß erreichbaren Teil der Insel unterzubringen. »Mütterland« und »Mannland« der Île des Dames entwickeln sich fortan getrennt. Laurence Hobemma ergänzt den Mukalinda-Kultus durch die Verehrung der Muttergottheit Bona Dea und legt außerhalb der Kolonie einen weitläufigen Tempelbezirk an. Von den Insulanerinnen wird sie zunehmend selbst als Göttin aufgefaßt. Angesichts zurückgehender Geburtenzahlen plant man eine kultische Brautweihe der mittlerweile herangewachsenen Töchter. Über die Beteiligung der jungen Männer bricht ein erbitterter Streit aus, den – nach Beschluß des Frauenrats – eine Expedition ins Wildermannland der Insel schlichten soll. Unter der Leitung der Präsidentin nimmt eine Frauendelegation die Entwicklung der männlichen Kolonie in Augenschein, um die kultische Tauglichkeit ihrer Bewohner zu prüfen. Das Resultat der Expedition ist verblüffend. Im Wildermannland hat sich eine Kultur entwickelt, die nicht das Wunder der Geburt, sondern die »göttliche Hand« in den Mittelpunkt stellt. Tatendrang, Entdeckungs- und Erfindungsgeist der jungen Männer stechen dementsprechend von der kontemplativen Lebensform der »heiligen Mütter« ab. Die eindrucksvolle Präsentation reicht allerdings nicht aus, um die radikale Fraktion der Frauen umzustimmen. Man beschließt, die Brautweihe um ein Jahr zu verschieben, und hält sie schließlich nur mit zwölf ausgewählten Exemplaren des Mannlands ab. Diese sogenannten Lichtbringer werden allerdings durch eine feierliche Ansprache dermaßen erniedrigt, daß sie sich ihrerseits dem Kultus verweigern. Als die erhoffte Mutterschaft der Jungfrauen ausbleibt, macht sich Unruhe breit. Zuletzt brennen die Töchter in ihrer Wut den Mukalinda-Tempel nieder und provozieren den Ausbruch der Männer aus ihrem Inselterritorium. Die sinnliche Energie der jungen Generation entlädt sich in einer beispiellosen dionysischen Orgie, in deren Verlauf alle Spuren des Mukalinda-Kultus niedergerissen werden. Während sich auf der Insel ein Neuanfang jenseits des Matriarchats andeutet, sticht Phaon mit Diodata in See.

Im Jahr 1916, mitten im Ersten Weltkrieg, beginnt Gerhart Hauptmann mit der Niederschrift seines dritten Romans. Der Schiffsuntergang führt diesmal nicht – wie in *Atlantis* – über die profanen Rettungsboote eines Schnelldampfers zurück zur zivilisierten Welt, sondern in ein dezidiert utopisches Terrain. Mit seinem neuen Roman signalisiert Hauptmann eine radikale Abkehr von der bedrükkenden Gegenwart des Weltkriegs. Der utopische Stoff hat allerdings eine längere Vorgeschichte: Schon am 17. Mai 1906 skizziert Hauptmann eine Figurenkonstellation, die auf den späteren Roman hindeutet: »Ein großer Dampfer [...] strandet 20 Frauen u[nd] Mädchen verschiedenen Alters retten sich auf eine Insel, dazu ein[z]iger Mann von 28 Jahren. Sich ergebende Verhältnisse. – Stoff« (TB V,74). Zehn Jahre später modifiziert Hauptmann die »sich ergebenden Verhältnisse« insofern, als er den einzigen überlebenden Mann zum Knaben zurückstuft: Dadurch gewinnt die Utopie eines reinen Frauenstaats an Spielraum. Die mehrfach unterbrochene Niederschrift des Romans zieht sich bis 1924 hin. Hauptmanns Tagebüchern läßt sich entnehmen, daß er in dieser Zeit unterschiedliche Romanausgänge erprobt. 1921 ist von einem gnadenlosen Vulkanausbruch die Rede, der die weibliche Hälfte der Insel verschlingen soll (vgl. TB VII,64); einer später verworfenen Rahmenerzählung zufolge flüchtet Phaon nach einem mißglückten Aufstand seiner geknechteten Söhne auf ein Schiff und kehrt allein nach Europa zurück (vgl. CA XI,347–357). Erst im Dezember 1923 zeichnet sich der endgültige Romanschluß ab. Die Figur der Diodata, mit der Phaon schließlich die Insel verläßt, gehört zu den letzten Neuerungen des Manuskripts (vgl. TB VII,64, 93 f.). 1924 erscheint die *Insel der großen Mutter* in Buchform – im Unterschied zu Hauptmanns bisherigen Romanen ohne Vorabdruck. Ungeachtet der verhaltenen bis ablehnenden Stimmen der Literaturkritik verkauft sich der Roman verhältnismäßig gut. Im November stellt Hauptmanns Verleger Samuel Fischer mit Zufriedenheit fest, daß die *Insel der großen Mutter* »das Gespräch der Kreise bildet, die für Literatur Interesse haben« (Cowen, B 7, 118). 1925 publiziert die »Neue Rundschau« einen Epilog zum Roman, der allerdings keinen Anspruch erhebt, »als Teil des Werks, für das er ursprünglich gedacht war, zu gelten« (CA XI,346). Dort berichtet ein Herausgeber, daß er vor einigen Jahren die beiden Flüchtlinge der Île des Dames kennengelernt haben will. Aus dem Nachlaß des Ehepaars stamme ein Konvolut von Notizen und jene Geschichte der Île des Dames, die er nun dem Publikum vorlege (CA XI,357–371).

Hauptmann selbst nennt rückblickend zwei wesentliche Anregungen für seinen Roman: zum einen die Schriften Johann Jakob Bachofens, die auf historische Spuren mutterrechtlicher Strukturen aufmerksam machten, zum anderen »die vielen schönen, oft ganz nackten Frauenkörper«, die sich jahrelang auf Hiddensee beobachten ließen (Behl, B 5: 1949, 84, 111).[17] Neben derartigen sinnlichen und theoretischen Anschauungen spielt ein literarisches Werk in den Roman hinein, das Hauptmann (wie Phaon Stradmann) als Knabe mit Begeisterung las und 1919 erneut zur Hand nahm: Daniel Defoes *Robinson Crusoe* (vgl. TB VII,45).

Die *Insel der großen Mutter* ist eine eigenwillige Mischung aus Robinsonade und Utopie. Im Unterschied zu Robinson geraten Hauptmanns Schiffbrüchige auf eine Insel, die ihnen von Anfang an ein komfortables Leben ermöglicht. Was immer für eine unbeschwerte Existenz vonnöten ist, findet sich entweder leicht zugänglich auf der Insel oder in den luxuriös ausgestatteten Rettungsbooten. Dementsprechend sind nicht einmal die ersten Tage von Überlebenskämpfen geprägt. Hauptmann läßt keinen Zweifel daran, daß seine Protagonistinnen durch einen »herkömmlichen« Schiffbruch in eine vollkommen andere, zeitlose Welt gelangt sind. Vor der paradiesischen Kulisse löst sich die Lebensform der Insulanerinnen zunehmend von europäischen Maßstäben und der jeweils eigenen Vergangenheit: Mythisches Selbstbewußtsein stellt sich zwanglos ein.

17 Peter Sprengel hat darauf hingewiesen, daß Hauptmanns Bachofen-Lektüre wohl erst ins Jahr 1919 fällt; von diesem Zeitpunkt an macht er sich Exzerpte aus Bachofens *Mutterrecht* für sein Roman-Projekt: vgl. Sprengel. B 5: 1982, 311–316.

Um utopisches Terrain handelt es sich auch insofern, als auf der Île des Dames eine neue, dezidiert anti-europäische Gesellschaftsform erprobt wird. Unter den Bedingungen der Isolation und der Abwesenheit des männlichen Geschlechts entsteht ein Frauenstaat, wie ihn Bachofen in den Kulturen des alten Orients zu finden glaubte. Allerdings mißlingt das literarische Experiment einer neuen, weiblich geprägten Gesellschaftsform – obwohl alle Hindernisse der abendländischen Tradition vom Zauberstab des Romanciers aus dem Weg geräumt werden. Daß sich kein einziger Mann auf die Insel retten konnte, läßt zwar die weibliche Insel-Regierung und Lebensform ungestört aufblühen, stellt jedoch zugleich deren Zukunft in Frage: Es gehört zu Hauptmanns geschlechtstypologischen Überzeugungen, daß nur Mutterschaft die Erfüllung weiblicher Existenz gewährt. Der paradiesische Inselstaat stabilisiert sich erst, als Mukalinda für das »Wunder« der Nachkommenschaft sorgt. Spätestens zu diesem Zeitpunkt wird deutlich, daß die kollektive Verwandlung in mythische Wesen nicht ganz geglückt ist. Die Regierenden machen sich wider besseres (abendländlich-rationalistisches) Wissen die verzückten Visionen der ersten Mutter zu eigen und begründen einen Kultus, der alle Kennzeichen eines Kunstproduktes trägt: Man ist sich darüber einig, daß der Staat den mystischen Antrieb zum Höheren benötigt (vgl. CA V,742).

Dem »Wunder« von Île des Dames zufolge ist das männliche Geschlecht nicht nur für die Regierungsgeschäfte des Inselstaats, sondern auch für die Zeugung von Nachkommenschaft überflüssig; da liegt es nahe, die Tötung des männlichen Nachwuchses zu erwägen. Daß die Knaben schließlich in einem abgelegenen Teil der Insel sich selbst überlassen werden, erweist sich als verhängnisvoller Kompromiß. In der Isolation entwickelt sich ein gänzlich andersartiger Kultus, in dessen Mittelpunkt nicht die göttliche Mutter, sondern die göttliche Hand steht. Angesichts dieser genuin männlichen Kultur räumen selbst die radikalen Mutterrechtlerinnen eine gewisse Ergänzungsbedürftigkeit ihrer eigenen Lebensform ein. Was von den Knaben der verblüfften Delegation vorgetragen wird, entspricht weitgehend einem Essay Gerhart Hauptmanns, der für die Jahresversammlung des Deutschen Werkbunds 1922 gedacht war (vgl. CA VI,742–751).

Am Ende setzt sich die Macht des Eros, jenes Gottes also, der »früher als alle anderen war« (CA V,897) über die etablierte Staats- und Kultform der Mütter hinweg. Der jungen Generation beider Inselhälften bleibt es überlassen, die ideologisch verordnete Trennung in einer dionysischen Orgie aufzuheben: Hauptmanns literarisches Experiment führt vor Augen, daß ein radikaler Frauenstaat auch unter paradiesischen Bedingungen an immanenten Widersprüchen zerbrechen muß. Gegen dieses so eindeutige Urteil spricht allerdings die Tatsache, daß der Erzähler mitunter wie seine Figuren in einen Schönheitsrausch gerät. Hauptmann feiert die sinnlich-mythische Lebensform der Mütter über weite Strecken ohne jede Ironie. Daß er etwa innerhalb der paradiesischen Inselwelt ein zweites, gesteigertes Paradies etabliert, in dem Phaon und Diodata einem Einhorn begegnen, zeugt von jener »Lust am Mythos« (CA V,760), die auf der Insel um sich greift. Es hat den Anschein, als habe Hauptmann sich weder für eine durchgängig mythisierende Diktion noch für die zynisch-humoristische Perspektive der Insel-Präsidentin entscheiden können. Noch 1923 erwägt er, den Roman in Hexameter »umzugießen« (TB VII,78).

Von den anderen Romanen Hauptmanns sticht die *Insel der großen Mutter* vor allem durch ihren entlegenen Schauplatz ab. Schon Friedrich von Kammacher sollte einem früheren Plan zufolge auf die Insel der Seligen gelangen. Zehn Jahre später malt Hauptmann dieses Terrain mit bunten Farben aus. Unter einem immerblauen Himmel und atemberaubenden Natureindrücken werden selbst die Europäerinnen so naturwesenhaft schön, daß sie sich äußerlich kaum noch unterscheiden lassen. Die permanente Beschwörung dieser Schönheit ist der ästhetischen Qualität des Romans durchaus abträglich: Hauptmann fehlt hier offensichtlich das Fundament einer realen Lebenswelt. Im (nachträglich publizierten) Epilog räumt Hauptmann dieses Defizit selbst ein: Der fiktive Herausgeber kritisiert, daß die Erzählung »allzu entfernt von der erdgeborenen Wirklichkeit« stehe (CA XI,369).[18] Statt erdgeborener Wirklichkeit wählt Hauptmann das Niemandsland der Südsee, um radikal neue Formen des gesellschaftlichen Zusammenlebens spielerisch auf die Probe zu stellen. Am Anfang steht – wie in *Atlantis* – der (Schiffs-)Untergang des Abendlandes, am Ende der Untergang einer literarischen Utopie, deren Bewertung zwischen Skepsis und Begeisterung schwankt. Dem im Epilog formulierten Anspruch, ein substantielles Fragezeichen aufzurichten (vgl. CA XI,366), kommt der Roman nicht nach.

In der Forschung schlägt sich die innere Widersprüchlichkeit des Romans insofern nieder, als entweder die latenten Ironiesignale oder die mythisch-feierliche Diktion zum Ausgangspunkt der Interpretation gemacht werden. Joanna Jablkowska etwa deutet den Roman als Satire auf das utopische Modell eines Frauenstaats und unterstellt dementsprechend, daß gerade die kitschigen Aspekte beabsichtigt seien.[19] Karl S. Guthke hingegen ist der Überzeugung, Hauptmann liefere den poetischen Beweis seiner Lieblingsidee, daß der Mensch nur im Mythos existieren könne (Guthke, B 5: 1980, 152–157). Daß beide Rettungsversuche zu völlig disparaten Ergebnissen kommen, spricht gegen die ästhetische und gedankliche Substanz des Romans.

18 In den wichtigsten Frauenfiguren des Romans Marie Thienemann, Margarete Marschalk und Ida Orloff wiederzufinden, wie es Ulrich Lauterbach vorgeschlagen hat, ist wenig plausibel (vgl. Lauterbach, B 7: Bd. 5,417–419).

19 Vgl. Joanna Jablkowska, »*Die Insel der großen Mutter.* Utopie oder Satire auf die Utopie?«, in: Kuczynski/Sprengel, B 3: 1991, 91–98.

Till Eulenspiegel

Des großen Kampffliegers, Landfahrers, Gauklers und Magiers Till Eulenspiegel Abenteuer, Streiche, Gaukeleien, Gesichte und Träume – so der vollständige Titel des in Hexametern abgefaßten Epos – beginnen im schlesischen Warmbrunn: Ein mit Litewka und feldgrauer Wickelgamasche bekleideter Marktschreier lädt die neugierige Menge in sein Zelt, wo angeblich unerhörte Einblicke zu gewinnen seien. Zur Enttäuschung des Publikums verbirgt sich hinter Zeltleinwand nichts weiter als ein Spiegel: Mit diesem Wappenzeichen gibt sich der Marktschreier als Till Eulenspiegel zu erkennen. Darüber hinaus dient der Spiegel kritischer Selbsterkenntnis: Angesichts seines Spiegelbilds könne sich jeder davon überzeugen, daß der Krieg nur Raub- und Unmenschen zurückgelassen habe, erklärt der Narr dem enttäuschten Publikum und der herbeizitierten Amtsgewalt. Weil er Papiere vorlegen kann, die ihn als hochdekorierten Kampfflieger des Weltkriegs ausweisen, bleibt Till unbehelligt. Der Narr belädt den Planwagen und zieht in Gesellschaft eines Pudels und des (obligatorischen) Käuzchens seiner Wege. Schon dieser erste »Schalkstreich« knüpft nur oberflächlich an die Tradition der Eulenspiegel-Figur an. Gerhart Hauptmann schreibt seinem Protagonisten weniger die sprichwörtliche Überlegenheit eines Narren als die tiefe Verbitterung eines Kriegshelden zu, der in ein orientierungsloses, von politischen Wirren zerrüttetes Land zurückkehrt. Dieser »neue« Till Eulenspiegel leidet sowohl an der eigenen Blutschuld, die er im Krieg als Kampfflieger auf sich geladen hat, als auch an den politischen Auseinandersetzungen der Gegenwart. Auf seiner ziellosen Wanderung begegnen ihm Kriegsheimkehrer, Kommunisten, Monarchisten, Zigeuner, Kirchenleute und – wie der Titel des Epos andeutet – allerlei Figuren der Imagination. Zahlreiche Tagesereignisse der Weimarer Republik ragen in das

Epos hinein. Till wird Zeuge der Erschießung eines ehemaligen Kapitänleutnants, der sich nach dem Krieg dem Kommunismus zugewandt hat (3. Abenteuer), überlebt die blutigen Folgen des Kapp-Putsches von 1920 (6. Abenteuer) und gerät in monarchistische Kreise (7. Abenteuer), wo man die Absetzung des Reichspräsidenten Ebert plant (im Buch wird Ebert seinem ursprünglichen Beruf entsprechend »der Sattler« genannt). Von zwei Kutschpferden, die die sprechenden Namen »Gift« und »Galle« tragen, wird Tills Wagen durch eine düstere Gegenwart gezogen. Gelegentliche Aufhellungen bieten allenfalls erotische Abenteuer mit einer Kuhmagd (2. Abenteuer) und einer Fürstin (5. Abenteuer) sowie die Gesellschaft der »Gule«, die sich ihm unaufgefordert anschließt. Die im 16. Abenteuer geschilderte imaginäre (und mehr als 1000 Jahre währende) Hirtenidylle mit Baubo überbietet alle bisherigen sinnlichen Erfahrungen des Narren. Diese Abfolge der Liebschaften ist symptomatisch für die mythische Tendenz des Buches: Till verliert insofern an Bodenhaftung, als er zunehmend von Träumen und Gesichten erzählt, die ihn ins Reich der Mythologie führen. Im Traum unternimmt er eine Hadesfahrt (8. Abenteuer), begibt sich auf die Suche nach Helena, begegnet dem Satan, dem Saturn (11. Abenteuer), wird auf einem Wittenberger Konzil zum Gott und Kaiser ausgerufen (13.–14. Abenteuer) und gelangt schließlich auf arkadische Höhen, wo er von Admetos, dem Alten vom Berge, aufgenommen wird. Dem sinnlichen Zwischenspiel mit Baubo folgt ein Kentaurenritt, der Till bis an die äußersten Enden der Welt führt (15.–17. Abenteuer). Diese letzten Träume erzählt ein gealterter Narr: Unter Todesahnungen trennt sich Till von der Gule, um in den Alpen seinem Leben ein Ende zu setzen.

Gerhart Hauptmanns Beschäftigung mit dem Eulenspiegel-Stoff reicht ins erste Jahrzehnt nach der Jahrhundertwende zurück. Zwischen 1904 und 1914 entstehen Fragmente eines Eulenspiegeldramas, das sich in sprachlicher und inhaltlicher Hinsicht an die vierhundertjährige Schwank-Tradition anlehnt (CA IX,451–467; CA IV,253–263). Ein konzeptionelles Bindeglied zum späteren Eulenspiegel-Epos ist die Idee, in der Figur des Narren das Schicksal Deutschlands zu spiegeln (vgl. Sprengel, B 5: 1984, 237) und zugleich verwandte (und weniger verwandte) mythische Stoffe in das Werk einzuflechten. Bereits in den Notizen aus dem Jahr 1909 wird Tills Berührung mit dem listenreichen Odysseus, mit Diogenes und Christus angedeutet (CA IX,453 f.).

Nach der auch für Hauptmann traumatischen Erfahrung des Ersten Weltkriegs gewinnt dieses Konzept eine düstere Einfärbung. Im Mai 1920 beginnt Hauptmann mit ersten konkreten Entwürfen zu seinem Epos. Die Begegnung mit dem Kampfflieger und Abenteurer Krafft Christian Tesdorpf (1882–1957) im Jahr 1916 gibt entscheidende Anregungen zur Profilierung des epischen Helden. In seinen Erinnerungen (und in einigen Briefen an das Ehepaar Hauptmann) erklärt sich Tesdorpf zum »Urbild« Till Eulenspiegels.[20] Neben den in jedem Abenteuer präsenten Erinnerungen an die brutale Wirklichkeit des Weltkriegs finden sowohl tagespolitische Ereignisse der Weimarer Republik (die russische Oktober-Revolution, die Ermordung des Kapitänleutnants a. D. und Kommunisten Hans Paasche, der Kapp-Putsch u. v. m.) als auch eigene Träume und Erlebnisse Eingang in das entstehende Werk.[21] Hauptmanns Tagebuch-Abschriften zweier Briefe von Arnulf Ansorge und Uli Klimsch (TB VII,11, 18–20), in denen von traumati-

20 Vgl. Cowen, B 7, 215–217, und Thomas Rietzschel, »Der Dichter und sein Narr«, in: »Frankfurter Allgemeine Zeitung« vom 12. Oktober 1996.

21 Hauptmanns Albtraum einer blutigen Schreckensherrschaft etwa, den er am 11. Juni 1917 in sein Tagebuch notiert (TB VII,9), bildet im Epos das Finale eines von Till erzählten »Lügenmärchens« (CA IV,726–728). Vgl. hierzu Ulrich Karthaus, »Gerhart Hauptmanns Versepos *Till Eulenspiegel*«, in: Kuczynski/Sprengel, B 3: 1991, 72 f.

schen Kriegserlebnissen die Rede ist, gehen in das 10. Abenteuer Till Eulenspiegels ein (CA IV,763–766).

Rückblickend glaubt Hauptmann mit seinem Werk die Orientierungslosigkeit der zwanziger Jahre sowohl künstlerisch zum Ausdruck gebracht als auch – durch die Identifikation mit der Hauptfigur – persönlich bewältigt zu haben:

> Es war eine Art Notwehr gegen die Trübsal und die albhafte Problematik der Gegenwart. Ich schlüpfte in Till hinein und fühlte mich glücklich, wenn ich Till war. Durch ihn und mit ihm genoß ich die Zeit – trotz allem –, wie er selbst ja genießt und sich in seiner Phantasie erlöst. (Behl, B 5: 1949, 136)

Nach Teilabdrucken in verschiedenen Zeitungen (1922, 1927) erschien das Epos Ende 1927 (vordatiert auf 1928) bei Fischer. Der Verlag sorgte auch deshalb für eine massive Werbekampagne, weil viel auf dem Spiel stand: Samuel Fischer hatte Hauptmann ein exzeptionelles Voraushonorar von 100 000 Mark für die ersten 25 000 Exemplare gewährt. Die Literaturkritik reagierte uneinheitlich. Neben enthusiastischen Besprechungen, die zu kanonischen Vergleichsgrößen der Weltliteratur griffen, meldeten sich auch ablehnende Stimmen wie die von Herbert Jhering (LW 227 f.). Das breite Publikum brachte für das als »Epos vom Ewigen Deutschen« angekündigte Werk kein Interesse auf. Von der Erstauflage wurden bis 1935 nur 7500 Exemplare verkauft (vgl. Cowen, B 7, 222).

Gleich im ersten Abenteuer gibt sich Till als Gegenfigur zu Nietzsches Zarathustra zu erkennen. Wie dieser hat er seinen ersten Auftritt auf einem Marktplatz und verkündet der schaulustigen Menge ein neues Menschenbild. In seinem Spiegel zeige sich

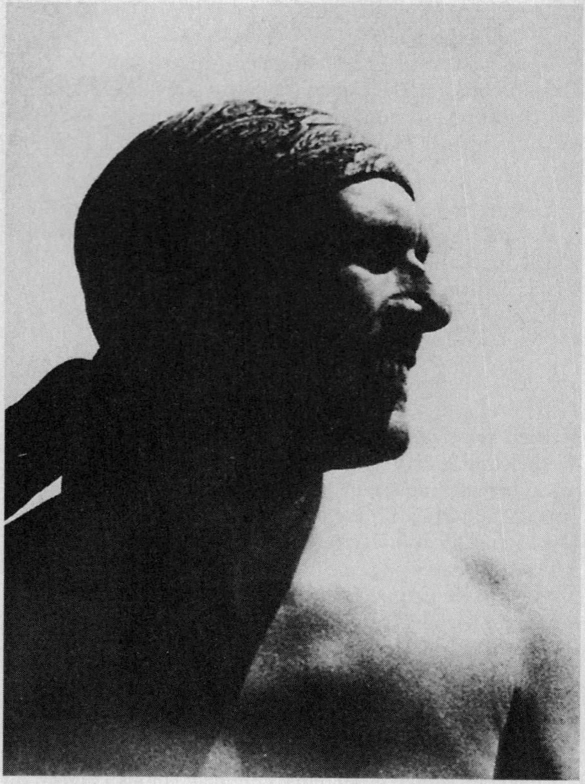

Krafft Christian Tesdorpf
Fotografie, 1937

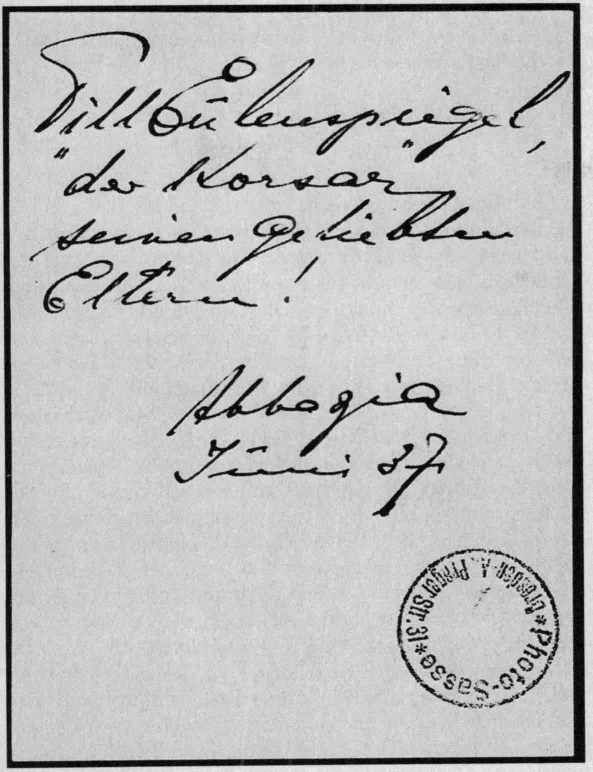

Till Eulenspiegel,
der Korsar
seinen geliebten
Eltern!

Abbazia
Juni 37

Widmung Tesdorpfs auf der Rückseite:
»Till Eulenspiegel, der Korsar, seinen geliebten Eltern!
Abbazia Juni 1937«

> [. . .] der schreckliche Dämon, den, nach der
> Vernichtung der Menschheit,
> die im Kriege sich selbst verschlang, uns die Hölle
> zurückließ.
> Übermensch nenn' ich ihn oder Raubmensch
> und besser noch: Unmensch.
> (CA IV,603)[22]

Hauptmann gibt zu verstehen, daß der Weltkrieg einzig die bestialischen Aspekte des Menschen hervorgekehrt hat. Till nimmt in seiner Ansprache den Zukunftsentwurf des Übermenschen zurück, ohne die Lehre Zarathustras durch eine neue ersetzen zu wollen. Diese abgründige Skepsis, mit der das Epos einsetzt, wird im folgenden bestätigt. Auf seinem Streifzug durch das Nachkriegsdeutschland der zwanziger Jahre begegnet Till rechts- und linksradikalen Spielarten von Gewaltherrschaft, die sich an Brutalität wechselseitig überbieten. Die sozialkritische Direktheit der ersten Abenteuer wird allerdings – wie Peter Sprengel gezeigt hat – im Verlauf der Niederschrift und Überarbeitung teils zurückgenommen, teils durch mythologische Elemente überlagert (Sprengel, B 5: 1984, 238, 242). Hauptmann baut zunehmend Figuren und Konstellationen der Weltliteratur und Mythologie in die lose gegliederte Abfolge von Abenteuern ein. Durch beiläufige Anknüpfungen an Werke von Homer, Vergil, Dante, Cervantes, Shakespeare, Goethe, Nietzsche und Wagner (um nur einige zu nennen) evoziert das Epos eine beträchtliche literarische Fallhöhe – mit den entsprechenden Absturzrisiken. Zwar gehört es spätestens

22 Vgl. Friedrich Nietzsche, *Also sprach Zarathustra. Ein Buch für Alle und Keinen*, Kritische Studienausgabe, hrsg. von Giorgio Colli und Mazzino Montinari, Bd. 4, München 1988, S. 11–21. Im dritten Abenteuer nennt Till auch den Namen seines Wahlverwandten: »Es geht mir wie einst Zarathustra.« (CA IV,622). Zu weiteren Affinitäten vgl. Eike Midell, »Zwischen Parsifal und Zarathustra. Anmerkungen zu Gerhart Hauptmanns *Eulenspiegel*-Epos«, in: Kuczynski/Sprengel, B 3: 1991, 77–89.

seit Vergils *Aeneis* zum Gattungsprofil des Epos, vorgängige Epen als Folie und Anknüpfungspunkt zu nutzen. Tills literarische Vorläufer wie Odysseus, Aeneas, Dante in der *Commedia*, Don Quijote, Prospero, Faust, Zarathustra und Parsifal erscheinen jedoch zu heterogen, um von einer einzigen Figur beerbt zu werden. Überdies droht das Profil des Landfahrers Eulenspiegel durch die fortwährende mythisch-literarische Übermalung zu verschwimmen (vgl. Büttrich, B 7.9, 56 f.). »Eulenspiegel. Die Gefahr, einen Charakter durch Überlastung zu zerstören«, notiert sich Hauptmann im Jahr 1909 (CA IX,458); im Verlauf der Niederschrift verliert er diesen Vorsatz mehr und mehr aus den Augen. Innerhalb der Eulenspiegel-Tradition markiert Hauptmanns Versepos einen kaum zu überbietenden Höhepunkt der schon im 19. Jahrhundert einsetzenden Mythisierungstendenz.

So heterogen wie die Galerie der literarischen Vorbilder ist auch die sprachliche Gestalt des Epos: Hauptmann transponiert den genuin »prosaischen« Eulenspiegel-Stoff in Hexameter und unterteilt ihn nach dem Muster pikaresker Romane in Abenteuer mit Überschriften von barocker Ausführlichkeit. Dem epischen Metrum steht eine erstaunliche Sprach- und Stilmischung von Dialekt-Einsprengseln, Zigeuner-Kauderwelsch, Anglizismen und drastisch-vulgärer Rede entgegen, die den Kontrast zur gleichfalls 1928 erschienenen *Dreigroschenoper* von Bertolt Brecht erheblich relativiert. Derartige Formexperimente einerseits und die radikal mythensynkretistische Tendenz andererseits weisen Hauptmanns Epos – allen Vorwürfen eines hoffnungslosen Anachronismus zum Trotz – als Werk der Moderne aus. Am überzeugendsten wirkt es dort, wo die mythische Grundierung das konkrete Leid nicht überlagert, sondern vertieft.

Wanda

Der Roman erzählt die Geschichte einer verhängnisvollen Liebe zwischen einem Künstler und einer *femme fragile*. Der junge Bildhauer Paul Haake holt ein 16jähriges, vollkommen verwahrlostes Mädchen von der Straße in sein Atelier und macht sie zu seiner Liebhaberin. Die Liebesbeziehung zwischen dem Künstler und seinem Modell endet allerdings so plötzlich, wie sie begann. Ohne jede Ankündigung schließt sich Wanda fahrenden Kunstreitern an, die in Breslau gastieren. Hier setzt die Romanhandlung ein: Haake läßt seine künstlerische Laufbahn fahren und begibt sich auf die Spuren der Kunstreiter. Nach tagelanger Wanderung stößt er auf die Zirkustruppe, die das Mädchen längst als Drahtseiltänzerin engagiert hat. Unter der Peitsche des Zirkuschefs Balduin Flunkert scheint Wanda sich so wohl zu fühlen, daß sie den verzweifelten Bildhauer verleugnet. Haake verkommt zusehends. Bevor er sein letztes Geld für Unterkunft und Alkohol ausgegeben hat, lenkt Wanda ein. Unter dem Vorwand, sich vom Zirkuschef Flunkert loskaufen zu müssen, borgt sie sich eine größere Summe. Die Aussicht, mit Balduin Flunkert handelseinig werden zu können, läßt den Bildhauer neue Hoffnung schöpfen. Der Zirkuschef gibt sich jedoch auch mit den 5000 Mark, die Haake bald darauf aus Breslau besorgt hat, nicht zufrieden. Gemeinsam mit Baron Dagobert von Römerscheid, der ebenso aussichtslos in Flunkerts Mutter verliebt ist, reist Haake dem Zirkus hinterher.

Das Verhältnis zur Truppe wird mit der Zeit so familiär, daß dem Bildhauer die Patenschaft des neugeborenen Flunkertsohns angetragen wird. Das Taufgelage dient den Artisten als Anlaß, ihre eigene Lebensform zu feiern: Man lobt die Bildungschancen der Manege, die Leistungsethik der Artisten und das freie, unbeschwerte Leben im grünen Wagen. Unter beträchtlichem Alkoholkonsum folgen die obligatorischen Kunststücke, bis schließlich zwischen Haake und Flunkert der alte Streit um Wanda ausbricht. Wenige Tage später gelingt es Willi Maack, einem Breslauer Architekten, seinen Freund vor dem endgültigen Zusammenbruch zu retten. Haake läßt sich willenlos nach Breslau zurückbringen.

Das zweite Buch des Romans setzt mit der Romreise des scheinbar genesenen Bildhauers ein. Nach einigen arbeitsreichen Monaten hat Haake seine Leidenschaft für Wanda hinreichend betäubt, um Deutschland für längere Zeit verlassen zu können. In Rom bezieht Haake ein großzügiges Atelier und arbeitet wie ein Besessener. Natürlich holt ihn die Vergangenheit ein – zunächst in Gestalt des Dagobert von Römerscheid, der nach einem heftigen Streit gegen Haakes neue römische Bekanntschaft intrigiert. Daß die hübsche Schwedin Carola Ingeström das Verlöbnis bricht und mit ihrer Familie wortlos abreist, bringt den Bildhauer aus der mühsam errungenen Fassung. Haake schließt sich in sein Atelier ein – und wird wiederum von Willi Maack gerettet, der ihn mit Verdacht auf Typhus ins Krankenhaus einliefern läßt.

Ein weiteres Mal arbeitet Haake sich hoch. Nach seiner Genesung wird er als Professor an die Breslauer Kunstakademie berufen, was sein Renommee als Künstler endgültig zementiert. Trotz seiner proletarischen Herkunft könnte Haake jetzt unter den Breslauer Bürgerstöchtern wählen, heiratet jedoch Wanda, die unverhofft bei ihm Zuflucht gesucht hat. Nach kurzer Zeit wird Haake dermaßen von Eifersuchtsphantasien heimgesucht, daß er sein Eheglück zerstört. Beim Besuch einer Zirkusvorstellung, an der – wie es der Zufall will – Balduin Flunkert als Trapezkünstler teilhat, ergreift Wanda die Gelegenheit und flieht vor ihrem tyrannischen Ehemann. Diesmal rettet sich Haake in die Idylle eines Görbersdorfer Försterhauses. Unter der Pflege von Förster Ronke und seiner Tochter Marie kommt Haake wieder zu Kräften. Die wachsende Zuneigung zum »Naturkind« Marie Ronke bestärkt ihn in seinem Vorsatz, sich von Wanda scheiden zu lassen. Ein letztes Mal reist Haake dem Zirkus nach (wo Wanda mittlerweile wieder untergekommen ist), um die Scheidung voranzutreiben. Wanda allerdings versteht es erneut, Haakes Zuneigung zu wecken, zumal sie behauptet, ein Kind von ihm zu erwarten. Haake beteiligt sich mit seinem Vermögen an der Zirkustruppe und zeigt sich wenig beeindruckt, als er von Willi Maack hört, daß Marie Ronke einen anderen geheiratet hat. Wenig später sieht er sich allerdings nicht nur um sein Geld, sondern auch um seine Vaterschaft betrogen: Als Haake durch einen Zufall erfährt, daß Flunkert der Vater des Kindes ist, prügelt er ihn zu Tode. Wenig später stirbt der Bildhauer an einer Gehirnblutung.

Innerhalb von zwei Monaten, vom 2. Februar bis zum 4. April 1927, soll Hauptmann seinen vierten Roman diktiert haben; kein anderes Werk von diesem Umfang ist so schnell entstanden. Immerhin finden sich schon fünf Jahre zuvor Spuren, die auf den späteren Roman hindeuten. Am 8. August 1922 notiert Hauptmann in sein Tagebuch:

> Das Komödiantendrama beschäftigt mich wiederum. Die traurige Gestalt des Bildhauers H., der mit der Schmiere zieht, weil er in eine Schauspielerin verliebt ist, die eigentlich mehr ein andres Geschäft betreibt. Seine furchtbare Hörigkeit dieser Person gegenüber und sein Untergang. Es würde wohl wiederum etwas wie eine Tragikomödie herauskommen. (TB VII,69 f.)

Daß zuletzt kein Drama, sondern ein Roman »herauskommt«, ist – wie Martin Machatzke anmerkt – ein weiterer Beleg für Hauptmanns Schwanken zwischen den dichterischen Gattungen (TB VII,246). Unter dem Titel *Der Dämon* erscheint der Roman im Jahr 1928 als Vorabdruck der »Vossischen Zeitung«. Für die Buchausgabe des gleichen Jahres wählt Hauptmann den späteren Titel *Wanda*. Von der mehrheitlich ablehnenden Literaturkritik werden vor allem die stilistischen Nachlässigkeiten des Romans moniert. Dabei hatte Hans von Hülsen den Dichter nach der Lektüre des Manuskripts eigens auf »Halbheiten und Unfertigkeiten« hingewiesen. Hauptmann stellte eine Überarbeitung für die Buchausgabe in Aussicht, die allerdings nie erfolgte.[23]

Nach dem wenig überzeugenden Versuch, mythologisch-utopisches Terrain zum Schauplatz eines Romans zu machen, kehrt Hauptmann mit *Wanda* in die ihm vertraute Lebenswelt zurück. Dem Bildhauer seines vierten Romans schreibt er eine ganze Reihe eigener Erfahrungen und Erlebnisse zu. Die im Zentrum des Romans stehende verhängnisvolle Leidenschaft erinnert ein weiteres Mal an Hauptmanns Verhältnis zu Ida Orloff. Haakes Romerlebnisse gehen auf die Jahre 1883/84 zurück, die Hauptmann als freier Bildhauer in Rom verbrachte. Der zweite Band der Autobiographie *Das Abenteuer meiner Jugend* legt einige Details frei, die den Dichter mit seiner Romanfigur verbinden: Im Winter 1883/84 arbeitete der junge Hauptmann – relativ isoliert von der deutschen Künstlerkolonie – an der Statue eines Germanenkriegers von kolossalischen Ausmaßen. Kurz vor der Ankunft Marie Thienemanns fielen die zehn Zentner Ton trotz verzweifelter Rettungsversuche in sich zusammen. Diesem künstlerischen Fiasko folgte der physische Zusammenbruch. Hauptmann erlag der in Rom grassierenden Typhus-Infektion; laut Autobiographie sorgte ein junger deutscher Architekt dafür, daß er rechtzeitig in ein Krankenhaus gelangte (vgl. CA VII,975–986). Diese Episode aus Hauptmanns Romaufenthalt geht – mit geringen Veränderungen – in den Roman ein. Haake versucht sich nicht an einem Cherusker, sondern an einer überlebensgroßen Brunnenfigur, die ihm um so sinnfälliger zu-

23 Hans von Hülsen, B 5: 1947, 87 f. Die Forschung hat diesen Befund weitgehend bestätigt; Ulrich Lauterbach etwa kritisiert den »feuilletonistischen Biedermannston« des Romans: Lauterbach, B 7: Bd. 5,411.

Gerhart Hauptmann wird wieder Bildhauer
und modelliert das Gerhart-Hauptmann-Denkmal

Zeichnung von Th. Th. Heine, 1925

sammenstürzt, als sie nach dem Bild Carola Ingeströms geformt ist (vgl. CA V,995). Damit ist angedeutet, daß Haakes Verlöbnis nicht nur an der Intrige seiner Zirkusbekanntschaft zerbricht. Auch der Romaufenthalt des Bildhauers Haake endet mit einer lebensgefährlichen Typhus-Infektion. Neben jenem Architekten, der dem erkrankten Hauptmann in Rom zur Seite stand, ist offenbar Hauptmanns Freund Wilhelm Kimbel das Vorbild für die Romanfigur Willi Maack.[24] Schließlich gehen eine frühe Zirkusbegeisterung, die von Breslauer Vorstellungen des Zirkus Renz herrührt, und Erlebnisse aus der Erkner-Zeit in den Roman ein: Am 13. Mai 1889 notiert sich Hauptmann das traurige Ende einer Kindesmißhandlung (TB I,68, 371), die im Roman aufgegriffen wird (CA V,1040).

Wie zahlreiche andere Protagonisten Gerhart Hauptmanns wird Paul Haake von einer Leidenschaft heimgesucht, die seine Laufbahn als Künstler zerstört. Wanda Schiebelhut kommen denn auch die längst erprobten mythisch-dämonischen Attribute zu: Haake verherrlicht sie auf seinem Privataltar gleichermaßen als »Teufelin Lilith« und »Mutter Maria« (CA V,999), als »männermordende Gottesanbeterin« (CA V,1013) und Mignon (CA V,961). Daß diese Kombination auf Hauptmanns männliche Romanfiguren unwiderstehlich wirkt, stellt schon der erste »Orloff«-Roman *Atlantis* unter Beweis. Gerhart Hauptmann überbietet seine bisherigen Liebesgeschichten nur insofern, als die Leidenschaft für Wanda tödlich ausgeht. Die Kräfte der (obligatorischen) Gegenfigur Marie Ronke reichen nicht aus, um den Bildhauer auf Dauer von seinem Dämon abzulenken. Dabei ist Haake offenbar nicht nur

24 Am 16. August 1897 notiert sich Hauptmann, was Wilhelm Kimbel in Florenz geträumt haben will: eine leibhaftige Begegnung mit Michelangelo, bei der man sich über den Wert und Unwert der zeitgenössischen Kunst verständigt (vgl. TB IV,51 f., 483 f.). Im Roman wird dieser Traum Haake und Maack zugeschrieben (CA V,982).

einem, sondern mehreren Dämonen ausgesetzt: In seinem Blut wühlt »der gigantische Dämon Michelangelo«, seine Seele bewacht eine dämonische Katze, zuletzt erliegt er dem »Dämon der Eifersucht« und dem des Alkoholismus (vgl. CA V,994, 1001, 1011, 1024). Daß Haake all seine Affekte bis zum (dämonischen) Extrem ausreizt, stempelt ihn allerdings eher zum Dilettanten als zum Künstler. Hauptmann schwankt offenbar in der Beurteilung seines Bildhauers: Einerseits konstatiert der Erzähler eine gewisse künstlerische Selbstüberschätzung (CA V,982), andererseits läßt er kein Klischee einer antibürgerlichen Künstlerexistenz aus: Alkohol, Leidenschaft, unbändige Arbeitswut.

Hauptmann selbst waren spektakuläre Erfolge als Bildhauer nicht beschieden (allerdings spielt er in den zwanziger Jahren mit dem Gedanken, noch einmal als Bildhauer nach Rom zu gehen); ebensowenig opferte er seine künstlerische Laufbahn jener Leidenschaft für Ida Orloff, die den Roman so nachhaltig inspiriert. Im Gegenteil: Auf dem imaginären Feld der Literatur spielt Hauptmann durch, was er sich selbst – mehr als 20 Jahre zuvor – radikal versagt.[25] Der Roman gehört insofern zu den Spätfolgen dieser Lebensentscheidung, als er die eigenen erotischen Erfahrungen ins Verhängnisvolle fortschreibt. Überzeugender als die erneute Demonstration der Macht des Eros wirkt die Darstellung des Zirkusmilieus, das im Roman zum Bildungsgebiet sui generis avanciert (CA V,957; vgl. Gregor, B 5: 1951,

25 1906 zieht Hauptmann einen Schlußstrich unter sein Verhältnis zu Ida Orloff. Einundzwanzig Jahre später, im Juni 1927, bemerkt er angesichts eines jungen, blonden Mädchens: »Ob ich mich doch noch einmal verlieben soll? Ich hätte dazu fast Lust. Aber das Drum und Dran ist so peinlich; sich von einem Menschen trennen, mit dem man durch die Jahre fast zu eins zusammengewachsen ist, um einem jungen, unbekannten Menschen zu folgen ... Nein, lieber nicht.« (Zit. nach Harry Graf Kessler, *Tagebücher 1918–1937*, hrsg. von Wolfgang Pfeiffer-Belli, Frankfurt a. M. 1961, S. 516.) Eine neue Leidenschaft kommt für Hauptmann wohl auch darum nicht in Frage, weil er sie wenige Monate zuvor mit all ihren zerstörerischen Folgen an Paul Haake delegiert hat: vgl. dazu Leppmann, B 5: 1986/1995, 326–328.

362). Hauptmann versteht es, die exzentrische Welt der kleinen und großen Artisten so suggestiv vor Augen zu führen, als kreise der kamtschadalische Löwenhund des Zirkus Flunkert nicht nur auf dem Papier. Trotz seiner stilistischen und inhaltlichen Mängel vermittelt der Roman die Faszination eines Lebens »im grünen Wagen« (CA V,1043), von der schon Thomas Manns Tonio Kröger spricht.[26]

Buch der Leidenschaft

Das zweiteilige *Buch der Leidenschaft* ist ein Tagebuch-Roman. Die Identität des Verfassers »Titus« bleibt für den Leser ohne feste Konturen: Er ist zu Beginn etwa dreißigjährig (vgl. CA VII,132), Vater von drei Kindern und hat einen im weitesten Sinne künstlerischen Beruf, von dem der Leser jedoch nur andeutungsweise erfährt. Das Geständnis an die Ehefrau, »einer neuen, leidenschaftlichen Liebe verfallen« (CA VII,130) zu sein, markiert in der Eintragung vom 10. Dezember 1894 den Auftakt zu einem zehnjährigen Wechselbad der Gefühle, das in Tagebuchform dokumentiert wird.

Objekt der Leidenschaft ist das minderjährige, musisch begabte Mädchen Anja. Die Liebe zu ihr, außerhalb jeder bürgerlichen Konvention, und die Treue zu Ehefrau und Familie, Garant gesellschaftlicher Anerkennung, sind die beiden gegensätzlichen Pole, zwischen denen das *Buch der Leidenschaft* zu vermitteln sucht. Die schwankenden Gefühle des Verfassers spiegeln sich in einem rastlosen Ortswechsel, der für den gesamten Zeitraum der Aufzeichnungen charakteristisch ist: Verläßt er gleich nach dem Eingeständnis seiner Liebe die Familie und bezieht ein Zimmer in

26 Roy C. Cowen weist auf andere Zirkustexte der literarischen Moderne hin, die zu einem Vergleich mit Hauptmanns *Wanda* herausfordern: Cowen, B 7, 122 f.

Berlin in Anjas Nähe, folgt unmittelbar auf Bitten der Ehefrau Melitta eine Reise in die Schweiz. Der geographische Abstand zu beiden Frauen gibt dem Verfasser den Raum, über die alternativen Möglichkeiten einer polygamen Lebensform oder einer Scheidung zu reflektieren. Während eines Paris-Aufenthaltes erfährt der Verfasser vom Entschluß seiner zutiefst gekränkten Ehefrau, nach Amerika zu reisen. Voller Schuldgefühle reist er ihr nach. Die Wiedervereinigung in Übersee leitet einen Ablösungsprozeß von der Geliebten (vgl. CA VII,204), eine Auflehnung »gegen den Dämon« (CA VII,179) ein – was vorübergehend die künstlerischen Gestaltungskräfte des Verfassers freisetzt. Auch das erste Wiedersehen mit Anja in Berlin beendet noch nicht die Phase der Annäherung an die Familie. Ausschlaggebend für das abermalige Aufflammen der Leidenschaft ist die eifersüchtige Befürchtung des Verfassers, daß die Geliebte gegen ihn »abgekühlt« (CA VII,231) sei. Als Melitta von den erneuten Treffen des Ehemanns mit Anja erfährt, erfolgt die Trennung: Der Familiensitz wird aufgelöst, Melitta bezieht mit den Kindern ein Haus in Dresden.

Der Verfasser schwankt zunehmend zwischen der Sehnsucht nach einer bürgerlich gefestigten Existenz und der Liebe zu Anja als Gegenpol zum »klebrige[n], dumpfe[n], muffige[n], feindlich-freundliche[n] Familiensein« (CA VII,276). Das abwechselnde Zusammensein mit der Geliebten und der Ehefrau führt zum physischen Zusammenbruch des Verfassers. Das erste Buch endet mit dem vergeblichen Versuch, die gegensätzlichen Lebensformen auszugleichen.

Am Anfang des zweiten Buchs steht eine Winterreise mit Anja. Vor dem Gefühl der gesellschaftlichen Isolation flüchtet das Paar nach Italien, dem Land künstlerisch-freier Existenz: In Gesellschaft befreundeter Künstler, die gleichfalls als »irreguläre[] Paare« außerhalb der bürgerlichen Verhältnisse stehen, fühlt sich der Verfasser »dem wahren Sein und dem Schönen am nächsten« (CA VII,300).

Die Ernüchterung folgt mit der Rückkehr, an die sich eine Folge unglücklicher Vorfälle knüpft: Melitta zeigt sich entschlossen, den Ehemann nicht loszulassen (vgl. CA VII,317). Die todbringende Krankheit des Bruders Marcus, ein Zwist mit dem ältesten Bruder Julius und der Tod von Anjas Mutter versetzen den Verfasser in einen Zustand psychischer und physischer Schwäche: »Hätte ich nicht vielleicht besser getan, diese Sache mit Anja gar nicht erst anzufangen?« (CA VII,353). Die Kette unglücklicher Ereignisse setzt sich mit weiteren Todesfällen fort: Der Verfasser verliert nahezu gleichzeitig den Bruder Marcus, den Vater und seinen engen Freund Rauscher.

Die Nachricht, daß Anja ein Kind erwartet, bringt den Umschwung. Die Aussicht auf die Geburt des neuen Lebens eröffnet nach der Epoche rastloser Ortswechsel allmählich eine Perspektive der Ruhe und Seßhaftigkeit: Der Verfasser beschließt, sowohl für Melitta als auch für Anja und sich selbst ein Haus bauen zu lassen. Trotz dieses weiteren Trennungsschritts willigt Melitta nicht in die Scheidung ein. Eine erneute Krankheit, die er rückblickend als Reinigung, Erneuerung und Wiedergeburt erfährt, führt den Verfasser an den Rand des Todes. Der Bezug des neuen Hauses stellt die Liebe zu Anja endgültig auf gesicherten Grund (vgl. CA VII,433). Seine »letzte Weihe« (CA VII,449) erhält das Haus durch die Hochzeit mit Anja, der die Scheidung von Melitta vorausgeht. Mit dem Fazit »So ist nunmehr ein zehnjähriges bitteres Ringen zum Abschluß gebracht« (ebd.) endet das Tagebuch des Verfassers am 19. September 1904.

Am 28. August 1905 – Goethes Geburtstag – beginnt Hauptmann mit der Niederschrift eines Tagebuch-Romans, der zunächst den Titel *Aus den Memoiren eines Edelmannes* erhält. Nach Teildrucken in Zeitschriften des Jahres 1907 gibt Hauptmann 1922 das immer noch fragmentarische Werk für die *Gesammelten Werke* frei: der Titel lautet jetzt

Aus dem Tagebuch eines Edelmannes. Drei Jahre später nimmt er das Romanprojekt unter dem Titel *Buch der Leidenschaft* wieder auf und schließt es nach mehreren Unterbrechungen im Jahr 1929 ab. Der vom Verlag ausgeübte Zeitdruck einerseits und nachlassendes Interesse des Verfassers andererseits bewirken den unvermittelten Abbruch der Romanhandlung. Hans von Hülsen zufolge läßt Hauptmann die im Manuskript unterschlagene Nachricht von der Scheidung des Tagebuchverfassers telefonisch nachreichen (vgl. von Hülsen, B 5: 1947, 89). Der vollständige Erstdruck erscheint – vordatiert auf 1930 – zu Weihnachten 1929: ein publizistischer Mißerfolg.

Bereits Oskar Loerkes »Waschzettel« zur Erstausgabe weist das Buch als das »vielleicht persönlichste Werk Hauptmanns« aus.[27] Der autobiographische Hintergrund ist in der Tat evident: Hauptmann gibt eine nur geringfügig verschleierte (und um ein Jahr umdatierte) Darstellung seiner Ehekrise, die von 1893 bis 1904 andauerte. Den Romanfiguren Titus, Melitta, Anja, Marcus und Julius entsprechen weitgehend Gerhart Hauptmann, Marie Thienemann, Margarete Marschalk sowie Georg und Carl Hauptmann. Diese Liste läßt sich um Nebenfiguren wie Hüttenrauch (Alfred Ploetz), Rauscher (H. E. Schmidt), Joël (Moritz Heimann) sowie die Schauplätze Grünthal (Schreiberhau), Bergfried (Wiesenstein) und Bußbeck (Reinbek) fortsetzen (vgl. Cowen, B 7, 130 f.). Wichtigste Quelle des Romans sind dementsprechend Hauptmanns eigene, mittlerweile publizierte Tagebücher, wo die verwendeten Passagen durchgestrichen und mit dem Vermerk »erledigt« versehen wurden: ein Zeichen erstaunlicher Arbeitsökonomie. Angesichts dieses radikal autobiographischen Verfahrens haben sich die Herausgeber der Centenar-Ausgabe entschieden, das Gattungsprofil des Romans zu unterschlagen und ihn dem

27 Zit. nach Peter de Mendelssohn, »S. Fischer und sein Verlag«, Frankfurt a. M. 1970, S. 1087.

Band »Autobiographisches« zuzuschlagen. In der Centenar-Ausgabe ist auch Hauptmanns verworfene Fortsetzung des Romans (unter dem Titel *Neue Leidenschaft*) publiziert, die die nächste eheliche Irritation in Gestalt von Ida Orloff thematisiert. Darüber hinaus (und womöglich als Alternative zur verworfenen Fortsetzung) findet sich im Nachlaß ein Romanfragment aus dem Jahr 1938/39 mit dem Titel *Siri*: eine weitere literarische Verarbeitung der Begegnung mit der Schauspielerin Ida Orloff.

»So ist es also den Jahren doch gelungen, ein friedliches Auseinandergehen herbeizuführen. Aber der langsame Lösungsprozeß, den ich um Melittas willen gewählt habe, hätte mich fast das Leben gekostet« (CA VII,449). Der rückblickenden Motivation der Ereignisse (»um Melittas willen«) fehlt angesichts der im Tagebuch ausführlich geschilderten Beweggründe des Verfassers jede Plausibilität. Sie ignoriert, daß das zehnjährige Ringen des Verfassers über weite Strecken durch egoistische Impulse geleitet wird. Die charakteristischsten sind das alternierende Streben nach bürgerlicher Geborgenheit und »künstlerischer« Freiheit, die Eifersucht, die zur Trennung der Familie führt, und die wechselweise Idealisierung der beiden Frauen (vgl. bes. CA VII,223 f.). Diese Diskrepanz zwischen der rückblickenden Erklärung des Verfassers und dem Gang der Ereignisse eröffnet im *Buch der Leidenschaft* jedoch keine kritische Perspektive: Die Doppelbödigkeit, die aus der Selbsteinschätzung des Tagebuch-Verfassers und einer analytischen Distanz des Autors entstehen könnte, ist dem *Buch der Leidenschaft* fremd. Der Roman verspielt damit das ästhetische Potential, das in der Brechung der Perspektive des Protagonisten liegt.

Nach dem Vorbild von Goethes *Werther* spielt Hauptmann die prekäre Situation des Tagebuchschreibers in mehreren Variationen durch (vgl. etwa CA VII,394 f.): Im Unterschied zu den *Leiden des jungen Werther* verstärken die

Parallelfälle befreundeter Ehepaare jedoch die Monotonie des Romans. Innerhalb der zehnjährigen Niederschrift ist nahezu ausschließlich von Spielarten der Ehekrise die Rede – wie es der fiktive Herausgeber in seinem Vorbericht ankündigt: »Es lag mir daran, das Haupterlebnis herauszuschälen: ein Schwanken zwischen zwei Frauen, das sich seltsamerweise über zehn Jahre erstreckt, obgleich auf dem ersten Blatt scheinbar der Sieg einer von beiden entschieden ist. Dieser Fall ist verwickelt genug und darf nicht, wie es im Original geschieht, vom Gestrüpp des Lebens überwuchert werden, wenn man ihn in seinem organischen Verlauf begreifen soll« (CA VII,126). Damit ist das ästhetische Dilemma des Tagebuch-Romans präzise bezeichnet: Ohne das wuchernde »Gestrüpp des Lebens« erlahmt das Interesse des Lesers nach wenigen Seiten.

Die Figurenzeichnung ist überdies zu holzschnittartig, um für die mangelnde Abwechslung zu entschädigen. Die Kinder des Tagebuchschreibers etwa bleiben ohne jedes charakterliche Profil und spielen für den Gang der Handlung nur insofern eine Rolle, als sie die soziale Gebundenheit des Verfassers vergrößern. Dem von Joseph Gregor verliehenen Prädikat »wahres Kompendium der Tiefenpsychologie« (Gregor, B 5: 1951, 305) hält der Roman bei näherer Analyse nicht stand. Auffälligstes Beispiel für die mangelnde erzählerische Kohärenz des Romans ist der brüsk konstatierte Abschluß des zehnjährigen Schwankens: »Wie die Scheidung erreicht wurde? Durch kluge Politik meines juristischen Freundes und durch Melittas Sinnesänderung« (CA VII,449).

Das Meerwunder
Eine unwahrscheinliche Geschichte

Bei einem Urlaubsaufenthalt in einer italienischen Hafenstadt lernt der Erzähler einen ärmlich wirkenden Sonderling kennen, der ihm Sprachunterricht gibt. Wie sich bald herausstellt, verfügt dieser Filippo Otonieri über eine Privatsammlung bizarrer Raritäten und präsidiert einem Verein, den er vor einigen Jahren unter dem Namen »Klub der Lichtstümpfe« gegründet hat. Beides weckt die Neugier des Erzählers. Otonieris Einladung, einem Klubabend als Ehrengast beizuwohnen, gibt ihm Gelegenheit, Näheres über die eigenwillige Philosophie der Lichtstümpfe herauszufinden. Dabei wird der Erzähler Zeuge eines spektakulären Auftritts. Der schon totgeglaubte Logenbruder Cardenio hält einen Vortrag, auf den die Klubmitglieder auch deshalb mit Spannung warten, weil es zu den Statuten der Lichtstümpfe gehört, einmal im Jahr die unwahrscheinlichste selbsterlebte Geschichte zu erzählen. Cardenio ist dieser Pflicht bisher nicht nachgekommen, scheint allerdings kurz vor seinem Tod das Geheimnis seines Lebens preisgeben zu wollen. Der Grundsatz der Lichtstümpfe, noch den unwahrscheinlichsten Auslassungen unbedingten Glauben zu schenken, wird durch Cardenios Lebensbeichte auf eine harte Probe gestellt. Was der mysteriöse Redner den Anwesenden im folgenden mitteilt, ist in der Tat unwahrscheinlich:

Cardenios frühe Begeisterung für die grenzenlose Weite des Meeres – die er auf seine Abstammung von Heinrich dem Seefahrer zurückführt – lassen den Knaben zum Seemann werden. Bei seiner ersten Fahrt als Kapitän nimmt Cardenio sich in Sidney eine Frau, die ihrem vorherigen Liebhaber zufolge Fischblut in den Adern haben soll. Mit dieser »Seekatze« reist er mehrere Jahre von Hafen zu Hafen, bis seine Eifersucht auf die Mannschaft überhand nimmt: Cardenio verkauft sein Schiff und ersteht gleichzeitig eine Hallig, wo beide – in Gesellschaft eines alten Knechts und seiner Frau – vor weiteren Eifersuchtsanfällen geschützt sind. Der »Seekatze« scheint die Einsamkeit des Wattenmeers allerdings nicht zu bekommen. Ihre Haut wird fahl, ihr Körper zunehmend kälter; gegen Cardenios Verbot fährt sie mit einer kleinen Bark immer häufiger auf die See hinaus, bis sie eines Tages ausbleibt. Cardenio findet ihre Leiche drei Tage später am Strand – und ist nun endgültig überzeugt, daß seine »Seekatze« als Meerweib in ihr Element zurückgekehrt ist. In einem Zustand erleuchteten Wahnsinns schnitzt er jene Galionsfigur mit Namen »Chimaera«, die ihn fortan begleiten wird: Bei seinem Vortrag hat er sie im Blick und spricht sie an.

Mit diesem Kultbild am Bugspriet einer neuen Bark sticht Cardenio abermals in See. Günstiger Wind treibt die »Seekatze« – so der Name des Schiffes – samt ihrer Mannschaft Richtung Süden – und in den Untergang. Nur Cardenio, der sein Idol mit knapper Not vom Wrack ablöst, ein schwedischer Maat und der Schiffskoch können sich auf eine unbewohnte Insel retten. Während der Schwede bald nach der Ankunft bei einem Erkundungszug verschwindet, führen Cardenio und Sarrazin, der Koch, unter dem Eindruck der neuen Umgebung merkwürdige Gespräche über die (bessere) tierische Natur des Menschen. Den Schiffbrüchigen verschwimmt zusehends der Unterschied zwischen Träumen und Wachen. Der Koch etwa glaubt immer noch unter vollen Segeln über das Meer zu fahren und tauft die gemeinsam erbaute Schutzhütte dementsprechend auf den Namen »Seekatze«. Daß er Chimaera, die Galionsfigur, an den Giebel nagelt, hat merkwürdige Folgen. In Vollmondnächten sammeln sich Vögel und Eidechsen um die Galionsfigur, in einer nahegelegenen Bucht lärmen Robben, Walrosse und andere Seetiere; schließlich ertönt ein unbeschreiblicher, sirenenhafter Gesang, dessen Zauber zunächst der Koch erliegt. In der Überzeugung, daß Chimaera Ursprung all dieser Phänomene sei und in ihr Element zurück wolle, stürzt er wortlos aus der Hütte. Cardenio findet erst vier Wochen später heraus, was dem Koch in dieser Nacht begegnet ist und zur Entfremdung zwischen ihnen geführt hat. Wiederum bei Vollmond sieht er ein Meerweib, von dem der geheimnisvolle Gesang auszugehen scheint. In den Anblick dieser Erscheinung vertieft, wird Cardenio von dem besinnungslosen (und offenbar eifersüchtigen) Koch angefallen und kann nur mit Mühe sein Leben retten. Nachdem er Sarrazin gefesselt und (erfolglos) verhört hat, hört Cardenio im Halbschlummer die Stimme der Chimaera: »Ich will kein Mensch sein!«: ein Losungswort erbitterter Auflehnung gegen die gesamte Schöpfung. Die Galionsfigur nimmt mehr und mehr die Züge eines gekreuzigten Lebewesens an. Unterdessen hat Sarrazin unbemerkt die Fesseln gesprengt. Daß Cardenio wenig später dessen Leichnam in der Walroßbucht findet, hält ihn nicht davon ab, der gleichen geheimnisvollen Anziehung zu folgen. Er rudert in eine Felsgrotte, die dem Meerweib als Refugium dient – ein Wagnis, das ihn beinahe das Leben kostet. Die Nereide teilt bei jeder Berührung elektrische Schläge aus, ohne sich dieser für Menschen tödlichen Wirkung bewußt zu sein. Daß Cardenio lebend aus der Grotte gelangt, verdankt er offenbar seinem Charme, den die Nereide mit mädchenhafter Verlegenheit beantwortet. Unter dem Eindruck dieser Begegnung entfremdet sich Cardenio zunehmend von seinem dämonischen Kultbild. Deren mystisch-ätherische Umarmungen können nicht an die Verlockungen der Nereide heranreichen. In der Nähe des Strands baut er eine neue Hütte, läßt allerdings von dem Plan ab, die Galionsfigur Chimaera zu verbrennen. Wie erwartet erhält Cardenio dort eines Nachts Besuch von der Nereide, die ihm zwei weitere Nächte verspricht, bevor sie in ihr Element zurückkehren muß. Ob im Traum oder in Wirklichkeit: Cardenio erfährt eine ungeahnte sinnliche Erfüllung, zuletzt bei einem (Probe-)Ausflug in die Meereswelt seiner Geliebten.

Sein Entschluß, das Menschsein abzustreifen und der Nereide in die Tiefe zu folgen, steht fest. In der dritten Nacht wird Cardenio allerdings von einem Flügelwesen gestört, in dem er seine (offenbar eifersüchtige) Seekatze erkennt. Wenig später findet er sich mit der Galionsfigur an Bord eines Ozeandampfers wieder.

Cardenios Lebensbeichte überfordert selbst die satzungsgemäß gutgläubigen Klubmitglieder. Daß der Vortrag ungeachtet seines unwahrscheinlichen Inhalts auf keinen Einspruch stößt, hängt mit der magischen Ausstrahlung des Redners zusammen, der selbst der Erzähler unterliegt. Zuletzt schreitet Cardenio zur Verbrennung jener dämonischen Galionsfigur, die ihn um das Glück einer besseren Lebensform gebracht haben soll: Mit ihr gemeinsam will er endgültig vom Menschsein erlöst sein. Während Chimaera vor den Augen der Lichtstümpfe im Kamin verkohlt, haucht auch Cardenio sein Leben aus und scheint zu Asche zu werden.

Obwohl Gerhart Hauptmann mit der Niederschrift dieser Novelle nicht vor Januar 1933 beginnt (im Frühjahr 1934 ist das Manuskript druckfertig), finden sich erste Hinweise sowohl auf die Rahmenhandlung als auch auf die Binnenerzählung weitaus früher. Die Idee eines »Vereins der Lichtstümpfe« notiert Hauptmann am 18. Juli 1912 in sein Tagebuch (TB V,305) – und greift sie bei der Niederschrift des (als Novelle geplanten) Romans *Die Insel der großen Mutter* wieder auf: Dem Nachlaß läßt sich entnehmen, daß diese gleichfalls unwahrscheinliche Geschichte ursprünglich als »Phantasmagorie aus dem Dunste der Lichtstümpfe« vorgestellt werden sollte (vgl. CA XI,347–357). Während der Niederschrift der *Meerwunder*-Novelle spielt Hauptmann offenbar mit dem Gedanken, die Rahmenkonstellation des Klubs der Lichtstümpfe für eine ganze Sammlung *Infernalischer Novellen* zu nutzen. In den Paralipomena aus den Jahren 1933 bis 1937 (CA XI,431–457) ist von weiteren vier Novellen die Rede, die – nach dem *Meerwunder* und der Beerdigung Cardenios – im Lichtstumpfkreis erzählt werden sollen.

Den eigentlichen Keim der Binnenerzählung macht Peter Sprengel in einer Tagebuchnotiz vom 3. Oktober 1906 aus (vgl. Sprengel, B 5: 1982, 259). Hauptmann skizziert dort – unmittelbar nach Beendigung des *Gabriel Schilling* – erstmals einen Zusammenhang von Galionsfigur und Nixe als Metaphern erotischer Faszination (TB V,110). Cardenios Begegnung mit dem Meerweib ist darüber hinaus unverkennbar von Böcklins Gemälde *Triton und Nereide* inspiriert. Daß Hauptmann kurz vor der Niederschrift der Novelle erstmals seit 50 Jahren die Blaue Grotte besucht hat, schlägt sich in der Beschreibung der Felsgrotte nieder (vgl. Sprengel, B 5: 1982, 260). Nach einem Vorabdruck in der »Neuen Rundschau« kommt die Novelle noch im gleichen Jahr 1934 als Einzelausgabe heraus.

Unter den zahlreichen erotischen Heimsuchungsgeschichten im Werk Hauptmanns nimmt die Meerwunder-Novelle insofern einen besonderen Platz ein, als sie nicht eigentlich die Zertrümmerung einer geordneten Lebensform zum Thema hat. Lange vor der ersten Begegnung mit seiner »Seekatze« ist Cardenio bereits ihrem Element verfallen. Beide sind dermaßen füreinander disponiert, daß sie sich mit umständlicher Annäherung nicht lange aufhalten. Problematisch wird diese Leidenschaft erst, als sie ans Ziel gekommen scheint. Die »Seekatze« verkörpert jene grenzenlose Ungebundenheit des Meeres, der Cardenio schon als Knabe auf der Spur war – doch provoziert sie zugleich rasende Verlustängste. Ungeachtet seiner Lebensform als Seefahrer ist Cardenio dem Elementarwesen nicht gewachsen.

Indem er die erotische Faszination des Weiblichen im Bild einer Meerfrau zum Ausdruck bringt, greift Hauptmann auf einen romantischen Topos zurück (vgl. Sprengel, B 5: 1982, 259 ff.). Im Unterschied zu den *Undinen* der

Romantik, die erst durch die Ehe mit einem Menschen ihre Seele gewinnen, schwört Cardenios Meerweib allerdings der Menschenwelt radikal ab. Daß sie nach kurzem Eheglück in ihr Element zurückkehrt, ist nicht durch die Untreue des Ehemanns verursacht (wie es die romantische Tradition vorsieht), sondern durch tieferliegendes Leiden an einer Welt, in der nur »Kampf, Raub und Mord« regieren (CA VI,396). Ihr Losungswort »Ich will kein Mensch sein!« wird zu Cardenios schweigend bewahrter Überzeugung (CA VI,399). Aus dieser leidvollen Existenz gibt es für beide kein Entrinnen: Cardenio bannt die Seele der »Seekatze« in ein Kultbild, das weiterhin den Schmerzen des Menschseins ausgesetzt ist; sie wiederum vereitelt als dämonische Galionsfigur Cardenios traumhaft-unbeschwerte Meeresexistenz an der Seite der Meerfrau Astlik.

Daß Cardenio zu Beginn seines Vortrags »das Abenteuer der Einmaligkeit« gegen das grassierende »kollektivistische Wesen« der Gegenwart ausspielt (vgl. CA VI,372), hat im Erscheinungsjahr 1934 durchaus politische Implikationen.[28] Gerhart Hauptmann artikuliert im *Meerwunder* substantiellen Pessimismus angesichts einer Epoche, die er (seit dem Reichstagsbrand) nicht mehr als die eigene empfinden kann. Diaristische Äußerungen aus der Entstehungszeit korrespondieren denn auch dem pessimistischen Grundton der Novelle (vgl. Lauterbach, B 7: Bd. 1,459): Am 19. 2. 1933 notiert Hauptmann:

> Alle, aber auch fast alle Ereignisse der Welt oder sagen wir des politischen Kampfes der Völker im Innern und nach außen stoßen mich ab. Und ich habe das scheußliche Vorrecht bekommen, in diesen Dingen nichts weiter zu sehen als ein grauslich-ekelhaftes Gemisch von Kot, Blut und Tränen. (TB VII,222)

28 Felix A. Voigt hat 1946 erstmals auf die gegenwartskritischen Aspekte der Novelle hingewiesen (Voigt, B 5: 1946, 299); vgl. auch Hilscher, B 5: 1987, 425. Sigfrid Hoefert hat sich gegen eine politische Deutung ausgesprochen (Hoefert, B 2: 1982, 71).

Mit dem *Meerwunder* von 1934 nimmt Hauptmann die euphorisch beschriebene Lebensperspektive des *Ketzers von Soana* zurück. Die Anklänge an die Novelle von 1918 sind evident: Hier wie dort bekommt der Erzähler jenseits der Alpen eine Lebensgeschichte zu hören, die durch die Begegnung mit einer mythisch-elementaren Frau eine radikale Wendung nimmt. Während Francesco im Exil einer paradiesischen Weltinsel sein Glück findet und mit Agata in eine quasi-mythische Existenz abtaucht, kommen Cardenio und seine Seekatze weder auf der Hallig noch auf der Südsee-Insel zur Ruhe. Das beiden gegenwärtige Leid an der Menschenwelt vergiftet die für einen Moment aufscheinende, mythische Lebensform dermaßen, daß sie erst im Tod zueinanderfinden. Im Jahr 1934 räumt Gerhart Hauptmann dem entlegenen Glück des Ketzers von Soana offenbar keine Chance mehr ein.

Im Wirbel der Berufung

Im Wirbel der Berufung steht ein junger promovierter Familienvater mit dichterischen Ambitionen: Dr. Erasmus Gotter hält sich für einige Wochen in der Ostsee-Residenz Granitz auf, um sich von der Ehe auszuruhen und für die Zukunft neue Kräfte zu sammeln. Die Granitzer Sommeridylle ist allerdings von kurzer Dauer. Dem labilen Protagonisten fällt eine Aufgabe zu, der er kaum gewachsen ist. Gotter macht Bekanntschaft mit einem Theaterensemble, das erste Vorbereitungen trifft, die Geburtstagsfeier des Fürsten mit einer Aufführung zu bereichern. Wie es der Zufall will, bringt ein Mitglied des Ensembles Shakespeares *Hamlet* ins Gespräch. Als sich herausstellt, daß mit dem promovierten Kurgast ein Hamlet-Enthusiast anwesend ist, gewinnt der Plan weitere Anhänger. Gotter erscheint zum Regisseur disponiert, da er sich wie kein anderer mit dem

Originaltext auseinandergesetzt hat. Vor ausgewählten Mitgliedern des Ensembles präsentiert Gotter ein Hamlet-Szenarium, das Hauptmanns eigenen Hamlet-Bearbeitungen von 1927/28 weitgehend entspricht. Kurz darauf wird er von Dr. Ollantag, dem fürstlichen Bibliothekar, aufgefordert, seine Hamlet-Thesen am Hof zu vertreten. Da der junge Dichter vom Fürsten so offensichtlich protegiert wird, gibt Georgi, der Theaterdirektor, die Spielleitung bereitwillig ab. Nachdem Gotter vor dem höfischen Publikum erläutert hat, wie dem verderbten Originaltext das fehlende Rückgrat einzuziehen sei, wird ihm die Regie der Geburtstagsaufführung übertragen.

Daß sich der erholungsbedürftige Dichter auf die Strapazen einer Inszenierungsarbeit einläßt, hat – neben seiner Affinität zu Shakespeares Dänenprinzen – einen weiteren, gewichtigen Grund: Gotter sucht die Nähe zu Irina Bell, einer jungen Schauspielerin mit unschuldigem Äußeren und horrenden Ansichten. Die ersten Vorbereitungen der Aufführung nehmen sich harmlos aus. Gemeinsam mit Ollantag gewinnt der unerfahrene Spielleiter Greifswalder Korpsstudenten zur Verstärkung des Ensembles und beginnt mit der Rollenverteilung. Wie bei der Hamlet-Aufführung Wilhelm Meisters, auf die Hauptmann mehrfach anspielt, verschwimmt die Wirklichkeit der Bühne mit der des Ensembles: Gotter identifiziert sich zunehmend mit Hamlet und sieht für Irina Bell die Rolle der Ophelia, für Armin Jetro, seinen Vertrauten, die des Horatio vor. Überdies scheint in der fürstlichen Gärtnerei, wo Gotter eine idyllische Dachkammer bewohnt, ein väterliches Gespenst umzugehen. Was immer auf der Bühne vorgezeichnet und eingeübt wird, ereignet sich im Umkreis des Theaterensembles. Sogar der Aufstand des Laertes, der Gotters Interpretation zufolge durch Überlieferungsfehler in den Originaltext gelangt sein soll, findet sein Pendant: Erich Sündermann, der Laertes-Darsteller des Ensembles, zettelt eine Revolte gegen den Spielleiter an, die allerdings ohne Folgen bleibt.

Während Gotter versucht, seine Leidenschaft für die junge Schauspielerin literarisch zu nobilitieren, um stellvertretend auf der Bühne zu erleben, was er sich selbst versagt, kündigt sich eine weitere Gefühlsverwirrung an: Bei einer beiläufig arrangierten Kostümprobe macht sich Prinzessin Ditta die Rolle der Ophelia zu eigen und gibt damit zu erkennen, daß auch sie auf die Hamletfigur des Sommertheaters Ansprüche macht. Für Gotter verkörpern die beiden Frauen zwei gegensätzliche, gleichermaßen anziehende Formen der Liebe: die impulsive, hemmungslos triebhafte Irina steht für den niederen, die apollinische Prinzessin für den hohen Eros. Als schließlich auch noch Gotters Ehefrau Kitty ihre Anreise zur Generalprobe ankündigt, ergreift der überforderte Regisseur die Flucht. Auf Anraten eines Studienfreunds, der zufällig zur Stelle ist, versucht Gotter die sich abzeichnende Ehekrise durch geschickte Regieführung zu entschärfen. Er fängt Kitty am Bahnhof ab, bringt sie (ungeachtet ihres Mißtrauens) in Stralsund unter und reist allein zu den letzten Aufführungsvorbereitungen zurück. Die öffentliche Generalprobe der Hamlet-Bearbeitung wird ein überwältigender Erfolg. Im Rausch der Aufführungsfeier erliegt Gotter ein letztes Mal dem Sog der literarisch vorgezeichneten Leidenschaft: Auf den ersten besinnungslosen Ehebruch mit Irina Bell folgt nun eine spiegelbildliche Nacht mit Ditta. Am andern Morgen wird Gotter auf dem Weg zu seiner Frau von einem Blutsturz überrascht, der den Granitzer Theatererlebnissen ein abruptes Ende setzt. Der Roman schließt mit einem Brief, den Gotter einige Monate später von Davos aus an den Granitzer Bibliothekar schreibt. Seinem Resümee läßt sich entnehmen, daß er ein neues Leben mit seiner Frau in Gesundheit, Arbeit und Unabhängigkeit führen will und sich seiner dichterischen Berufung endgültig sicher ist.

Im Frühjahr 1924 macht sich Gerhart Hauptmann erste Notizen zu einem Komödiantenroman; bis 1926 sollen zehn Kapitel fertiggestellt sein. Vor dem Hintergrund der intensiven Beschäftigung mit Shakespeares *Hamlet*, aus der zwei Bearbeitungen des Originals (1927/28) und das »Vordrama« *Hamlet in Wittenberg* (1935) hervorgehen, bringt Hauptmann den Theaterroman in den dreißiger Jahren zum Abschluß. Kurz nach der Uraufführung des *Hamlet in Wittenberg* gelangt der Roman *Im Wirbel der Berufung* im Jahr 1936 in Druck.

Schon zwei Jahre zuvor äußert Behl bei der Lektüre der ersten Kapitel die Vermutung, daß auch dieser Roman ein Stück Selbstbiographie werde (Behl, B 5: 1949, 35). Wie sein Protagonist nahm Hauptmann selbst als junger Familienvater in den achtziger Jahren bei einer Gärtnerswitwe auf Rügen Quartier. Durch den Schauspielunterricht bei Alexander Heßler inspiriert, suchte er Kontakt zu einer am Fürstlichen Theater gastierenden Schauspieltruppe – ohne jedoch eine *Hamlet*-Regie zu übernehmen. Was die Romanfigur Erasmus Gotter bei den Kostüm- und Sprechproben an Erfahrungen sammelt, holt Hauptmann erst in späteren Jahren nach: 1913 bei der Inszenierung des *Wilhelm Tell* am Deutschen Künstlertheater in Berlin, vor allem aber 1927 bei der Inszenierung einer eigenen *Hamlet*-Bearbeitung in Dresden. So schreibt Hauptmann seinem jungen Helden sowohl die (problematischen) Hamlet-Thesen, die er selbst in den zwanziger Jahren entwickelte, als auch das dramatische Vorspiel *Hamlet in Wittenberg* zu.

In den Umkreis der Theatererfahrungen, die in den Roman eingegangen sind, gehört nicht zuletzt Hauptmanns Verhältnis zur Schauspielerin Ida Orloff. Die mädchenhafte Irina Bell mit ihren horrenden Ansichten reiht sich in die Galerie all jener Frauenfiguren ein, die Ida Orloff ähneln und auf Hauptmanns Protagonisten eine fatale Anziehungskraft ausüben. »Lass den grundlosen Willen, die Erscheinung des Willens, hinwegspülen. Öffne die Schleusen. Unterbinde das Motiv, oder schaffe ein neues starkes [...] und erzeuge eine neue Willenserscheinung und Richtung«, notiert sich Hauptmann angesichts seiner erotischen Verstrickung am 7. Mai 1906 (TB V,72); Erasmus Gotter löst sich mit beinahe identischen Vorsätzen von Irina Bell (CA V,1290, 1294, 1316). Hinter Kitty, der melancholischen Ehefrau Gotters, ist unschwer Hauptmanns erste Frau Marie Thienemann zu erkennen. Biographisch grundiert ist dieser Roman also in dem Sinne, daß prägende Erlebnisse verschiedener Lebensepochen – die Sommereindrücke von Rügen 1886, die problematische Ehe mit Marie Thienemann, die Beziehung zu Ida Orloff 1905/06 und Hauptmanns Inszenierungserfahrungen – in einem Handlungsstrang gebündelt werden.

In Hauptmanns Theaterroman spielt Shakespeares Hamlet die heimliche Hauptrolle. Schon im ersten Buch konstatiert der Schauspieler Jetro, daß der junge Kurgast Dr. Erasmus Gotter äußerlich an den Dänenprinzen erinnere. Was Gotter zu diesem Zeitpunkt noch halbwegs zurückweist – »Hamlet hat mit recht vielen jungen Deutschen Ähnlichkeit, mit den meisten dagegen um so weniger. Was mich angeht, so kann ich von seinen Tugenden wenige in mir ausfinden, von seinen Schwächen um so mehr« (CA V,1097) – gewinnt im Verlauf der Handlung eine bedrohliche Eigendynamik. Vor den Greifswalder Studenten, die man zur Verstärkung des Ensembles gewinnen will, erklärt der Bibliothekar den jungen Dichter nicht nur zum rechten Mann für die Fest-Inszenierung, sondern zu Hamlet selbst. Damit erhält der Roman ein beträchtliches allegorisches Gewicht: Kurz zuvor debattierte man im Kreis der Studenten über Freiligraths These, daß Hamlet in seiner tatenlosen Melancholie Deutschlands Schwächen verkörpere (CA V,1139). Gotter nun macht sich daran, diese Hamlet-Interpretation zu revidieren. Indem der junge Regisseur behauptet, daß der Aufstand des Laertes sinnvollerweise nur Hamlet zugeschrieben werden könne (und nur durch einen Überlieferungsfehler in die Shakespeare-Ausgaben gelangt sei), gewinnt der Dänenprinz an Tatkraft und Entschlossenheit. Diese problematische These, die Hauptmann schon 1927 zum Aufhänger einer Hamlet-Bearbeitung gemacht hatte, führt zu substantiellen Änderungen und Ergänzungen des Originals. Der Hamlet der Granitzer Bühne ist eine Rächerfigur.

Die im Roman vorgetragene Hamlet-Deutung geht nahezu wörtlich auf Hauptmanns Essay *Hamlet. Einige Worte zu meinem Ergänzungsversuche* (CA VI,943–961) aus dem Jahr 1927 zurück. Dort steht zu lesen, daß Hamlet nicht willensschwach, gleichgültig, zaudernd und unentschlossen sei, wie es von den meisten deutschen Hamlet-Interpreten seit Schlegel behauptet werde. Unter Berufung auf (wenig zuverlässige) Quellenbefunde bezeichnet Hauptmann den Dänenprinzen als »Mann von starkem Willen« (CA VI,951), der seiner tödlichen Aufgabe durchaus gewachsen sei. Der fälschlicherweise Laertes zugeschriebene Aufstand im vierten Akt der Tragödie sei das beste Beispiel. Diese Umwertung ist weitgehend ohne Nachwirkung geblieben. Eine gewisse Brisanz gewinnt sie allenfalls, wenn man ihre politischen Implikationen überprüft. Es gehört zur Eigenart der deutschen Shakespeare-Rezeption im 19. und frühen 20. Jahrhundert, Shakespeare als wesensdeutschen Dichter zu begreifen – nicht zuletzt, weil man in dem problematischen Dänenprinzen Hamlet die Physiognomie des deutschen Volkes zu sehen glaubte. Gerhart Hauptmanns essayistische und literarische Auseinandersetzung mit Shakespeare bleibt von diesem Rezeptionstopos nicht unberührt. In einer Rede vor der deutschen Shakespeare-Gesellschaft aus dem Jahr 1915 macht er Shakespeare gewissermaßen die englische Nationalität streitig:

> Es gibt kein Volk, auch das englische nicht, das sich ein Anrecht wie das deutsche auf Shakespeare erworben hätte. Shakespeares Gestalten sind ein Teil unserer Welt, seine Seele ist eins mit unserer geworden: und wenn er in England geboren und begraben ist, so ist Deutschland das Land, wo er wahrhaft lebt.
>
> (*Deutschland und Shakespeare*, CA VI,929 f.)

Auch die romantische Manier, Deutschlands Wesen in Hamlet abzuspiegeln, ist Hauptmann geläufig. In seiner programmatischen Umwertung des Dänenprinzen mag dementsprechend ein neues, spezifisch deutsches Nationalbewußtsein zum Ausdruck kommen, das in den dreißiger Jahren seinen bizarren Höhepunkt erreicht.

Erasmus Gotter, die Hamlet-Figur des Romans, scheint allerdings von der programmatischen »Ertüchtigung« des Dänenprinzen nur bedingt zu profitieren. Seine Selbstabschaffungspläne, die Weinkrämpfe und die endlosen Reflexionen über Für und Wider einer neuen Leidenschaft signalisieren, daß er all das verkörpert, was er Shakespeares Hamlet aus dem Textbuch streicht. Erst am Ende notiert er »Gesundheit! Arbeit! Unabhängigkeit!« (CA V,1316) als Vorsätze für ein neues Leben. Ob Gotter diesen Maximen die Treue zu halten vermag, ist mehr als zweifelhaft. Hauptmann deutet an, daß weniger die in den Davoser Bergen gewonnene Gesundheit als die grenzenlose Leidensfähigkeit seinen Protagonisten zum Dichter disponiert. »Es wäre bitter, eine der höchsten Leidensgestalten jugendlichen Lebens, eine der allerwürdigsten und heiligsten, in der Zelle einer Nervenanstalt oder in einem Krankenjournal wiederzufinden«, konstatiert Gotter in einem der unzähligen Hamlet-Gespräche (CA V,1271). Daß sein eigenes Hamlet-Abenteuer in einem Davoser Lungen-Sanatorium endet, wirft einen Schatten auf das in Aussicht gestellte »neue Leben« des Protagonisten. Hauptmanns neuer Hamlet der dreißiger Jahre streift seine pathologischen Züge nicht vollständig ab. Dementsprechend scheint es wenig plausibel, Gotters Gesundheitsideale in ideologischen Verdacht zu nehmen und ihnen faschistische Tendenzen zuzuschreiben.[29]

29 »Hauptmann entwirft mit Gotters Gesundheitsidealen und Aktivitätspostulaten einen Typus, wie er in jenen Jahren einem Deutschen Reich genehm sein konnte [. . .]«, konstatiert etwa Franz Loquai in seiner Studie über die literarische Shakespeare-Rezeption im 20. Jahrhundert (Loquai, B 7.13, 84 f.).

Problematischer ist die implizite Banalisierung des Shakespeare-Stoffs: Die im Roman proklamierte Hamlet-Affinität des Protagonisten bleibt äußerlich, da es für Erasmus Gotter nichts zu rächen und zu richten gibt. Anstelle eines väterlichen Geistes suchen Irina Bell und Prinzessin Ditta – jeweils nachts und gespensterhaft – den Spielleiter heim. Gotter macht sich offenbar vor allem die erotischen Implikationen der Hamlet-Rolle zu eigen: »Der Hamlet in dir muß zum Throne gelangen. Also nimm mich jetzt bei der Hand und führe mich einfach mit dir fort!«, fordert Ditta ihn auf (CA V,1310). Daß Gotter dieser Aufforderung nachkommt und mit Ditta (wie zuvor mit Irina) eine Nacht im Weizenfeld verbringt, liegt in der Logik der romaninternen Rollenverteilung. Hauptmann ist der Überzeugung, daß Hamlet und Ophelia eine intime Liebesgeschichte verbindet (vgl. CA VI,958); die Hamlet-Figur des Romans gerät dementsprechend zwangsläufig in eine Liaison mit den beiden Ophelia-Darstellerinnen. Zugleich entwickelt Hauptmann eine Nebenhandlung, die an die weniger verlockenden Aspekte des Hamlet-Stoffs anknüpft. Im Verlauf der Romanhandlung erfährt Gotter, daß die Gärtnerswitwe, bei der er Unterkunft genommen hat, durch einen Ehebruch den Selbstmord ihres Mannes provoziert hat; der betrogene Ehemann geht seither im Parterrezimmer der Gärtnerei als Gespenst um. Wie bei Shakespeare führt die Theater-Aufführung der Betroffenen die Wahrheit vor Augen: Die Gärtnerin erkennt sich offensichtlich in Shakespeares Königin, mit der sie Vornamen teilt, und ihr Sohn, seinerseits Hamlet-begeistert, stirbt unter dem Eindruck der Theater-Aufführung.

Innerhalb des Romans kommt der Hamlet-Inszenierung somit eine archaische Wirkungsmacht zu. Es sei gefährlich gewesen, den ermordeten Dänenkönig lebendig zu machen, resümiert Gotter: »wenig fehlte, so hätte selbst ich, der harmlose Spielleiter, wie die Hauptpersonen des Dramas, meinen Fürwitz mit dem Leben eingebüßt« (CA V,1313).

Daß in Shakespeares Tragödie ein antik-heroisches Leichenspiel stecke, demzufolge der ermordete König als Rachegeist fortlebe und Blutopfer fordere, war schon bei den Proben zur Sprache gekommen (vgl. CA V,1224). Hauptmann scheint dieser mythischen Hamlet-Deutung insofern recht zu geben, als sich die Romanhandlung nach Maßgabe der Tragödie ordnet. Vor dem mehrfach proklamierten mythischen Hintergrund des Bühnenstücks nehmen sich die erotischen Abenteuer des Protagonisten allerdings recht dürftig aus. Erasmus Gotter wirkt als Hamlet-Figur wenig überzeugend, weil eine elementare Bedrohung allenfalls in Gestalt zweier resoluter Liebhaberinnen auf ihn einwirkt.

Die handlungskonstitutive Funktion der *Hamlet*-Aufführung rückt Hauptmanns Werk zugleich in die Nähe von Goethes Roman *Wilhelm Meisters Lehrjahre*. Wie Wilhelm Meister gelangt der junge, unerfahrene Gotter in den Umkreis von Theaterleuten und bringt schließlich Shakespeares *Hamlet* auf die Bühne. Schon bei Goethe identifizieren sich die Hauptdarsteller dergestalt mit ihren Rollen, daß die Grenze zwischen Wirklichkeit und Dichtung zu verschwimmen droht. Hauptmann steigert diesen Aspekt, indem er der Tragödie eine mythische, quasi-magische Ausstrahlung zuschreibt. Durchweg verbindet er die Anspielungen auf Goethes Roman mit couragiertem Einspruch gegen das klassische Vorbild. Was etwa Shakespeares *Hamlet* betrifft, hat Erasmus Gotter dezidiert andere Ansichten als »Wilhelm-Meister-Goethe« (CA V,1108). Vor allem aber bleibt Hauptmanns Protagonist – im Unterschied zu seinem literarischen Vorläufer – auch nach den traumatischen Theater-Erlebnissen in Granitz seiner Berufung treu. Bei Hauptmann markiert die Hamlet-Aufführung einen Wendepunkt, nicht aber die Abkehr vom Theater. Der so offenkundig provozierte Vergleich mit den *Lehrjahren* – *Im Wirbel der Berufung* ist wie Goethes Roman in acht Bücher unterteilt – geht nicht eben zugunsten Hauptmanns aus (vgl. Reis, B 7.13). Sowohl die angestrengte Goethe-Nachfolge als auch die umständliche Rechtfertigung der eigenen Hamlet-Deutung belasten den Roman nachhaltig. Bemerkenswert bleiben demgegenüber die zahlreichen Plädoyers für die Bühne. Hauptmann hat dem jungen Protagonisten seine ganze Begeisterung für das Theater mitgegeben. Der Roman feiert die Bühnenillusion als Mysterium, das selbst den abgestandensten literarischen Vorlagen neues Leben einzuhauchen vermag.

Der große Traum

Dem Terzinenepos *Der große Traum* geht eine Widmung voraus, in der der Verfasser die Himmelfahrt seiner verstorbenen Mutter beschreibt: von dieser erbittet er den Segen für sein Werk. Die 22 folgenden Gesänge des Epos schildern eine Wanderung, die einzig den Gesetzen des Traums gehorcht. Den Worten eines geheimnisvollen Führers zufolge ist der träumende Erzähler reif, alle Geschehnisse der Vergangenheit und der Zukunft aus den Dunkelheiten zu heben. Gemeinsam macht man sich auf den Weg und erreicht als erste Station einen Totentempel, wo der Erzähler jene »Mary« aufgebahrt vorfindet, deren Namen er als seinen liebsten auf die Schwelle geritzt hat. Sein Begleiter spricht ihn von der Schuld an ihrem Tod frei: Mary habe die bittere Erfahrung des Kriegsausbruchs nicht verkraften können.

Erst nach dem Aufbruch aus dem Totentempel (2. Gesang) erkennt das epische Ich den fremd-vertrauten Begleiter: Es ist Satanael, der als ältester Bruder Christi auf den »chaotisch dunklen Pfaden« der Schöpfung wandelt und zum Zorn Gottes Leid und Lust gleichermaßen auf sich nimmt. Sinnfällig wird diese radikale Lebensform dadurch, daß Satanael unvermittelt aus dem gemeinsamen Trinkgelage in eine »Folterqualgebärde« fällt, der er zu erliegen scheint (3. Gesang). An seiner Stelle erscheint ein Knabe, in dem der Erzähler seinen Sohn erkennt.

Die nächste träumerische Entrückung führt in die Vergangenheit: Der Erzähler findet sich als kleiner Junge an der Hand seines Vaters in Berlin wieder (4. Gesang), wo der neugekrönte deutsche Kaiser nach dem Sieg über Frankreich begeistert empfangen wird. Als Metapher für den wirtschaftlichen Aufschwung der Gründerjahre geht sogleich ein Goldorkan nieder, der alles unter sich begräbt. In Begleitung Satanaels, der unversehrt wieder auferstanden ist, steigt der Erzähler auf einen imaginären Aussichtspunkt, der ganz Europa überblicken läßt (5. Gesang). Auf die euphorische Beschwörung europäischer Genies von Homer bis Beethoven folgt eine Höllenvision der Schmerzensschreie Deutschlands. Dieser Albtraum wird wiederum von neuer Seligkeit abgelöst (6. Gesang): Satanael führt zu einem Baum, dessen goldene Scheiben der Erzähler sogleich als Zaubermittel göttlicher Herkunft erkennt. Der Wurf der ersten Scheibe versetzt die beiden an den Eingang eines Gartens, in dem Mary wartet: Der Erzähler durchlebt noch einmal die paradiesische Vereinigung mit der Geliebten – und die bittere Trennung. Zum Baum zurückgekehrt, muß er auf den zweiten und dritten Wurf verzichten, weil die goldenen Scheiben vom »alten Vogel Greif« geraubt sind.

Statt dessen durchwandert der Erzähler mit Satanael deutsche Landstriche (7. Gesang): Satanael nimmt das Geläut von Kirchenglocken zum Anlaß, sich über die verderbliche Wirkung der römischen Kurie zu erregen. Dante Alighieri, der den Weg der beiden kreuzt, hält dieser Kirchenkritik entgegen, daß die Wurzel des christlichen Glaubens nach wie vor unangetastet sei. Die Auseinandersetzung nimmt – ohne Satanael – ihren Fortgang: Der Erzähler beantwortet Dantes Credo, indem er ihn in die Krypta einer Kirche führt, wo inmitten inquisitorischer Folterpraktiken Christus von einem Höllenwesen ermordet wird (8. Gesang). Mit letzter Kraft kehren die beiden zunächst in den

Kirchenraum, dann ins Freie zurück (9. Gesang) – um sogleich einem verzückten Fanatiker zu begegnen, dessen religiöse Visionen vom Publikum begeistert aufgenommen werden.

Als Dante sich verabschiedet, wird der Erzähler von einem Stern zur Wartburg geleitet, wo er der Teufelsbegegnung Luthers lauscht (10. Gesang). Die nächste Station der träumerischen Pilgerreise ist eine von einem geheimnisvollen See umgebene Totenstadt, zu der wiederum Satanael den Erzähler leitet (11. Gesang). Hier begegnen den beiden Pilgern die unterschiedlichsten mythischen und historischen Figuren: Buddha, Monika, die Mutter des Augustinus, die chthonische Priesterin Angelika und Hermes Trismegistos (12.–15. Gesang). Zuletzt gerät der Erzähler in einen Bacchenzug, an dessen Spitze Satanael als Dionysos figuriert. Die Kulisse verwandelt sich in eine griechische Landschaft zu Füßen des Parnaß (16. Gesang): Dort wird Satanael von den ekstatischen Bacchantinnen gekreuzigt; seine Auferstehung folgt unmittelbar in der Totenstadt (17. Gesang).

Die nächste Etappe der Reise führt in jenes unterirdische Terrain, das Dante in seiner *Göttlichen Komödie* ausgespart hat. Unter der Führung eines Bergmanns steigen Satanael und der Erzähler ins Erdinnere, eine grauenvolle Welt von Schlacken und von Feuer (18. Gesang). Auch dieser Albtraum vergeht: Der Erzähler findet sich in der Totenstadt wieder, wo weitere Begegnungen mit dem Bildhauer Max Klinger und (vor alpiner Kulisse) mit Achill und Cheiron warten (19.–20. Gesang). Der 21. Gesang führt noch einmal in die Vergangenheit: Der Erzähler wird Zeuge der grausamen Hinrichtung des Damiens, der im Jahr 1757 Ludwig XV. zu ermorden versuchte. Zuletzt wartet das Tal der Guten, in dem der Erzähler seine Mutter wiedersieht (22. Gesang). Mit ihrer Einladung, jederzeit wiederzukommen, endet das Epos.

Der Beginn der Niederschrift des *Großen Traums* fällt nach Auskunft der Erstausgabe von 1942 auf den 29. November 1914, wenige Wochen nach dem Tod von Hauptmanns erster Ehefrau Marie. Sowohl der Anblick der aufgebahrten (und offenbar unversöhnt wirkenden) Toten als auch der Ausbruch des Weltkriegs von 1914 werden im ersten Gesang des Epos thematisiert. Nach einer ersten Arbeitsphase bis zum Frühjahr 1915 arbeitet Hauptmann in den zwanziger und dreißiger Jahren mit großen Unterbrechungen an seinem Werk. Nach anfänglichem Zögern entschließt er sich im Jahr 1941, das Epos zu überarbeiten, große Teile zu streichen und in dieser Form für die *Ausgabe letzter Hand* freizugeben (vgl. Behl, B 5: 1949, 55). Dort erscheinen die 22 Gesänge im Jahr 1942. Die Centenar-Ausgabe von 1964 druckt erstmals zusätzlich zu dieser Fassung jene umfangreichen Textpassagen, die Hauptmann bei der Überarbeitung gestrichen hat (CA IV,1091–1186). Die gleichfalls abgedruckten zwölf Gesänge des »Anderen Teils« sind zwischen 1936 und 1941 entstanden (CA IV,1187–1246). Sie enthalten Passagen, die sich auf die Gewaltherrschaft der Nationalsozialisten beziehen lassen (vgl. Hilscher, B 5: 1987, 447), und sind womöglich deswegen von Hauptmann zu Lebzeiten nicht für den Druck freigegeben worden.

Hauptmanns Eigenkommentare haben die Wirkung des Epos nachhaltig beeinflußt. Gesprächsweise äußert er 1943 die Überzeugung, daß von all seinen Werken der *Große Traum* vielleicht am längsten leben werde[30]: Innerhalb seines Gesamtwerks komme dem Epos der Rang von Goethes *Faust* zu (ebd.). »Etwas Letzteres als im *Großen Traum* habe ich nicht zu sagen«, konstatiert Hauptmann 1942 im Gespräch mit Behl (Behl, B 5: 1949, 104). Schließlich erklärt er das Epos auch dadurch zu seinem Testa-

30 Vgl. Rolf Italiaander, »Mit Gerhart Hauptmann in Dresden«, in: »Gerhart-Hauptmann-Jahrbuch 1948«, S. 121–140, hier S. 134 f.

ment, daß er es sich ausdrücklich – neben dem *Neuen Testament* – als Grabbeigabe wünscht (vgl. Behl, B 5: 1949, 289).

Im Gespräch mit Joseph Chapiro soll Hauptmann seine dichterische Produktion ausschließlich auf träumerische Inspirationen zurückgeführt haben: seine künstlerische Gestaltungsform bestehe darin, einen Schatten dessen festzuhalten, was er im Traum gedacht und erfaßt habe (Chapiro, B 5: 1932, 42 f.). Deutlicher als andere Werke bringt das Terzinenepos *Der große Traum* zum Ausdruck, daß Hauptmann den Traum als »eine grauenhaft große Erkenntnisquelle« (Behl, B 5: 1949, 104) auffaßt: Der Erzähler berichtet von persönlichen Erinnerungen (vor allem an seine erste Frau Marie »Mary« Thienemann), Vergangenheits- und Zukunftsvisionen, wie sie in ihrer chaotischen Abfolge einzig der Logik des Traums entsprechen. Die willkürliche Reihung der 22 Gesänge mag ästhetisch unbefriedigend erscheinen, werkimmanent ist sie durch die Rahmenfiktion der Träume (und Albträume) begründet, auf die alle geschilderten Erlebnisse zurückgehen.

Sein literarisches Profil gewinnt das Werk dadurch, daß es in mehrfacher Hinsicht an Dantes *Göttliche Komödie* anknüpft. Als erstes deutschsprachiges Epos ist der *Große Traum* in Terzinen, dem Strophenmaß der *Göttlichen Komödie,* abgefaßt. Hier wie dort wird eine Wanderung in jenseitige Sphären geschildert, die der Ich-Erzähler in Begleitung wechselnder Führer unternimmt. In beiden Epen gehen mythisch-religiöse, politisch-zeitgeschichtliche und private Themen eine enge Verbindung ein (vgl. Hempel, B 7.14, 92 ff.). Mit Satanael wählt Hauptmann allerdings eine ambivalente und bis zuletzt undurchsichtige Führerfigur. Der mittelalterlichen Sekte der Bogomilen zufolge ist Satanael der ältere und wegen seines Hochmuts von Gott verstoßene Bruder Christi (vgl. Guthke, B 7.14, 291 ff.). Hauptmann verleiht dieser mythischen Figur darüber hinaus prometheische Züge: Satanael schlägt sich auf die Seite der aus dem Paradies vertriebenen Menschen – und nimmt dafür unendliches Leid in Kauf. So wird der Ich-Erzähler Zeuge, wie Satanael auf dem Höhepunkt eines dionysischen Bacchanals in eine christologische Passion überwechselt. Die untrennbare Einheit von Lust und Leid schlägt sich auch in der exzentrischen Abfolge der Traumvisionen nieder. Hauptmann gibt das Dantesche Strukturprinzip eines Aufstiegs von der Hölle über das Fegefeuer zum Paradies auf: jedem Höhepunkt erfüllter Sehnsucht folgt ein Absturz, der das zuvor Erlebte nahezu vergessen läßt.

Die Spannung zwischen Dante-Nachfolge und Dante-Kritik wird am sinnfälligsten in jenen Episoden, wo der spätmittelalterliche Dichter die Szene betritt. Gleich bei der Begrüßung erklärt Dante den Träumenden zu einem würdigen Nachfolger, den er mit liebevoller Hochachtung auf den Namen »Theophron« tauft (vgl. CA IV,1000). Der Ich-Erzähler beantwortet diese Auszeichnung, indem er umgehend die Führung übernimmt: eine krasse Abweichung vom Vorbild der *Göttlichen Komödie*, wo Dante sich vorbehaltlos der Leitung Vergils anvertraut. Das Traum-Ich will dem Dichter der *Göttlichen Komödie* Spielarten des Leids vorführen, die mit der christlichen Heilsgewißheit nicht mehr in Einklang gebracht werden können. Mit dem anschließenden gemeinsamen Abstieg in die Krypta des Gotteshauses sucht Hauptmann die Höllenvisionen des mittelalterlichen Epos zu überbieten – und den gläubigen Dante eines »Besseren« zu belehren. Im 18. Gesang bestätigt Satanael noch einmal, daß es dem Träumenden um eine Revision der *Göttlichen Komödie* geht:

> Von deiner Wanderschaft auf unserm Sterne
> nach hohem Vorbild willst du den Bericht
> hinüberretten in der Zeiten Ferne:

es machte der von gestern [Dante] dir's zur Pflicht,
der auch sein Epitaphium verfaßte.
Von Welterlösung und von Weltgericht

sprach, je nachdem es liebte oder haßte,
das Häuflein Staub, das zu Ravenna ruht,
wie wir bei Gott und Satanas zu Gaste.

Doch sah er nicht der wahren Höllen Glut,
die selbst sich in den Tiefen eingemauert
(CA IV,1064)

Vor dem Hintergrund neuzeitlicher Terrorerfahrungen mag die religiös begründete Heilserwartung der *Göttlichen Komödie* problematisch erscheinen; dennoch ist elementarer Leidensdruck nicht hinreichend, um Dantes Epos zu überbieten. Gerade im *Inferno*, dem ersten Teil der *Göttlichen Komödie*, werden Geschichten des Scheiterns erzählt, deren Faszinationskraft bis heute nicht nachgelassen hat. Die Geschichten des Odysseus, des Ugolino, die tragische Liebesgeschichte von Paolo und Francesca und viele andere machen die *Göttliche Komödie* zu einem literarischen Steinbruch, dem spätere Generationen ihre jeweils eigenen Leitbilder entnommen haben. Hauptmanns Epos wird diese Wirkung »in der Zeiten Ferne« (CA IV,1064) schon deshalb nicht zuteil werden, weil es das Leid als Generalthema unvermittelt und stereotyp vor Augen führt. Die mehrfach variierten Folterpraktiken der Inquisition bleiben in ihrer Abstraktheit hinter dem Leidensdruck jedes einzelnen der Danteschen Hölleninsassen zurück. Um so prätentiöser wirkt das Selbstbewußtsein des träumenden Erzählers: »Mag lieber denn die Sprache untergehen, / als daß die heilige Wahrheit des Gesichts / wie seines Sehers je bezweifelt werde! / Die Runenzeichen dieses Weltgedichts / sind Opferflammen auf dem chthonischen Herde.« (CA IV,1067).[31]

31 Im Paralipomenon zum 20. Gesang läßt sich der Ich-Erzähler von seinem Zeitgenossen Max Klinger als »deutscher Dante« begrüßen (vgl. CA IV,1163).

Den Raum der Seele »über alle Weltallsweiten« zu weiten, wie es der Erzähler formuliert (vgl. CA IV,1076), ist Hauptmann mit diesem Epos nicht gelungen. Im Gegenteil: Der *Große Traum*, mit dem Hauptmann vor der Ewigkeit zu bestehen glaubte (vgl. Voigt, B 5: 1965, 114), ist längst unlesbar geworden. Daß Hauptmann mythische, historische und zeitgenössische Figuren zwanglos miteinander ins Gespräch bringt und eine synkretistische Privatmythologie etabliert, hat man zu Recht auf das Vorbild der *Göttlichen Komödie* zurückgeführt (vgl. Hempel, B 7.14, 93). Nur oberflächlich deckt sich dieses Verfahren mit den poetischen Maximen der Moderne: Indem der Erzähler sich ohne jeden ironischen Vorbehalt zum verzückten Seher stilisiert (vgl. CA IV,1038), bringt er ein dichterisches Selbstverständnis zum Ausdruck, das (spätestens) in der Moderne unglaubhaft geworden ist.

Mignon

Hauptmanns letzte zu Lebzeiten fertiggestellte Novelle beginnt mit der Reise des Erzählers an den Lago Maggiore. Erinnerungen an frühe Italienaufenthalte, die erneute Lektüre von Jean Pauls *Titan* und ein unbestimmter »Drang nach dem Süden« (CA VI,492) sind ausschlaggebend für die plötzliche Trennung des älteren, offenbar künstlerisch tätigen Mannes von seiner Familie. In Stresa angekommen, sondert er sich von der Geselligkeit des Hotelbetriebs ab und streift ziellos durch die Umgebung. Die zufällige Begegnung mit einer ärmlichen Artistenfamilie reißt den Erzähler allerdings aus der selbstgewählten meditativen Einsamkeit. In der Tochter erblickt er ein in die prosaische Gegenwart verschlagenes Kind der Romantik. Im Traum der folgenden Nacht verdichtet sich dieser Eindruck zu der Überzeugung, Goethes Mignon begegnet zu sein – als sei diese Romanfigur aus *Wilhelm Meisters Lehrjahren* auf geheimnisvolle Weise zu einer realen Person geworden. Wenig später folgt die nächste Begegnung der erlesenen Art. In einem Café glaubt der Erzähler leibhaftig den alten Goethe zu erkennen, ganz so wie ihn Jagemann porträtiert hat. Beide Erlebnisse lassen beim Erzähler eine gewisse Unruhe zurück. Der erste Teil der Novelle schließt mit einem Abendessen, zu dem Cavaliere Graupe den Erzähler und einige andere Gäste geladen hat. Graupe, ein älterer, reicher Sonderling, hat für seine Gäste eine Überraschung vorgesehen, die sich unmittelbar an das opulente Abendessen anschließt: In einem von Zypressen umgebenen Naturtheater rezitiert ein alter Mann das Harfner-Lied aus *Wilhelm Meisters Lehrjahren.* Begleitet wird er von jenem Mädchen, in dem der Erzähler schon bei der ersten Begegnung Mignon erblickt hatte.

Der Erzähler sieht sich dermaßen von diesen Erlebnissen gefesselt, daß er zunächst abreisen will, dann aber doch seinen Aufenthalt verlängert. Bei seinen Wanderungen gelangt er unversehens in die Gipfelregion des Monte Mattarone. In einer durch die Höhenluft provozierten Halluzination erblickt er wiederum den alten Goethe, diesmal in Begleitung Mignons. Dem Traumgesicht entnimmt er die dringliche Aufforderung, sich um das Mädchen zu kümmern. Fortan macht er sich auf die Spur des alten Sängers und seiner Begleiterin. Durch Zufall begegnet er den beiden gleich zweimal in abgelegenen Unterkünften, verliert sie jedoch umgehend wieder aus den Augen. Mittlerweile ist aus distanzierter Neugier eine Leidenschaft geworden, die Eifersucht gegen den Alten einschließt und den Erzähler aus seiner Lebensbahn zu werfen droht. Da die fieberhafte Fortsetzung der Suche erfolglos bleibt, beschließt der Erzähler, seinen Jugendfreund Plarre zu besuchen, der mittlerweile als Arzt im Tessin praktiziert. Ausgerechnet dort kommt es zu einer unverhofften Wiederbegegnung mit dem geheimnisvollen Paar: Plarre berichtet vom Fall eines alten Straßensängers, dessen Tod bei seiner Begleiterin, einem jungen Mädchen, heftige Krämpfe ausgelöst habe. Natürlich handelt es sich um die fieberhaft gesuchte Mignon, die den Erzähler sogleich anfleht, sie nicht wieder zu verlassen. Angesichts ihrer angegriffenen Gesundheit läßt Plarre sie in seine Privatklinik einweisen. Dennoch können weder die ärztliche Betreuung noch die Fürsorge des Erzählers verhindern, daß das geheimnisvolle Mädchen – sie nennt sich Aga – nach wenigen Wochen stirbt. Im Tod scheint ihre Sehnsucht Erfüllung zu finden. Mit der Bemerkung, daß an ihrem Todestag der alte Goethe ein weiteres Mal vor ihrem Fenster gesehen wird, endet die Novelle.

Ausschlaggebend für die Entstehung der Novelle ist Hauptmanns Italienreise des Jahres 1937, bei der er u. a. die im Lago Maggiore gelegenen Inseln besucht. Ein Jahr später, am 14. August 1938, beginnt er mit der Niederschrift der sog. »Stresa-Novelle«, unterbricht die Arbeit in den Jahren zwischen 1939 und 1944 jedoch mehrfach zugunsten anderer Projekte. Nach Auskunft von C. F. W. Behl unterzieht Hauptmann vor allem die Schlußpassagen der Novelle einer mehrfachen Überarbeitung. Insgesamt tritt die Erscheinung des alten Goethe im Verlauf der Niederschrift zugunsten Mignons zurück. Darüber hinaus konstatiert Behl, daß in der Schlußfassung das Reale »dem Geheimnisvollen, Wunderhaften gegenüber entschiedener ins Gleichgewicht gehoben« sei (vgl. Behl, B 5: 1949, 244). Im Frühjahr 1945 liegen die ersten gedruckten Exemplare der Novelle vor, die allerdings aufgrund der unmittelbaren Nachkriegswirren erst nach Hauptmanns Tod, im Jahr 1947, an die Öffentlichkeit gelangen.

Hauptmann schreibt dem Erzähler der Novelle einige persönliche Erlebnisse zu: so den frühen Rom-Aufenthalt, die Typhuserkrankung und die (therapeutische) Jean-Paul-Lektüre. Hinter dem pragmatischen Arzt Plarre verbirgt sich Hauptmanns Jugendfreund Alfred Ploetz (vgl. Requardt/Machatzke, B 5: 1980, 175); der bei der Abendtafel angeregt disputierende Gelehrte ist ein Porträt des Philosophen Leo Frobenius (vgl. Cowen, B 7, 177 f.). Aga/Mignon verkörpert die letzte der zahlreichen literarischen Reflexionen der Begegnung zwischen Gerhart Hauptmann und Ida Orloff. Schließlich hat Rüdiger Bernhardt darauf hingewiesen, daß der Harfner der Novelle einige Züge des Dichters Peter Hille trägt (vgl. Bernhardt, B 7.15).

Mit seiner letzten Novelle greift Gerhart Hauptmann auf eine bereits erprobte erzählerische Eröffnungsfigur zurück: Wie in den Novellen *Der Ketzer von Soana* und *Das Meerwunder* verläßt der Erzähler seine gewohnte Umgebung, reist nach Italien, wo ihm durchaus unerhörte Begebenheiten zustoßen. Nach Maßgabe des vorangestellten Goethe-Mottos »Ich will nun an die Gespenstergeschichten gehen« (CA VI,489) läßt Hauptmann den alten Goethe in einer Novelle auftreten, die im frühen 20. Jahrhundert spielt. Diese Idee birgt allerlei Möglichkeiten einer literarischen Selbstkritik: Gerhart Hauptmann selbst gab sich zeitweilig Mühe, Goethe auch äußerlich zu gleichen. So arrangierte er im Jahr 1927 ein Photoporträt nach eben der Jagemann-Zeichnung, die der Erzähler als Vorbild für den unverhofft auftretenden Goethe-Doppelgänger nennt (s. Abb. S. 35). Die Novelle gewinnt der »Wiederkunft« Goethes im 20. Jahrhundert allerdings durchaus keine komischen Aspekte ab. Im Gipfeltraum nimmt Goethe den Erzähler in die Pflicht, sich um das mitleiderregende Zirkuskind zu kümmern. Fortan tritt er immer wieder »bedeutend« in Erscheinung, bis Aga/Mignon ihre Ruhe im Tod gefunden hat. Deren Ähnlichkeit mit Goethes Romanfigur ist unverkennbar (vgl. Muller, B 5: 1949; Mazzuchetti, B 7.15; Grothe, B 7.15): Die neue Mignon tritt wie ihr literarisches Vorbild in Gesellschaft fahrender Artisten auf, die das tänzerische Talent des Mädchens ausbeuten. Der Erzähler erfährt ihren Namen, aber nur Undeutliches von der offenbar leidvollen

Kindheit. Nach und nach fallen ihm jene Charakterzüge auf, die in Goethes Roman nicht vorgezeichnet sind. Er greift eigens zu *Wilhelm Meisters Lehrjahren*, um sich zu vergewissern: »Besonders das zweite und dritte Kapitel im achten Buch [von *Wilhelm Meisters Lehrjahre*] beschäftigte mich. Mit meiner lebendigen Mignon stimmten diese mitunter recht ernüchternden Schilderungen nicht überein« (CA VI,534). Unter dem Eindruck seiner Begegnung schließt sich der Erzähler offenbar den kritischen Einwänden an, die im Umkreis der Romantiker gegen Goethes Mignon artikuliert wurden: Im Unterschied zu Goethe verzichtet Hauptmann auf eine nachträgliche Aufhellung dessen, was dem Mädchen in Kindheit und Jugend zugestoßen ist. Die neue Mignon rückt auch dadurch von ihrem »klassischen« Vorbild ab, daß sie gleichfalls der literarischen Jahrhundertwende angehört. Aga/Mignon erscheint als dämonische *femme fragile*, wie sie Hauptmann 1905 in Gestalt von Ida Orloff begegnet ist und zu zahlreichen literarischen Werken inspiriert hat (vgl. Bernhardt, B 7.15).

Im Unterschied zu den beiden anderen »magischen Novellen« Hauptmanns, dem *Ketzer von Soana* und dem *Meerwunder*, rücken in diesem Spätwerk Reflexionen in den Vordergrund, die mit dem zentralen Erlebnis der Heimsuchung nichts zu tun haben. Daß der Erzähler fortwährend Altersweisheiten in seinen Bericht einstreut, ist der ästhetischen Wirkung der Novelle abträglich. Sie als erzählerisches »Vermächtnis« zu etikettieren, räumt ihr allzu große Bedeutung ein und lenkt den Blick von gelungeneren Werken Gerhart Hauptmanns ab.

Bibliographie

Hauptmanns Werke werden nach der sog. Centenar-Ausgabe zitiert, deren elf Bände 1962–74 im Propyläen-Verlag erschienen sind und anläßlich von Hauptmanns 50. Todestag im Jahr 1996 noch einmal neu aufgelegt wurden. Im Text wird auf die nachfolgend verzeichneten Titel der Bibliographie (B) jeweils in Klammern mit dem Verfassernamen, der Nummer des bibliographischen Abschnitts, dem Publikationsjahr und der Seitenzahl verwiesen (z. B. Sprengel, B 5: 1984, 101).

Siglen

CA I–XI Gerhart Hauptmann: Sämtliche Werke. Centenar-Ausgabe zum 100. Geburtstag des Dichters, 15. November 1962. Hrsg. von Hans-Egon Hass. Bd. 1–11. Frankfurt a. M. / Berlin: Propyläen Verlag, 1962–74. – Bd. 10 (1970) fortgeführt von Martin Machatzke und Wolfgang Bungies. – Bd. 11 (1974) fortgeführt von Martin Machatzke. [Anläßlich des 50. Todestages von Gerhart Hauptmann hat der Propyläen-Verlag die Centenarausgabe im Jahr 1996 noch einmal neu aufgelegt.]

TB I Gerhart Hauptmann: Notiz-Kalender 1889 bis 1891. Hrsg. von Martin Machatzke. Frankfurt a. M. / Berlin: Propyläen Verlag, 1982.

TB II Gerhart Hauptmann: Tagebuch 1892 bis 1894. Hrsg. von Martin Machatzke. Frankfurt a. M. / Berlin: Propyläen Verlag, 1985.

TB III Gerhart Hauptmann: Italienische Reise 1897. Tagebuchaufzeichnungen. Hrsg. von Martin Machatzke. Frankfurt a. M. / Berlin: Propyläen Verlag, 1976.

TB IV Gerhart Hauptmann: Tagebücher 1897 bis 1905. Hrsg. von Martin Machatzke. Frankfurt a. M. / Berlin: Propyläen Verlag, 1987.

TB V Gerhart Hauptmann: Tagebücher 1906 bis 1913. Mit dem Reisetagebuch Griechenland – Türkei 1907. Nach Vorarbeiten von Martin Machatzke hrsg. von Peter Sprengel. Frankfurt a. M. / Berlin: Propyläen Verlag, 1994.

TB VI Gerhart Hauptmann: Tagebücher 1914 bis 1918. Hrsg. von Peter Sprengel. Berlin: Propyläen Verlag, 1997.

TB VII Gerhart Hauptmann: Diarium 1917 bis 1933. Hrsg. von Martin Machatzke. Frankfurt a. M. / Berlin: Propyläen Verlag, 1980.

GI Gespräche und Interviews mit Gerhart Hauptmann (1894–1946). Hrsg. von Heinz D. Tschörtner in Zsarb. mit Sigfrid Hoefert. Berlin: Erich Schmidt, 1994.

LW Gerhart Hauptmann. Leben und Werk. Eine Gedächtnisausstellung des Deutschen Literaturarchivs zum 100. Geburtstag des Dichters im Schiller-Nationalmuseum Marbach a. N. Stuttgart 1962.

1. Ausgaben

Das Gesammelte Werk. Ausgabe letzter Hand zum 80. Geburtstag des Dichters am 15. November 1942. Abt. I. Bd. 1–17. Berlin 1942.

Sämtliche Werke. Centenar-Ausgabe zum 100. Geburtstag des Dichters, 15. November 1962. Hrsg. von Hans-Egon Hass. Bd. 1–11. Frankfurt a. M. / Berlin: Propyläen Verlag, 1962–74. – Bd. 10 (1970) fortgeführt von Martin Machatzke und Wolfgang Bungies. – Bd. 11 (1974) fortgeführt von Martin Machatzke.

Italienische Reise 1897. Tagebuchaufzeichnungen. Hrsg. von Martin Machatzke. Frankfurt a. M. / Berlin: Propyläen Verlag, 1976.

Diarium 1917 bis 1933. Hrsg. von Martin Machatzke. Frankfurt a. M. / Berlin: Propyläen Verlag, 1980.

Notiz-Kalender 1889 bis 1891. Hrsg. von Martin Machatzke. Frankfurt a. M. / Berlin: Propyläen Verlag, 1982.

Tagebuch 1892 bis 1894. Hrsg. von Martin Machatzke. Frankfurt a. M. / Berlin: Propyläen Verlag, 1985.

Tagebücher 1897 bis 1905. Hrsg. von Martin Machatzke. Frankfurt a. M. / Berlin: Propyläen Verlag, 1987.

Tagebücher 1906 bis 1913. Mit dem Reisetagebuch Griechenland – Türkei 1907. Nach Vorarbeiten von Martin Machatzke hrsg. von Peter Sprengel. Frankfurt a. M. / Berlin: Propyläen Verlag, 1994.
Tagebücher 1914 bis 1918. Hrsg. von Peter Sprengel. Berlin: Propyläen Verlag, 1997.

Der Manuskriptnachlaß Gerhart Hauptmanns. Tl. 1 (Hs. 1–230). Katalog bearb. von Rudolf Ziesche. Wiesbaden 1977.
Der Manuskriptnachlaß Gerhart Hauptmanns. Tl. 2 (Hs. 231–470). Katalog bearb. von Rudolf Ziesche. Wiesbaden 1987.
Rudolf Ziesche: Vorläufiges Register zum Manuskriptnachlaß Gerhart Hauptmanns. Tl. 1 und 2 (Hs. 1 – 470). Wiesbaden 1987.

Gerhart Hauptmann und Ida Orloff. Dokumentation einer dichterischen Leidenschaft. Frankfurt a. M. / Berlin 1969.
Gerhart Hauptmann – Ludwig von Hofmann. Briefwechsel 1894–1944. Hrsg. von Herta Hesse-Frielinghaus. Bonn 1983.
Otto Brahm – Gerhart Hauptmann. Briefwechsel 1889–1912. Erstausgabe mit Materialien. Hrsg. von Peter Sprengel. Tübingen 1985.
Gespräche und Interviews mit Gerhart Hauptmann (1894–1946). Hrsg. von Heinz D. Tschörtner in Zusammenarbeit mit Sigfrid Hoefert. Berlin 1994.

2. Bibliographien, Forschungsberichte

Requardt, Walter: Gerhart Hauptmann Bibliographie. Bd. 1–3. Berlin 1931.
Hoefert, Sigfrid: Gerhart Hauptmann. 2., durchges. und erg. Ausg. Stuttgart 1982. (Sammlung Metzler. 107.)
– Internationale Bibliographie zum Werk Gerhart Hauptmanns. Bd. 1. Berlin 1986. Bd. 2. Berlin 1989.

3. Sammelbände

Bialek, Edward / Tomiczek, Eugeniusz / Zybura, Marek (Hrsg.): Leben – Werk – Lebenswerk. Ein Gerhart Hauptmann-Gedenkband. Legnica 1997.

Engel, Walter / Bomers, Jost (Hrsg.): Zeitgeschehen und Lebensansicht. Die Aktualität der Literatur Gerhart Hauptmanns. Berlin 1997.

Erdmann, Gustav (Hrsg.): Gerhart Hauptmann. Neue Akzente – neue Aspekte. Vorträge im Gerhart-Hauptmann-Museum Erkner. Berlin 1992. (Miscellania Hauptmanniana. 1.)

Kuczynski, Krzysztof A. / Sprengel, Peter (Hrsg.): Gerhart Hauptmann. Autor des 20. Jahrhunderts. Studien und Vorträge des internationalen Gerhart-Hauptmann-Symposiums Lodz 19.–21. 9. 1990. Würzburg 1991.

Mast, Peter (Hrsg.): »Es steckt Ungehobenes in meinem Werk . . .«. Zur Bedeutung Gerhart Hauptmanns für unsere Zeit. Bonn 1993.

Mellen, Philip / Sprengel, Peter (Hrsg.): Hauptmann-Forschung. Neue Beiträge. Frankfurt a. M. 1986.

Schrimpf, Hans Joachim (Hrsg.): Gerhart Hauptmann. Darmstadt 1976. (Wege der Forschung. 207.)

4. Epochenüberblick

Bauer, Roger [u. a.]: Fin de siècle: Zu Literatur und Kunst der Jahrhundertwende. Frankfurt 1977.

Bayerdörfer, Hans-Peter / Conrady, Karl Otto / Schanze, Helmut (Hrsg.): Literatur und Theater im Wilhelminischen Zeitalter. Tübingen 1978.

Cowen, Roy C.: Der Naturalismus. Kommentar zu einer Epoche. München 1973.

Fischer, Jens Malte: Fin de siècle. Kommentar zu einer Epoche. München 1978.

Hamann, Richard / Hermand, Jost: Stilkunst um 1900. Berlin 1967. (Deutsche Kunst und Kultur von der Gründerzeit bis zum Expressionismus. 4.)

Hermand, Jost: Der Schein des schönen Lebens. Studien zur Jahrhundertwende. Frankfurt a. M. 1972.

Hoffmann, Paul: Symbolismus. München 1987.
Jost, Dominik: Literarischer Jugendstil. Stuttgart ²1980.
Koppen, Erwin: Dekadenter Wagnerismus. Studien zur europäischen Literatur des Fin de siècle. Berlin / New York 1973.
Leroy, Robert / Pastor, Eckart: Deutsche Dichtung um 1890. Beiträge zu einer Literatur im Umbruch. Bern [u. a.] 1991.
Mahal, Günther: Naturalismus. München 1975.
Osborne, John: The Naturalist Drama in Germany. Manchester 1971.
Rasch, Wolfdietrich: Zur deutschen Literatur seit der Jahrhundertwende. Gesammelte Aufsätze. Stuttgart 1967.
– Die literarische Décadence um 1900. München 1986.
Ruprecht, Erich / Bänsch, Dieter (Hrsg.): Manifeste und Dokumente zur deutschen Literatur: 1890–1910. Jahrhundertwende. Stuttgart 1981.
Scheuer, Helmut (Hrsg.): Naturalismus. Bürgerliche Dichtung und soziales Engagement. Stuttgart 1974.
Sprengel, Peter (Hrsg.): Literatur im Kaiserreich. Studien zur Moderne. Berlin 1993.
Wunberg, Gotthard (Hrsg.): Die literarische Moderne. Dokumente zum Selbstverständnis der Literatur um die Jahrhundertwende. Frankfurt a. M. 1971.
Zmegac, Victor (Hrsg.): Deutsche Literatur der Jahrhundertwende. Königstein i. T. 1981.

5. Gesamtdarstellungen zu Leben und Werk

Améry, Jean: Gerhart Hauptmann. Der ewige Deutsche. Mühlacker 1963.
Behl, Carl F. W.: Zwiesprache mit Gerhart Hauptmann. Tagebuchblätter. München 1949.
– / Voigt, Felix A.: Chronik von Gerhart Hauptmanns Leben und Schaffen. Bearb. von Mechthild Pfeiffer-Voigt. Würzburg 1993.
Borchmeyer, Dieter: Hellsicht des Schmerzes. Gerhart Hauptmann. In: Literarische Profile. Deutsche Dichter von Grimmelshausen bis Brecht. Hrsg. von Walter Hinderer. Königstein i. T. 1982. S. 184–201.
Brescius, Hans von: Gerhart Hauptmann. Zeitgeschehen und Be-

wußtsein in unbekannten Selbstzeugnissen. Eine politisch-biographische Studie. Bonn 1976.
Chapiro, Joseph: Gespräche mit Gerhart Hauptmann. Berlin 1932.
Daiber, Hans: Gerhart Hauptmann oder der letzte Klassiker. Wien 1971.
Gerhart Hauptmann. Leben und Werk. Eine Gedächtnisausstellung des Deutschen Literaturarchivs zum 100. Geburtstag des Dichters im Schiller-Nationalmuseum Marbach a. N. Stuttgart 1962.
Gregor, Joseph: Gerhart Hauptmann. Das Werk und unsere Zeit. Wien 1951.
Grimm, Gunter: Goethe-Nachfolge? Das Beispiel Gerhart Hauptmanns. In: G. G.: Rezeptionsgeschichte. Grundlegung einer Theorie. Mit Analysen und Bibliographie. München 1977. S. 206–239.
Guthke, Karl S.: Hauptmann und Freud. Eine Arabeske über die Logik des Kuriosen. In: Neue Deutsche Hefte 26 (1979) S. 21–44.
– Gerhart Hauptmann. Weltbild im Werk. 2., vollst. überarb. und erw. Aufl. München 1980.
Heuser, Frederick: Gerhart Hauptmann. Zu seinem Leben und Schaffen. Tübingen 1961.
Hildebrandt, Klaus: Gerhart Hauptmann und die Geschichte. München 1968.
Hilscher, Eberhard: Gerhart Hauptmann. Leben und Werk. Mit bisher unpublizierten Materialien aus dem Manuskriptnachlaß des Dichters. Berlin 1987. [2]1990.
– Was bleibt von Gerhart Hauptmann? In: E. H.: Neue poetische Weltbilder. Sieben Essays. Berlin 1992. S. 7–27.
Hoefert, Sigfrid: Gerhart Hauptmann und der Film. Berlin 1992.
– Gerhart Hauptmann und Goebbels. Zur Situation des schlesischen Dichters im Dritten Reich. In: Michigan Germanic Studies 20 (1994) S. 138–151.
Hülsen, Hans von: Freundschaft mit einem Genius. Erinnerungen an Gerhart Hauptmann. München 1947.
Kokott, Hartmut: Gerhart Hauptmann und die Literatur des Mittelalters. In: Euphorion 83 (1989) S. 49–70.
Leppmann, Wolfgang: Am Ende blieb die Trauer: Dichtung und Politik in Deutschland am Beispiel Gerhart Hauptmanns. In: Wegbereiter der Moderne. Festschrift für Klaus Jonas. Hrsg. von Helmut Koopmann und Clark Muenzer. Tübingen 1990. S. 27–46.

Leppmann, Wolfgang: Gerhart Hauptmann. Die Biographie. Berlin 1986. Durchges. Neuausg. 1995.
Mayer, Hans: Gerhart Hauptmann. Velber 1967.
Michaelis, Rolf: Der schwarze Zeus. Gerhart Hauptmanns zweiter Weg. Berlin 1962.
Muller, Siegfried: Gerhart Hauptmann and Goethe. New York 1949. [Übers. Goslar 1950].
Platiel, Jörg: Mythos und Mysterium. Die Rezeption des Mittelalters im Werk Gerhart Hauptmanns. Frankfurt a. M. 1993.
Poppe, Reiner: Gerhart Hauptmann. Leben und Werk. Husum 1998.
Requardt, Walter / Machatzke, Martin: Gerhart Hauptmann und Erkner. Studien zum Berliner Frühwerk. Berlin 1980.
Schlenther, Paul: Gerhart Hauptmann. Leben und Werke. Umgearb. und erw. von Arthur Eloesser. Berlin 1922.
Sprengel, Peter: Die Wirklichkeit der Mythen. Untersuchungen zum Werk Gerhart Hauptmanns aufgrund des handschriftlichen Nachlasses. Berlin 1982.
– Gerhart Hauptmann: Epoche – Werk – Wirkung. München 1984.
– Ein Dichter auf Tournee. Gerhart Hauptmanns erste öffentliche Lesungen (1909). In: Jahrbuch der Deutschen Schillergesellschaft 36 (1992) S. 288–306.
– Gerhart Hauptmann und die deutsche Einheit. In: Dichter und ihre Nation. Hrsg. von Helmut Scheuer. Frankfurt a. M. 1993. S. 311–326.
– Gerhart Hauptmann. In: Deutsche Dichter des 20. Jahrhunderts. Hrsg. von Harmut Steinecke. Berlin 1994. S. 31–42.
– Priester und Hanswurst. Inszenierungen der Dichter-Rolle im Spätwerk Gerhart Hauptmanns. In: Dichtung im Dritten Reich? Zur Literatur in Deutschland 1933–1945. Hrsg. von Christiane Caemmerer und Walter Delabar. Opladen 1996. S. 29–52.
Stegemann, Thorsten: Abwehr, Abkehr und Einkehr. Gerhart Hauptmanns Haltung zum Ersten Weltkrieg und seine dramatischen Dichtungen von 1914–1918. In: Weimarer Beiträge 38 (1992) S. 368–389.
Sternke, René: »Der Mensch dem Menschen als Nahrung«. Gerhart Hauptmanns Sinnstiftungsversuch im Ersten Weltkrieg. In: Weimarer Beiträge 39 (1993) S. 598–605.
Tank, Kurt Lothar: Gerhart Hauptmann in Selbstzeugnissen und Bilddokumenten. Hamburg 1959.

Tschörtner, Heinz D.: Unaufhörlich bläst das Meer: Neue Hauptmann-Studien. Würzburg 1996.
Voigt, Felix A. / Reichart, Walter A.: Hauptmann und Shakespeare. Ein Beitrag zur Geschichte des Fortlebens Shakespeares in Deutschland. Breslau 1938. Goslar ³1957.
Voigt, Felix A. / Reichart, Walter A.: Gerhart Hauptmann unter der Herrschaft des Nazismus. In: Monatshefte 38 (1946) S. 298–303.
– Gerhart Hauptmann und die Antike. Berlin 1965.
Wirklichkeit und Traum. Gerhart Hauptmann 1862–1946. Ausstellung der Staatsbibliothek Preußischer Kulturbesitz Berlin. Berlin 1987.

6. Das dramatische Werk

Alexander, Neville A.: Studien zum Stilwandel im dramatischen Werk Gerhart Hauptmanns. Stuttgart 1964.
Borchmeyer, Dieter: Das naturalistische Drama. Hauptmann und Wedekind. In: Geschichte der deutschen Literatur vom 18. Jahrhundert bis zur Gegenwart. Hrsg. von Viktor Žmegač. Bd. 2. Königstein i. T. 1980. S. 208–233.
Cowen, Roy C.: Hauptmann-Kommentar zum dramatischen Werk. München 1980.
Fiedler, Ralph: Die späten Dramen Gerhart Hauptmanns. Versuch einer Deutung. München 1954.
Guthke, Karl S.: Die Gestalt des Künstlers in Gerhart Hauptmanns Dramen. In: Neophilologus 39 (1955) S. 23–40.
Hanisch, Hubert: Die Novellendramatisierungen Gerhart Hauptmanns. Phil. Diss. Mainz 1951.
Hildebrandt, Klaus: Naturalistische Dramen Gerhart Hauptmanns. München 1983.
Jacobs, Jürgen: Gerhart Hauptmann und das moderne Drama. In: Deutschlandforschung. Hrsg. von Dong-Zui Song, Jong-Dae Löim und Han Soon Yim. Seoul National University. Bd. 4 (1995) S. 88–114.
Kafitz, Dieter: Struktur und Menschenbild naturalistischer Dramatik. In: Zeitschrift für deutsche Philologie 97 (1978) S. 225–255.
Kaiser, Gerhard: Die Tragikomödien Gerhart Hauptmanns. In: Festschrift für Klaus Ziegler. Hrsg. von Eckehard Catholy und Winfried Hellmann. Tübingen 1968. S. 269–289.

Krause, Eva: Gerhart Hauptmanns frühe Dramen im Spiegel der Kritik. Diss. Erlangen 1952.
Osborne, John: The Naturalist Drama in Germany. Manchester 1971.
Sinden, Margaret: Gerhart Hauptmann: The Prose Plays. Toronto 1957.
Szondi, Peter: Theorie des modernen Dramas. Frankfurt a. M. 1956.

6.1 *Vor Sonnenaufgang*

Bellmann, Werner: Gerhart Hauptmann: *Vor Sonnenaufgang* (1889). In: Interpretationen. Dramen des Naturalismus. Stuttgart 1988. S. 7–46.
Coupe, W. A.: An Ambiguous Hero: In Defence of Alfred Loth. In: German Life and Letters 31 (1977/78) S. 13–22.
Delbrück, Hansgerd: Gerhart Hauptmanns *Vor Sonnenaufgang*. Soziales Drama als Bildungskatastrophe. In: Deutsche Vierteljahrsschrift für Literaturwissenschaft und Geistesgeschichte 69 (1995) S. 512–545.
Kafitz, Dieter: Struktur und Menschenbild naturalistischer Dramatik. In: Zeitschrift für deutsche Philologie 97 (1978) S. 225–255.
Mellen, Philipp: Gerhart Hauptmann's *Vor Sonnenaufgang* and the Parable of the Sower. In: Monatshefte für deutschen Unterricht 74 (1982) S. 139–144.
Oellers, Norbert: Spuren Ibsens in Gerhart Hauptmanns frühen Dramen. In: Teilnahme und Spiegelung. Festschrift für Horst Rüdiger. Hrsg. von Beda Allemann und Erwin Koppen. Berlin / New York 1975. S. 397–414.
Osborne, John: Gerhart Hauptmanns *Vor Sonnenaufgang*: Zwischen Tradition und Moderne. In: Der Deutschunterricht 40 (1988) S. 77–88.
Whitinger, Raleigh: Gerhart Hauptmann's *Vor Sonnenaufgang*: On Alcohol and Poetry in German Naturalist Drama. In: The German Quarterly 63 (1990) S. 83–91.
Zimmermann, Rolf Christian: Hauptmanns *Vor Sonnenaufgang*. Melodram einer Trinkerfamilie oder Tragödie menschlicher Blindheit? In: Deutsche Vierteljahrsschrift für Literaturwissenschaft und Geistesgeschichte 69 (1995) S. 494–511.

6.2 *Das Friedensfest*

Scheuer, Helmut: Gerhart Hauptmanns *Das Friedensfest*. Zum Familiendrama im deutschen Naturalismus. In: Deutsche Dichtung um 1890. Beiträge zu einer Literatur im Umbruch. Hrsg. von Robert Leroy und Eckart Pastor. Bern 1991. S. 399–416.

Stroszeck, Hauke: »Sie haben furchtbar, furchtbar gefehlt.« Verschweigung und Problemstruktur in Gerhart Hauptmanns *Das Friedensfest. Eine Familienkatastrophe*. In: Euphorion 84 (1990) S. 237–268.

6.3 *Einsame Menschen*

Schröder, Sabine: Anna Mahr in Gerhart Hauptmann's *Einsame Menschen* – the »Emancipated Woman« Re-examined. In: The Germanic Review 54 (1979) S. 125–130.

Sørensen, Bengt Algot: Laura Marholm, Fr. Nietzsche und G. Hauptmanns *Einsame Menschen*. In: Orbis Litterarum 47 (1992) S. 52–62.

Stephan, Naomi: Die Frauenfiguren in Gerhart Hauptmanns *Einsame Menschen* und Ulrika Woerners *Vorfrühling*: Universal oder trivial? In: Die Frau als Heldin und Autorin. Neue kritische Ansätze zur deutschen Literatur. Hrsg. von Wolfgang Paulsen. Bern 1979. S. 190–200.

Whitinger, Raleigh: Rethinking Anna Mahr. Reflections on the Characterization and Function of the Emancipated Woman in Gerhart Hauptmann's *Einsame Menschen*. In: Seminar. A Journal of Germanic Studies 29 (1993) S. 233–252.

6.4 *Kollege Crampton*

Guthke, Karl S.: Die Gestalt des Künstlers in Gerhart Hauptmanns Dramen. In: Neophilologus 39 (1955) S. 23–40.

Rathaus-Hoffmann, Käthe: Das Urbild des *Kollege Crampton*. Ein Beitrag zur Psychologie des dichterischen Schaffens. In: Gerhart Hauptmann und sein Werk. Hrsg. von Ludwig Marcuse. Berlin/Leipzig 1922. S. 124–156.

6.5 *Die Weber*

Brauneck, Manfred: Literatur und Öffentlichkeit im ausgehenden 19. Jahrhundert. Studien zur Rezeption des naturalistischen Theaters in Deutschland. Stuttgart 1974.

Jacobs, Jürgen C.: Gerhart Hauptmanns *Weber*: Historien- und Zeit-Stück. In: Geschichte als Schaupiel. Deutsche Geschichtsdramen. Interpretationen. Hrsg. von Walter Hinck. Frankfurt a. M. 1981. S. 227–239.

Knapik, Piotr: Ein neues literarisches Vorbild für Gerhart Hauptmanns Drama *Die Weber*. In: Text & Kontext 15 (1987) S. 354–367.

Praschek, Helmut (Hrsg.): Gerhart Hauptmanns *Weber*. Eine Dokumentation. Berlin 1981.

Sprengel, Peter: Gerhart Hauptmann: *Die Weber* (1892). In: Interpretationen. Dramen des Naturalismus. Stuttgart 1988. S. 107–145.

Whitinger, Raleigh: Gerhart Hauptmann's Metadramatic Use of ›Das Blutgericht‹ in *Die Weber* and its Relationship to Heine and Brecht. In: The Germanic Review 66 (1991) S. 141–147.

6.6 *Der Biberpelz*

Bellmann, Werner (Hrsg.): Erläuterungen und Dokumente: Gerhart Hauptmann. *Der Biberpelz*. Stuttgart 1978.

Jacobs, Jürgen: Hauptmann. *Der Biberpelz* und *Der rote Hahn*. In: Die deutsche Komödie. Vom Mittelalter bis zur Gegenwart. Hrsg. von Walter Hinck. Düsseldorf 1977. S. 195–212 und 386–388.

Martini, Fritz: Gerhart Hauptmanns *Der Biberpelz*. Gedanken zum Bautypus einer naturalistischen Komödie (1969). In: F. M.: Lustspiele – und das Lustspiel. Stuttgart 1974. S. 213–235.

Oberembt, Gert: Gerhart Hauptmann. *Der Biberpelz*. Eine naturalistische Komödie. Paderborn 1987.

Ruttmann, Irene: Zwischen Distanz und Identifikation. Beobachtungen zur Wirkungsweise von Gerhart Hauptmanns *Der Biberpelz* und *Der rote Hahn*. In: Germanisch-Romanische Monatsschrift 30 (1980) S. 49–72.

Trautwein, Wolfgang: Gerhart Hauptmann: *Der Biberpelz* (1893). In: Interpretationen. Dramen des Naturalismus. Stuttgart 1988. S. 179–212.

6.7 *Hanneles Himmelfahrt*

Kluge, Gerhard: Hanneles Tod und Verklärung. Studien und Vorstudien zu Gerhart Hauptmanns *Hanneles Himmelfahrt.* In: Literatur und Theater im Wilhelminischen Zeitalter. Hrsg. von Hans-Peter Bayerdörfer, Karl Otto Conrady und Helmut Schanze. Tübingen 1978. S. 139–165.

6.8 *Florian Geyer*

Scholz, Albert: Zur Bühnengeschichte von Hauptmanns »Tragödie des Bauernkrieges«. In: Monatshefte für deutschen Unterricht 35 (1943) S. 16–22.

Schulz, Georg Michael: Gerhart Hauptmanns *Florian Geyer.* Historisches Drama im Naturalismus. In: Literatur und Theater im Wilhelminischen Zeitalter. Hrsg. von Hans-Peter Bayerdörfer, Karl Otto Conrady und Helmut Schanze. Tübingen 1978. S. 183–216.

Voigt, Felix A.: Die Entstehung von Gerhart Hauptmanns Bauernkriegsdrama *Florian Geyer.* In: Zeitschrift für deutsche Philologie 69 (1944/45) S. 149–213.

6.9 *Die versunkene Glocke*

Krogmann, Willy: Gerhart Hauptmanns *Versunkene Glocke.* In: Zeitschrift für deutsche Philologie 79 (1960) S. 350–361.

Weiner, Marc A.: Gerhart Hauptmann's *Die versunkene Glocke* and the cultural vocabulary of Pre-Fascist Germany. In: German Studies Review 11 (1988) S. 447–461.

6.10 *Fuhrmann Henschel*

Glass, Emil: Psychologie und Weltanschauung in Gerhart Hauptmanns *Fuhrmann Henschel.* Ein Beitrag zur Wesenserkenntnis Hauptmanns. Emsdetten 1933.

Gousie, Laurent: Gerhart Hauptmann and German Surrealism. In: The Germanic Review LIII (1978) S. 156–165.

Kaschnitz, Marie Luise: *Fuhrmann Henschel.* In: M. L. K.: Gesammelte Werke. Hrsg. von Christian Büttrich und Norbert Miller. Bd. 7. Frankfurt a. M. 1989. S. 233–241.
MacInnes, Edward: Das deutsche Drama des 19. Jahrhunderts. Berlin 1983. S. 181–188.

6.11 *Schluck und Jau*

Bräutigam, Kurt: Gerhart Hauptmann: *Schluck und Jau.* In: Europäische Komödien. Hrsg. von Kurt Bräutigam. Frankfurt a. M. 1964. S. 133–154.
Nehring, Wolfgang: *Schluck und Jau.* Impressionismus bei Gerhart Hauptmann. In: Zeitschrift für deutsche Philologie 88 (1969) S. 189–209.

6.12 *Michael Kramer*

Bachman, Charles R.: Life into Art: Gerhart Hauptmann ans *Michael Kramer.* In: The German Quarterly 42 (1969) S. 381–392.
Pfanner, Helmut F.: Deutungsprobleme in Gerhart Hauptmanns *Michael Kramer.* In: Monatshefte für deutschen Unterricht 62 (1970) S. 45–54.
Wynn, Debra D.: Hauptmann and Böcklin: An Artistic and Historical Synthesis in *Michael Kramer.* In: The Germanic Review 64 (1989) S. 67–72.

6.13 *Der rote Hahn*

Jacobs, Jürgen: Hauptmann. *Der Biberpelz* und *Der rote Hahn.* In: Die deutsche Komödie. Vom Mittelalter bis zur Gegenwart. Hrsg. von Walter Hinck. Düsseldorf 1977. S. 195–212 und 386–388.
Ruttmann, Irene: Zwischen Distanz und Identifikation. Beobachtungen zur Wirkungsweise von Gerhart Hauptmanns *Der Biberpelz* und *Der rote Hahn.* In: Germanisch-Romanische Monatsschrift 30 (1980) S. 49–72.

6.14 *Der Arme Heinrich*

Buck, Timothy: Gerhart Hauptmann's *Deutsche Sage.* In: Oxford German Studies 3 (1968) S. 126–144.
Hoefert, Sigfrid: Zur Entstehung des *Armen Heinrich* von Gerhart Hauptmann – dargelegt an Hand der Manuskripte. In: Schlesien 22 (1977) S. 26–33.
Kollwitz, Siegrun: Hartmanns von Aue *Armer Heinrich.* Die Rezeption der mittelalterlichen Dichtung durch Gerhart Hauptmann. Eine Untersuchung zu den sprach- und gehaltsverändernden Faktoren, ihren Ursachen und Bedingungen in der modernen Fassung im Vergleich zur mittelalterlichen Quelle. Phil. Diss. Berlin (TU) 1976.
Schmidt-Krayer, Barbara: Kontinuum der Reflexion: *Der arme Heinrich.* Mittelalterliches Epos Hartmanns von Aue und modernes Drama Gerhart Hauptmanns. Göppingen 1994.

6.15 *Rose Bernd*

Pilz, Georg: Deutsche Kindsmord-Tragödien. Wagner – Goethe – Hebbel – Hauptmann. München 1982. S. 89–110.
Schrimpf, Hans Joachim: *Rose Bernd.* In: Das deutsche Drama vom Barock bis zur Gegenwart. Hrsg. von Benno von Wiese. Bd. 2. Düsseldorf 1958. S. 166–185.

6.16 *Elga*

Haider-Pregler, Hilde: Zur Bühnengeschichte von Hauptmanns *Elga*: Interpretationsmöglichkeiten der Titelrolle. In: Grillparzer-Forum Forchtenstein 1976. Eisenstadt 1977. S. 111–136.
Reichart, Walter A.: *Elga* und Gerhart Hauptmanns dramatische Kunst. In: Grillparzer-Forum Forchtenstein 1976. Eisenstadt 1977. S. 1–17. – Wiederabgedr. in: W. A. R.: Ein Leben für Gerhart Hauptmann. Aufsätze aus den Jahren 1929–1990. Ausgew. und hrsg. von Klaus Hildebrandt. Berlin 1991. S. 121–130.
Schaum, Konrad: Grillparzers *Kloster bei Sendomir* und Hauptmanns *Elga* – ein Vergleich. In: Grillparzer-Forum Forchtenstein 1976. Eisenstadt 1977. S. 18–41.
Schrimpf, Hans Joachim: Hauptmanns doppelte Perspektive. Die

»zweite Realität« oder Phantasie und Traum als Erkenntnisorgane. In: Grillparzer-Forum Forchtenstein 1976. Eisenstadt 1977. S. 90–110.

6.17 *Und Pippa tanzt!*

Grieger, Monika: Die Symbolik in Gerhart Hauptmanns Glashüttenmärchen *Und Pippa tanzt!* Eine tiefenpsychologische Deutung nach der Jungschen Schule. Phil. Diss. Berlin (FU) 1985.
McCormick, E. Allen: Gerhart Hauptmann's *Und Pippa tanzt!* In: Theatrum mundi. Essays on German Drama and German Literature. Hrsg. von Edward R. Haymes. München 1980. S. 93–108.
Mülher, Robert: Kosmos und Psyche in Gerhart Hauptmanns Glashüttenmärchen *Und Pippa tanzt!* In: R. M.: Dichtung der Krise. Mythos und Psychologie in der Dichtung des 19. und 20. Jahrhunderts. Wien 1951. S. 291–406.
Rasch, Wolfdietrich: *Und Pippa tanzt!* In: Das deutsche Drama vom Barock bis zur Gegenwart. Hrsg. von Benno von Wiese. Bd. 2. Düsseldorf 1958. S. 186–206.
Webb, Karl E.: Islands, Maidens, and the Life Force. Gerhart Hauptmann's Literary *Jugendstil.* In: Theatrum mundi. Essays on German Drama and German Literature. Hrsg. von Edward R. Haymes. München 1980. S. 109–124.

6.18 *Die Jungfern vom Bischofsberg*

Brammer, Ursula Guenther: Selbstbildnis in Gerhart Hauptmann's Dramen. Diss. University of Pittsburgh 1972.

6.19 *Kaiser Karls Geisel*

Hortenbach, Jenny C.: Freiheitsstreben und Destruktivität. Frauen in den Dramen August Strindbergs und Gerhart Hauptmanns. Oslo 1965. S. 165–169.

6.20 *Griselda*

Laserstein, Käte: Der Griseldisstoff in der Weltliteratur. Eine Untersuchung zur Stoff- und Stilgeschichte. Weimar 1926. S. 184–191.

6.21 *Die Ratten*

Bellmann, Werner: Rinnsteinsprache. Anmerkungen zu Hauptmanns *Die Ratten*. In: Wirkendes Wort 37 (1987) S. 265–268.

Marx, Friedhelm: »Schiller ganz anders«. Gerhart Hauptmanns Spiel mit der Weimarer Klassik in der Tragikomödie *Die Ratten*. In: Zeitschrift für deutsche Philologie 115 (1996) S. 122–136.

Schaudig, Michael: Literatur im Medienwechsel. Gerhart Hauptmanns Tragikomödie *Die Ratten* und ihre Adaptationen für Kino, Hörfunk und Fernsehen. Prolegomena zu einer Medienkomparatistik. München 1992.

Sprengel, Peter: Gerhart Hauptmann: *Die Ratten*. Vom Gegensatz der Welten in einer Mietskaserne. In: Interpretationen. Dramen des Naturalismus. Stuttgart 1988. S. 243–282.

6.22 *Gabriel Schillings Flucht*

Machatzke, Martin: Nachwort. In: Gerhart Hauptmann: *Gabriel Schillings Flucht*. Drama. Berlin / Frankfurt a. M. / Wien 1962. S. 79–88.

6.23 *Festspiel in deutschen Reimen*

Hass, Hans-Egon: Weltspiel und Todesmysterium. Strukturen eines dichterischen Widerspruchs gegen die politische Welt [Nachwort]. In: Gerhart Hauptmann: *Festspiel in deutschen Reimen. Die Finsternisse*. Frankfurt a. M. / Berlin 1963. S. 87–136.

Sauer, Klaus / Werth, German: Lorbeer und Palme. Patriotismus in deutschen Festspielen. München 1971. S. 122–137.

Scheyer, Ernst: Das Breslauer Festspiel 1913. Aktenmäßige Darstellung seiner Entstehung und seiner Absetzung. In: Die Literatur 35 (1932) S. 69–72.

Sprengel, Peter: Festspiel von Gerhart Hauptmann – Spielleitung Max Reinhardt (1913). Dramaturgie und Ideologie eines ungewöhnlichen Nationaldenkmals. In: Internationales Archiv für Sozialgeschichte der deutschen Literatur 14 (1989) S. 74–107.
– Die inszenierte Nation: Deutsche Festspiele 1813–1913. Tübingen 1991.

6.24 *Der Bogen des Odysseus*

Sprengel, Peter: Zwischen Nachfolge und Parodie. Zur Klassik-Rezeption im Drama der Jahrhundertwende (1988). In: P. S.: Literatur im Kaiserreich. Studien zur Moderne. Berlin 1993. S. 130–146.

6.25 *Winterballade*

Machatzke, Martin: Nachwort. In: Gerhart Hauptmann: *Winterballade*. Berlin, Frankfurt a. M. 1962. S. 95–102.
Mauser, Wolfram: Gerhart Hauptmanns *Winterballade*. In: Innsbrucker Beiträge zur Kulturwissenschaft 6 (1959) S. 233–246.

6.26 *Der weiße Heiland*

Mauser, Wolfram: Formprobleme in Gerhart Hauptmanns Dramen *Winterballade*, *Der weiße Heiland* und *Indipohdi*. Phil. Diss. Innsbruck 1951.
Schäfer, Hans Wilhelm: *Indipohdi* und *Der Weiße Heiland*. Der mythische Stoff und seine Bedeutung für Hauptmanns Tragödientypus. Frankfurt a. M. 1982.

6.27 *Peter Brauer*

Schweckendiek, Adolf: Peter Brauer in Gerhart Hauptmanns *Peter Brauer*. In: A. S.: »Könnt ich Magie von meinem Pfad entfernen.« Neurosenkundliche Studien über Gestalten der Dichtung. Leimen 1970. S. 276–283.

6.28 *Das Opfer* (*Indipohdi*)

Schäfer, Hans Wilhelm: *Indipohdi* und *Der Weiße Heiland*. Der mythische Stoff und seine Bedeutung für Hauptmanns Tragödientypus. Frankfurt a. M. 1982.

Wocke, Helmut: Hölderlin und die gegenwärtige Dichtung. In: Germanisch-Romanische Monatsschrift 31 (1943) S. 235–250.

6.29 *Veland*

McCormick, Allen E.: Gerhart Hauptmann's *Veland*: Total Tragedy as Failure of Tragedy. In: Studies in the German Drama. A Festschrift in Honor of Walter Silz. Hrsg. von Donald Crosby und George Schoolfield. Chapel Hill 1974. S. 199–211.

Steinhauer, Harry: Symbolism in Hauptmann's *Veland*. In: Modern Language Notes 50 (1935) S. 258–264.

6.30 *Dorothea Angermann*

Tank, Kurt Lothar: Der Fall *Dorothea Angermann*. In: 275 Jahre Theater in Braunschweig. Geschichte und Deutung. Hrsg. vom Staatstheater Braunschweig 1965. S. 15–19.

6.31 *Spuk* (*Die schwarze Maske*; *Hexenritt*)

Schremmer, Ernst: Ein wiederentdeckter Hauptmann. In: Schlesien 32 (1987) S. 28–33.

6.32 *Vor Sonnenuntergang*

Gustavs, Arne: Zeitereignisse und persönliches Erleben als Motive zum Drama *Vor Sonnenuntergang*. Zur Deutung der Haltung Gerhart Hauptmanns gegenüber dem Faschismus. In: Zeitschrift für Germanistik 10 (1989) S. 577–586.

Schulz, Gerhard: Gerhart Hauptmann. *Vor Sonnenuntergang*. In: Germanisch-Romanische Monatsschrift 45 (1964) S. 279–292.

Sprengel, Peter: *Vor Sonnenuntergang* – ein Goethe-Drama? Zur Goethe-Rezeption Gerhart Hauptmanns. In: Jahrbuch der Goethe-Gesellschaft 103 (1986) S. 31–53.

6.33 *Die goldene Harfe*

Prahl, Augustus J.: Gerhart Hauptmann's *Die goldene Harfe*. In: Monatshefte für deutschen Unterrricht 26 (1934) S. 216–222.

6.34 *Hamlet in Wittenberg*

Krämer, Edgar: William Shakespeares und Gerhart Hauptmanns Hamletdramen im Vergleich unter besonderer Berücksichtigung des Tragischen. Frankfurt a. M. 1992.

6.35 *Die Tochter der Kathedrale*

Voigt, Felix A.: Gerhart Hauptmanns Drama *Die Tochter der Kathedrale*. In: Germanisch-Romanische Monatsschrift 34 (1953) S. 1–12.

6.36 *Ulrich von Lichtenstein*

Dussère, Carolyn: Humor and Chivalry in Ulrich von Lichtensteins *Frauendienst* and Gerhart Hauptmanns *Ulrich von Lichtenstein*. In: Colloquia Germanica 16 (1983) S. 297–320.

Voigt, Felix A.: Gerhart Hauptmanns *Ulrich von Lichtenstein*. In: Gerhart Hauptmann. Studien zum Werk und zur Persönlichkeit. Dargeboten vom Deutschen Institut der Universität Breslau. Breslau 1942. S. 46–80.

6.37 *Die Atridentetralogie*

Delvaux, Peter: Antiker Mythos und Zeitgeschehen. Sinnstruktur und Zeitbezüge in Gerhart Hauptmanns *Atriden-Tetralogie*. Amsterdam 1992.

Delvaux, Peter: Leid soll lehren. Historische Zusammenhänge in Gerhart Hauptmanns *Atriden-Tetralogie*. Amsterdam 1994.

Hamburger, Käte: Das Opfer der delphischen Iphigenie. In: Wirkendes Wort 4 (1953/54) S. 221–231.

Piscator, Erwin: Gerhart Hauptmanns *Atridentetralogie*. In: Deutsche Rundschau 88 (1962) S. 977–983.

Skrodzki, Karl Jürgen: Mythopoetik. Das Weltbild des antiken Mythos und die Struktur des nach-naturalistischen Dramas. Bonn 1986. S. 51–76.

Ziolkowski, Theodore: Hauptmann's *Iphigenie in Delphi*: a travesty? In: The Germanic Review 34 (1959) S. 105–123.

6.38 *Die Finsternisse*

Hass, Hans-Egon: Weltspiel und Todesmysterium. Strukturen eines dichterischen Widerspruchs gegen die politische Welt [Nachwort]. In: Gerhart Hauptmann: *Festspiel in deutschen Reimen. Die Finsternisse*. Frankfurt a. M. / Berlin 1963. S. 87–136.

Kleinholz, Hartwig: Gerhart Hauptmanns szenisches Requiem *Die Finsternisse*. Interpretation. Phil. Diss. Köln 1962.

Meetz, Anni: Gerhart Hauptmanns Requiem *Die Finsternisse*. In: Germanisch-Romanische Monatsschrift 40 (1959) S. 29–47.

Reichart, Walter A.: In memoriam Max Pinkus. In: Gerhart Hauptmann Jahrbuch 1948. S. 160–172. – Wiederabgedr. in: Hans Joachim Schrimpf (Hrsg.): Gerhart Hauptmann. Darmstadt 1976. S. 124–133.

6.39 *Magnus Garbe*

Hering, Gerhard F.: *Magnus Garbe*. In: Deutsche Rundschau 85 (1959) S. 335–346.

Nabholz, Johannes: The Sources of Gerhart Hauptmann's *Magnus Garbe*. In: Modern Philology 56 (1959) S. 187–196.

Sprengel, Peter: Kulturkampf 1914. Gerhart Hauptmanns Inquisitionsdrama *Magnus Garbe* – eine Rekonstruktion. In: Internationales Archiv für Sozialgeschichte der deutschen Literatur 22 (1997) S. 43–69.

7. Das epische Werk

Cowen, Roy C: Hauptmann-Kommentar zum nichtdramatischen Werk. München 1981.
Fischer, Gottfried: Erzählformen in den Werken Gerhart Hauptmanns. Bonn 1957.
Lauterbach, Ulrich: Nachworte zu Gerhart Hauptmann: Das erzählerische Werk. 10 Bde. Hrsg. von Ulrich Lauterbach. Frankfurt a. M. / Berlin / Wien 1981–1983.

7.1 *Fasching*

Washington, Ida H.: The Symbolism of Contrast in Gerhart Hauptmann's *Fasching*. In: The German Quarterly 52 (1979) S. 248–251.

7.2 *Bahnwärter Thiel*

Fischer, Heinz: Georg Büchner. Untersuchungen und Marginalien. Bonn 1972. S. 41–61.
Mahal, Günther: Experiment zwischen Geleisen. Gerhart Hauptmann. *Bahnwärter Thiel* (1888). In: Deutsche Novellen. Von der Klassik bis zur Gegenwart. Hrsg. von Winfried Freund. München 1993. S. 199–219.
Martini, Fritz: *Bahnwärter Thiel.* In: F. M.: Das Wagnis der Sprache. Stuttgart 1954. S. 59–98.
– Der kleine Thiel und der große Thienwiebel: Das Erzählen auf der Schwelle zur Moderne. In: John F. Fetzer (Hrsg.): In Search of the Poetic Real. Essays in Honor of Clifford Albrecht Bernd on the Occasion of his Sixtieth Birthday. Stuttgart 1989. S. 185–196.
Merkl, Helmut: Über die Ordnungsliebe des Kleinmütigen in Gerhart Hauptmanns *Bahnwärter Thiel.* In: Heinrich Mann Jahrbuch 6 (1988) S. 88–100.
Neuhaus, Volker (Hrsg.): Erläuterungen und Dokumente: Gerhart Hauptmann. *Bahnwärter Thiel.* Stuttgart 1974. 2., bibl. erg. Aufl. 1995.
Post, Klaus D.: Gerhart Hauptmann: *Bahnwärter Thiel.* Text, Materialien, Kommentar. München, Wien 1979.

Rock, David G.: Interior Landscapes: Narrative Perspective in Hauptmann's *Bahnwärter Thiel*. In: Modern Languages. Journal of the Modern Language Association 70 (1989) S. 211–219.

Scheuer, Helmut: *Bahnwärter Thiel*. In: Interpretationen. Erzählungen und Novellen des 19. Jahrhunderts. Bd. 2. Stuttgart 1997. S. 371–426.

Wiese, Benno von: Gerhart Hauptmann: *Bahnwärter Thiel*. In: B.v.W.: Die deutsche Novelle von Goethe bis Kafka. Interpretationen. Bd. 1. Düsseldorf 1956. S. 268–283.

7.3 *Der Apostel*

Neuse, Werner: Hauptmanns und Rilkes *Der Apostel*. In: The Germanic Review 18 (1943) S. 196–201.

7.4 *Der Narr in Christo Emanuel Quint*

Faesi, Robert: Gerhart Hauptmanns *Emanuel Quint*. Eine Studie. Zürich 1912.

Hensel, Monica: Die Gestalt Christi im Werk Gerhart Hauptmanns. Phil. Diss. Berlin 1957.

Leonhardt-Aumüller, Jacqueline: »Narren um Christi willen«. Eine Studie zu Tradition und Typologie des *Narren in Christo* und dessen Ausprägung bei Gerhart Hauptmann. München 1993.

Stirk, Samuel Dickinson: Gerhart Hauptmanns *Jesusstudien* in ihrer Beziehung zu dem Roman *Der Narr in Christo Emanuel Quint*. Ein Beitrag zum Studium von Gerhart Hauptmanns Religion. Breslau 1937.

Sulser, Wilhelm: Gerhart Hauptmanns *Narr in Christo Emanuel Quint*. Ein Beitrag zur Geschichte der deutschen religiösen Dichtung. Bern 1925.

Wende-Hohenberger, Waltraud: Gerhart Hauptmanns *Der Narr in Christo Emanuel Quint*. Eine religions- und gesellschaftskritische Romananalyse. Frankfurt a. M. 1990.

Ziolkowski, Theodore: Fictional Transfigurations of Jesus. Princeton 1972. S. 98–123.

7.5 *Atlantis*

Göktürk, Deniz: *Atlantis* oder: Vom Sinken der Kultur. Die Nobilitierung des frühen Kinos im Autorenfilm. In: Schwarzer Traum und weiße Sklavin. Deutsch-Dänische Filmbeziehungen 1910–1930. Redaktion von Manfred Behn. München 1994. S. 73–86.

Kremkus, Manfred: A Critical Examination of the Textual Variations in the German Version of Hauptmann's *Atlantis*. Diss. University of Michigan 1973.

7.6 *Der Ketzer von Soana*

Koll, Rolf-Dieter: Gerhart Hauptmanns *Ketzer von Soana*. Eine Studie zum Problem der Sprachqualität. In: Literatur in Wissenschaft und Unterricht 12 (1979) S. 1–17.

Meinert, Dietrich: Hirte und Priester in der Dichtung Gerhart Hauptmanns. In: Acta Germanica 4 (1969) S. 39–49.

Rauhut, Franz: Zola – Hauptmann – Pirandello. Von der Verwandtschaft dreier Dichtungen. In: Germanisch-Romanische Monatsschrift 26 (1938) S. 440–466.

7.7 *Phantom*

Hertling, Gunter H.: Selbstbetrug und Lebenskunst: Gerhart Hauptmanns Lorentz Lubota und Thomas Manns Felix Krull. In: Orbis Litterarum 20 (1965) S. 205–216.

Kandler, Rebecca: *Phantom*. Textgenese und Vermarktung. Ein Roman von Gerhart Hauptmann, ein Film von F. W. Murnau. Mit der vollständigen Titelliste im Anhang. München 1996.

7.8 *Die Insel der großen Mutter*

Mellen, Philipp: Gerhart Hauptmann and Utopia. Stuttgart 1976.

7.9 *Till Eulenspiegel*

Büttrich, Christian: Gerhart Hauptmanns *Till Eulenspiegel.* Mythologie und mythische Bildlichkeit. Hannover 1992. [Phil. Diss. Berlin (FU) 1972.]

Motekat, Helmut: Gerhart Hauptmanns Versepos *Till Eulenspiegel.* Eine Studie zur Struktur moderner Dichtung. In: Stoffe, Formen, Strukturen. Studien zur deutschen Literatur. Hans Heinrich Borcherdt zum 75. Geburtstag. München 1962. S. 497–510.

Promies, Wolfgang: Aspekte des Närrischen in Hauptmanns *Till Eulenspiegel.* In: Revue de littérature comparée 37 (1968) S. 550–580.

7.10 *Wanda*

Eloesser, Arthur: Hauptmanns Romane *Wanda* und *Emanuel Quint*. In: Neue Rundschau 39 (1928) S. 744–749.

7.11 *Buch der Leidenschaft*

Hoefert, Sigfrid: Zu einer russischen Version einer Vorstufe von Gerhart Hauptmanns *Buch der Leidenschaft*. In: Germanic Notes 17 (1986) S. 4–6.

7.12 *Das Meerwunder*

Behl, Carl Friedrich Wilhelm: Die Magie des Elementaren. In: Gerhart Hauptmann Jahrbuch I (1936) S. 51–59.

7.13 *Im Wirbel der Berufung*

Loquai, Franz: Hamlet und Deutschland. Zur literarischen Shakespeare-Rezeption im 20. Jahrhundert. Stuttgart 1993. S. 72–87.

Reis, Ilse H.: Gerhart Hauptmanns Hamlet-Interpretation in der Nachfolge Goethes. Bonn 1969.

7.14 *Der große Traum*

Guthke, Karl S.: Die Mythologie des späten Gerhart Hauptmann. In: Monatshefte für deutschen Unterricht, deutsche Sprache und Literatur 49 (1957) S. 289–303.

Hempel, Wido: *Göttliche Komödie* und *Großer Traum*. Ein Beispiel schöpferischer Auseinandersetzung mit Dante in der deutschen Literatur unseres Jahrhunderts. In: Literatur und Spiritualität. Hans Sckommodau zum siebzigsten Geburtstag. Hrsg. von Hans Rheinfelder [u. a.]. München 1978. S. 73–102.

7.15 *Mignon*

Bernhardt, Rüdiger: Der Harfner und die Kind-Frau. Zu Gerhart Hauptmanns Novelle *Mignon*. In: Hille-Blätter. Ein Jahrbuch für die Freunde des Dichters. Nieheim-Erwitzen 1995. S. 83–105.

Grothe, Wolfgang: Gerhart Hauptmanns Paraphrase auf Goethes Romangestalt Mignon. In: Studia Neophilologica 43 (1971) S. 198–220.

Mazzucchetti, Lavinia: Mignon von Goethe bis Hauptmann. In: Schweizer Monatshefte 45 (1965) S. 359–372.

Sprengel, Peter / Tempel, Bernhard: Kult, Kultur und Erinnerung in Gerhart Hauptmanns Erzählung *Mignon*. In: Jahrbuch der Deutschen Schillergesellschaft 41 (1997) S. 295–328.

8. Tagebücher, Autobiographische Schriften

8.1 *Tagebücher*

Oberembt, Gert: Vom Naturalisten zum Neo-Klassiker. Gerhart Hauptmanns *Tagebücher 1897 bis 1905*. In: Jahrbuch der Schlesischen Friedrich-Wilhelms Universität zu Breslau. 31 (1990) S. 191–202.

Sprengel, Peter; Sternke René: Das Tagebuch als literarischer Text. Zur Kommentierung von Gerhart Hauptmanns Tagebüchern. In: Kommentierungsverfahren und Kommentarformen. Hamburger Kolloquium der Arbeitsgemeinschaft für germanistische Edition

4.–7. März 1992, autor- und problembezogene Referate. Hrsg. von Gunter Martens. Tübingen 1993. S. 169–181. (Editio-Beihefte. 5.)

8.2 *Autobiographische Schriften*

Kolkenbrock-Netz, Jutta: »Machtvolle Ohnmacht« – Gerhart Hauptmann: Ein Dichterstandbild der Moderne. In: Die Rolle des Autors. Analysen und Gespräche. Hrsg. von Irmela Schneider. Stuttgart 1981. S. 52–63.

Mayer, Hans: *Griechischer Frühling*. In: H. M.: Zur deutschen Literatur der Zeit. Zusammenhänge, Schriftsteller, Bücher. Reinbek 1967. S. 9–16.

Münchow, Ursula: Gerhart Hauptmanns *Griechischer Frühling*. In: Neue deutsche Literatur 4 (1956) S. 110–114.

Sprengel, Peter: »Die Bahn des Blutes«. Zur anthropologischen Konzeption der Autobiographie Gerhart Hauptmanns. In: Zeitschrift für Germanistik. N. F. 2 (1992) S. 601–620.

Verzeichnis der Abbildungen

9 Wandlungen der Unterschrift. Aus: Wirklichkeit und Traum. Gerhart Hauptmann 1862–1946. Ausstellung der Staatsbibliothek Preußischer Kulturbesitz Berlin. Wiesbaden: Reichert, 1987. – Im folgenden zit. als: WuT; hier S. 142.
13 Gerhart Hauptmanns Geburtshaus in Ober-Salzbrunn. Stich, 19. Jh. Aus: Eberhard Hilscher: Gerhart Hauptmann. Leben und Werk. Berlin: Verlag der Nation, [2]1990. – Im folgenden zit. als: Hilscher; hier S. 32/33.
14 Der Kunststudent Gerhart Hauptmann. Foto, 1881. Aus: WuT, S. 31. – Nachlaß Ivo Hauptmann, Berlin.
15 Gerhart Hauptmann als Bildhauer in Rom. Foto, um 1883. Aus: Paul Schlenther: Gerhart Hauptmann. Leben und Werke. Umgearb. und erw. von Arthur Eloesser. Berlin: S. Fischer, 1922. S. 17.
17 Gerhart Hauptmann und Marie Thienemann. Foto, 1884. Aus: Hilscher, S. 32/33.
18 Villa Lassen in Erkner (heute Gerhart-Hauptmann-Museum). Foto von Ingeborg Schultz, Berlin. Aus: Hilscher, S. 80/81.
23 Haus Wiesenstein in Agnetendorf. Aus: Hilscher, S. 320/321.
26 Gerhart Hauptmann. Foto, 1909. Aus: WuT, S. 132. – Nachlaß Margarete Hauptmann, Ronco.
29 Gerhart Hauptmann in seiner Mönchskutte. Foto, 1919. Aus: WuT, S. 137. – Nachlaß Margarete Hauptmann, Ronco.
31 Gerhart Hauptmann und Friedrich Ebert. Foto, 1922. Aus: WuT, S. 99. – Staatsbibliothek Preußischer Kulturbesitz, Berlin.
35 Gerhart Hauptmann im Profil. Foto, um 1927. Aus: WuT, S. 148. – Nachlaß Margarete Hauptmann, Ronco.
37 Spaziergang in Agnetendorf. Foto, 1941. Aus: WuT, S. 158. – Nachlaß Margarete Hauptmann, Ronco.
39 Gerhart Hauptmann. Foto, 1943. Aus: WuT, S. 221. – Nachlaß Margarete Hauptmann, Ronco.
48 Ankündigung der Uraufführung von *Vor Sonnenaufgang* im Berliner Lessingtheater, 1889. Aus: Hilscher, S. 105.

83 Ida Orloff als Hannele. Foto, um 1905. Aus: WuT, S. 167. – Nachlaß Margarete Hauptmann, Ronco.
121 Titelblatt von *Der arme Heinrich*, 1902. Aus: Gerhart Hauptmann. Leben und Werk. Gedächtnisausstellung zum 100. Geburtstag. Hrsg. von Bernhard Zeller. Marbach a. N.: Schiller-Nationalmuseum, 1962. S. 150.
151 Die Durchfallsringe. Zeichnung von Olaf Gulbransson, 1909. Aus: Otto Brahm – Gerhart Hauptmann. Briefwechsel 1889–1912. Hrsg. von Peter Sprengel. Tübingen: Narr, 1985. S. 51. – © Langen Müller Verlag in F. A. Herbigs Verlagsbuchhandlung GmbH, München.
171 *Festspiel in deutschen Reimen*, Schutzumschlag der Erstausgabe, 1913. Aus: Hilscher, S. 273.
322/323 Krafft Christian Tesdorpf. Foto, 1937. Aus: WuT, S. 205. – Staatsbibliothek Preußischer Kulturbesitz Berlin.
330 Gerhart Hauptmann wird wieder Bildhauer und modelliert das Gerhart-Hauptmann-Denkmal. Zeichnung von Th. Th. Heine, 1925. Aus: Hilscher, S. 388. – © VG Bild-Kunst, Bonn 1998.

Werkregister

Agamemnons Tod (→ Die Atriden-Tetralogie) **242–244**
Alkestis (→ Die schwarze Maske) 212
Anna 266
Anna Golisch (→ Rose Bernd) 125
Atlantis 25, 265, **288–296**, 306, 312, 317, 331
Aus dem Tagebuch eines Edelmannes (→ Buch der Leidenschaft) 336
Aus den Memoiren eines Edelmannes (→ Buch der Leidenschaft) 355

Bahnwärter Thiel 19, 100 f., 264, 266, 268 f., **269–274**, 275
Buch der Leidenschaft 21, 33, 265, **333–338**
Bürgermeister Schuller (→ Magnus Garbe) 260
Bürgermeister Wortwein (→ Magnus Garbe) 260

Christiane Lawrenz 45
Cortez (→ Der weiße Heiland) 188

Das Abenteuer meiner Jugend 19, 34, 71, 192, 266, 329
Das Friedensfest 20, **54–58**, 61, 218
Das Märchen 34, 265 f.
Das Meerwunder 38, 249, 266, **339–345**, 364 f.
Das Opfer (→ Indipohdi) 197
Der Apostel 18, 264, 272, **274–276**, 281, 283
Der arme Heinrich 24, **116–122**, 238
Der Baum von Gallowayshire 105
Der Biberpelz 20, 42, 44, **75–80**, 82, 112–115
Der Bogen des Odysseus 30, 44, **173–180**, 293
Der Buchstabe tötet 156
Der Dämon (→ Wanda) 328
Der Dämon von Soana (→ Der Ketzer von Soana) 299
Der Frauenfriede (→ Die Tochter der Kathedrale) 233
Der große Traum 265, **354–361**
Der Ketzer von Soana 33, 265 f., **297–303**, 308, 345, 364 f.
Der Mutter Fluch 94
Der Narr in Christo Emanuel Quint 25, 264, 266, 275, **277–288**, 293, 299–301, 303
Der neue Christopherus 134
Der rote Hahn 78–80, **112–116**
Der Schuß im Park 265 f.
Der Venezianer 132
Der weiße Heiland 33, **185–190**
De Waber (→ Die Weber) 71

Die Atriden-Tetralogie 25, 38, 57, **240–252**
Die blaue Blume 266
Die Finsternisse 38, **253–258**
Die goldene Harfe **221–225**
Die Hochzeit auf Buchenhorst 266
Die Insel der großen Mutter 33, **309–317**, 342
Die Insel. Paraphrase zu Shakespeares »Sturm« (→ Indipohdi) 196
Die Jungfern vom Bischofsberg 25, **136–141**
Die Ratten 27, 43 f., **153–159**, 194, 209
Die schwarze Maske (→ Spuk) 209–211, 254
Die Spitzhacke 266
Die Syrische Göttin (→ Der Ketzer von Soana) 299
Die Tochter der Kathedrale **231–235**
Die versunkene Glocke 22, 43, 85, **92–97**, 99 f. 118, 134
Die Weber 7, 19 f., 27, 42, **69–75**, 80–82, 84, 87–90, 134, 283 f.
Die Wiedertäufer 188
Dorothea Angermann 32 f., **204–209**, 214

Ein flämischer Kerl (→ Fuhrmann Henschel) 99
Einsame Menschen 20, **58–64**, 68, 164
Einsichten und Ausblicke 41, 42
Elektra (→ Die Atriden-Tetralogie) 244 f.
Elga **127–131**, 228
Elsalill. Phantastisches Drama (→ Winterballade) 184
Erleuchtungen und Verfinsterungen 292
Eumäus (→ Der Bogen des Odysseus) 176, 179

Fasching 19, 264, **267–269**
Felicia Carel (→ Magnus Garbe) 260
Festaktus 45
Festspiel in deutschen Reimen 28, **164–172**, 260–262
Florian Geyer 22, **86–92**, 94, 128 f., 144, 170
Frau Venus Brautfahrt (→ Ulrich von Lichtenstein) 237
Fuhrmann Henschel 22, **97–102**, 126

Gabriel Schillings Flucht 145, **159–164**, 180, 184, 343
Gegen Unwahrheit 28
Germanen und Römer 19
Glashüttenmärchen (→ Und Pippa tanzt!) 132
Gold (→ Der weiße Heiland) 188
Goldene Zeiten. Ein Frühlingsmorgen (→ Die Jungfern vom Bischhofsberg) 138
Griechischer Frühling 25, 44, 266
Griselda 27, **146–153**, 156

Hamlet. Einige Worte zu meinem Ergänzungsversuche 350
Hamlet in Wittenberg **225–230**, 348
Hannele 20, 21 f., **80–85**

Hannele. Traumdichtung in zwei Teilen (→ Hannele) 82, 130
Hannele Matterns Himmelfahrt (→ Hannele) 82
Hanneles Himmelfahrt (→ Hannele) 24, 82, 95, 132
Helios 94, 188
Herbert Engelmann 45
Herrn Arnes Schatz (→ Winterballade) 183
Hexenritt (→ Spuk) 211 f.

Im Rautenkranz (→ Fuhrmann Henschel) 99
Im Wirbel der Berufung 34, 227, 265, 275, **345–354**
Indipohdi 33, **194–198**
Infernalische Novellen (→ Das Meerwunder) 342
Iphigenie in Aulis (→ Die Atriden-Tetralogie) **240–242**
Iphigenie in Delphi (→ Die Atriden-Tetralogie) 34, 245 f.

Jesus-Studien 275, 280 f.
Jesus von Nazareth 281 f.

Kaiser Karls Geisel 27, **141–146**, 156, 184, 228, 293
Kollege Crampton 20, **65–68**, 95, 107, 109–111, 193 f.
Konradin von Hohenstaufen 308
Kundgebung von Berliner Künstlern und Dichtern 30
Kynast-Fragment (→ Ulrich von Lichtenstein) 237

Ledige Mädchen (→ Die Jungfern vom Bischofsberg) 140
Lohengrin 266

Magnus Garbe 189, 212 f., **258–263**
Marcus Hänel 109
Maria und Martha (→ Einsame Menschen) 60
Mary 266
Michael Kramer 24, **107–112**
Mignon 34, 265, **361–365**
Milch und Blut (→ Magnus Garbe) 260
Montezuma (→ Der weiße Heiland) 188

Neue Leidenschaft (→ Buch der Leidenschaft) 337

Parsival 266
Peter Brauer 33, **191–194**
Peter Hollmann (→ Dorothea Angermann) 206
Phantom. Aufzeichnungen eines ehemaligen Häftlings **304–309**
Promethidenlos 19, 266

Raoul Markuse 254
Rose Bernd 102, **122–127**, 209
Rose Immoos (→ Rose Bernd) 125

Schluck und Jau 24, 44, **102–107**, 109 f.
Siri 337
Sonnen 266
Spuk 33, **209–214**
Stresa-Novelle (→ Mignon) 363

Telemach (→ Der Bogen des Odysseus) 176
Till Eulenspiegel 33, 265, **318–325**
Tintoretto 38, 266

Ulrich von Lichtenstein **235–240**
Und Pippa tanzt! 25, **131–136**, 145, 293

Veland 33, 118, **198–203**
Veland-Fragment (→ Veland) 201
Versuchung und Fall Francesco Velas (→ Der Ketzer von Soana) 299
Vor Sonnenaufgang 7, 19 f., 41, **45–53**, 55, 57, 61, 63, 74, 110, 156, 158
Vor Sonnenuntergang 34, **214–220**, 225, 254

Walenzauber 134, 188
Wanda 214, 265, 293, **326–333**
Winterballade 30, 44, **180–185**

Zweites Vierteljahrhundert 19

Personenregister

Aischylos 250
Albert, Eugen d' 24
Albrecht Bräuer 110
Andreas-Salomé, Lou 64
Ansorge, Arnulf 320

Bab, Julius 57, 283
Bachofen, Johann Jakob 249, 314 f.
Baginski, Max 67
Baky, Josef von 100
Barlach, Ernst 82
Bassermann, Albert 150
Becher, Johannes R. 40
Behl, Carl Friedrich Wilhelm 247, 255, 348, 357, 363
Benn, Gottfried 33
Binding, Rudolf 36
Blücher, Gebhard Leberecht Fürst 168, 172
Boccaccio, Giovanni 149 f., 152
Böcklin, Arnold 343
Bölsche, Wilhelm 16
Brahm, Otto 20, 24, 41, 43, 49, 55, 88, 104, 140, 150, 193
Brandes, Georg 64
Brauer, Paul 140
Braun, Carl J. 218
Brecht, Bertolt 79, 113, 325
Bruno, Giordano 227
Büchner, Georg 16, 272, 275 f.
Busse, Oscar von 77

Cervantes, Miguel de 286 f., 324
Chamisso, Adelbert von 118, 120
Chapiro, Joseph 358
Chlodwig zu Hohenlohe-Schillingsfürst 84
Cortez, Ferdinand 189
Cowen, Roy 81
Cranach, Lukas 227

Däubler, Theodor 33
Dahn, Felix 53
Dalibor, Bertold 113
Dante Alighieri 265, 324 f., 358–360
Darwin, Charles 62
Davidoff, Alexei 95
Defoe, Daniel 314
Dostojewski, Fjodor M. 275, 308

Ebert, Friedrich 30 f.
Eichendorff, Joseph von 136, 223
Engels, Friedrich 90
Erizzo, Sebastiano 143, 145
Erlanger, Camille 82
Ernst, Paul 16
Euripides 139, 250 f.

Faesi, Robert 283, 288
Feuchtwanger, Lion 82
Fischer, Samuel 20, 24, 32, 60, 255, 282, 307, 313, 321

Fontane, Theodor 41, 49, 52, 55, 74 f.
Forel, Auguste 16, 47, 275, 306
Franziskus von Assisi 301
Freud, Sigmund 214
Freytag, Gustav 42, 50, 78, 82
Friedrich Wilhelm II. 7, 20, 22, 24, 28, 72, 169
Friedrich Wilhelm von Hohenzollern (Kronprinz) 168 f.
Frobenius, Leo 364

Gad, Urban 82
George, Heinrich 202
George, Stefan 10
Geyer, Florian 87
Gitschmann, Curt 192 f.
Goebbels, Josef 105, 125, 252
Goethe, Johann Wolfgang 8, 10, 19, 25, 33 f., 51, 67, 90 f., 162, 170, 176, 180, 198, 202, 217, 219 f., 229, 247–250, 252, 265, 296, 324, 335, 337, 353, 357, 363–365
Graener, Paul 82
Gregor, Joseph 179, 338
Grillparzer, Franz 128 f., 143, 146
Grisebach, Hans 22
Grundmann, Anna 12
Gryphius, Andreas 263
Gurlitt, Cornelius 228
Guthke, Karl S. 57, 317
Guttzeit, Johannes 18, 275 f.

Haeckel, Ernst 62
Hals, Frans 194
Hamburger, Käte 249
Hanstein, Adalbert von 97
Harbou, Thea von 82, 218, 307
Harden, Maximilian 95
Harlan, Veit 218
Hart, Heinrich 16, 282
Hart, Julius 16, 150, 282
Hartleben, Otto Erich 67
Hartmann von Aue 118–120
Hass, Hans Egon 172
Hauptmann, Adele, geb. Thienemann 12, 139
Hauptmann, Benvenuto 22, 25, 266
Hauptmann, Carl 11 f., 16, 19, 21 f., 33, 60, 139, 336
Hauptmann, Eckart 16, 21
Hauptmann, Erasmus 27
Hauptmann, Georg 12, 21, 119, 139, 336
Hauptmann, Ivo 16, 21, 25, 197
Hauptmann, Klaus 21
Hauptmann, Margarete, geb. Marschalk 21 f., 25, 84, 94, 161, 255, 260, 291 f., 336
Hauptmann, Marie, geb. Straehler 11
Hauptmann, Marie, geb. Thienemann 12 f., 16, 21 f., 61, 139, 291, 306, 329, 336, 349, 357 f.
Hauptmann, Martha, geb. Thienemann 12, 21, 61, 139
Hauptmann, Robert 11, 21
Haußmann, Leander 64
Haydn, Joseph 140
Hebbel, Friedrich 125
Heil, Lucie 161
Heimann, Moritz 113, 336
Heine, Heinrich 190
Heinze, Marie 77
Hensel, Monica 288
Herrmann, Max 268
Hertz, Wilhelm 143, 232

Heßler, Alexander 155, 348
Hille, Peter 364
Hilscher, Eberhard 101, 262
Hitler, Adolf 36, 207, 223, 252
Hölderlin, Friedrich 197 f.
Hoensbroech, Paul Graf von 260
Hofmann, Ludwig von 24 f., 169
Hofmannsthal, Hugo von 10, 24, 68, 125, 141
Holberg, Ludvig 104 f.
Hollaender, Felix 81
Holz, Arno 20, 47, 264
Homer 173, 176, 178, 324
Hülsen, Hans von 329, 336
Hutten, Ulrich von 227

Ibsen, Henrik 51, 53, 55–57, 61
Institoris, Heinrich 143

Jablkowska, Joanna 317
Jacobs, Jürgen 75
Jean Paul 363
Jhering, Herbert 321
Joyce, James 49

Kästner, Erhart 237
Kandler, Rebecca 308
Karlstadt (Andreas Bodenstein) 227
Kastan, Isidor 50
Kerényi, Károly 249
Kerr, Alfred 36, 43, 62, 102, 115, 122, 140, 152, 177, 189 f., 206
Kessler, Harry Graf 32, 208
Kimbel, Wilhelm 331
Kleist, Heinrich von 19, 30, 77 f., 234
Klimsch, Uli 320
Klinger, Max 24, 161
Kraus, Karl 82
Krauß, Werner 217, 288
Kroner, Kurt 255
Krzyzanowska, Josepha 60 f.

Lagerlöf, Selma 183 f.
Lassalle, Ferdinand 90
Lauterbach, Ulrich 308
Lehmann, Else 150
Lendvai, Erwin 129
Leonhardt-Aumüller, Jacqueline 288
Lessing, Gotthold Ephraim 41, 53, 146
Levetzow, Ulrike von 219
Leyden, Jan van 227
Liebermann, Max 162
Loerke, Oscar 33, 336
Longos 300
Lubitsch, Ernst 100
Luther, Martin 227
Lux, Heinrich 47
Lux, Lisa 161

Machatzke, Martin 8, 328
Maeterlinck, Maurice 57
Mahler, Gustav 24
Mann, Heinrich 32, 207
Mann, Thomas 10, 32 f., 68, 97, 102, 110, 122, 207 f., 263, 276, 296, 333
Marc Aurel 219
Marholm, Laura 61
Marie de France 233
Marie Valerie, Erzherzogin 125
Marschalk, Margarete (→ Margarete Hauptmann)
Marschalk, Max 21, 81 f., 84
Marshall, James 67
Martini, Fritz 273
Marx, Karl 90

Mayer, Hans 90, 101, 208
Mehring, Franz 77, 82, 84, 114
Melanchthon, Philipp 227
Merker, Paul 8
Michaelis, Rolf 202, 213, 224
Molière 67
Murnau, Friedrich Wilhelm 307
Mussolini, Benito 32

Napoleon 168 f.
Nehring, Wolfgang 106
Nietzsche, Friedrich 96, 141, 300, 321, 324

Oehlke, Alfred 283
Orlik, Emil 32
Orloff, Ida 24 f., 84, 132 f., 144, 176, 228, 292 f., 305 f., 329, 331 f., 337, 348, 364 f.
Otte, Hedwig 124

Paasche, Hans 320
Pater, Walter 139
Penderecki, Krzysztof 213
Pinkus, Max 33, 38, 217, 254 f., 257
Piscator, Erwin 248, 252
Platiel, Jörg 235
Ploetz, Alfred 12, 21, 47, 161, 283, 291, 336, 363
Plutarch 162 f.
Pniower, Otto 100
Polgar, Alfred 63, 88, 136, 177, 209
Prahl, Augustus J. 224

Rahn, Otto 233
Rathenau, Walther 24, 33
Rauhut, Franz 302
Reich, Hermann 168, 170
Reichart, Walter A. 255
Reinhardt, Max 24, 28, 57, 167 f., 196, 206, 217
Rembrandt 194
Respighi, Ottorino 95
Rilke, Rainer Maria 24, 110, 122, 276
Rolland, Romain 28
Rose, Paul 193
Rosenberg, Alfred 38
Rühle, Günther 206

Sachs, Hans 170
Schiller, Friedrich 30, 157
Schlaf, Johannes 20, 47, 264
Schlenther, Paul 20, 22, 85, 89, 133, 162, 178, 193, 293, 296
Schmidt, Clara 161
Schmidt, Erich 82
Schmidt, Hugo Ernst 60, 109 f., 161, 336
Schneer, Alexander 71
Schneider, Reinhold 79
Schnitzler, Arthur 24
Schopenhauer, Arthur 161
Schrimpf, Hans Joachim 129
Schubert, Gustav 12, 60, 81
Servaes, Franz 201 f.
Shakespeare, William 91, 104 f., 197 f., 213, 217–219, 227–229, 239, 324, 348–353
Simon, Ferdinand 12, 60
Simrock, Karl 201
Sprengel, Peter 8, 92, 95, 105, 125, 180, 201 f., 219, 262, 282, 287 f., 293, 324, 343
Sprenger, Jakob 143
Stehr, Hermann 99
Steinhauer, Harry 203
Stolberg Wernigerode, Eberhard Graf 237

Strauß, Botho 180
Strindberg, August 63
Stroszeck, Hauke 57
Sulser, Wilhelm 288
Swedenborg, Emanuel 214

Tesdorpf, Krafft Christian 320
Thienemann, Adele (→ Adele Hauptmann)
Thienemann, Berthold 12, 139
Thienemann, Marie (→ Marie Hauptmann)
Thienemann, Martha (→ Martha Hauptmann)
Tieck, Ludwig 237 f.
Tolstoi, Leo N. 47, 51, 227

Ulrich von Lichtenstein 237 f.

Vela, Vincenzo 299
Velázquez, Diego Rodríguez de Silva y 194
Vergil 324 f.
Vogeler, Heinrich 119
Voigt, Felix A. 233, 255

Wagner, Heinrich Leopold 125
Wagner, Richard 97, 324
Wedekind, Frank 16, 56
Weishappel, Rudolf 129
Wiecke, Paul 197
Wiese, Benno von 273
Wilde, Oscar 10
Wille, Bruno 16
Woerner, Ulrika 64
Wolff, Wilhelm 71

Ziesche, Rudolf 8, 217
Zimmermann, Alfred 71
Zimmermann, Wilhelm 87
Ziolkowski, Theodore 288
Zöllner, Heinrich 95
Zola, Émile 53, 272, 302

Interpretationen

IN RECLAMS UNIVERSAL-BIBLIOTHEK

Auswahl

Lessings Dramen

Miß Sara Sampson – Minna von Barnhelm – Emilia Galotti – Nathan der Weise. 211 S. UB 8411

Dramen des Sturm und Drang

Goethe, *Götz von Berlichingen* – Lenz, *Der Hofmeister* – Klinger, *Sturm und Drang* – Leisewitz, *Julius von Tarent* – Lenz, *Die Soldaten* – Schiller. *Die Räuber.* 252 S. UB 8410

Erzählungen und Novellen des 19. Jahrhunderts Band 1

Tieck, *Der blonde Eckbert / Der Runenberg* – Bonaventura, *Nachtwachen* – Kleist, *Die Marquise von O...* – Kleist, *Michael Kohlhaas* – Hoffmann, *Der goldne Topf* – Chamisso, *Peter Schlemihls wundersame Geschichte* – Hoffmann, *Der Sandmann* – Brentano, *Geschichte vom braven Kasperl und dem schönen Annerl* – Eichendorff, *Aus dem Leben eines Taugenichts* – Goethe, *Novelle.* 422 S. UB 8413

Erzählungen und Novellen des 19. Jahrhunderts Band 2

Droste-Hülshoff, *Die Judenbuche* – Stifter, *Brigitta* – Grillparzer, *Der arme Spielmann* – Mörike, *Mozart auf der Reise nach Prag* – Keller, *Romeo und Julia auf dem Dorfe* – Keller, *Kleider machen Leute* – Meyer, *Das Amulett* – Storm, *Hans und Heinz Kirch* – Storm, *Der Schimmelreiter.* 431 S. UB 8414

Romane des 19. Jahrhunderts

Tieck, *Franz Sternbalds Wanderungen* – Hölderlin, *Hyperion* – Schlegel, *Lucinde* – Novalis, *Heinrich von Ofterdingen* – Jean Paul, *Flegeljahre* – Eichendorff, *Ahnung und Gegenwart* – Hoffmann, *Kater Murr* – Mörike, *Maler Nolten* – Keller, *Der grüne Heinrich* – Stifter, *Der Nachsommer* – Raabe, *Stopfkuchen* – Fontane, *Effi Briest.* 423 S. UB 8418

Georg Büchner

Dantons Tod – Lenz – Leonce und Lena – Woyzeck. 218 S. UB 8415

Fontanes Novellen und Romane

Vor dem Sturm – Grete Minde – L'Adultera – Schach von Wuthenow – Unterm Birnbaum – Irrungen, Wirrungen – Quitt – Effi Briest – Frau Jenny Treibel – Der Stechlin – Mathilde Möhring. 304 S. UB 8416

Dramen des Naturalismus

Hauptmann, *Vor Sonnenaufgang* – Sudermann, *Die Ehre* – Holz / Schlaf, *Die Familie Selicke* – Hauptmann, *Die Weber* – Schlaf, *Meister Oelze* – Hauptmann, *Der Biberpelz* – Halbe, *Der Strom* – Hauptmann, *Die Ratten.* 216 S. UB 8412

Brechts Dramen

Grundzüge der Brechtschen Dramen- und Theatertheorie – *Baal – Leben des Galilei – Mutter Courage und ihre Kinder – Der gute Mensch von Sezuan – Der kaukasische Kreidekreis.* 188 S. UB 8813

Romane des 20. Jahrhunderts. Band 1

H. Mann, *Der Untertan* – Th. Mann, *Der Zauberberg* – Kafka, *Der Proceß* – Hesse, *Der Steppenwolf* – Döblin,

Berlin Alexanderplatz – Musil, *Der Mann ohne Eigenschaften* – Kästner, *Fabian* – Broch, *Die Schlafwandler* – Roth, *Radetzkymarsch* – Seghers, *Das siebte Kreuz* – Jahnn, *Fluß ohne Ufer.* 400 S. UB 8808

Romane des 20. Jahrhunderts. Band 2

Doderer, *Die Strudlhofstiege* – Koeppen, *Tauben im Gras* – Andersch, *Sansibar oder der letzte Grund* – Frisch, *Homo faber* – Grass, *Die Blechtrommel* – Johnson, *Mutmassungen über Jakob* – Böll, *Ansichten eines Clowns* – S. Lenz, *Deutschstunde* – Schmidt, *Zettels Traum* – Handke, *Der kurze Brief zum langen Abschied.* 301 S. UB 8809

Thomas Mann, Romane und Erzählungen

Buddenbrooks – *Tristan* – *Tonio Kröger* – *Der Tod in Venedig* – *Der Zauberberg* – *Mario und der Zauberer* – *Joseph und seine Brüder* – *Lotte in Weimar* – *Das Gesetz* – *Doktor Faustus* – *Bekenntnisse des Hochstaplers Felix Krull.* 360 S. UB 8810

Franz Kafka, Romane und Erzählungen

Das Urteil – *Die Verwandlung* – *Der Verschollene* – *Der Proceß* – *Vor dem Gesetz* – *In der Strafkolonie* – *Ein Bericht für eine Akademie* – *Ein Landarzt* – *Auf der Galerie* – *Der Kübelreiter* – *Das Schloß* – *Ein Hungerkünstler.* 320 S. UB 8811

Hermann Hesse, Romane

Unterm Rad – *Demian* – *Siddhartha* –*Der Steppenwolf* – *Narziß und Goldmund* – *Das Glasperlenspiel.* 175 S. UB 8812

Philipp Reclam jun. Stuttgart

Literaturstudium

Die neue Reihe bietet Autorenmonographien, Epochendarstellungen, Gattungsmonographien und Einführungen in viele Bereiche der Literatur- und Sprachwissenschaft.

Ursula Schulze
Das Nibelungenlied

336 Seiten. Mit 11 Abbildungen. UB 17604

Thomas Bein
Walther von der Vogelweide

299 Seiten. Mit 15 Abbildungen. UB 17601

Matthias Luserke
Sturm und Drang

Autoren – Texte – Themen

384 Seiten. Mit 17 Abbildungen. UB 17602

Hartmut Steinecke
E. T. A. Hoffmann

259 Seiten. Mit 31 Abbildungen. UB 17605

Bodo Plachta
Editionswissenschaft

Eine Einführung in Methode und Praxis der Edition neuerer Texte

172 Seiten. Mit 12 Abbildungen. UB 17603

Philipp Reclam jun. Stuttgart